L'EMPIRE CHINOIS

II

Le propriétaire de cet Ouvrage se réserve le droit de le traduire ou de le faire traduire en toutes les langues. Il poursuivra, en vertu des lois, décrets et traités internationaux, toutes contrefaçons ou toutes traductions faites au mépris de ses droits.

Le dépôt légal de ces deux volumes a été fait à Paris, et toutes les formalités prescrites par les traités seront remplies dans les divers États avec lesquels la France a conclu ou conclura des conventions littéraires.

L'EMPIRE CHINOIS

FAISANT SUITE A L'OUVRAGE INTITULÉ

SOUVENIRS

D'UN VOYAGE DANS LA TARTARIE ET LE THIBET

PAR M. HUC

ANCIEN MISSIONNAIRE APOSTOLIQUE EN CHINE

誠之所感。無窮否而不遍

Nul lieu n'est impénétrable pour quiconque est animé d'une foi sincère.

(*Voyages de* Fa-hien *dans les royaumes bouddhiques.*)

OUVRAGE COURONNÉ PAR L'ACADÉMIE FRANÇAISE

TROISIÈME ÉDITION

TOME SECOND

PARIS
LIBRAIRIE DE GAUME FRÈRES
Rue Cassette, 4

1857

L'EMPIRE CHINOIS

CHAPITRE PREMIER.

Maladie dangereuse. — Prescription des mandarins. — Visite du médecin. — Théorie du pouls. — Médecins-apothicaires en Chine. — Commerce des remèdes. — La maladie empire. — L'acupuncture. — Le trésor surnaturel des pilules rouges. — Médecine expérimentale des Chinois. — Origine et histoire du choléra-morbus. — Libre exercice de la médecine. — Bons effets des pilules rouges. — Guérison. — Terrible loi de responsabilité. — Tragique histoire. — Gracieuse attention du préfet de Kuen-kiang-hien. — Amour des Chinois pour les cercueils. — Voyage d'un malade à côté de sa bière. — Calme et tranquillité des Chinois au moment de la mort. — Visite à notre cercueil. — Départ de Kuen-kiang-hien.

On a coutume de dire que la santé est le plus grand de tous les biens que l'homme puisse posséder ici-bas. Les jouissances de la vie sont, en effet, tellement fragiles et fugitives, qu'elles s'évanouissent toutes à l'approche de la plus légère infirmité. Mais, pour l'exilé, pour le voyageur qui erre dans des contrées lointaines, la santé n'est pas seulement un bien, elle est un trésor inappréciable ; car c'est une chose amèrement triste et douloureuse que de se trouver aux prises avec une maladie sur une terre étrangère, sans parents, sans amis, au milieu d'hommes inconnus, pour lesquels on est un objet d'embarras, et qui ne vous regardent jamais qu'avec indifférence ou antipathie. Quelle affreuse et désespérante situation pour celui qui a toujours uniquement compté sur les secours des hommes, et qui a le malheur de ne pas savoir trouver en Dieu son appui et ses consolations.

Il manquait à notre long voyage, si rempli de vicissitudes de tout genre, cette nouvelle épreuve. Dans la Tartarie et le Thibet, nous avions été menacés d'être tués par le froid, de mourir de faim, d'être dévorés par les tigres et les loups, assassinés par les brigands ou écrasés par des avalanches ; souvent il n'eût fallu qu'un faux pas pour nous précipiter du haut des montagnes dans des gouffres affreux. En Chine, les bourreaux avaient étalé sous nos yeux tous les appareils de leurs atroces supplices, la populace s'était ameutée pleine de colère autour de nous ; la tempête enfin avait failli nous engloutir au fond des eaux. Après avoir tant de fois senti la mort près de nous, et sous des formes si diverses, il ne nous restait plus qu'à la voir, debout, au pied de notre lit, prête à saisir tranquillement et selon les procédés ordinaires une proie qui lui avait si souvent échappé. Pendant deux jours entiers, il plut à Dieu de nous laisser devant les yeux cette lugubre et sombre vision.

Le soir même de notre arrivée à Kuen-kiang-hien, et pendant que nous recevions la visite des principaux magistrats de la ville, nous fûmes pris tout à coup de grands vomissements accompagnés de violentes douleurs d'entrailles. Nous sentîmes bientôt comme une décomposition générale, qui s'opérait dans tout notre corps, depuis les pieds jusqu'à la tête, et nous fûmes forcé de nous aliter. On s'empressa d'aller chercher le médecin le plus renommé, disait-on, de la contrée, un homme accoutumé à faire des prodiges, et guérissant avec une admirable facilité toutes les maladies incurables. En attendant l'arrivée de ce merveilleux docteur, auquel nous étions loin d'avoir une confiance absolue, les mandarins de notre escorte et ceux de Kuen-kiang-hien dissertaient avec beaucoup de science et de sang-froid sur les causes de notre maladie et les moyens à employer pour nous guérir.

Nous avons dit que tous les Chinois, en vertu de leur organisation, étaient essentiellement cuisiniers et comédiens ; nous pouvons ajouter qu'ils sont aussi tous un peu médecins. Chacun donc exposa son opinion sur notre état, dans les termes les plus techniques, et il fut arrêté par les membres officieux de cette faculté de rencontre que notre noble et illustre maladie provenait d'une rupture d'équilibre dans les esprits vitaux. Le principe igné, trop alimenté depuis longtemps par une chaleur excessive, avait fini par dépasser outre mesure le degré voulu de sa température. Il s'était donc allumé comme un incendie dans la sublime organisation de notre corps. Par conséquent, les éléments aqueux avaient été desséchés à un tel point, qu'il ne restait plus aux membres et aux organes l'humidité nécessaire pour le jeu naturel de leurs mouvements ; de là ces vomissements, ces douleurs d'entrailles et ce malaise général qu'on lisait clairement sur la figure et qui se manifestait par de violentes contorsions.

Afin de rétablir l'équilibre, il n'y avait donc qu'à introduire dans le corps une certaine quantité d'air froid, et de rabaisser ainsi cette extravagante température du principe igné ; puis, il fallait favoriser le retour de l'humidité dans les membres. De cette façon, la santé se trouverait immédiatement rétablie, et nous pourrions sans inconvénient reprendre notre route, en ayant bien soin, toutefois, d'user d'une grande prudence, pour ne pas permettre au principe igné de se développer au point d'absorber les principes aqueux. Il était très-simple de ramener dans le corps cette belle harmonie. La chose ne pouvait souffrir la moindre difficulté. Tout le monde savait que les pois verts sont d'une nature extrêmement froide ; on devait donc en mettre bouillir une certaine mesure, et nous en faire avaler le jus ; par ce moyen, on éteindrait l'excédant de feu. Comme un mandarin de Kuen-kiang-hien faisait observer que nous devions user du jus de pois verts avec modération, de peur d'occasionner un trop grand refroidissement, de nous glacer l'estomac, et de gagner une maladie contraire, non moins dangereuse que la première, maître Ting s'avisa de dire que nous pouvions sans inconvénient doubler la dose accoutumée, parce qu'il avait remarqué que notre tempérament était incomparablement plus chaud que celui des Chinois. Il fut, en outre, décidé que rien n'était comparable au concombre bouilli et au melon d'eau, afin de rappeler l'humidité nécessaire à l'harmonieuse fonction des membres.

Ainsi il fut bien convenu, par un assentiment général, qu'il ne fallait pas autre chose que des melons d'eau, des concombres bouillis et du jus de pois verts pour nous remettre immédiatement sur pied, et nous rendre capable de poursuivre notre voyage. Sur ces entrefaites, le médecin arriva. A la manière cérémonieuse et, en même temps, pleine d'aisance avec laquelle il se présenta, il était facile de reconnaître un homme qui passait son temps à faire des visites. Il était petit, rondelet, d'une figure avenante, et doué d'une ampleur bien propre à inspirer les idées les plus avantageuses de ses principes hygiéniques ; de grandes lunettes rondes posées à califourchon sur la racine d'un nez singulièrement modeste, et retenues aux oreilles par des cordons de soie, lui donnaient un air tout à fait doctoral. Une petite barbe et des moustaches grises, plus, des cheveux de même couleur, tressés en queue, témoignaient une assez longue expérience de l'art de guérir les maladies. Tout en approchant de notre lit, il débuta par des aphorismes qui nous parurent avoir quelque valeur.

J'ai appris, dit-il, que l'illustre malade était originaire des contrées occidentales. Il est écrit dans les livres que les maladies varient selon les pays ; celles du Nord ne ressemblent pas à celles du Midi ; chaque peuple en a qui lui sont propres ; aussi, chaque contrée produit-elle des remèdes particuliers et adaptés aux infirmités ordinaires de ses habitants. Le médecin habile doit distinguer les tempéraments, reconnaître le vrai caractère des maladies, et prescrire des médicaments convenables ; voilà en quoi consiste sa science. Il faut qu'il se garde bien de traiter ceux qui sont d'au delà les mers occidentales comme les hommes de la nation centrale... Après avoir débité cette exposition de principes avec de remarquables inflexions de voix et un grand luxe de gestes, il attira à lui un large fauteuil en bambou, et s'assit tout à côté de notre lit. Il nous demanda le bras droit, et, l'ayant appuyé sur un petit coussin, il se mit à tâter le pouls, en faisant courir lentement ses cinq doigts sur notre poignet, comme s'il eût joué sur le clavier d'un piano. Les Chinois admettent différents pouls, qui correspondent au cœur, au foie et aux autres principaux organes. Pour bien tâter le pouls, il faut les étudier tous les uns après les autres, et quelquefois plusieurs ensemble, afin de saisir les rapports qu'ils ont entre eux. Pendant cette opération, qui fut extrêmement longue, le docteur paraissait plongé dans une méditation profonde ; il ne dit pas un mot ; il tenait la tête baissée et les yeux constamment fixés sur la pointe de ses souliers. Quand le bras droit eut été scrupuleusement examiné, ce fut le tour du gauche, sur lequel on exécuta les mêmes cérémonies. Enfin le docteur releva majestueusement la tête, caressa deux ou trois fois sa barbe et ses moustaches grises, et prononça son arrêt : Par un moyen quelconque, dit-il en branlant la tête, l'air froid a pénétré à l'intérieur, et s'est mis en opposition, dans plusieurs organes, avec le principe igné ; de là cette lutte qui doit nécessairement se manifester par des vomissements et des convulsions ; il faut donc combattre le mal par des substances chaudes... Nos mandarins, qui venaient d'avancer précisément tout le contraire, ne manquèrent pas d'approuver hautement l'opinion du médecin : C'est cela, dit maître Ting, c'est évident, il y a lutte entre le froid et le chaud ; les deux principes ne sont pas en harmonie, il suffit de les accorder ; c'est ce que nous avions pensé... Le médecin continua : La nature de cette noble maladie est telle, qu'elle peut céder avec facilité à la vertu des médicaments, et s'évanouir bientôt ; comme aussi il est possible qu'elle y résiste, et que les dangers augmentent. Voilà mon opinion à ce sujet, après avoir étudié et reconnu les divers caractères des pouls... Cette opinion ne nous parut ni extrêmement hardie, ni très-compromettante pour celui qui l'avait conçue... Il faut, ajouta le docteur, du repos, du calme, et prendre, heure par heure, une dose de la médecine que je vais prescrire... En disant ces mots, il se leva, et alla s'asseoir à une petite table, où on avait préparé tout ce qui est nécessaire pour écrire.

Le docteur trempa dans une tasse de thé l'extrémité d'un petit bâton d'encre qu'il délaya lestement sur un disque en pierre noire ; il saisit un pinceau et se mit à tracer l'ordonnance sur une large feuille de papier. Il en écrivit une grande page ; quand il eut fini, il prit son papier, le relut attentivement à demi-voix ; puis s'approcha de nous pour nous en communiquer le contenu. Il plaça l'ordonnance sous nos yeux ; puis, étendant sur sa feuille l'index de sa main droite, terminé par un ongle d'une longueur effrayante, il nous désignait les caractères qu'il venait d'écrire, à mesure qu'il nous en donnait une explication détaillée. Nous ne comprîmes pas grand'chose à tout ce qu'il nous dit ; le violent mal de tête dont nous étions tourmenté nous empêchait de suivre le fil de sa savante dissertation sur les propriétés et les vertus des nombreux ingrédients qui devaient composer la médecine ; d'ailleurs, le peu d'attention dont nous étions alors capable était entièrement absorbé par la vue de cet ongle prodigieux qui errait à travers un amas de caractères chinois ; il nous sembla comprendre pourtant que la base du remède était le *ta-hoang* et le *ku-pi*, c'est-à-dire la rhubarbe et l'écorce d'orange ; après cela il devait encore y entrer une variété considérable de poudres, de feuilles et de racines. Chaque espèce de drogue avait mission d'agir sur un organe particulier pour y opérer le résultat spécial ; cet ensemble d'opérations diverses produirait finalement le prompt rétablissement de notre santé.

Il est d'usage qu'on fasse bouillir ensemble, dans un vase de terre cuite, toutes les drogues prescrites ; quand l'eau s'est suffisamment assimilé, par une longue ébullition, leurs propriétés médicamenteuses, on la fait avaler au malade aussi chaude qu'il est possible. Ordinairement les médecines chinoises sont d'un aspect oléagineux et d'un noir très-foncé, quoique tirant légèrement sur le jaune ; cette physionomie peu rassurante provient d'une certaine substance grasse et noirâtre que les médecins ont le bon goût d'introduire toujours dans leurs ordonnances ; cependant, quand on est parvenu à surmonter la répugnance des yeux, les remèdes chinois ne sont pas du tout pénibles à prendre ; ils ont toujours une saveur fade et un peu sucrée, mais jamais, comme ceux de nos pharmaciens d'Europe, ce goût nauséabond qui fait bondir le cœur et soulève à la fois l'organisation tout entière.

Quand le docteur chinois eut rempli sa mission relativement à notre noble et illustre maladie, il fit de profondes révérences à la compagnie et s'en alla, en promettant de revenir le lendemain matin. Les mandarins de Kuen-kiang-hien partirent aussi ; mais tristes et le cœur plein de préoccupation, car le médecin avait dit positivement qu'il nous fallait du repos ; notre état, d'ailleurs, paraissait assez grave pour laisser entrevoir que nous ferions un assez long séjour dans le pays, si toutefois même on n'était pas obligé de nous y choisir une demeure définitive au pied de quelque montagne. Tout cela, il faut en convenir, était de nature à leur créer du souci et de l'embarras.

Tous les étrangers étant partis, maître Ting nous demanda s'il fallait suivre l'ordonnance du docteur et faire préparer la médecine qu'il venait de nous prescrire; au fond, nous n'avions pas une très-grande confiance en toutes ces drogues ni en l'habileté du praticien chinois; mais que faire? où chercher mieux? à qui s'adresser dans cette triste circonstance? Dieu seul pouvait prendre soin de nous; c'est lui, nous dîmes-nous, qui est le maître de la vie et de la mort; puisque sa toute-puissance a donné aux plantes des propriétés merveilleuses pour le soulagement des infirmités humaines, il peut bien accorder à ces drogues, peut-être insignifiantes, une vertu particulière, s'il est conforme à son bon plaisir que nous recouvrions la santé. Il nous ordonne, dans les saintes Écritures, d'honorer les médecins en cas de nécessité; l'occasion ne saurait être plus favorable pour cela; honorons donc le docteur chinois en nous conformant scrupuleusement à toutes ses prescriptions. Oui, sans doute, répondîmes-nous à maître Ting, il faut faire préparer la médecine comme il a été ordonné.

Un employé du palais communal alla faire l'acquisition de tous les ingrédients désignés chez le docteur même qui venait d'en dresser l'ordonnance. En Chine les médecins sont en même temps apothicaires, et vendent à leurs malades les remèdes qu'ils leur prescrivent;

bien que ces états aient entre eux des relations très-étroites, et que, par leur nature, ils ne soient nullement incompatibles, on conçoit, néanmoins, qu'il peut y avoir quelque inconvénient à ce que le même individu exerce les deux à la fois. On entrevoit qu'il ne serait pas impossible de rencontrer quelques abus dans l'exercice de fonctions qui se prêtent mutuellement un si merveilleux appui ; ainsi, par exemple, est-il bien certain, vu la fragilité humaine, que le médecin ne succombera pas à la tentation de prescrire des remèdes coûteux, et même quelquefois de prolonger la maladie dans le but de procurer des profits plus considérables à son ami l'apothicaire ? La prodigieuse quantité de drogues qui entrent dans la composition des médecines chinoises nous a toujours frappé, et nous n'oserions pas assurer que cette particularité ne vient pas précisément de ce que c'est le même individu qui prescrit et vend les remèdes.

La crainte de se voir rançonner par l'avidité des médecins a donné naissance à un usage fort bizarre, mais qui entre parfaitement dans les goûts des Chinois. Le médecin et le malade se laissent aller à une sérieuse discussion touchant la valeur et le prix des remèdes indiqués. Les membres de la famille prennent part à ce singulier marchandage ; on demande des drogues communes, peu chères ; on en retranche quelques-unes de l'ordonnance, afin d'avoir moins à débourser. L'efficacité de la médecine sera peut-être lente ou douteuse ; mais on patientera et on courra la chance. On espère, d'ailleurs, que le retranchement ne gâtera rien ou qu'une dose plus ou moins considérable pourra obtenir à peu près le même résultat. Il faut convenir que, le plus souvent, il n'y a en effet aucun inconvénient; qu'on adopte un remède ou un autre, qu'on absorbe peu ou beaucoup de liqueur noire, cela ne fait ordinairement ni froid ni chaud.

Le médecin, après avoir longtemps discuté, finit toujours par livrer sa marchandise au rabais, parce qu'il est bien sûr que, s'il se montrait trop tenace dans le prix de ses ordonnances, on irait essayer de se faire guérir dans une autre boutique. Il arrive quelquefois, dans ces circonstances, des choses vraiment étonnantes et qui caractérisent bien le type chinois; quand le docteur-apothicaire a dit son dernier mot et déclaré le plus franchement possible que, pour obtenir la guérison, il est nécessaire d'user de tel remède durant tant de jours, alors le conseil de famille entre en délibération ; on pose froidement une question de vie et de mort, en présence même du malade ; on discute pour savoir si, à raison d'un âge trop avancé ou d'une maladie qui offre peu d'espoir, il ne vaut pas mieux s'abstenir de faire des dépenses et laisser les choses aller tout doucement leur train. Après avoir rigoureusement supputé ce qu'il en coûtera pour acheter des remèdes peut-être inutiles, le malade lui-même prend souvent l'initiative et décide qu'il vaut mieux réserver cet argent pour faire emplette d'un cercueil de meilleure qualité ; puisqu'il faut mourir tôt ou tard, il est tout naturel de renoncer à vivre quelques jours de plus, afin de faire des économies et d'être enterré honorablement. Dans cette douce et si consolante perspective, on renvoie le médecin, et, séance tenante, on fait appeler le fabricant de cercueils. Telles sont les graves préoccupations des Chinois en présence de la mort.

Heureusement que nous n'avions pas à faire de semblables calculs. Nous nous trouvions dans une position tellement favorable, qu'une question d'économie ne pouvait pas même se présenter à notre esprit, attendu que nous étions entièrement à la charge des mandarins et qu'ils étaient obligés également de nous fournir et des médecines, et un cercueil en cas de besoin. Nous étions même assuré par avance qu'on aurait la courtoisie de nous placer dans une bière de qualité un peu supérieure. Ayant donc de bons motifs pour être pleinement tranquille sur ce point, nous avalâmes en paix toutes les médecine qu'on nous présenta, sans en retrancher une seule drogue, sans même nous informer du prix qu'elles pouvaient coûter. Jamais, peut-être, le médecin de Kuen-kiang-hien n'avait eu à soigner une meilleure pratique.

L'efficacité de la médecine ne fut nullement en rapport avec nos sentiments de générosité. Nous ne pouvons dire au juste si elle nous fit du bien ou du mal, si elle se contenta de garder une prudente neutralité et de laisser la maladie aller à sa guise; tout ce que nous savons, c'est que le lendemain nous étions dans un état capable d'inspirer des craintes sérieuses. Les médecines se multipliaient, et le mal paraissait augmenter toujours; une fièvre dévorante, des maux de tête à en devenir aveugle, de continuelles contorsions d'entrailles, une peau sèche et brûlante; tels étaient les principaux caractères de la maladie. Le docteur ne nous quittait pas, car l'excellent homme y mettait de l'amour-propre. Se trouver aux prises avec l'étonnante organisation d'un diable des mers occidentales, venir à bout d'une maladie opiniâtre, atroce, enragée, telle, en un mot, qu'on n'en avait jamais vu de pareille parmi les habitants du Céleste Empire, c'était assurément un merveilleux tour de force, une cure qui en valait la peine et capable de lui procurer une prodigieuse illustration.

Le deuxième jour, nous ne sûmes pas trop ce qui se passa autour de nous, dans la chambre que nous occupions au palais communal de Kuen-kiang-hien. Nous eûmes un long délire, et, d'après ce qu'on nous raconta depuis, il paraît que notre pauvre tête avait tourné en véritable chaos, où la Chine, la France, la Tartarie, le Thibet et peut-être aussi quelques autres petites localités de ce genre, se trouvaient confondus, mêlés ensemble de manière à ne former qu'un tout ridicule et monstrueux ; les folles extravagances de notre imagination allaient chercher les personnages les plus disparates et les forçaient de tenir ensemble des conversations impossibles. Dans la soirée notre cerveau se débrouilla suffisamment pour comprendre que le médecin nous parlait d'essayer d'une opération d'acupuncture. Sa proposition nous épouvanta tellement, que, pour toute réponse, nous lui fîmes le poing, en le regardant avec tant de colère, qu'il en recula de frayeur. Cette manière de manifester sa pensée n'était pas, nous en convenons, parfaitement conforme aux rites ; mais, en ce moment-là, nous étions peut-être un peu excusable, parce que la violence du mal ne nous laissait pas une pleine liberté d'esprit et une juste appréciation de nos actes.

L'opération de l'acupuncture, inventée en Chine dans la plus haute antiquité, est passée ensuite dans le Japon; elle est fréquemment en usage dans les deux pays pour guérir un nombre considérable de maladies ; elle se pratique en introduisant dans le corps de longues aiguilles métalliques, et toute la science de l'opérateur consiste dans le choix des endroits où il faut enfoncer les aiguilles, et dans la connaissance de la profondeur où elles peuvent pénétrer et de la direction qu'elles doivent suivre ; dans certains cas extraordinaires on se sert d'une aiguille rougie au feu. On raconte des merveilles de cette opération, et nous-même nous avons été témoin plus d'une fois de cures vraiment remarquables obtenues par ce moyen ; cependant nous pensons qu'il faut être quelque peu Chinois ou Japonais pour se résigner à faire de son corps une pelote à longues aiguilles.

L'acupuncture a eu, en Europe, à différentes époques, une assez grande vogue. Voici ce que M. Abel Rémusat écrivait à ce sujet, en 1825 (1) : « L'acupuncture,
« qui, depuis la plus haute antiquité, forme l'un des
« principaux moyens de la médecine curative des Chi-
« nois et des Japonais, a été remise en usage en Europe
« depuis plusieurs années, et particulièrement préco-
« nisée en France depuis plusieurs mois. Ainsi qu'il
« arrive pour tout ce qui semble nouveau et singulier,
« ce procédé a trouvé des enthousiastes et des détrac-
« teurs. Les uns y ont vu une sorte de panacée d'un
« effet merveilleux ; les autres, une opération le plus
« souvent insignifiante, et qui, dans certains cas, pou-
« vait entraîner les suites les plus graves. De part et
« d'autre, on a cité des faits, et les observations ne se
« présentant pas assez vite ni en nombre suffisant, on
« a invoqué l'expérience des Asiatiques, habituellement

---

(1) *Mélanges asiatiques*, t. I, p. 358.

« si dédaigneux dans les matières de science. Indépen-
« damment des mémoires académiques et des articles
« de journaux, on a fait imprimer quelques opuscules
« propres à jeter du jour sur ce point intéressant de
« thérapeutique et de physiologie. »

Plusieurs médecins et physiciens célèbres, entre autres, MM. Morand, J. Cloquet et Pouillet, firent, à cette époque, de nombreuses expériences d'acupuncture. En étudiant la manière dont les aiguilles agissent sur les corps vivants, on avait été d'abord porté à penser que la douleur avait pour cause l'accumulation du fluide électrique dans la partie qui en est le siége, et que l'introduction de l'aiguille en favorisait le dégagement. L'aiguille, dans cette hypothèse, n'était qu'un véritable paratonnerre introduit dans le corps du malade. Le soulagement immédiat et, pour ainsi dire, instantané, qu'il éprouvait, conduisait naturellement à comparer cette action physiologique au phénomène qui se passe lorsqu'une surface chargée d'électricité est mise en rapport avec d'autres corps au moyen d'un conducteur métallique. On avait même cru sentir, en touchant le corps de l'aiguille, environ dix minutes après l'introduction, un petit choc assez semblable à celui qu'aurait produit un fil conducteur d'une pile voltaïque très-faible. Ainsi, on cherchait à expliquer tout à la fois la cause de l'affection qui consisterait dans une accumulation morbide du fluide électrique sur une branche nerveuse, et l'effet curatif qui s'opérait par la simple soustraction du fluide.

Plus tard on a reconnu, d'après les expériences de M. Pouillet, qu'à la vérité il y avait une action électrique produite par l'introduction d'une aiguille dans un muscle rhumatisé, mais que cette action n'était pas due à la douleur ou à la cause qui la fait naître et qui l'entretient, puisqu'elle se montre également lorsque l'acupuncture est pratiquée sur une partie qui n'est le siége d'aucune affection névralgique. On s'était assuré que cette action avait lieu de la même manière chez les animaux, et enfin qu'elle coexistait constamment avec l'oxydation de l'aiguille. On démontrait qu'elle n'était jamais excitée par une aiguille de platine, d'or ou d'argent, mais bien par les aiguilles faites de tout autre métal oxydable. Il est donc permis de conclure que le phénomène physique qu'on observe est le résultat d'une action chimique entre le métal de l'aiguille et les parties avec lesquelles on l'a mise en contact ; car il n'y a jamais d'oxydation de métal sans développement d'électricité ; il est donc à peu près certain que ce courant n'est pour rien dans le soulagement qu'éprouvent les malades.

Quant aux effets physiologiques de l'acupuncture, indépendamment du soulagement des malades qu'on a remarqué particulièrement dans les cas de rhumatisme et de névralgie, on a observé, le plus souvent, les phénomènes suivants. L'introduction de l'aiguille est peu douloureuse, si l'on a la précaution de bien tendre la peau et si l'on fait tourner l'aiguille au lieu de la pousser directement. En général, l'extraction est plus douloureuse que l'introduction ; il sort peu de sang, quelquefois cependant on en voit suinter une ou plusieurs gouttelettes. La peau se soulève autour de l'instrument en conservant sa couleur naturelle ; mais bientôt elle s'affaisse, et l'on voit ordinairement se former une auréole rouge. Le malade ressent alors des élancements qui se dirigent vers la pointe des contractions musculaires, de l'engourdissement suivant le trajet des gros cordons nerveux, des tremblements fébriles. Il n'est pas rare de voir survenir des sueurs répandues sur la partie de la peau qui répond au siége de la douleur. Cette dernière a, dès lors, cessé, ou se trouve diminuée ou transportée. C'est encore vers ce temps que surviennent les défaillances plus ou moins prononcées, plus ou moins durables, et qu'on ne saurait guère attribuer à la douleur produite par la piqûre, puisqu'elles ont lieu après que la sensation douloureuse a disparu ; c'est même là le seul accident qu'on voit communément résulter de l'acupuncture. Il y aurait à craindre, peut-être, des blessures graves et des suites funestes, si l'aiguille traversait de gros troncs nerveux, des artères, ou les organes essentiels de la vie. Quelques chirurgiens ont prétendu que l'extrême ténuité des aiguilles garantissait de ces inconvénients. Quoiqu'on ait fait plusieurs expériences sur des animaux et qu'on leur ait traversé sans le moindre accident l'estomac, le poumon et même le cœur, il n'en est pas moins vrai que de pareilles tentatives pourraient occasionner des malheurs irrémédiables.

Il est probable que les Chinois et les Japonais, ne connaissant pas l'anatomie, et n'ayant que des idées vagues et erronées sur l'organisation du corps humain, doivent souvent obtenir de bien funestes résultats dans leurs opérations. Cependant l'acupuncture n'est pas pratiquée chez eux sans règle et sans méthode, ni tout à fait abandonnée au caprice des hommes qui l'exercent.

On a déterminé sur la surface du corps humain trois cent soixante-sept points qui ont reçu des noms particuliers, d'après les rapports où l'on a supposé qu'ils étaient avec les parties internes ; et, afin qu'on puisse s'exercer sans compromettre la santé des hommes, on a fabriqué de petites figures de cuivre sur lesquelles on a ménagé de très-petits trous aux endroits convenables ; la surface de ces figures est recouverte de papier collé, et l'étudiant doit y porter l'aiguille sans hésitation, et rencontrer du premier coup l'ouverture au lieu qu'il faut opérer suivant l'affection sur laquelle il est interrogé.

« Mais que peuvent signifier toutes ces précautions,
« dit M. Abel Rémusat, en parlant d'un livre japonais
« sur l'acupuncture, lorsque, dans l'ignorance profonde
« où sont ces médecins de la situation des organes et de
« leurs connexions, ils se règlent uniquement sur les
« principes d'une routine aveugle, ou sur la théorie
« plus absurde encore d'une physiologie fantastique ;
« c'est ce qu'on peut voir dans les préceptes tant géné-
« raux que particuliers que l'auteur japonais a rassem-
« blés. On part de ce principe que les artères vont tou-
« jours de haut en bas et les veines toujours de bas en
« haut. C'est pourquoi on prescrit de piquer en tournant
« la pointe de l'aiguille vers le haut, quand on se propose
« d'aller contre le cours du sang, et de piquer en diri-
« geant la pointe en bas quand on veut aller avec le
« cours du sang. Une piqûre intempestive ou maladroi-
« tement dirigée sur certains points, se corrige en pi-
« quant sur d'autres points qui y correspondent. La moi-
« tié des prescriptions qui composent le corps de l'ou-
« vrage sont dignes de ce qu'on vient de dire. Dans les

« syncopes qui suivent une forte chute, on pique à la
« partie supérieure du cou, devant le larynx, à huit li-
« gnes de profondeur. Dans les maux de reins, on pique
« le jarret ; dans les toux sèches, on pique à la partie ex-
« terne et un peu postérieure du bras, à une ligne de pro-
« fondeur, ou au milieu de l'avant-bras, ou à la base du
« petit doigt. En considérant combien tous ces endroits
« sont éloignés les uns des autres, on a supposé que les
« médecins japonais cherchaient à agir par dérivation ;
« c'est, à mon avis, leur faire beaucoup d'honneur que
« de leur prêter une idée aussi nette du phénomène de
« la révulsion. Dans cette occasion comme dans beau-
« coup d'autres, ils semblent agir au hasard, d'après
« les suggestions d'un empirisme ignorant et crédule.

« Au reste, je ne prétends pas qu'on doive juger défi-
« nitivement la doctrine médicale des Japonais d'après un
« petit ouvrage sans autorité, où se trouvent consignées
« quelques recettes qui n'ont peut-être pas l'assentiment
« des véritables hommes de l'art au Japon. Il y a des ou-
« vrages de médecine et de chirurgie parmi nous qui
« donneraient une idée peu avantageuse de nos progrès
« dans ces deux sciences, si on les prenait au hasard dans
« nos bibliothèques, et qu'on les transportât à la Chine
« pour servir de spécimen de nos connaissances. On pos-
« sède, à la Bibliothèque du roi, un petit Traité d'acu-
« puncture en chinois, et les prescriptions qu'on y trouve
« ne s'accordent pas avec celles de l'opuscule japonais. Ce
« qu'on peut dire à la louange des médecins de l'un et
« de l'autre pays, c'est qu'une longue pratique paraît les
« avoir guidés dans l'application de l'aiguille et du
« moxa, et que le lieu d'élection qu'ils recommandent

« n'est pas toujours aussi mal choisi que dans les
« exemples rapportés ci-dessus. Ils semblent aussi avoir
« été éclairés par l'expérience sur les dangers d'intro-
« duire les aiguilles au-dessus des principaux nerfs des
« gros troncs artériels et des organes essentiels à la vie ;
« mais il est probable que leur expérience, à cet égard,
« a dû coûter cher à un certain nombre de malades. »

Nous pensions absolument comme M. Abel Rémusat lorsque le médecin de Kuen-kiang-hien nous proposa de nous enfoncer des aiguilles à travers le corps ; les opérations de ce genre dont nous avions été témoin ne nous rassuraient pas suffisamment, quoiqu'elles eussent été couronnées de succès, et nous n'éprouvions aucune envie de favoriser à nos dépens le progrès de l'acupuncture dans l'empire chinois. Le docteur comprit, du premier coup, le langage figuré par lequel nous lui exprimâmes combien l'idée de ses aiguilles nous déplaisait ; il se garda bien d'insister, surtout après que maître Ting lui eut fait observer avec une merveilleuse sagacité que les Européens n'étant pas, peut-être, organisés de la même manière que les Chinois, il s'exposait beaucoup à ne pas rencontrer juste en enfonçant les aiguilles. Quelle témérité ! s'écriait maître Ting ; est-ce que nous connaissons les Européens ? Qui sait ce qu'ils ont dans le corps ? Es-tu bien sûr, docteur, de ne pas aller piquer des inconnus avec ton aiguille ? Le docteur abonda, ou feignit d'abonder complétement dans le raisonnement de maître Ting, et il fut décidé que nous reprendrions les médecines noires, sauf quelques modifications.

La nuit fut un peu meilleure que le jour. Dans la matinée le médecin reparut et nous trouva, dit-il, dans des dispositions excellentes pour prendre un remède décisif, et dont le succès était assuré ; le résultat allait être immédiat et radical ; assurément nous ne demandions pas mieux. La préparation de cette médecine miraculeuse n'exigea ni beaucoup de temps ni grand'peine ; le docteur, ayant demandé une demi-tasse de thé, se contenta de jeter dedans une douzaine de pilules rouges, grosses tout au plus comme la tête d'une épingle, de véritables globules homœopathiques. Aussitôt que nous eûmes avalé ce thé, qui, par l'addition des pilules, avait pris une forte odeur de musc, on fit sortir tout le monde de notre chambre, et on ordonna de nous laisser en repos ; nous n'affirmerons pas que ce fut précisément à ce genre de traitement que nous dûmes notre soulagement et notre guérison ; ce qu'il y a de certain, c'est que nous ne tardâmes pas à éprouver un mieux notable, qui alla en augmentant pendant tout le reste de la journée. Le soir nous prîmes encore six globules rouges, et le lendemain nous étions en bon état ; les forces, il est vrai, n'étaient pas revenues ; nous éprouvions une grande faiblesse, comme un affaiblissement général de tous nos membres ; mais la maladie avait complétement disparu ; il n'y avait plus ni convulsions, ni maux de tête, ni douleur d'entrailles. Le médecin-apothicaire était, sans contredit, l'être le plus fier de la création ; il dissertait avec aplomb et assurance sur toutes les choses imaginables, et ceux qui l'écoutaient s'empressaient à l'envi d'applaudir à toutes les paroles qui sortaient de sa bouche. Il ne manqua pas surtout de s'appesantir un peu sur l'efficacité infaillible de sa médecine rouge administrée à propos et selon les règles de la prudence et de la sagesse, deux vertus que le ciel avait bien voulu lui départir à un suprême degré.

Ces pilules rouges, auxquelles tout le monde attribuait notre guérison, n'étaient pas pour nous un remède inconnu, car il jouit, en Chine, d'une célébrité prodigieuse, et nous l'avions entendu prôner de toute part; le nom pompeux et emphatique qu'il porte n'est pas au-dessous de sa grande réputation ; on l'appelle *ling-pao-jou-y-tan*, c'est-à-dire « trésor surnaturel pour tous les désirs; » c'est une véritable panacée universelle, guérissant, dit-on, de toutes les maladies sans exception ; la grande difficulté consiste à en varier la dose et à la combiner avec un liquide convenable. Administré mal à propos, ce remède peut devenir dangereux et causer de terribles infirmités ; sa composition est un secret. Une seule famille de Péking est en possession de la recette, qui se transmet fidèlement de génération en génération ; ainsi il nous est impossible de désigner les ingrédients qui entrent dans la composition de ce remède ; son odeur musquée, quoique très-forte, ne doit pas être considérée comme quelque chose de caractéristique, car, en Chine, non-seulement les médicaments, mais encore tous les objets, les hommes, la terre, l'air, tout est plus ou moins imprégné de cette odeur particulière. L'empire chinois tout entier sent le musc, et les marchandises même importées d'Europe s'en pénètrent complétement après quelque temps.

Le trésor surnaturel, quoique fabriqué seulement à Péking et dans une famille unique, est, malgré cela, très-connu dans toutes les provinces de l'empire, où on peut en acheter à un prix assez modéré; il y a seulement à se préserver des falsifications, ce qui, en Chine, n'est pas chose très-facile : à Péking le prix de ce remède n'a jamais varié, on le vend toujours au poids de l'argent pur. Un jour nous allâmes nous-même en acheter dans le principal magasin, et nous n'eûmes qu'à placer un petit lingot d'argent dans le plateau d'une balance ; le marchand mit dans l'autre un poids égal de pilules rouges.

Le trésor surnaturel est peut-être le sudorifique le plus énergique qui existe ; mais il agit d'une manière toute particulière ; un seul de ces petits globules rouges, réduit en poudre, et mis dans le nez comme une prise de tabac, occasionne une si longue suite non interrompue de violents éternuments, que bientôt tout le corps entre en transpiration, et lorsque, enfin, après cette crise sternutatoire, on revient à soi, on se trouve comme inondé de sueur. On se sert encore de cette poudre pour voir si un malade est en danger prochain de mort ; si une prise, disent les Chinois, est incapable de le faire éternuer, il mourra certainement dans la journée ; s'il éternue une fois, il n'y a rien à craindre jusqu'au lendemain ; enfin l'espoir augmente avec le nombre des éternuments.

La médecine chinoise est surtout remarquable par l'extrême bizarrerie de ses procédés ; la collection des livres où on peut l'étudier est très-considérable ; malheureusement on n'y trouve, le plus souvent, que des recueils de recettes plus ou moins connues du public. Quoiqu'il soit probable que les Européens ne pourraient rencontrer dans ces livres rien de bien intéressant au point de vue scientifique, nous pensons, pourtant, qu'on aurait peut-être tort de les dédaigner entièrement. Les

Chinois sont doués d'un prodigieux talent d'observation ; ils ont tant de pénétration et de sagacité, qu'ils remarquent facilement dans tout ce qui les entoure une foule de choses auxquelles des esprits supérieurs ne feraient jamais attention ; on ne saurait contester, d'ailleurs, que leur longue civilisation et leur habitude de recueillir et de conserver par l'écriture les découvertes les plus importantes ont dû les mettre en possession d'un véritable trésor de connaissances utiles. Nous n'avons pas eu l'honneur d'étudier la médecine ; mais nous avons entendu des docteurs émérites soutenir que l'art de guérir les hommes était moins une affaire de science que d'expérience et d'observation. Les maladies et les infirmités sont le lugubre apanage de l'humanité à toutes les époques et sous tous les climats ; n'est-il pas permis de penser que Dieu aura toujours mis à la portée des hommes les moyens nécessaires pour soulager leur douleur et conserver leur santé ? Les peuples incivilisés, les sauvages même, ont été quelquefois en possession de certains remèdes que la science était non-seulement incapable d'inventer, mais dont elle ne savait pas expliquer les effets.

Il y a, en Chine, pour le moins autant de maladies qu'ailleurs ; cependant on ne voit pas que la mortalité y soit proportionnellement plus grande que dans les autres pays ; son immense et exubérante population est là pour attester qu'on n'y est pas beaucoup plus maladroit qu'en Europe pour conserver la vie des hommes. Les Chinois, pas plus que les Occidentaux, n'ont pu réussir à composer un bon élixir d'immortalité, quoiqu'ils aient eu la faiblesse d'y travailler à outrance pendant plusieurs siècles ; cependant ils ont su trouver les moyens de vivre aussi longtemps que nous, et, parmi eux, les octogénaires sont assez nombreux.

Nous sommes loin d'envier aux Chinois leur médecine quelque peu empirique ; nous prétendons seulement qu'il serait possible de trouver chez eux des moyens curatifs suffisants et proportionnés à leurs besoins. On les voit même quelquefois traiter avec le plus grand succès des maladies qui dérouteraient la science de nos célèbres facultés. Il n'est pas de missionnaire qui, dans ses courses apostoliques, n'ait été témoin de quelque fait capable d'exciter sa surprise et son admiration. Lorsqu'un médecin est parvenu à guérir promptement et radicalement une maladie présentant tous les symptômes les plus graves et les plus dangereux, il ne faut pas s'amuser à discuter savamment les moyens qui ont été employés, et chercher à prouver leur inefficacité. Le malade a été guéri, il jouit actuellement d'une parfaite santé, voilà l'essentiel. Il n'est personne qui ne préfère être sauvé bêtement que tué par un procédé scientifique.

Il est incontestable qu'il existe, en Chine, des médecins qui savent guérir de la rage la mieux caractérisée ; peu importe ensuite que, pendant le traitement de cette affreuse maladie, on défende expressément d'exposer à la vue du malade aucun objet où il pourrait y avoir du chanvre, sous prétexte que cela neutraliserait les effets du remède. Durant plusieurs années, nous avons eu pour catéchiste un homme qui avait le précieux talent de remettre les membres fracturés. Nous lui avons vu opérer et guérir avec une extrême facilité plus de cinquante malheureux dont les ossements étaient rompus et quelquefois broyés. L'opération réussissait toujours si bien, que les malades venaient eux-mêmes remercier cet homme, dans la chambre qu'il occupait à côté de la nôtre. Devant de pareils résultats, nous n'avons jamais eu envie de rire, en pensant que l'emplâtre employé pour favoriser la soudure des ossements était fabriqué avec des cloportes, du poivre blanc et une poule pilée toute vivante.

En 1840, nous avions, dans notre séminaire de Macao, un jeune Chinois qu'on allait renvoyer dans sa famille, parce qu'une surdité complète, dont il avait été atteint depuis quelques mois, ne lui permettait pas de continuer ses études. Plusieurs médecins chinois, portugais, anglais et français avaient essayé vainement de le guérir de cette infirmité. Les docteurs expliquèrent en termes techniques le mécanisme de l'ouïe ; ils en dirent des choses merveilleuses et qui faisaient le plus grand honneur à leur profonde science ; mais leurs traitements se trouvèrent infructueux, et le malade fut déclaré incurable. Heureusement nous avions dans la maison un chrétien tout récemment arrivé de notre mission des environs de Péking. Il n'était ni médecin, ni savant, ni lettré ; c'était tout bonnement un très-pauvre cultivateur. Il se souvint que les paysans de son pays se servaient avec succès d'une certaine plante pour guérir la surdité. A force de chercher aux environs de Macao, il eut le bonheur de trouver cette herbe salutaire. Il exprima le suc de quelques feuilles dans les oreilles du malade, qui rendirent aussitôt une quantité prodigieuse d'humeur, et, dans deux jours, la guérison fut complète ; ce jeune

Chinois a pu continuer ses études; et aujourd'hui il est missionnaire dans une des provinces du Midi (1).

Les Chinois ont des maladies particulières qu'on ne connaît pas ailleurs, comme aussi il en existe plusieurs qui font de grands ravages en Europe, et qu'on ne retrouve pas en Chine. Il y en a qui sont communes à l'Orient et à l'Occident, et qu'on n'est pas plus habile à guérir d'un côté que de l'autre. La phthisie, par exemple, est réputée incurable par tous les médecins chinois. Il en est de même du choléra-morbus, de cette maladie terrible, qui paraît s'être manifestée d'abord en Chine, avant de se répandre dans les autres contrées de l'Asie, et ensuite en Europe. Voici dans quelles circonstances cet épouvantable fléau, autrefois inconnu à la Chine, fit sa première apparition. Nous tenons ces renseignements d'un grand nombre d'habitants de la province du Chan-tong, qui ont été témoins oculaires de ce que nous allons dire.

La première année du règne de l'empereur défunt, c'est-à-dire en 1820, de grandes vapeurs roussâtres apparurent un jour sur toute la surface de la mer Jaune. Ce phénomène extraordinaire fut remarqué par les Chinois de la province du Chan-tong, qui habitent aux environs des côtes de la mer. Ces vapeurs, d'abord légères, augmentèrent insensiblement, se condensèrent, s'élevèrent peu à peu au-dessus du niveau des eaux de la mer Jaune, et finirent par former un immense nuage roux

---

(1) Nous pourrions citer, au sujet de la médecine chinoise, un grand nombre de faits très-curieux; mais nous préférons nous en abstenir, parce que

Le vrai peut quelquefois n'être pas vraisemblable.

qui, pendant plusieurs heures, demeura flottant et se balançant dans les airs. Les Chinois, comme dans toutes les apparitions des grands phénomènes de la nature, furent saisis d'épouvante et cherchèrent dans les opérations superstitieuses des bonzes les moyens d'écarter le mal qui les menaçait. On brûla une quantité prodigieuse de papier magique, qu'on jetait tout enflammé à la mer; on improvisa de longues processions où l'on portait l'image du Grand Dragon, car on attribuait ces sinistres présages à la colère de cet être fabuleux. Enfin on en vint à la dernière et suprême ressource des Chinois en pareille circonstance; on exécuta un charivari monstre le long des côtes de la mer. Hommes, femmes, enfants, tous frappaient à coups redoublés sur l'instrument capable de produire le bruit le plus sonore, le plus retentissant; les tam-tam, les vases de cuisine, les objets métalliques étaient choisis de préférence. Les cris les plus sauvages d'une innombrable multitude venaient encore ajouter à l'horreur de ce vacarne infernal. Nous avons été témoin une fois d'une semblable manifestation dans une des plus grandes villes du Midi, où tous les habitants, sans exception, enfermés dans leur maison, frappaient avec frénésie sur des instruments de métal et s'abandonnaient à des vociférations inouïes. On ne saurait imaginer rien de plus effroyable que cet immense et monstrueux tumulte s'élevant du sein d'une grande cité.

Pendant que les habitants du Chan-tong cherchaient à conjurer ce malheur inconnu, mais que tout le monde pressentait, un vent violent qui souffla tout à coup fit rouler et tourbillonner le nuage, et parvint à le diviser en plusieurs grandes colonnes, qu'il poussa vers la terre. Ces vapeurs roussâtres se répandirent bientôt, comme en serpentant, le long des collines et dans les vallons, rasèrent les villes et les villages, et le lendemain, partout où le nuage avait passé, les hommes se trouvèrent subitement atteints d'un mal affreux, qui, dans un instant, bouleversait toute leur organisation et en faisait de hideux cadavres. Les médecins eurent beau feuilleter leurs livres, on ne trouva nulle part aucune notion de ce mal nouveau, étrange, et qui frappait, comme la foudre, tantôt d'un côté, tantôt d'un autre, sur les pauvres et les riches, les jeunes et les vieux, mais toujours d'une manière capricieuse et sans suivre aucune règle fixe au milieu de ses vastes ravages. On essaya d'une foule de remèdes, on fit un grand nombre d'expériences, et tout fut inutile, sans succès ; l'implacable fléau sévissait toujours avec la même colère, plongeant partout les populations dans le deuil et l'épouvante.

D'après tout ce que les Chinois nous ont raconté de cette terrible maladie, il est incontestable que c'était le choléra-morbus. Il ravagea d'abord la province du Chan-tong et monta ensuite vers le nord jusqu'à Péking, frappant toujours dans sa marche les villes les plus populeuses ; à Péking les victimes furent proportionnellement plus nombreuses que partout ailleurs. De là, le choléra franchit la grande muraille, et les Chinois disent qu'il s'en alla en Tartarie s'évanouir parmi la Terre des herbes. Il est probable qu'il aura suivi la route des caravanes jusqu'à la station russe de Kiakhta, et qu'ensuite, tournant au nord-ouest en longeant la Sibérie, il aura envahi la Russie et la Pologne, d'où il a bondi sur la France après la révolution de 1830, tout juste dix ans après être sorti du sein de la mer Jaune. Lorsque les habitants du Chan-tong nous racontèrent, en 1849, l'histoire de l'apparition du choléra dans leur province, il nous sembla qu'il avait suivi, pour venir en France, la marche que nous venons d'indiquer.

En Chine, chacun exerce la médecine avec entière liberté ; le gouvernement ne s'en mêle en aucune manière. On a pensé que le vif et irrésistible intérêt que les hommes portent naturellement à leur santé serait un motif suffisant pour les empêcher de donner leur confiance à un médecin qui n'en serait pas digne. Aussi, quiconque a lu quelques livres de recettes et étudié la nomenclature des médicaments a le droit de se lancer avec intrépidité dans l'art de guérir ses semblables..., ou de les tuer.

La médecine est, comme l'enseignement, un excellent débouché pour favoriser l'écoulement des nombreux bacheliers qui ne peuvent parvenir aux grades supérieurs et prétendre au mandarinat. Aussi les docteurs pullulent en Chine ; sans parler des médecins officieux, qui sont innombrables, puisque, comme nous l'avons déjà dit, tous les Chinois savent plus ou moins la médecine, il n'est pas de petite localité qui ne possède plusieurs médecins de profession. Leur position n'est pas, à beaucoup près, aussi brillante qu'en Europe ; outre qu'il n'y a pas grand honneur à exercer un état qui est à la portée, et, en quelque sorte, à la merci de tout le monde, on n'y trouve non plus que

très-peu de chose à gagner. Ordinairement, les visites ne se payent pas ; les remèdes se vendent à bon marché, et toujours à crédit ; d'où il faut conclure qu'on ne peut guère compter que sur le tiers de son revenu. En outre, il est assez d'usage de ne pas payer les médecines qui ne produisent pas de bons effets, ce qu'elles se permettent assez souvent. Mais la situation la plus triste et la plus piteuse pour le médecin chinois, c'est lorsqu'il est obligé de se cacher ou de se sauver loin de son pays, pour éviter la prison, les amendes, les coups de bambou, et quelquefois pis encore. Cela peut arriver quand, ayant promis de guérir un malade, il a la maladresse de le laisser mourir. Les parents ne se font pas faute de lui intenter un procès ; et, dans ce cas, pour peu qu'on tienne à la vie et aux sapèques, le parti le plus sûr, c'est de prendre la fuite. La législation semble, du reste, favoriser ces procédés un peu sévères à l'égard des médecins. Voici ce qu'on lit dans le *Code pénal* de la Chine, section 297 : « Quand ceux
« qui exerceront la médecine ou la chirurgie sans s'y
« entendre, administreront des drogues ou opéreront,
« avec un outil piquant ou tranchant, d'une façon con-
« traire à la pratique et aux règles établies, et que, par
« là, ils auront contribué à faire mourir un malade,
« les magistrats appelleront d'autres hommes de l'art
« pour examiner la nature du remède qu'ils auront
« donné ou celle de la blessure qu'ils auront faite, et
« qui auront été suivis de la mort du malade. S'il est
« reconnu qu'on ne peut les accuser que d'avoir agi
« par erreur, sans aucun dessein de nuire, le médecin
« ou le chirurgien pourra se racheter de la peine qu'on

« inflige à un homicide, de la manière réglée pour les
« cas où l'on tue par accident ; mais ils seront obligés
« de quitter pour toujours leur profession. » Cette dernière mesure nous paraît assez sage, et mériterait peut-être d'être empruntée à la Chine.

Les docteurs chinois aiment beaucoup les spécialités, et s'occupent exclusivement du traitement de certaines maladies. Il y a des médecins pour les maladies qui proviennent du froid, et d'autres pour celles qui sont causées par le chaud. Les uns pratiquent l'acupuncture, d'autres raccommodent les membres cassés. Il y a enfin des médecins pour les enfants, des médecins pour les femmes, des médecins pour les vieillards. Il en est qu'on nomme suceurs de sang et qui fonctionnent comme des ventouses vivantes ; ils apposent hermétiquement leurs lèvres sur les tumeurs et les abcès des malades, puis, à force d'aspirer, ils font le vide, et le sang et les humeurs jaillissent en abondance dans leur bouche. Nous avons eu occasion de voir à l'œuvre un de ces vampires, et nous n'oublierons jamais le spectacle rebutant que présentait cette face hideuse collée aux flancs d'un malheureux qu'elle semblait vouloir dévorer. La cure des yeux, des oreilles et des pieds est ordinairement réservée aux barbiers, qui jouissent, en outre, dans quelques provinces du Midi, du privilége de faire la pêche aux grenouilles. Quelle que soit la spécialité des médecins chinois, on en voit très-peu qui deviennent riches en exerçant leur art ; ils vivent au jour le jour, comme ils peuvent, et rivalisent ordinairement de privations et de misère avec leurs confrères les maîtres d'école.

D'après tout ce que nous venons de dire, le lecteur

s'est peut-être formé une idée peu favorable de la médecine chinoise. Notre devoir était de raconter avec franchise et liberté ce que nous savions ; cependant nous ne voudrions pas lui avoir porté quelque préjudice dans l'opinion publique ; car il ne serait pas impossible que ce fût à elle, après Dieu, que nous soyons redevable de la vie.

Aussitôt que notre guérison fut bien constatée, les mandarins civils et militaires de Kuen-kiang-hien s'empressèrent de nous rendre visite en grande tenue et de nous féliciter des faveurs que le ciel et la terre venaient de nous accorder. Ils nous exprimèrent de la manière la plus vive combien ils étaient heureux de nous voir hors de danger et sur le point de rentrer en possession de notre précieuse et brillante santé. Cette fois nous fûmes persuadé que les paroles des mandarins étaient pleines de sincérité et qu'elles étaient l'expression vraie de leurs sentiments. C'est que notre rétablissement les déchargeait d'une effrayante responsabilité ; ils avaient dû être en proie à de bien vives inquiétudes, pendant que nous les menacions de mourir sous leur juridiction, non pas qu'ils eussent la bonhomie d'attacher quelque prix à notre existence ; mais ils ne pouvaient douter que notre mort serait pour eux une source d'embarras inextricables.

Il existe, en Chine, une responsabilité terrible à l'égard des cadavres. Lorsqu'un individu meurt dans sa famille, il n'y a pas de difficulté ; les parents en répondent, et personne n'a le droit d'élever des doutes ou des soupçons sur les causes de sa mort ; mais, s'il perd la vie hors de chez lui, la loi veut que le propriétaire de l'endroit sur lequel se trouve le cadavre soit responsable. Qu'il se rencontre dans un bois, au milieu d'un champ, sur un terrain inculte, peu importe, le maître du sol est tenu d'avertir l'autorité et de donner des explications qui, pour être valables, doivent être acceptées par les parents du mort. Alors ceux-ci se chargent des funérailles ; une fois qu'ils ont été amenés à présider à l'inhumation, tout est fini. Jusque-là le malheureux propriétaire du terrain demeure responsable de la vie d'un homme dont, peut-être, il n'avait jamais entendu parler. Dans ces circonstances, il se passe des choses affreuses ; il y a des procès incroyables, où les mandarins et les parents du mort font assaut de fourberie et de méchanceté pour assouvir leur cupidité et ruiner leur victime. On garde dans un cachot ce pauvre innocent, et on tient suspendue sur sa tête la menace d'une condamnation à mort, jusqu'à ce qu'il se soit dépouillé de tous ses biens.

Cette terrible loi de responsabilité, quoiqu'elle soit souvent, dans l'application, une source de monstrueuses iniquités, a dû être considérée, sans doute, dans la pensée du législateur, comme une sauvegarde de la vie des hommes, comme une barrière salutaire opposée au débordement des passions. On conçoit que, dans un pays comme la Chine, où il n'existe pas de principe religieux dont l'influence soit capable de refouler les mauvais instincts, les assassinats se multiplieraient de toutes parts, et le sang de l'homme serait bientôt compté pour rien ; il a donc fallu des lois draconiennes pour tenir dans le devoir ces populations matérialistes, vivant sans Dieu, sans religion, et, par conséquent, sans conscience. Afin de leur apprendre à respecter la vie de leurs semblables, il était nécessaire qu'un cadavre fût pour tout le monde un objet de terreur et d'épouvante.

Nous ne saurions dire si cette loi a obtenu les bons résultats qu'on s'en promettait ; mais il nous a été souvent très-facile de remarquer les abus criants auxquels elle a donné lieu. Sans parler davantage de ces procès iniques, de ces persécutions exercées par des mandarins contre des innocents, il est certain que cette loi tend à étouffer tout sentiment de pitié et de commisération envers les malheureux. Qui aurait le courage de recueillir dans sa demeure un homme souffrant, un pauvre, un voyageur, dont la vie serait en danger ; qui oserait prodiguer ses soins à un moribond, lui permettre de mourir dans son champ, ou même dans le fossé qui l'avoisine ? Un tel acte de miséricorde ou de compassion risquerait d'être payé par une ruine complète, et peut-être par le dernier supplice. Aussi, les malheureux, les infirmes, les estropiés sont repoussés avec soin des demeures des particuliers ; ils sont obligés de rester étendus sur la voie publique, ou de se traîner sous des espèces de hangars, qui, étant la propriété du gouvernement, ne compromettent la responsabilité de personne. Un jour, nous avons vu un honnête marchand exhorter, avec larmes et supplications, un malheureux qui était tombé évanoui sur le seuil de sa boutique, afin de l'engager à mourir ailleurs, un peu loin de sa maison. Le pauvre se souleva, se fit aider par un passant, et eut la charité d'aller rendre le dernier soupir au milieu de la rue.

Une des plus grandes vengeances qu'un Chinois puisse exercer contre un ennemi, c'est de déposer furtivement un cadavre sur sa propriété. Il est sûr de le faire entrer par là dans une longue suite de misères et de calamités. A l'époque où nous étions dans notre missions de la vallée des Eaux noires, en dehors de la grande muraille, une des petites villes des environs fut le théâtre d'un crime horrible. Un vagabond entra dans le magasin d'une grande maison de commerce, et, s'adressant directement au chef de l'établissement : Intendant de la caisse, lui dit-il, j'ai besoin d'argent, et je n'en ai pas ; je viens te prier de m'en prêter un peu. Je sais que votre société est riche... La figure sinistre et le ton audacieux de cet homme intimidèrent le marchand, qui n'osa pas le renvoyer. Il lui offrit deux onces d'argent, en lui disant poliment que c'était pour boire une tasse de thé. Le mendiant, indigné, demanda avec effronterie si l'on pensait qu'un homme comme lui pût se contenter de deux onces... C'est bien peu, dit le marchand, mais nous n'avons pas autre chose. Le commerce ne va pas, les temps sont mauvais ; aujourd'hui tout le monde est pauvre. — Comment, vous autres aussi, vous êtes pauvres, dit le mendiant ; dans ce cas, gardez vos deux onces ; je suis un homme juste et je ne veux pas vous faire mourir de faim..., et il s'en alla en jetant sur le marchand un regard de bête fauve.

Le lendemain, il se présenta de nouveau dans la rue, devant le magasin, et, tenant un jeune enfant dans ses bras... Intendant de la caisse, s'écria-t-il, intendant de la caisse !... Celui-ci, reconnaissant son mendiant, lui dit en riant : Ah ! voilà que tu as eu un remords, tu viens chercher les deux onces. — Non, je ne viens rien chercher; au contraire, je veux te faire un cadeau. Tiens, voilà pour faire aller ton commerce... A ces mots, il prend l'enfant, lui plonge un couteau dans le sein, le jette tout sanglant dans la boutique, et se sauve en courant à travers le dédale des rues. L'enfant appartenait à une famille ennemie de cette maison de commerce, qui fut entièrement ruinée, et dont les principaux associés eurent longtemps à souffrir dans les prisons publiques.

Il est probable que des cas de cette nature ne se reproduisent pas fréquemment ; on comprend cependant que la loi chinoise n'atteint pas toujours son but, et qu'au lieu d'éloigner du crime les hommes pervers, elle peut quelquefois les y entraîner.

La crainte des mandarins de Kuen-kiang-hien n'avait pas été, sans doute, jusqu'à leur faire redouter quelqu'une de ces terribles avanies à la chinoise ; mais ils s'étaient imaginé que le gouvernement français s'occuperait, à coup sûr, de notre mort ; qu'il en demanderait compte à leur empereur ; que, par suite, il y aurait des enquêtes, des embarras, des tracasseries de tout genre, que des malveillants pourraient les accuser de négligence ; qu'enfin, ils étaient exposés à être destitués et sévèrement punis. Nous nous gardâmes bien de les détromper et de leur dire que notre gouvernement avait bien autre chose à faire qu'à se préoccuper de nous ; il valait mieux leur laisser cette crainte salutaire ; salutaire, non pas pour eux bien entendu, mais pour les missionnaires qui, dans la suite, pourraient avoir quelque chose à démêler dans leurs tribunaux. Ces mandarins ne savaient pas probablement que l'assassinat juridique de plusieurs missionnaires français, en Chine, n'avait nullement empêché les deux gouvernements de se donner réciproquement les plus touchants témoignages d'estime et d'affection ; sans cela ils eussent joui d'une sécurité inaltérable, et notre maladie, notre mort même, eût été incapable de leur apporter le moindre souci.

Après quatre jours de repos à Kuen-kiang-hien, nos forces étant suffisamment revenues, nous songeâmes à continuer notre voyage. Lorsque nous annonçâmes cette heureuse nouvelle au préfet de la ville, bien qu'il fît de généreux efforts pour se maîtriser, il lui fut impossible de comprimer les transports de son allégresse. Son langage était tout embaumé, tout ruisselant de poésie ; il nous souhaita, il nous promit même, pour tous les jours, jusqu'à Macao, une route belle et unie, un temps serein, un ciel toujours bleu ; puis de la fraîcheur et des ombrages à volonté ; un vent favorable et un courant propice sur le fleuve ; enfin il n'oublia rien de ce qui peut rendre un voyage heureux et agréable. Quel bonheur qu'il se soit trouvé sur notre passage, et précisément au moment de notre maladie ! Est-ce qu'il n'aurait pas pu se rencontrer à Kuen-kiang-hien un magistrat indifférent, égoïste, et qui n'eût pas compris toute l'étendue de ses obligations à notre égard ; un magistrat qui n'eût pas su, comme lui, dépenser tout son cœur, nous entourer chaque jour, comme il avait eu le bonheur de le faire, de soins, d'affection et de dévouement? Et afin de nous bien convaincre de la sincérité de ses sentiments, il nous assura qu'il avait poussé sa sollicitude jusqu'à aller choisir pour nous un magnifique cercueil chez le premier fabricant de Kuen-kiang-hien. Il est incontestable qu'on ne pouvait se montrer plus galant homme ; nous tenir un cercueil tout prêt, en cas de besoin, c'était de la courtoisie la plus exquise, et nous ne manquâmes pas de le remercier avec effusion de cette attention si tendre et si délicate.

On conviendra qu'il faut nécessairement être en Chine pour entendre des hommes se faire de semblables gracieusetés au sujet d'un cercueil. Dans tous les pays du monde on s'abstient de parler de cet objet lugubre, destiné à renfermer les restes d'un parent ou d'un ami ; on le prépare en secret, loin de la vue des hommes, et, quand la mort est entrée dans une maison, le cercueil doit y pénétrer furtivement et en cachette, afin d'épargner un surcroît de douleurs et de déchirements à une famille éplorée. Quant aux Chinois, ils voient la chose tout différemment ; à leurs yeux un cercueil est tout bonnement une chose de première nécessité quand on est mort, et, pendant la vie, un article de luxe et de fantaisie. Il faut voir comme, dans les grandes villes, on les étale avec élégance et coquetterie dans de magnifiques magasins, avec quel soin on les peint, on les vernisse, on les frotte, on les fait reluire, pour agacer les passants et leur donner la fantaisie d'en acheter un. Les gens aisés, et qui ont du superflu pour leurs menus plaisirs, ne manquent pas, en effet, de se pourvoir à l'avance d'une bière selon leur goût, et qui leur aille bien. En attendant que vienne l'heure de se coucher dedans, on la garde dans la maison comme un meuble de luxe, dont l'utilité n'est pas, il est vrai, prochaine et immédiate, mais qui ne peut manquer de présenter un consolant et agréable coup d'œil dans des appartements convenablement ornés.

Le cercueil est surtout, pour des enfants bien nés,

un excellent moyen de témoigner la vivacité de leur piété filiale aux auteurs de leurs jours ; c'est une douce et grande consolation au cœur d'un fils que de pouvoir faire emplette d'une bière pour un vieux père ou une vieille mère, et d'aller le leur offrir solennellement, au moment où ils y pensent le moins ; lorsqu'on aime bien quelqu'un, on est toujours ingénieux pour lui procurer d'agréables surprises. Si l'on n'est pas assez favorisé de la fortune pour avoir un cercueil en réserve, il est bon qu'on n'attende pas tout à fait au dernier moment, et que, avant de saluer le monde, comme on dit en Chine, on ait au moins la satisfaction de jeter un regard sur sa dernière demeure ; aussi, quand un malade est déclaré inguérissable, s'il a le bonheur d'être entouré de personnes compatissantes et dévouées, on ne manque pas de lui acheter un cercueil et de le placer à côté de son lit. Dans la campagne ce n'est pas si facile ; on n'en trouve pas toujours de tout préparés, et puis les paysans n'ont pas les habitudes du luxe comme les habitants des villes ; on y va plus simplement. On appelle le menuisier de la localité qui prend mesure au malade, en ayant bien soin de lui faire observer que l'ouvrage doit être toujours un peu avantageux, parce que, quand on est mort, on s'étire. Aussitôt qu'on est bien convenu de la longueur et de la largeur, et surtout de ce que coûtera la façon, on fait apporter du bois, et les scieurs de long se mettent à travailler dans la cour, tout à côté de la chambre du moribond ; s'il n'est pas toujours à portée de les voir à l'œuvre, il peut, du moins, entendre le grincement sourd et mélancolique de la scie qui lui découpe des planches, pendant que la mort, elle aussi, est occupée à le séparer de la vie. Tout cela se pratique sans émotion et avec un calme inaltérable. Nous avons été témoin plus d'une fois de semblables scènes, et c'est une des choses qui nous ont toujours étonné le plus dans les mœurs si extraordinaires des Chinois ; ce fut, du reste, une de nos premières impressions dans ce singulier pays.

Peu de temps après notre arrivée dans notre mission du Nord, nous nous promenions un jour dans la campagne avec un séminariste chinois qui avait la patience de répondre à nos longues et ennuyeuses questions sur les hommes et les choses du Céleste Empire. Pendant que nous étions à dialoguer de notre mieux, entremêlant tour à tour dans notre langage le latin et le chinois, suivant que les mots nous faisaient défaut d'un côté ou d'un autre, nous vîmes venir vers nous une foule assez nombreuse, cheminant avec ordre le long d'un étroit sentier ; on eût dit une procession. Notre premier mouvement fut de changer de direction, pour aller nous mettre à l'abri derrière une montagne ; n'étant pas encore très-expérimenté dans les us et coutumes des Chinois, nous évitions de nous produire, de peur d'être reconnu, puis immédiatement jeté en prison, jugé et étranglé. Notre séminariste nous rassura, et nous dit que nous pouvions continuer sans crainte notre promenade. La foule, qui avançait toujours vers nous, nous ayant atteints, nous nous arrêtâmes pour la laisser passer. Elle était composée d'un grand nombre de villageois, qui nous regardaient en riant, et dont la physionomie paraissait très-bienveillante. Après eux venait un brancard sur lequel on portait un cercueil vide. Derrière le cercueil suivait un autre brancard où était étendu un moribond enveloppé de quelques couvertures. Sa figure était livide, décharnée, et ses regards mourants ne quittaient pas le cercueil qui le précédait. Lorsque tout le monde fut passé, nous nous empressâmes de demander au séminariste ce que signifiait cet étrange cortége. C'est un malade, nous dit-il, qui se trouvait dans un village voisin et qu'on transporte dans sa famille tout près d'ici. Les Chinois n'aiment pas à mourir hors de chez eux. — Ce sentiment est bien naturel ; mais pourquoi ce cercueil ? — Il est pour le malade qui probablement n'a que quelques jours à vivre. On a déjà tout préparé pour les funérailles. J'ai remarqué qu'il y avait à côté du cercueil une pièce de toile blanche ; on s'en servira pour porter le deuil. Ces paroles nous jetèrent dans un profond étonnement, et nous comprîmes que nous étions dans un monde nouveau, au milieu d'un peuple dont les idées et les sentiments différaient beaucoup des sentiments et des idées des Européens. Ces hommes qui commençaient tranquillement les funérailles d'un parent ou d'un ami encore vivant ; ce cercueil qu'on avait eu l'attention de placer sous les yeux du moribond, sans doute afin de lui être plus agréable, tout cela nous plongea dans des rêveries étranges, et la promenade se continua en silence.

Ce calme étonnant des Chinois aux approches de la mort n'a pas coutume de se démentir, quand arrive le moment suprême. Ils meurent avec une tranquillité, une quiétude incomparables, sans agonie, sans éprouver ces agitations, ces secousses terribles qui d'ordinaire rendent la mort si effrayante. Ils s'éteignent tout doucement, comme une lampe qui n'a plus d'huile pour s'alimenter. La marque la plus certaine à laquelle on puisse reconnaître qu'ils n'ont plus longtemps à vivre, c'est qu'ils ne demandent plus leur pipe. Quand les chrétiens venaient nous appeler pour administrer les derniers sacrements, ils ne manquaient pas de nous dire : *Le malade ne fume plus;* c'était une formule pour nous indiquer que le danger était pressant, et qu'il n'y avait pas de temps à perdre.

Nous pensons que la mort si paisible des Chinois doit être attribuée d'abord à leur organisation molle et lymphatique, et ensuite à leur manque total d'affection et de sentiment religieux. Les appréhensions d'une vie future et l'amertume des séparations n'existent pas pour des hommes qui n'ont jamais aimé personne profondément, et qui ont passé leur vie sans s'occuper ni de Dieu ni de leur âme. Ils meurent avec calme, c'est vrai ; mais les êtres privés de raison ont aussi le même avantage, et, au fond, cette mort est la plus triste et la plus lamentable qu'on puisse imaginer.

Nous quittâmes enfin cette ville de Kuen-kiang-hien, où nous avions été sur le point de nous arrêter pour toujours ; mais, avant de partir, nous eûmes la curiosité d'aller voir la bière qui nous avait été destinée. Elle était faite de quatre énormes troncs d'arbre, bien rabotés, coloriés en violet, puis recouverts d'une couche de beau vernis. Maître Ting nous demanda comment nous la trouvions. — Superbe, mais franchement nous aimons autant être assis dans notre palanquin que couché là dedans.

Nous reprîmes notre voyage conformément au nouveau programme, c'est-à-dire à la lueur des torches et des lanternes. Le médecin nous l'avait recommandé, en nous donnant, avant notre départ, quelques conseils hygiéniques. Cette nuit de voyage nous rendit un peu d'activité, ranima notre appétit et nos forces, et le lendemain nous entrâmes frais et dispos dans le palais communal de Tien-men.

CHAPITRE II.

Visite des mandarins de Tien-men. — Soins qu'ils nous prodiguent. — Tien-men renommée pour la quantité et la beauté de ses pastèques. — Importance des graines de melon d'eau. — Causticité d'un jeune mandarin militaire. — Les habitants du Sse-tchouen traités comme des étrangers dans la province du Hou-pé. — Préjugés des Européens au sujet des Chinois. — De quelle manière sont composés la plupart des écrits sur la Chine. — Ce qu'il faut penser de la prétendue immobilité des Orientaux. — Nombreuses révolutions dans l'empire chinois. — École socialiste au onzième siècle. — Exposé de leur système. — Longue et grande lutte. — Transportation des agitateurs en Tartarie. — Cause des invasions des Barbares.

Les mandarins de la ville de Tien-men s'empressèrent de nous rendre visite. Ils savaient qu'une grave maladie nous avait retenu quatre jours à Kuen-kiang-hien, et, bien qu'on leur eût dit que notre santé était dans un état satisfaisant, ils désiraient s'en assurer par leurs propres yeux. Un tel empressement était facile à comprendre ; ils devaient sans doute appréhender que, n'étant pas suffisamment rétabli, il ne nous prît fantaisie de nous reposer un peu chez eux ; et puis, s'il arrivait une rechute, si la maladie allait recommencer, si nous nous avisions de mourir à Tien-men... ; on conçoit que toutes ces prévisions étaient peu rassurantes et qu'il y avait bien de quoi donner de l'inquiétude à des hommes qui redoutent par-dessus tout les dépenses et les embarras ; mais, dès qu'ils nous virent, leurs craintes cessèrent ;

car ils eurent la satisfaction de nous trouver une mine passable, et, ce qui valait encore mieux, un désir bien formel de nous remettre en route à l'entrée de la nuit.

Pleins de cette espérance, ils s'évertuaient à nous rendre la journée douce et facile. Afin de nous procurer un repos salutaire, ils eurent soin de charger un gardien du palais communal de bien expulser, à l'aide d'un long chasse-mouches en crin de cheval, les moustiques qui pourraient se trouver dans nos appartements; et, de peur que ces impertinents insectes, cédant à la dépravation de leur instinct, ne cherchassent plus tard à venir attenter à notre sommeil, on établit dans toutes les avenues de nombreuses fumigations, à l'aide de certaines herbes aromatiques dont les moustiques, dit-on, ne peuvent supporter l'odeur. Le résultat prévu et désiré fut que nous dormîmes délicieusement et à satiété.

La renommée ayant appris aux autorités de Tien-men que nous avions témoigné plus d'une fois une certaine prédilection pour les fruits aqueux, on eut l'amabilité d'en mettre en abondance à notre disposition; les pastèques surtout furent livrées à la consommation des voyageurs avec une étonnante prodigalité. Les soldats, les domestiques, les porteurs de palanquin, tout le monde en eut à discrétion. Outre que c'était la bonne saison pour ce fruit, Tien-men a la réputation d'en produire d'une grosseur et d'une saveur exceptionnelles. Quoiqu'il fût encore grand matin quand nous étions entrés dans la ville, nous avions pu remarquer dans toutes les rues de longs établis, sur lesquels on avait étalé avec profusion de magnifiques tranches de pastèques. Il y en avait d'écarlates, de blanches et de jaunes; ces dernières sont ordinairement d'une saveur plus délicate que les précédentes.

La pastèque est, en Chine, un fruit de grande importance, surtout à cause de ses graines, pour lesquelles les Chinois sont possédés d'une véritable passion, ou plutôt d'une démangeaison insupportable. On se souvient peut-être de ce vieux mandarin d'honneur dont on nous avait affublés dans la capitale du Sse-tchouen, et qu'on eût dit avoir été créé et mis au monde tout exprès pour éplucher et croquer des graines de melon d'eau. Dans certaines localités, lorsque la récolte des pastèques est abondante, le fruit est sans valeur, et le propriétaire n'y attache de prix qu'en considération des graines. Quelquefois on en transporte des cargaisons sur les chemins les plus fréquentés, et on les donne à dévorer gratuitement aux voyageurs, à la condition qu'ils auront le soin de recueillir les graines et de les mettre de côté pour le propriétaire. Par cette générosité intéressée, on a la gloire, au temps des fortes chaleurs, de rafraîchir et de désaltérer le public ; puis on s'évite la peine de fouiller dans ces mines pour en extraire le trésor qu'elles recèlent dans leurs flancs.

Les graines de pastèques sont, en effet, un véritable trésor pour amuser et désennuyer à peu de frais les trois cents millions d'habitants de l'empire céleste. Dans les dix-huit provinces, ces déplorables futilités sont pour tout le monde un objet de friandise journalière. Il n'est rien d'amusant comme de voir ces étonnants Chinois s'escrimer, avant leurs repas, après des graines de melons d'eau, pour essayer en quelque sorte la bonne disposition de leur estomac et aiguiser tout doucement leur appétit. Leurs ongles longs et pointus sont, dans ces circonstances, d'une précieuse utilité. Il faut voir avec quelle adresse et quelle célérité ils font éclater la dure et coriace enveloppe de la graine, pour en extraire un atome d'amande et quelquefois rien du tout; une troupe d'écureuils et de singes ne fonctionnerait pas avec plus d'habileté.

Nous avons toujours pensé que la propension naturelle des Chinois pour tout ce qui est factice et trompeur leur avait inspiré ce goût effréné pour les graines de pastèques; car, s'il existe dans l'univers un mets décevant, une nourriture fantastique, c'est incontestablement la graine de citrouille. Aussi les Chinois vous en servent-ils partout et toujours. Si des amis se réunissent pour boire ensemble du thé ou du vin de riz, il y a toujours l'accompagnement obligé d'une assiettée de graines de citrouilles. On en croque pendant les voyages, comme en parcourant les rues pour vaquer à ses affaires; si les enfants et les ouvriers ont quelques sapèques à leur disposition, c'est à ce genre de gourmandise qu'ils les dépensent. On trouve à en acheter de toutes parts, dans les villes, dans les villages et sur toutes les routes grandes et petites. Qu'on arrive dans la contrée la plus déserte et la plus dépourvue d'approvisionnements de tout genre, on est toujours assuré qu'on ne sera pas réduit à être privé de graines de pastèques. Il s'en fait, dans tout l'empire, une consommation inimaginable et capable de confondre les écarts de l'imagination la plus folle; on rencontre quelquefois sur les fleuves des jonques de haut bord uniquement chargées de cette denrée précieuse; on croirait être, en vérité, au milieu d'une nation appartenant à la famille des rongeurs. Ce serait un curieux travail et bien digne de fixer l'attention de nos grands faiseurs de statistiques, que de rechercher combien il doit se consommer par jour, par lune ou par année, de graines de melons d'eau dans un pays qui compte plus de trois cents millions d'habitants.

En partant de Tien-men, où nous passâmes une bonne et agréable journée, on nous donna, pour nous accompagner jusqu'à l'étape suivante, un jeune mandarin militaire dont les allures et le babil nous égayèrent beaucoup. Il excitait déjà l'intérêt et piquait la curiosité par sa petite figure blanchâtre, vive, mobile, enjouée et un peu sarcastique. Quoique militaire, il avait beaucoup plus d'esprit que le commun des lettrés ; il en paraissait, au reste, convaincu tout le premier. Comme il maniait la parole non-seulement avec facilité, mais encore avec élégance, il en usait sans façon et imperturbablement ; il dissertait avec aplomb et autorité sur tout ce qui lui passait par la tête, entremêlant toujours ses longues tirades de traits d'esprit et de plaisanteries qui ne manquaient pas de sel. Surtout il se prévalait beaucoup d'être resté longtemps à Canton, d'avoir quelque peu guerroyé contre les Anglais, d'avoir étudié les mœurs et les habitudes des peuples étrangers, et de s'être ainsi rendu habile et expérimenté pour apprécier et juger définitivement tout ce qui se passe sous le ciel.

A la première halte que nous fîmes pour prendre notre repas de minuit, il se mit à harceler nos mandarins conducteurs d'une manière impitoyable. Il leur parlait de la province du Sse-tchouen, comme d'un pays étranger, d'une contrée barbare. Il leur demandait si la civilisation commençait enfin à pénétrer parmi les montagnes.... Vous êtes de la frontière du Thibet, leur disait-il ; on voit bien à votre accent, à vos manières, à vos allures, que vous vivez tout près d'un peuple sauvage ; et puis, je suis bien sûr que c'est pour la première fois que vous cheminez dans le monde. Tout vous étonne ; il en est ainsi de ceux qui ne sont jamais sortis du lieu où ils sont nés... Il s'amusait ensuite à leur signaler une foule de contrastes entre leurs habitudes et celles des habitants du Hou-pé.

Pour dire vrai, nos gens de Sse-tchouen se trouvaient grandement dépaysés depuis qu'ils avaient changé de province. On voyait qu'ils n'étaient presque plus au courant des mœurs et des coutumes des pays que nous traversions. Dans plusieurs endroits, on les raillait, on leur faisait des avanies, on cherchait surtout à leur extorquer des sapèques. Un jour, quelques soldats de l'escorte s'étant assis un instant devant une boutique, quand ils se levèrent pour repartir, un commis de l'établissement vint avec beaucoup de gravité demander deux sapèques à chacun, pour s'être reposés devant sa porte. Les soldats le regardèrent avec étonnement ; mais le malin commis tendit tout bonnement la main, de la façon d'un homme qui ne soupçonne même pas qu'on puisse faire la moindre objection à sa demande. Les pauvres voyageurs, attaqués dans le vif, c'est-à-dire dans la bourse, se hasardèrent à dire qu'ils ne comprenaient pas cette exigence... Voici qui est curieux, s'écria le commis, en faisant appel aux voisins, venez donc voir des hommes qui prétendent s'asseoir gratuitement devant ma boutique ; mais de quels pays viennent-ils donc, pour ignorer les usages les plus vulgaires? Et les voisins de s'exclamer, de rire aux éclats, et de trouver prodigieux des individus dont la simplicité allait jusqu'à se croire le droit de s'asseoir gratuitement. Les soldats, honteux de passer pour des hommes incivilisés, donnèrent les deux sapèques, en disant, pour s'excuser, que ce n'était pas l'usage dans le Sse-tchouen. Aussitôt qu'ils furent un peu loin, quelques boutiquiers officieux coururent leur dire, pour les consoler, qu'ils étaient bien ingénus de s'être laissé duper de la sorte. Depuis que nous commençâmes à voyager dans la province du Hou-pé, presque tous les jours nous eûmes des scènes à peu près dans le même genre. Au résumé, nous, originaires des mers occidentales, nous nous trouvions presque partout, en Chine, moins étrangers peut-être que les Chinois d'une autre province et peu habitués à voyager.

On s'est fait, en Europe, de bien fausses idées au sujet de la Chine et des Chinois. On en parle toujours comme d'un empire présentant le spectacle d'une remarquable et imposante unité, comme d'un peuple parfaitement homogène, à ce point que voir un Chinois, c'est les connaître tous, et qu'après avoir résidé quelque temps dans n'importe quelle ville chinoise, on peut raisonner pertinemment sur tout ce qui se passe dans ce vaste pays. Il s'en faut bien que les choses soient ainsi. Il y a, sans doute, un certain fond qu'on retrouve partout et qui constitue le type chinois. Ces traits caractéristiques peuvent se remarquer dans la physionomie, le langage, les mœurs, les idées, le costume et certains préjugés nationaux ; mais, dans tout cela, il existe encore des nuances si profondes, des différences si bien tranchées, qu'il est bientôt facile de s'apercevoir si l'on a affaire à des hommes du Nord ou du Midi, de l'Est ou de l'Ouest. En passant même d'une province dans une autre, on n'est pas longtemps sans être frappé de ces modifications ; le langage change insensiblement et finit par n'être plus intelligible ; la forme des habits s'altère suffisamment pour qu'il soit aisé de distinguer un Pékinois d'un Cantonnais. Chaque province a des usages qui lui sont propres, dans des choses même très-importantes, dans la répartition des impôts, la nature des contrats, la construction des maisons. Il existe aussi des priviléges et des lois particulières, que le gouvernement n'oserait abolir et que les fonctionnaires sont forcés de respecter ; il règne presque partout une sorte de droit coutumier qui brise en tous sens cette unité civile et administrative qu'on s'est plu fort gratuitement à attribuer à cet empire colossal.

On pourrait facilement remarquer, entre les dix-huit provinces, autant de différence qu'il en existe parmi les divers États de l'Europe ; un Chinois qui passe de l'une à l'autre se trouve, pour ainsi dire, en pays étranger, et transporté au milieu d'une population où il ne reconnaît plus ses habitudes, et où tout le monde est frappé du caractère spécial de sa physionomie, de son langage et de ses manières ; et en cela il n'y a rien qui puisse surprendre quand on sait que l'empire chinois est la réunion d'un grand nombre de royaumes qui ont été souvent séparés, soumis à des princes divers, et régis par une législation particulière. Plusieurs fois toutes ces nationalités se sont fondues, combinées ensemble ; mais jamais d'une manière si intime, et avec une telle force de cohésion, qu'il ne soit permis à un œil observateur de reconnaître les divers éléments qui composent ce vaste empire.

Il suit de là qu'il ne suffit pas d'avoir séjourné quelque temps à Macao ou dans les factoreries de Canton pour avoir le droit de juger la nation chinoise. Un missionnaire même, après avoir passé de nombreuses années au sein d'une chrétienté, connaîtra, sans doute, parfaitement le district qui aura été le théâtre de son zèle et de ses travaux ; mais, s'il s'avise de généraliser ses observations et de croire que les mœurs et les habitudes des néophytes qui l'entourent sont identiques avec celles des habitants des dix-huit provinces, il risque fort de se tromper et d'égarer l'opinion publique, en Europe, au sujet du pays qu'il habite. On comprend, dès lors, combien il est difficile de se faire une idée exacte de la Chine et des Chinois lorsqu'on n'a d'autres ressources que les écrits composés par des voyageurs qui n'ont fait que visiter, en courant, les ports ouverts aux Européens. Ces écrivains sont, assurément, doués de beaucoup d'esprit et d'une imagination féconde, ils savent tourner et arranger leur prose avec un art et un agrément que nous leur envions ; personne ne s'aviserait de suspecter un seul instant, en les lisant, leur bonne foi et leur sincérité ; il leur manque seulement une chose, c'est d'avoir vu le pays et le peuple dont ils parlent.

On peut supposer qu'un citoyen du Céleste Empire, désireux de connaître cette mystérieuse Europe dont il a souvent admiré les produits, se décide un jour à vouloir aller observer chez eux ces peuples extraordinaires qu'il connaît seulement par des récits burlesques et par les vagues notions de ses géographes. Il monte donc sur un navire ; après avoir parcouru les mers occidentales et s'être beaucoup ennuyé de ne voir jamais que l'eau et le ciel, il arrive enfin au Havre. Malheureusement il ne sait pas un mot de la langue française, et il est forcé d'appeler à son aide quelque portefaix qui aura appris, on ne sait trop comment, à jargonner un peu de chinois ; il le décore magnifiquement du titre de *toun-sse*, « interprète, » et tâche de s'en tirer avec lui du mieux possible au moyen d'un vaste supplément de gestes et de pantomimes. Muni de son guide-interprète, le voilà parcourant, du matin au soir, les rues du Havre, et tout disposé à faire, à chaque pas, quelque découverte étonnante, pour avoir le plaisir d'en régaler ses compatriotes à son retour dans le Céleste Empire. Il entre dans tous les magasins, s'extasie sur tout ce qu'il voit, et achète les choses les plus bizarres qu'il peut rencontrer, les payant toujours, bien entendu, deux ou trois fois plus qu'elles ne valent, parce que son interprète est toujours d'intelligence avec le marchand pour enlever le plus grand nombre de sapèques à ce barbare venu des mers orientales.

Il va sans dire que notre Chinois a la prétention d'être philosophe, moraliste surtout ; aussi est-il dans l'habitude de prendre beaucoup de notes ; c'est le soir, quand ses courses sont terminées, qu'il se livre à cet important travail de concert avec le portefaix. Il tient toujours en réserve une longue série de questions à lui adresser ; ce qui le gêne un peu, c'est qu'il ne peut parvenir à se faire comprendre ni à voir clair dans ce qu'on veut lui dire. Mais, lorsqu'on a tant fait que d'aller en

Occident, il faut bien, coûte que coûte, recueillir une masse de notions, et révéler, s'il est possible, l'Europe à la Chine. Que dirait-on, s'il n'avait rien vu, rien appris, rien à raconter au public après un si long voyage ? Il écrit donc pendant une partie de la nuit, tantôt sous la dictée de son portefaix qu'il ne comprend pas, tantôt sous celle de son imagination qui lui offre bien plus de ressources.

Après quelques mois passés de la sorte au Havre, notre Chinois voyageur s'en retourne dans son pays natal, tout disposé à céder aux instances de ses nombreux amis, qui ne manqueront pas de le solliciter vivement de ne pas priver le public des utiles et précieux renseignements qu'il rapporte d'un pays inconnu, et qu'il vient, en quelque sorte, de découvrir. Il est incontestable que ce Chinois aura vu bien des choses auxquelles il ne s'attendait pas, et, pour peu qu'il soit lettré, il sera capable de rédiger, pour la gazette de Péking, un article très-intéressant sur le Havre ; mais si, non content de cela, saisissant son trop facile pinceau, il se met à faire des dissertations sur la France et la forme de son gouvernement, sur les attributions du sénat et du corps législatif, sur la magistrature, l'armée, la législation, les arts, l'industrie, le commerce, sur tout enfin, sans en excepter les divers royaumes de l'Europe qu'il assimilera à la France, nous soupçonnons beaucoup que ses récits, quelque pittoresques et bien écrits qu'on les suppose, seront remplis d'une foule d'inexactitudes. Il est probable que son *Voyage en Europe*, car nous présumons bien qu'il intitulera ainsi son œuvre, ne manquera pas de donner des idées très-erronées à ses compatriotes sur le compte des peuples des mers occidentales.

Un grand nombre d'ouvrages publiés en Europe, dans le but de faire connaître la Chine et les Chinois, ont été écrits à peu près de la même manière que celui dont nous venons de parler ; avec les données qu'ils renferment, il est très-difficile de se représenter la Chine telle qu'elle est réellement. On se forge un être d'imagination, un peuple fantastique qui n'existe nulle part. Outre ce préjugé capital au sujet de la prétendue unité de l'empire chinois, il en est encore plusieurs autres que nous nous permettrons de relever.

L'immutabilité des Orientaux, ou Asiatiques, est une de ces idées qu'on est habitué à retrouver partout, et qui n'est basée que sur l'ignorance profonde de l'histoire de ces peuples. « S'il est une notion accréditée, dit
« M. Abel Rémusat, un fait reconnu, un point inébran-
« lablement arrêté dans l'esprit des Européens, c'est
« l'asservissement des peuples d'Asie aux anciennes
« doctrines, aux usages primitifs, aux coutumes antiques,
« la constance de leurs habitudes, la fixité invariable
« de leurs lois, et même de leurs coutumes ; l'immuta-
« bilité de l'Orient a, pour ainsi dire, passé en proverbe,
« et cette opinion commode, entre autres avantages, a
« celui de rendre superflues les recherches sur un
« état ancien que reproduit si bien l'état moderne.
« Oserai-je, bravant d'abord la conviction générale,
« venir troubler la sécurité dont on jouit à cet égard,
« et présenter les Orientaux comme des hommes qui
« ont pu, suivant les époques, s'égarer en de nouvelles
« croyances, adopter des formes variées de gouver-

« nement, et se soumettre à l'empire de la mode en
« fait de coiffures et d'habillements ? Les Européens,
« qui ont pris un goût prodigieux pour le changement,
« en ce qui concerne toutes ces choses, croiront que
« je vante les Asiatiques en peignant leurs variations,
« et je crains de passer pour un panégyriste outré des
« Orientaux en me rendant garant de leur incons-
« tance.

« Mais, premièrement, quelle étroite liaison, quel
« rapport intime ont entre eux ces peuples qu'on
« nomme Orientaux, pour qu'on leur applique une
« dénomination générale, pour qu'on les enveloppe,
« sans distinction, dans un jugement unique ? Il semble
« qu'il y ait quelque part une vaste contrée, un pays
« immense appelé l'Orient, et dont tous les habitants,
« formés sur le même modèle et assujettis aux mêmes
« influences, peuvent être décrits ensemble et appré-
« ciés d'après les mêmes considérations. Mais qu'ont de
« commun tant de peuples divers, si ce n'est d'être nés
« en Asie ? Et l'Asie, qu'est-elle qu'une vaste portion de
« l'ancien continent, que la mer seule entoure de trois
« côtés, et à laquelle il a fallu, du côté qui nous
« avoisine, assigner une démarcation fictive, et tracer
« des limites imaginaires ? Ces noms surannés, avec
« lesquels on croyait s'entendre, ont eux-mêmes fait
« place à des dénominations plus élégantes ; et l'on
« ne sait plus ce qui est de l'Asie et ce qui n'en est
« pas, depuis que, ayant proscrit les quatre vieilles
« parties du monde, les géographes leur ont sub-
« stitué une division en trois, en cinq ou en six avec
« les noms doctes et harmonieux d'Océanie, d'Aus-

« tralie, de Nothasie et de Polynésie. Les Malais sont-
« ils encore un peuple asiatique. Les Moscovites sont-
« ils déjà une nation européenne ? Existe-t-il autre
« chose que de légers points de contact entre un Ar-
« ménien, un Tartare, un Indien, un Japonais ?
« Tous ces Orientaux diffèrent plus les uns des autres
« que ne diffère l'habitant de Westminster ou de Paris
« de celui de Madrid ou de Saint-Pétersbourg. Mais
« nous les mettons en commun, faute de connaître
« ce qui les distingue, comme nous avons de la peine
« à démêler, dans les figures des nègres, les traits
« qui, de loin, nous paraissent composer des physio-
« nomies identiques. Nous confondons ainsi les traits
« intellectuels, nous brouillons les physionomies mo-
« rales, et, de ce mélange, il résulte un composé
« imaginaire, un véritable être de raison, qui ne res-
« semble à rien, qu'on exalte gratuitement, qu'on
« blâme à tout hasard ; on l'appelle un Asiatique, un
« Oriental, et cela dispense d'en savoir davantage ;
« faculté précieuse, avantage décisif, que les mots
« génériques assurent à ceux qui ne tiennent pas aux
« idées justes, et qui, pour juger, se soucient peu
« d'approfondir.

« Que si, au contraire, on voulait considérer ces
« objets d'un peu plus près, on serait surpris de la mul-
« titude de choses qu'on ne sait pas, et confondu de la
« prodigieuse diversité qu'on découvrirait, sous mille
« points de vue différents, chez des nations qu'on réunit
« ici dans une commune indifférence, ou, pour parler
« plus nettement, dans une ignorance universelle. Je ne
« parle pas de la variété des climats, ni de celle des

« vêtements, qui en est la suite nécessaire ; je ne m'ar-
« rête point à celle des races, qui se montre sur les visa-
« ges, et qui, d'une région à l'autre, bouleverse les idées
« de beauté, au point de faire traiter de monstre, sur la
« rive d'un fleuve, l'objet que, sur l'autre rive, on en-
« tourerait d'hommages adorateurs. Je ne dis rien des
« productions naturelles, qui ont tant d'influence sur les
« habitudes sociales, ni des langues, qui agissent si puis-
« samment sur le goût littéraire. Je m'attache surtout à
« deux points principaux, les cultes et les lois, les
« croyances et les institutions, double objet de la plus
« haute importance, dont les changements entraînent
« tant de révolutions dans les mœurs publiques et privées,
« et qui n'offrent pas, en Asie, l'affligeante monotonie
« qu'on y a cru voir, parce que, malgré ce qu'en a pu
« dire un grand écrivain, ils ne dépendent pas absolu-
« ment du climat propre à chaque contrée, ou, en
« d'autres termes, de la pluie et du beau temps (1). »

Après avoir fait une revue sommaire des principaux peuples de l'Asie, démontré qu'ils n'ont que peu ou point de traits communs et que chacun d'eux a sa physionomie morale, politique et religieuse, qui le distingue de ses voisins, le savant et judicieux écrivain continue de la sorte : « Tous ces gens-là peuvent être
« appelés *Orientaux*, car le soleil les éclaire avant de nous
« apporter sa lumière, ou *Asiatiques*, car ils habitent à
« l'est des monts Ourals, qui, sur les cartes les plus à la
« mode, marquent la séparation de l'Europe et de l'Asie ;
« mais il doit être bien entendu qu'ils n'ont de commun

(1) *Mélanges asiatiques*, p. 224.

« que ces dénominations mêmes, qu'on emploie pour
« abréger des mots vides de sens et des termes sans va-
« leur, ce qui n'a d'inconvénient que pour ceux qui s'en
« servent sans y faire attention et sans les définir. Ce
« que ces nations peuvent encore offrir de semblable,
« c'est le même entêtement en ce qui les concerne, la
« même injustice à l'égard des étrangers, qui distin-
« guent les nations policées de l'Orient. Des préventions
« non moins obstinées, des préjugés non moins aveugles,
« les séparent et les tiennent éloignées les unes des
« autres, et un Japonais à Téhéran, un Égyptien ou un
« Singalais transporté dans les rues de Nanking, y pa-
« raîtrait un être aussi remarquable, aussi singulier et
« presque aussi ridicule qu'un Européen.

« Mais croirait-on du moins, que, en remontant dans
« le passé, il serait possible de découvrir quelque chose
« de cette civilisation uniforme, de ce type primitif et
« universel auquel, pour principal caractère, on assigne
« la fixité et l'immobilité ? Si différents maintenant les
« uns des autres, les Orientaux le seraient-ils devenus
« par un effet du temps ? Auraient-ils été semblables
« entre eux à des époques reculées ? Seraient-ils devenus
« changeants, par suite d'un changement, et seraient-ce
« des révolutions qui les auraient mis en goût? L'histoire
« de l'Asie répond à toutes ces questions, et, si l'on s'en
« forme quelquefois une idée si fausse, c'est qu'il en
« coûte quelque peine pour l'étudier, et que la plupart
« de ceux qui en ont parlé, ont trouvé plus court de la
« faire que de la lire.

« La religion et le gouvernement sont au nombre
« des choses qui ne doivent pas varier sans nécessité ;

« car des hommes qui se laisseraient aller à la légèreté,
« sur toute autre chose, pourraient encore, à la rigueur,
« redouter le changement sur ces deux points ; mais les
« hommes sont hommes en Asie comme ailleurs, et
« l'inconstance, en des sujets graves, y a été, de tout
« temps, une maladie attachée à la condition humaine.
« Aussi trouvons-nous, dans les annales de cette partie
« du monde, des matériaux si abondants pour l'histoire
« des erreurs, des folies et des inconséquences, qu'il
« faut que nous nous sentions bien riches de notre
« propre fonds, pour négliger tant de leçons utiles et de
« belles expériences, qui, du moins, ne nous coûteraient
« pas une larme et pas un million.

« L'Asie est le domaine des fables, des rêveries sans
« objet, des imaginations fantastiques ; aussi quelles
« étonnantes variations, et, on peut le dire, quelle dé-
« plorable diversité n'observe-t-on pas dans la manière
« dont la raison humaine, privée de guide et livrée à ses
« seules inspirations, a tâché de satisfaire à ce premier
« besoin des sociétés antiques, la religion ! S'il est peu
« de vérités qui n'aient été enseignées en Asie, on peut
« dire, en revanche, qu'il est peu d'extravagances qui
« n'y aient été en honneur. La seule nomenclature des
« cultes qui tour à tour ont prévalu dans l'Orient at-
« triste le bon sens et effraye l'imagination. L'idolâtrie
« des Sabéens, l'adoration du feu et des éléments, l'isla-
« misme, le polythéisme des brahmes, celui des boud-
« dhistes et des sectateurs du grand lama, le culte du ciel
« et des ancêtres, celui des esprits et des démons, et
« tant de sectes secondaires ou peu connues, enchéris-
« sant l'une sur l'autre en fait de dogmes insensés ou de

« pratiques bizarres, ne donnent-elles pas l'idée d'une
« assez grande variété sur un point assez important? Et
« que peut-il y avoir de fixe et d'arrêté dans la morale,
« les lois, les coutumes, quand on voit ainsi vaciller la
« base de toute morale, de toute législation et de la
« sociabilité même ? Au reste, ce n'est pas un seul
« peuple, une race unique, en Asie, qu'on aperçoit
« livrée à ces fluctuations intellectuelles ; tous les peu-
« ples, toutes les races, ont apporté leur contingent à ce
« vaste répertoire des folies de notre espèce, et, à l'em-
« pressement avec lequel on les voit successivement
« adoptées chez les nations qui ne leur avaient pas donné
« naissance, on dirait, contre l'opinion commune, que,
« chez ces hommes si obstinément attachés aux idées
« antiques, le besoin du changement l'emporte sur la
« force même de l'habitude et sur l'empire des préven-
« tions nationales, tellement, qu'un système nouveau
« est toujours bien venu près d'eux, pourvu qu'il soit
« en opposition avec le sens commun ; car les idées
« raisonnables ont des allures moins vives et des succès
« moins prompts ; elles ne séduisent d'abord que les
« bons esprits, et il faut ordinairement bien du temps
« pour qu'elles jouissent de la même faveur auprès de
« la multitude. »

Les Chinois, dont nous devons nous occuper ici particulièrement, n'ont pas été, parmi les peuples asiatiques, les moins remarquables par leurs nombreuses
variations dans les idées religieuses. Dans l'antiquité,
il paraît que la Chine, évitant un mal par un autre, se
préserva longtemps de l'idolâtrie par l'indifférence;
cependant deux religions principales et quatre ou cinq

systèmes philosophiques, enseignant des opinions contradictoires, la partageaient déjà du vivant de Confucius. Un troisième culte, le bouddhisme, s'est joint depuis aux deux premiers, et tous trois ont été en possession d'un empire qui compte pour sujets un tiers de la race humaine. Les annales de ce pays renferment les longs et tragiques récits des luttes, des querelles et des divisions qu'ont soulevées, à diverses époques, les questions religieuses ; car, comme on le pense bien, on devait peu s'accorder sur tous ces symboles, flottant toujours dans le vague. Cependant, il est à remarquer que la classe des lettrés et les esprits cultivés s'attachaient de préférence aux principes de Confucius, tandis que la multitude inclinait pour les pratiques superstitieuses du bouddhisme. Mais ce qu'on aurait peine à trouver ailleurs qu'en Chine, ce sont des gens qui adoptèrent à la fois tous les cultes et tous les systèmes philosophiques, sans s'embarrasser de les concilier. C'était un commencement de retour à l'indifférence en matière de religion, dans laquelle se trouvent aujourd'hui plongés les Chinois, après s'être laissés aller, pendant une longue suite de siècles, à tout vent de doctrine.

Les institutions et les formes de gouvernement n'ont pas moins varié dans la Chine et dans le reste de l'Asie que les idées religieuses. Sa prétendue immobilité est encore, sur ce point, grandement en défaut ; la religion et la politique se touchent partout, et se confondent en quelque sorte quand on remonte vers l'origine des sociétés. A en juger par la tradition, ces deux choses n'en faisaient d'abord qu'une dans les régions orientales de l'Asie, et les gouvernements n'y ressemblaient guère, il y a quarante siècles, à ce que nous voyons aujourd'hui ; on y donnait à l'empire le nom de *Ciel* ; le prince s'appelait *Dieu* et confiait à ses ministres le soin d'éclairer, de réchauffer, de fertiliser l'univers. Les titres donnés à ces ministres bienfaisants et les habits qu'ils portaient répondaient à de si nobles fonctions ; il y en avait un pour représenter le soleil, un second pour la lune, et ainsi pour les autres astres ; il y avait un intendant pour les montagnes, un autre pour les rivières, un troisième pour l'air, les forêts, etc. Une sorte d'autorité surnaturelle était attribuée à tous ces fonctionnaires. L'harmonie d'un si bel ordre de choses n'était guère troublée que par les comètes et les éclipses, qui semblaient annoncer à la terre une déviation dans la marche des corps célestes, et dont l'apparition, quand elle se renouvelle à la Chine, porte encore de rudes atteintes à la popularité d'un homme d'État. Un système tout semblable paraît avoir été établi très-anciennement en Perse ; mais, dans l'une et dans l'autre contrée, des événements tout terrestres ne tardèrent pas à dissiper ces brillantes fictions. Des guerres, des révoltes, des conquêtes, des partages, amenèrent l'établissement du gouvernement féodal, qui dura, dans l'Asie orientale, sept à huit cents ans, tel à peu près qu'il exista en Europe au moyen âge, et qui s'y reproduisit plus d'une fois par l'effet des causes qui l'avaient fait naître. La monarchie prévalut pourtant en général, et finit par obtenir un triomphe complet et définitif ; de sorte qu'il arriva à la Chine ce que l'on eût vu en Europe, si les rêves de ceux qui ont aspiré à la monarchie universelle se fussent réalisés, et que la France avec les deux Péninsules, l'Allemagne et les États du Nord n'eussent formé qu'un vaste empire, soumis à un seul souverain et régi par les mêmes institutions.

Le contre-poids de la puissance impériale, d'abord assez léger, fut la philosophie de Confucius. Elle acquit plus de force au septième siècle, où elle s'organisa régulièrement, et il y a maintenant douze cents ans que le système des examens et des concours, dont le but est de soumettre ceux qui ne savent pas à ceux qui savent, a réellement placé le gouvernement dans les mains des hommes instruits. Les irruptions des Tartares, gens fort peu curieux de littérature, ont parfois suspendu la domination de cette oligarchie philosophique ; mais elle n'a pas tardé à reprendre le dessus, parce que, apparemment, les Chinois préfèrent l'autorité du pinceau à celle du sabre, et s'accommodent mieux de la pédanterie que de la violence, quoique souvent l'une n'empêche pas l'autre. Des hommes très-habiles, qui ont recherché fort savamment comment le gouvernement chinois avait pu subsister sans altération pendant quatre mille ans, avaient, comme on voit, négligé une précaution indispensable. Les raisons qu'ils assignent à ce phénomène sont assurément doctes et bien imaginées ; mais le fait dont ils rendent un compte si judicieux n'est pas vrai, et le même malheur n'arrive que trop souvent aux explications philosophiques. Les Chinois ont changé de maximes, renouvelé leurs institutions, essayé diverses combinaisons politiques, et, quoiqu'il y ait des choses dont ils ne se sont pas avisés, leur histoire présente à peu près les mêmes phases que le gouvernement des hommes a parcourues partout ailleurs.

La Chine, qui certainement n'a rien à envier aux autres peuples, quand il est question de changements et de variations, pourrait fort bien exciter la jalousie de plusieurs à l'endroit des révolutions, des renversements tragiques de dynasties et des guerres civiles. Où en serait l'amour-propre de nos plus fameux révolutionnaires d'Europe, si l'on venait leur dire qu'ils ne sont encore que des écoliers, des enfants, à côté des Chinois, dans l'art de bouleverser la société? Pourtant rien n'est plus vrai ; l'histoire de ce peuple n'est qu'une longue suite de catastrophes désorganisant toujours l'empire de fond en comble. Qu'on compare la France et la Chine dans une période de temps donnée, depuis l'an 420, entrée des Francs dans les Gaules, jusqu'en 1644, où Louis XIV monta sur le trône de France, et où les Tartares-Mantchous s'établissaient à Péking. Dans cette période de douze cent vingt-quatre ans, la Chine, ce peuple si pacifique, dit-on, si attaché aux lois et aux coutumes anciennes, si renommé pour son immobilité, a eu quinze changements de dynastie, tous accompagnés d'effroyables guerres civiles, presque tous de l'extermination totale et sanglante des dynasties détrônées ; tandis que la France n'a eu, dans cette même période, que deux changements de dynastie, qui encore se sont opérés naturellement, par le temps et les circonstances, et sans aucune effusion de sang.

Il est vrai qu'à partir de cette époque nous avons fait de grands progrès, et que nous avons essayé de nous mettre à la hauteur des Chinois, depuis que nous les avons connus. Si nous pouvions penser que, dans notre pays, on étudie un peu leurs annales, nous inclinerions volontiers à croire que c'est parmi nous un parti pris de calquer les Chinois ; déjà nous avons réussi à leur ressembler assez bien sur plusieurs points. Ce goût fiévreux des changements politiques et cette indifférence profonde en matière de religion sont deux traits bien caractéristiques de la physionomie chinoise ; mais ce qu'il y a de plus curieux, c'est que la plupart de ces théories sociales, qui naguère ont mis en fermentation tous les esprits et qu'on nous donne comme de sublimes résultats des progrès de la raison humaine, ne sont, à tout prendre, que des utopies chinoises, qui ont violemment agité le Céleste Empire il y a déjà plusieurs siècles. Qu'on en juge d'après les faits que nous allons extraire des Annales de la Chine, et que nous serons forcé de résumer à cause de la longueur des détails.

Dans le onzième siècle de notre ère, sous la dynastie des Song, le peuple chinois présentait un spectacle à peu près analogue à celui qu'on a vu se produire en Europe et surtout en France dans ces dernières années. Les grandes et difficiles questions d'économie politique et sociale préoccupaient les esprits et divisaient toutes les classes de la société. Ces populations, qu'on voit, à certaines époques, si indifférentes sur la marche de leur gouvernement, s'étaient alors lancées avec passion dans la politique et dans la discussion de systèmes qui ne tendaient à rien moins qu'à opérer dans l'empire une immense révolution sociale. Les choses en étaient venues à un tel point, qu'on ne s'occupait presque plus des affaires ordinaires de la vie ; les soins du commerce, de l'industrie, de l'agriculture, même, étaient abandonnés pour les agitations de la polémique. La nation était divisée en deux partis acharnés l'un contre l'autre ; des pamphlets, des libelles, des écrits de tout genre étaient lancés tous les jours avec profusion à la multitude, qui les dévorait avec avidité. Les placards jouaient surtout un grand rôle, et, quoique nous ayons fait preuve, depuis peu, d'une certaine aptitude en ce genre d'influence, il faut convenir que nous sommes encore bien loin d'avoir acquis l'habileté des Chinois.

Le chef du parti socialiste ou réformateur était le fameux Wang-ngan-ché, homme d'un talent remarquable, qui sut tenir en haleine toutes les classes de l'empire sous le règne de plusieurs empereurs. Les historiens chinois disent qu'il avait reçu de la nature un esprit bien au-dessus du commun, que la culture et l'éducation achevèrent de perfectionner. Il étudia pendant tout le temps de sa jeunesse, avec une ardeur et une application qui furent couronnées des plus grands succès, et il fut nommé avec distinction parmi ceux qui reçurent le grade de docteur en même temps que lui. Il parlait éloquemment et avec grâce ; il avait le talent de faire valoir tout ce qu'il disait, et de donner aux petites choses un air d'importance qui en faisait de véritables affaires, quand il avait intérêt qu'on les envisageât comme telles. Du reste, il avait les mœurs réglées, et toute sa conduite extérieure était celle d'un sage ; telles étaient ses belles qualités. Pour ce qui est de ses défauts, on le représente comme un ambitieux et un fourbe qui croyait tous les moyens légitimes quand il pouvait les employer à son avantage ; comme un homme entêté jusqu'à l'opiniâtreté, quand il s'agissait de soutenir un sentiment qu'il avait une fois avancé ou un système qu'il voulait faire adopter ; comme un orgueilleux plein de son propre mérite, n'ayant de l'estime que pour ce qui s'accordait avec ses idées et était conforme à sa manière d'envisager la politique ; comme un homme enfin qui s'était fait un point capital de détruire de fond en comble les anciennes institutions, pour leur en substituer de nouvelles de son invention. Afin de réussir dans son entreprise, il n'avait pas craint de se livrer à un travail long, pénible, difficile et même rebutant, tel que celui de faire d'amples commentaires sur les livres sacrés et classiques, dans lesquels il insinua ses principes, et de composer un dictionnaire universel dans lequel il donna à différents caractères un sens arbitraire qu'il avait intérêt d'y trouver. Les historiens ajoutent que, pour ce qui concerne les affaires d'État, il était incapable de les traiter, parce qu'il n'avait que des vues générales de gouvernement, et qu'il voulait se conduire suivant des maximes bonnes en elles-mêmes, mais dont il ne savait ni ne voulait faire l'application conformément aux temps et aux circonstances.

Wang-ngan-ché eut plusieurs phases de succès et de discrédit pendant qu'il employait tous ses efforts afin de réorganiser, ou, pour mieux dire, de révolutionner l'empire ; sa puissance fut presque illimitée sous l'empereur Chen-tsoung, qui, séduit par les qualités brillantes de ce novateur, lui donna toute sa confiance. Bientôt les tribunaux et l'administration furent remplis de ses créatures ; trouvant alors le moment favorable pour réaliser ses systèmes, il renversa l'ancien ordre de choses ; ses innovations et ses réformes furent célébrées avec enthousiasme par ses partisans, tandis que ses ennemis en faisaient l'objet des attaques les plus vives et les plus envenimées.

L'adversaire le plus redoutable que rencontra Wang-ngan-ché fut Sse-ma-kouang, homme d'État, et l'un des historiens les plus célèbres de la Chine, celui-là même qui a décrit son jardin avec tant de charmes dans le petit poëme que nous avons cité (1). M. Abel Rémusat a composé, sur cet illustre écrivain, une notice biographique où on trouve le parallèle suivant entre Wang-ngan-ché et son antagoniste (2) : « Chen-tsoung, en
« montant sur le trône, avait voulu s'entourer de tout ce
« que l'empire possédait d'hommes éclairés ; dans ce
« nombre il n'était pas possible d'oublier Sse-ma-
« kouang. Cette nouvelle phase de sa vie politique ne
« fut pas moins orageuse que la première ; placé en
« opposition avec un de ces esprits audacieux qui ne re-
« culent, dans leurs plans d'amélioration, devant aucun
« obstacle, qui ne sont retenus par aucun respect pour
« les institutions anciennes, Sse-ma-kouang se montra
« ce qu'il avait toujours été, religieux observateur des
« coutumes de l'antiquité, et prêt à tout braver pour
« les maintenir.

« Wang-ngan-ché était ce réformateur que le hasard
« avait opposé à Sse-ma-kouang, comme pour appeler
« à un combat à armes égales le génie conservateur

---

(1) Voir t. I, p. 203 et suiv.
(2) *Nouveaux mélanges asiatiques*, t. II, p. 156.

« qui éternise la durée des empires et cet esprit d'in-
« novation qui les ébranle. Mus par des principes con-
« traires, les deux adversaires avaient des talents égaux ;
« l'un employait les ressources de son imagination,
« l'activité de son esprit et la fermeté de son caractère,
« à tout changer, à tout régénérer ; l'autre, pour
« résister au torrent, appelait à son secours les souve-
« nirs du passé, les exemples des anciens, et ces leçons
« de l'histoire, dont il avait, toute sa vie, fait une étude
« particulière.

« Les préjugés mêmes de la nation, auxquels Wang-
« ngan-ché affectait de se montrer supérieur, trouvèrent
« un défenseur dans le partisan des idées anciennes.
« L'année 1069 avait été marquée par une réunion de
« fléaux qui désolèrent plusieurs provinces : des mala-
« dies épidémiques, des tremblements de terre, une sé-
« cheresse qui détruisit presque partout les moissons.
« Suivant l'usage, les censeurs saisirent cette occasion
« pour inviter l'empereur à examiner s'il n'y avait pas
« dans sa conduite quelque chose de répréhensible, et
« dans le gouvernement quelques abus à réformer,
« et l'empereur se fit un devoir de témoigner sa dou-
« leur en s'interdisant certains plaisirs, la promenade,
« la musique, les fêtes dans l'intérieur de son palais.
« Le ministre novateur n'approuva pas cet hommage
« rendu aux opinions reçues. Ces calamités qui nous
« poursuivent, dit-il à l'empereur, ont des causes
« fixes et invariables; les tremblements de terre, les
« sécheresses, les inondations, n'ont aucune liaison
« avec les actions des hommes. Espérez-vous changer
« le cours ordinaire des choses, ou voulez-vous que

« la nature s'impose pour vous d'autres lois (1) ? »

Sse-ma-kouang, qui était présent, ne laissa pas tomber ce discours. Les souverains sont bien à plaindre, s'écria-t-il, quand ils ont près de leur personne des hommes qui osent leur proposer de pareilles maximes; elles leur ôtent la crainte du ciel ; et quel autre frein sera capable de les arrêter dans leurs désordres ? Maîtres de tout, et pouvant tout faire impunément, ils se livreront sans remords à tous les excès ; ceux de leurs sujets qui leur sont véritablement attachés n'auront plus aucun moyen de les faire rentrer en eux-mêmes.

La réalisation du système de Wang-ngan-ché devait, suivant ce novateur, procurer infailliblement le bonheur du peuple, et conduire au développement le plus grand possible des jouissances matérielles pour tout le monde. En lisant dans les Annales chinoises l'histoire de cette époque fameuse de la dynastie des Song, on est frappé de retrouver dans les écrits et les discours de Wang-ngan-ché les mêmes idées que nous avons vues étalées avec tant de fracas dans nos journaux et à la tribune.

Le premier et le plus essentiel des devoirs du gouvernement, disait le socialiste chinois, c'est d'aimer le peuple de manière à lui procurer les avantages réels de la vie, qui sont l'abondance et la joie. Pour remplir cet objet, il suffirait d'inspirer à tout le monde les règles invariables de la rectitude ; mais, comme il ne serait

(1) Nous citons cette particularité, pour montrer de quelle manière les socialistes chinois du onzième siècle savaient envisager les calamités publiques. Nous avons entendu en France, dans ces derniers temps, des disciples de Wang-ngan-ché tenir absolument le même langage.

pas possible d'obtenir de tous l'observation exacte de ces règles, l'État doit, par des lois sages et inflexibles, fixer la manière de les observer. Selon ces lois sages et inflexibles, et afin d'empêcher l'exploitation de l'homme par l'homme, l'État s'emparait de toutes les ressources de l'empire pour devenir le seul exploitant universel; il se faisait commerçant, industriel, agriculteur, toujours, bien entendu, dans le but unique de venir au secours des classes laborieuses, et de les empêcher d'être dévorées par les riches. D'après les nouveaux règlements, il devait y avoir dans tout l'empire des tribunaux chargés de mettre, chaque jour, le prix aux denrées et aux marchandises. Pendant un certain nombre d'années, ils devaient imposer des droits payables par les riches et dont les pauvres seraient exempts. Il appartenait à ces tribunaux de décréter qui était riche et qui était pauvre. Les sommes qui provenaient de ces droits étaient mises en réserve dans le trésor de l'État pour être ensuite distribuées aux vieillards sans soutien, aux pauvres, aux ouvriers qui manquaient de travail, et à tous ceux qu'on jugeait être dans le besoin.

D'après le système de Wang-ngan-ché, l'État devenait à peu près seul et unique propriétaire du sol. Il devait y avoir dans tous les districts des tribunaux d'agriculture, chargés de faire annuellement aux cultivateurs le partage des terres, et de leur distribuer les grains nécessaires pour les ensemencer, à condition seulement de rendre en grains ou en autres denrées le prix de ce qu'on avait avancé pour eux ; et afin que toutes les terres de l'empire fussent profitables selon leur nature, les commissaires de ces tribunaux décidaient eux-mêmes de l'espèce de denrée qu'on devait leur confier, et ils en faisaient les avances jusqu'au temps de la récolte. Il est évident, disaient les partisans des nouveaux règlements, que, par ce moyen, l'abondance et le bien-être régneront dans tout l'empire. Les seuls qui auront à souffrir du nouvel ordre de choses, ce sont les usuriers, les accapareurs, qui ne manquent jamais de profiter des disettes et des calamités publiques pour s'enrichir et ruiner les travailleurs. Mais quel grand malheur y a-t-il à ce qu'on mette enfin un terme aux exactions de ces ennemis du peuple? La justice ne demande-t-elle pas qu'on les force de restituer le bien mal acquis? L'État sera le seul créancier possible et il ne demandera jamais d'usure. Comme il s'occupera de la culture des terres, et qu'il sera, de plus, chargé de fixer journellement le prix des denrées, il y aura toujours certitude de jouir d'une abondance proportionnelle à la récolte. En cas de disette sur un point, le grand tribunal agricole de Péking, que les tribunaux des provinces tiendront toujours au courant des diverses récoltes de l'empire, pourra facilement rétablir l'équilibre, en faisant transporter dans les contrées plus pauvres la surabondance des provinces les plus riches. Par cette combinaison, les subsistances se maintiendront toujours à un prix très-modique ; il n'y aura plus de nécessiteux, et l'État, unique spéculateur de l'empire, pourra réaliser tous les ans des profits énormes, qu'on ne manquera pas de dépenser en travaux d'utilité publique. Cette réforme radicale devait nécessairement entraîner l'écroulement des grandes fortunes et amener un nivellement universel ; or, c'était précisément le but que poursuivait l'école de Wang-ngan-ché.

Ces plans audacieux ne demeurèrent pas, comme chez nous, en état de spéculation ; car les Chinois sont bien plus hardis qu'on ne pense communément. L'empereur Chen-tsoung, séduit par les théories de Wang-ngan-ché, lui donna toute autorité, et la révolution sociale commença à s'opérer. Sse-ma-kouang, qui avait longtemps lutté inutilement contre le novateur, tenta un dernier effort, et adressa à l'empereur une supplique remarquable, d'où nous allons extraire le passage ayant rapport à la distribution des grains qui devait être faite aux cultivateurs.

« On avance au peuple, dit Sse-ma-kouang, les grains
« dont il doit ensemencer la terre. Au commencement
« du printemps, ou sur la fin de l'hiver, on livre gra-
« tuitement aux cultivateurs la quantité qu'on leur
« croit nécessaire. Sur la fin de l'automne, ou immédia-
« tement après la récolte, on ne retire que la même
« quantité, et cela sans intérêt. Quoi de plus avantageux
« au peuple ? Par ce moyen, toutes les terres seront
« cultivées, et l'abondance régnera dans toutes les pro-
« vinces de l'empire.

« Rien de plus séduisant, rien de plus beau en spécu-
« lation, mais, dans la réalité, rien de plus préjudiciable
« à l'État. On prête au peuple les grains qu'il doit con-
« fier à la terre, et le peuple les reçoit avec avidité ;
« j'en conviens, quoique, sur cela même, il y ait bien
« des doutes à former, mais en fait-il toujours l'usage
« pour lequel on les lui livre ? C'est avoir bien peu
« d'expérience que de le croire ainsi ; c'est connaître
« bien peu les hommes que de juger ainsi favorablement
« du commun d'entre eux. L'intérêt présent est ce qui

« les touche d'abord ; ils ne s'occupent, pour la plupart,
« que des besoins du jour ; il y en a très-peu qui se
« mettent en peine de prévoir l'avenir.

« On leur prête des grains, et ils commencent par en
« consommer une partie ; ils les vendent ou les échan-
« gent contre d'autres choses usuelles, dont ils croient
« devoir se munir avant tout. On leur prête des grains,
« et leur industrie cesse, et ils deviennent paresseux.
« Mais supposons que rien de tout cela n'arrive ; les
« cultivateurs ont semé le grain de l'État, et ils ont fait
« tous les autres travaux qui sont d'usage dans les cam-
« pagnes ; vient enfin le temps de la récolte, il faut
« qu'ils rendent ce qui leur a été prêté.

« Ces moissons, que la cupidité leur fait envisager
« comme le fruit de leurs peines et de leurs sueurs, et
« qu'ils s'étaient accoutumés à regarder comme telles,
« en les voyant successivement pousser, croître et mûrir,
« il faut les partager, il faut les rendre en partie, et
« quelquefois en entier, lorsque les années sont mau-
« vaises. Que de raisons pour ne pas le faire ! Com-
« ment pouvoir s'y déterminer ? Que de besoins réels
« ou imaginaires viendront s'opposer à une pareille res-
« titution !

« Les tribunaux, nous dit-on, ces tribunaux qu'on
« n'a établis que pour veiller à cette partie du gouverne-
« ment, députeront sur les lieux des officiers, et ceux-
« ci enverront leurs satellites pour exiger de force ce
« qui est légitimement dû. Oui, sans doute ; mais, sous
« prétexte de n'exiger que ce qui est légitimement dû,
« que de violences, que de vols, que de brigandages ne
« commettront-ils pas ! Je ne parle point des énormes

« dépenses que doit entraîner après soi un pareil établis-
« sement ; car, après tout, aux dépens de qui seront
« entretenus tant d'hommes préposés pour le soutenir ?
« Sera-ce aux frais de l'État, du peuple ou des cultiva-
« teurs ? De quelque manière que ce puisse être, je de-
« mande où est en cela l'avantage du peuple ou de
« l'État.

« Il y a longtemps, dit-on, que l'usage d'avancer ou
« de prêter les grains est introduit dans la province du
« Chen-si, et l'on n'a vu arriver aucun de ces inconvé-
« nients. Il paraît, au contraire, que le peuple y trouve
« ses avantages, puisqu'il n'a formé jusqu'ici aucune
« plainte, puisqu'il n'a point encore demandé qu'il fût
« abrogé.

« Je n'ai qu'une réponse à faire à cela. Je suis natif
« du Chen-si ; j'y ai passé les premières années de ma
« vie, et j'y ai vu de près les misères du peuple; j'ose
« assurer que de dix parties des maux qu'il souffre, il
« en attribue au moins six à un usage contre lequel il
« murmure sans cesse. Qu'on interroge, qu'on fasse des
« informations sincères, si l'on veut savoir le véritable
« état des choses (1). »

A la suite de Sse-ma-kouang, on vit, disent les annales de cette époque, tous les personnages les plus distingués de l'empire, par l'esprit, leur expérience, leur capacité, leurs talents, et même par leurs dignités et leurs
titres, se présenter alternativement pour entrer en lice,
prier, supplier ; puis, changeant de style et de ton, se
porter pour accusateurs, et poursuivre la condamnation

---

(1) *Mémoires sur la Chine*, t. X, p. 48.

de celui qu'ils appellent du nom odieux de perturbateur du repos public. Au milieu des violents assauts qu'on lui livrait de tous côtés, Wang-ngan-ché demeurait toujours calme et imperturbable. Ayant l'entière confiance du souverain, il riait en secret des inutiles efforts que faisaient ses ennemis pour le perdre; il lisait leurs écrits, ou plutôt leurs déclamations et leurs satires, présentées à l'empereur sous le nom de respectueuses représentations, de très-humbles suppliques, et autres semblables, et il n'en était ou n'en paraissait point ému. Quand l'empereur, presque persuadé par les raisons de ses adversaires, était sur le point de leur donner gain de cause, et de remettre les choses sur l'ancien pied: Pourquoi vous tant presser? lui disait froidement Wang-ngan-ché, attendez que l'expérience vous ait instruit du bon ou du mauvais résultat de ce que nous avons établi pour le plus grand avantage de l'empire et le bonheur de vos sujets. Les commencements de quoi que ce soit sont toujours difficiles, et ce n'est jamais qu'après avoir vaincu ces premières difficultés qu'on peut espérer de retirer quelques fruits de ses travaux. Soyez ferme et tout ira bien. Vos ministres, vos grands, tous vos mandarins, sont soulevés contre moi; je n'en suis pas surpris. Il leur en coûte de se tirer du train ordinaire pour se faire à de nouveaux usages. Ils s'accoutumeront peu à peu, et, à mesure qu'ils s'accoutumeront, l'aversion qu'ils ont naturellement pour tout ce qu'ils regardent comme nouveau se dissipera d'elle-même, et ils finiront par louer ce qu'ils blâment tant aujourd'hui.

Wang-ngan-ché conserva son autorité et son crédit durant tout le règne de Chen-tsoung. Il mit à exécution tous ses plans de réforme, et bouleversa l'empire tout à son aise. Il paraît, d'après les historiens chinois, que sa révolution sociale n'obtint pas de brillants succès ; car le peuple se trouva plongé dans une misère bien plus profonde qu'auparavant. Mais ce qui fit le plus de tort à ce hardi novateur, ce qui souleva contre lui l'opinion publique, c'est qu'il voulut aussi réformer la corporation des lettrés et lui faire subir le despotisme de ses systèmes. Non-seulement il changea la forme ordinaire des examens pour les grades de littérature ; mais encore il fit adopter, pour l'explication des livres sacrés, les commentaires qu'il en avait faits, et fit ordonner qu'on s'en tiendrait, pour l'intelligence des caractères, au sens qu'il avait fixé dans le dictionnaire universel dont il était l'auteur. Ce furent probablement ces dernières innovations qui lui attirèrent le plus grand nombre d'ennemis et les plus irréconciliables.

A la mort de l'empereur Chen-tsoung, Wang-ngan-ché fut renversé, et l'impératrice régnante expédia à Sse-ma-kouang, qui s'était retiré dans la retraite, l'ordre de revenir. Elle le nomma successivement gouverneur du jeune empereur et principal ministre. Son premier soin, dans ce poste important, fut d'effacer jusqu'aux dernières traces du gouvernement de Wang-ngan-ché, qui mourut bientôt après. Sse-ma-kouang ne survécut pas non plus longtemps à la chute de son adversaire. Les passions politiques poursuivirent tour à tour avec acharnement la mémoire de ces deux chefs de parti, et en cela les Chinois se montrèrent encore parfaitement semblables aux Occidentaux.

L'impératrice régnante fit faire à Sse-ma-kouang de

magnifiques funérailles, et l'éloge officiel, qui lui fut décerné conformément à l'usage, exprime la réunion des qualités qui distinguent un sage, un excellent citoyen et un ministre accompli, mais son plus bel éloge fut la douleur universelle que causa la nouvelle de sa mort. Les boutiques furent fermées, le peuple prit le deuil spontanément, et les femmes et les enfants, qui ne purent s'agenouiller devant son cercueil, s'acquittèrent de ce devoir dans l'intérieur des maisons en se prosternant devant son portrait; les mêmes témoignages de regret accompagnèrent sur toute la route le cercueil de Sse-ma-kouang lorsqu'il fut transféré dans son pays natal.

Il eût été difficile, en voyant les honneurs rendus à la mémoire de ce grand homme, de prévoir les revers qu'elle devait subir onze ans après. Les partisans de Wang-ngan-ché, ayant su rentrer dans les emplois dont Sse-ma-kouang les avait éloignés, trompèrent le jeune empereur, devenu majeur et seul maître des affaires. Sse-ma-kouang, par une mesure qui fit beaucoup d'impression sur l'esprit des Chinois, fut déchu de tous ses titres posthumes, déclaré ennemi de son pays et de son souverain; on renversa son tombeau, on abattit le marbre qui contenait son éloge, et on en éleva un autre qui portait l'énumération de ses prétendus crimes; ses écrits furent livrés aux flammes, et il ne tint pas à ces persécuteurs forcenés que l'un des plus beaux monuments littéraires de la Chine ne fût anéanti. Pendant ce temps le nom de Wang-ngan-ché était réhabilité, et on mettait en pratique avec une nouvelle ardeur son système politique. En lisant dans les Annales chinoises le récit de tous ces retours brusques et subits de l'opinion publique, on croirait parcourir l'histoire de quelque peuple de l'Europe.

Trois ans s'étaient à peine écoulés que la mémoire de Sse-ma-kouang fut rétablie dans tous ses titres et prérogatives, et celle de Wang-ngan-ché vouée de nouveau à l'exécration.

Les socialistes chinois ne tardèrent pas à être poursuivis de toute part, et on les chassa enfin de l'empire; c'était en 1129.

Pendant que la Chine repoussait de son sein ces audacieux novateurs, Tchinggis-khan, ce terrible conquérant mongol, grandissait en silence dans les steppes de la Tartarie, qui allaient bientôt vomir sur la terre des hordes innombrables de barbares. Cette coïncidence mérite d'être remarquée, et il nous semble qu'elle pourrait justifier une observation profonde d'un homme d'État qui est à la fois un grand esprit et un noble cœur. Peu de temps avant de commencer ce travail sur l'empire chinois, nous avions l'honneur de nous entretenir avec un de ces personnages, si rares aujourd'hui, qui, au milieu de nos discordes civiles, ont toujours su conserver l'estime et l'admiration de tous les partis. Nous parlions de ces vieilles civilisations de l'Asie, dont l'histoire est si peu connue en Europe, et qui, sans doute, avaient dû être, elles aussi, agitées par des révolutions profondes, bouleversées par de grandes crises sociales. Il m'est souvent venu en pensée, dit notre illustre interlocuteur, que les invasions des barbares qui, à plusieurs reprises, ont inondé l'Europe, ont dû être le résultat de quelque bouleversement social survenu dans le gouvernement des nations populeuses de l'Asie. Ces grands centres de civilisation ont été, sans doute, le théâtre de terribles luttes, et les irruptions de ces bandes féroces, dont l'histoire a conservé le souvenir, pourraient alors être considérées comme des exutoires par lesquels les ennemis de la société ont été rejetés hors de son sein ; ce n'est là, du reste, qu'une idée *à priori*, et qui aurait besoin de preuves historiques ; peut-être les trouverez-vous dans les Annales de vos Chinois.

Cette observation, formulée avec cette réserve qui distingue ordinairement les esprits supérieurs, nous fit aussitôt impression. Nous fûmes frappé du rapprochement que nous crûmes alors apercevoir entre les grandes crises sociales de l'empire chinois, sous la dynastie des Song, et les formidables agitations qui se manifestèrent peu après dans la Tartarie ; depuis, nous avons étudié avec plus de soin les événements remarquables qui se sont produits dans la haute Asie, au douzième et au treizième siècle de notre ère, et l'idée *à priori*, du ministre des affaires étrangères est devenue, pour nous, comme une démonstration historique (1).

Après la chute complète et définitive du système révolutionnaire de Wang-ngan-ché, ses nombreux partisans furent forcés de s'éloigner d'une société dont ils avaient voulu faire leur proie, et où les souvenirs de leurs tentatives de désorganisation générale excitaient les haines et les malédictions de tous les bons citoyens. Ces hommes audacieux franchirent donc la grande mu-

---

(1) Nous espérons que M. Drouyn de Lhuys voudra bien nous pardonner de lui avoir emprunté son idée, pour la placer avec les nôtres en si pauvre compagnie.

raille par grandes troupes et se répandirent dans les déserts de la Tartarie ; menant une vie errante et vagabonde, ils eurent bientôt communiqué leur esprit d'agitation et leur humeur inquiète à toutes ces hordes mongoles, remarquables, à cette époque, par un caractère dur, sauvage et emporté. Ces farouches nomades, qui n'avaient pas encore été humanisés par le bouddhisme, étaient bien éloignés de regarder comme un crime le meurtre d'un animal, et de se faire scrupule d'écraser un insecte ; la rapine, le brigandage et l'assassinat, voilà quels étaient leurs passe-temps. On comprend à quels produits monstrueux durent donner naissance de pareils éléments combinés avec les rebuts de la civilisation chinoise ; aussi la Tartarie tout entière ne tarda-t-elle pas à entrer en fermentation. Ces fortes et vigoureuses populations, en qui la Chine venait d'inoculer le virus des révolutions, ne pouvaient plus se contenir ; il leur fallait des bouleversements, des nations à noyer dans le sang, un monde à ravager ; il ne manquait plus qu'un homme pour organiser ces terribles et implacables instincts de désordre et d'agitation ; Tchinggis-khan était tout prêt. Il ramassa toutes les hordes de ces sauvages contrées, les agglomera en immenses bataillons, et les poussa devant lui jusqu'en Europe, écrasant tous les peuples qu'il rencontra sur son passage. On sait quels furent les résultats de ces grandes invasions.

CHAPITRE III.

Arrivée à Han-tchouan. — Les habitants de la ville offrent une paire de bottes à un mandarin disgracié. — Influence des placards et des affiches. — Préfet d'une ville de second ordre destitué et chassé par ses administrés. — Franchises et libertés dont jouissent les Chinois. — Association contre les joueurs. — Fameuse confrérie du *Vieux Taureau*. — Liberté de la presse. — Lecteurs publics. — Préjugé des Européens au sujet du despotisme des gouvernements asiatiques. — Insouciance des magistrats. — Souvenir des souffrances du vénérable Perboyre. — Navigation sur un lac. — Iles flottantes. — Population de la Chine. — Ses causes et ses dangers. — Pêche au cormoran. — Quelques détails sur les mœurs des Chinois. — Mauvaise réception à Han-yang. — Nous suivons une fausse politique. — Passage du fleuve Bleu. — Arrivée à Ou-tchang-fou.

Nos conducteurs, maître Ting surtout, supportèrent d'assez mauvaise humeur les sarcasmes et les plaisanteries dont le jeune mandarin militaire du Hou-pé ne cessait de les poursuivre. Bien convaincus pourtant, par plusieurs mésaventures, qu'ils se trouvaient quelque peu en pays étranger, ils finirent par en prendre leur parti, ce qui eut pour résultat immédiat de faire tomber les petites invectives de leur malin confrère.

Après quelques étapes où nous ne remarquâmes rien qui mérite d'être mentionné, nous arrivâmes à Han-tchouan, ville de second ordre. Le soleil venait de se lever ; beaucoup de curieux stationnaient en dehors des remparts ; mais les groupes étaient plus nombreux aux environs de la principale porte d'entrée. Nous eûmes la fatuité de penser que tout ce monde se trouvait là réuni pour nous voir passer : il n'en était rien pourtant. Au moment où nous allions entrer dans la cité, un brillant cortége, suivi d'une foule immense, se présenta de l'autre côté, et nous dûmes nous arrêter pour lui laisser le passage libre. Le principal personnage de ce cortége était un mandarin militaire, d'un âge assez avancé, et qui portait les insignes de *tou-sse*, grade assez important dans l'armée chinoise. Il était monté sur un cheval richement enharnaché, et entouré d'un grand nombre d'officiers militaires d'un rang inférieur. Aussitôt que le cortége eut traversé la porte, il s'arrêta tout près de nos palanquins, et la foule se groupa avec empressement, en faisant retentir les airs de vives acclamations. Deux vieillards à noble figure, magnifiquement vêtus et chacun portant à la main une botte en satin, s'approchèrent du tou-sse ; ils fléchirent le genou, ôtèrent respectueusement les bottes que portait le cavalier, et lui en mirent une paire de neuves. Pendant cette cérémonie, tout le peuple était prosterné. Deux jeunes gens prirent les bottes que le mandarin venait de quitter, les suspendirent à la voûte de la porte de la ville, et le cortége continua sa route, accompagné d'une nombreuse multitude qui faisait entendre des cris de douleur et des lamentations. Nos palanquins se remirent aussi en chemin, et nous entrâmes dans Han-tchouan. Les rues étaient encombrées de monde ; mais à peine daignait-on honorer d'un regard le passage de deux diables occidentaux, tant on était préoccupé de ce qui venait d'avoir lieu en dehors des remparts.

Lorsque nous fûmes arrivés au palais communal, nous nous empressâmes de demander au gardien des renseignements sur le personnage qui avait été l'objet de la cérémonie dont nous avions été témoins à l'entrée de la ville. On nous dit que le mandarin militaire que nous avions vu partir en si grande pompe était disgracié; victime de faux rapports qu'on avait adressés contre lui à Péking, il était déchu d'un grade dans la hiérarchie militaire, et envoyé dans un poste moins important. Cependant le peuple, qui n'avait eu qu'à se louer de sa paternelle administration pendant son séjour à Han-tchouan, avait voulu protester contre cette injustice par une solennelle manifestation. On lui avait donc offert, selon l'usage, une paire de bottes d'honneur, en témoignage de sympathie, et l'on avait gardé celles dont il s'était déjà servi, pour les suspendre à une des portes de la ville, comme un précieux souvenir de sa bonne administration.

Cet usage singulier de déchausser un mandarin quand il quitte un pays est très-répandu et remonte à une haute antiquité : c'est un moyen adopté par les Chinois pour protester contre les injustices du gouvernement, et témoigner leur reconnaissance et leur admiration au magistrat qui a exercé sa charge en Père et Mère du peuple. Dans presque toutes les villes de la Chine, on aperçoit, aux voûtes des grandes portes d'entrée, de riches assortiments de vieilles bottes toutes poudreuses et tombant quelquefois de vétusté. C'est là une des gloires, un des ornements les plus beaux de la cité. L'archéologie de ces antiques et honorables chaussures peut donner, d'une manière approximative, le nombre des bons mandarins qu'une contrée a eu le bonheur de posséder. La première fois que nous remarquâmes, au haut de la porte d'une ville chinoise, ce bizarre étalage de vieilles bottes, nous fîmes vainement des efforts incroyables d'imagination pour deviner ce que cela pouvait signifier. Pour être un établi de savetier, c'était évidemment trop haut placé et trop mal tenu. Un chrétien qui nous accompagnait nous en donna la véritable explication ; mais nous eûmes beaucoup de peine à y croire, et ce ne fut qu'après avoir vu un grand nombre de portes armoriées de cette façon que nous commençâmes à nous convaincre qu'on n'avait pas voulu se moquer de nous.

Les Chinois, tout soumis qu'ils sont à l'autorité qui les gouverne, trouvent toujours moyen de manifester leur opinion et de faire parvenir le blâme ou l'éloge à leurs mandarins. L'offrande d'une paire de bottes est déjà une manière assez originale de complimenter quelqu'un et de lui témoigner sa sympathie. Mais leurs ressources ne se bornent pas là. Une large et puissante voie ouverte à l'opinion publique, c'est l'affiche, et on en use partout avec une habileté qui témoigne d'une longue habitude. Quand on veut critiquer une administration, rappeler un mandarin à l'ordre et lui faire savoir que le peuple est mécontent de lui, l'affiche chinoise est vive, railleuse, incisive, acerbe et pleine de spirituelles saillies ; la pasquinade romaine pâlirait à côté ; elle est placardée dans toutes les rues, et surtout aux portes du tribunal où réside le mandarin qu'on veut livrer aux malédictions et aux sarcasmes du public. On se rassemble autour de ces affiches, on les lit à haute voix et sur un ton déclamatoire, pendant que mille commentaires plus satiriques, plus impitoyables que le texte, se produisent de toute part au milieu des éclats de rire.

Quelquefois ce moyen d'opposition devient une forme de récompense nationale instituée en faveur des mandarins qui ont su se rendre populaires ; alors l'éloge pompeux et emphatique remplace l'épigramme, et l'idole de la multitude ne manque jamais d'être comparée aux saints personnages les plus fameux de la vénérable antiquité. Il est à remarquer, cependant, que les Chinois réussissent toujours moins dans l'apologie que dans la satire, et que leurs affiches savent beaucoup mieux insulter que louer leurs mandarins.

Les Chinois n'ont pas l'habitude de se tenir toujours aussi courbés qu'on se l'imagine sous la verge de leurs maîtres. On peut dire, et c'est une justice à leur rendre, qu'ils respectent ordinairement l'autorité ; mais, lorsqu'elle est par trop tyrannique, ou simplement tracassière, ils savent quelquefois se redresser devant elle avec une énergie irrésistible et la faire plier. Pendant que nous traversions une des provinces de l'ouest, nous arrivâmes un jour dans une ville de troisième ordre nommée *Ping-fang*, où nous trouvâmes le peuple entier en mouvement, avec des airs qu'on n'est pas accoutumé à lui trouver. Voici ce qui venait de se passer :

L'administration supérieure avait nommé à la préfecture de cette ville un mandarin dont les habitants ne paraissaient pas se soucier ; on savait que, dans le district qu'il venait de quitter, son administration avait été arbitraire et tyrannique, et que le peuple avait eu beaucoup à souffrir de ses injustices et de ses rapines. La nouvelle de sa nomination excita donc une réprobation générale, qui se manifesta d'abord, selon l'usage, par les placards les plus satiriques et les plus violents. Une députation des plus notables bourgeois de la ville partit pour la capitale de la province, afin de présenter au vice-roi une requête dans laquelle on le suppliait très-humblement d'avoir pitié du pauvre peuple et de ne pas lui envoyer, au lieu d'un Père et Mère, un tigre pour le dévorer. La requête n'eut pas de succès, et il fut décidé que le mandarin irait prendre possession de son poste au jour déterminé.

Les députés s'en retournèrent reporter cette malheureuse nouvelle à leurs concitoyens. Aussitôt la ville fut plongée dans la consternation ; mais on ne se borna pas à se désoler en secret. Les chefs de quartiers se réunirent et tinrent un grand conseil où furent appelés les personnages les plus influents. Il fut décidé qu'on ne permettrait pas au nouveau préfet de s'installer, et qu'on le chasserait poliment de la ville.

Cependant celui-ci se mit en route à l'époque fixée, et arriva à son poste, accompagné d'une suite nombreuse. Il n'y eut pas d'émeute sur son passage, pas même le plus petit signe d'opposition. Tout le monde, au contraire, s'était prosterné à son approche, pour rendre hommage à sa dignité. Il demeura donc convaincu que tout allait bien, et que ses craintes d'une mauvaise réception étaient chimériques et sans fondement. A peine fut-il entré dans son tribunal, avant même d'avoir eu le temps de prendre une tasse de thé, on lui annonça que les notables de la ville demandaient audience. Il les fit entrer avec empressement, bien persuadé qu'on venait le féliciter de son heureux voyage. Les notables se prosternèrent, conformément aux rites, devant leur nouveau préfet, puis l'un d'eux, prenant la parole, lui annonça, avec une politesse exquise et une grâce infinie, qu'ils venaient, au nom de la ville et de ses dépendances, pour lui signifier qu'il devait se remettre en route immédiatement, et s'en retourner d'où il était venu, parce que, absolument, on ne voulait pas de lui. Le préfet, brusquement désillusionné, essaya de caresser d'abord, puis d'intimider ses chers administrés ; mais il ne fut, en cette circonstance, comme s'expriment les Chinois, qu'un *tigre de papier*. Le chef des notables lui dit, avec beaucoup de calme, qu'on n'était pas venu pour délibérer ; que la chose avait été déjà faite, et qu'il était bien arrêté qu'on ne le laisserait pas coucher dans la ville ; et, afin de ne laisser aucun doute à ce pauvre magistrat sur leurs véritables intentions, il ajouta qu'un palanquin l'attendait devant le tribunal ; que la ville payerait les frais du voyage ; et que, de plus, elle lui fournirait une brillante escorte pour le reconduire jusqu'à la capitale de la province, et le remettre sain et sauf entre les mains du vice-roi.

Il est incontestable qu'on ne saurait mettre quelqu'un à la porte avec plus de galanterie. Le préfet feignit pourtant de faire encore le difficile ; mais une immense multitude s'était rassemblée aux alentours du tribunal ; les clameurs qu'elle faisait entendre et qui paraissaient être d'une nature peu bienveillante, avertirent le préfet qu'il ne serait pas prudent de résister davantage. Il dut donc céder à sa destinée et se résigner à rebrousser chemin. Les notables l'accompagnèrent avec beaucoup d'égards et de respects jusqu'à l'entrée du tribunal, où, en effet, n avait préparé un très-beau palanquin. On l'invita à vouloir bien entrer dedans ; puis on se mit en route pour la capitale de la province, sous l'escorte des principaux lettrés de la ville.

Aussitôt qu'on fut arrivé, on se rendit tout droit au palais du vice-roi. Le principal représentant de Ping-fang lui présenta le préfet en disant : La ville de Ping-fang, en vous renvoyant ce premier magistrat, vous supplie très-humblement de lui en donner un autre ; pour celui-là, on n'en veut à aucun prix. Voilà l'humble requête de vos enfants... Et, en prononçant ces mots, il remit au vice-roi un long cahier en papier rouge, sur lequel se trouvait une supplique, suivie des nombreuses signatures des citoyens les plus importants de la ville de Ping-fang. Le vice-roi, après quelques signes de mécontentement, parcourut avec attention le cahier rouge et dit ensuite aux députés que, leurs réclamations étant fondées en raison, on y ferait droit ; qu'ils pouvaient s'en retourner en paix et annoncer à leurs concitoyens qu'ils auraient bientôt un préfet selon leurs désirs.

Au moment où nous arrivâmes à Ping-fang, il y avait seulement quelques heures que les députés étaient de retour de la capitale de la province, apportant l'heureuse nouvelle que leur démarche si pleine de hardiesse avait été couronnée d'un succès complet.

Des faits analogues se reproduisent assez fréquemment dans l'empire chinois. Il arrive souvent que des manifestations populaires, persévérantes et énergiques, font justice de la mauvaise administration des mandarins et forcent le gouvernement à respecter l'opinion publique.

On se trompe beaucoup en pensant que les Chinois vivent toujours parqués dans une enceinte de lois impitoyables et sous la verge d'un pouvoir tyrannique, qui réglemente toutes leurs actions et dirige leurs mouvements. Cette monarchie absolue, mais tempérée par l'influence et la prépondérance des lettrés, donne au peuple une indépendance bien plus large qu'on ne saurait se l'imaginer. On trouve en Chine un grand nombre de libertés qu'on chercherait vainement dans certains pays qui ont pourtant la prétention d'avoir des constitutions très-libérales.

On a écrit et l'on croit assez communément en Europe que les Chinois sont tenus d'exercer la profession paternelle ; que la loi fixe à chacun le métier qu'il doit faire ; que personne ne peut abandonner sa résidence pour aller se fixer ailleurs sans l'autorisation des mandarins ; qu'on est enfin assujetti à une foule de servitudes qui révoltent les instincts des libres citoyens de l'Occident. Nous ne savons ce qui a pu donner lieu à de pareils préjugés ; car il est bien certain que, dans toute l'étendue de l'empire chinois, chacun exerce la profession qui lui convient, ou même n'en exerce pas du tout, sans que le gouvernement s'en mêle en aucune manière. On est artisan, médecin, maître d'école, agriculteur, commerçant avec toute la liberté imaginable; on n'a besoin d'aucune patente, d'aucun permis, d'aucune autorisation de qui que ce soit. On prend, on quitte et on reprend un état, sans que personne s'en occupe le moins du monde. Pour ce qui est des voyages et de la circulation des citoyens, il n'existe peut-être nulle part autant de liberté et d'indépendance ; on peut aller et venir tant qu'on veut dans les dix-huit provinces, se fixer où on le juge convenable et de la manière qu'on l'entend, sans avoir rien à démêler avec les mandarins. Tout le monde a le droit de se promener librement d'un bout de l'empire à l'autre ; personne ne s'occupe des voyageurs, qui sont bien assurés de ne rencontrer nulle part des gendarmes pour leur demander leur passe-port. Si, par malheur, le gouvernement chinois s'avisait un beau jour d'adopter l'ingénieuse invention du passe-port, les pauvres missionnaires se trouveraient immédiatement réduits à un bien pitoyable état. Il leur serait impossible de faire un pas, à moins d'obtenir à prix d'argent des passe-ports falsifiés, ce qui, nous n'en doutons pas, leur serait extrêmement facile, mais répugnerait certainement à leur conscience.

Il y a bien une loi qui enjoint aux Chinois de rester dans les limites de l'empire et qui leur défend de franchir les frontières pour aller vagabonder chez les peuples étrangers, y puiser de mauvais exemples et perdre le fruit de leur bonne éducation ; mais les nombreuses migrations des Chinois, qui vont peupler les colonies des Espagnols, des Anglais et des Hollandais, leur affluence en Californie, tout prouve que le gouvernement ne veille pas avec beaucoup de sévérité à l'exécution de cette loi. Elle est inscrite au *Bulletin*, comme beaucoup d'autres dont on ne tient pas plus de compte.

La faculté de pouvoir circuler librement et sans entraves dans toutes les provinces est un besoin en quelque sorte indispensable pour ces populations, continuellement lancées dans les opérations du grand et du petit négoce. On conçoit que la moindre gêne apportée à leurs voyages ralentirait cet essor commercial qui est en quelque sorte la vie et l'âme de ce vaste empire.

La liberté d'association est aussi nécessaire aux Chinois que celle de circulation ; aussi la possèdent-ils pleinement et sans réserve. A part les sociétés secrètes, organisées dans le but de renverser la dynastie mantchoue, et que le gouvernement ne manque pas de poursuivre à outrance, toutes les associations sont permises. Les Chinois ont, du reste, une aptitude remarquable pour former ce qu'ils appellent des *houi* ou corporations. Il y en a pour tous les états, pour tous les genres d'industrie, pour toutes les entreprises et toutes les affaires. Les mendiants, les voleurs, tout le monde s'organise en associations plus ou moins nombreuses ; personne ne reste isolé dans sa sphère. C'est comme un instinct qui rapproche certains individus et les sollicite à mettre en commun ce qu'ils peuvent avoir de ressources, pour les faire valoir ensemble. Il arrive quelquefois que les citoyens se réunissent pour veiller à l'observance des lois, dans certaines localités où l'autorité se trouve trop faible ou trop insouciante pour maintenir l'ordre. Nous avons été témoin nous-même de quelques faits de ce genre dont les résultats ont été très-satisfaisants.

Le jeu est prohibé en Chine ; cependant, on joue partout avec une frénésie dont rien n'approche ; nous en parlerons ailleurs. Un gros village qui avoisinait notre mission, non loin de la grande muraille, était renommé pour ses joueurs de profession. Un chef de famille, joueur lui aussi comme les autres, se dit un jour qu'il fallait réformer le village et convertir les joueurs. Il envoie donc des lettres d'invitation aux principaux habitants du lieu pour les inviter à un banquet. Vers la fin du repas, il prend la parole, et, après quelques considérations sur les inconvénients du jeu, il propose à ses convives de former une association ayant pour but d'extirper ce vice du village. La proposition étonna d'abord ; mais, après une délibération sérieuse, elle fut adoptée. On dressa un acte, signé de tous les associés, par lequel on s'engageait non-seulement à ne plus jouer, mais encore à surveiller le village pour s'emparer des joueurs pris en flagrant délit, et les conduire au tribunal afin d'être punis suivant la rigueur des lois. L'existence de l'association fut notifiée aux habitants du village, et tout le monde fut bien averti qu'elle était prête à fonctionner immédiatement.

Quelques jours après, trois des plus forcenés joueurs, qui, sans doute, n'avaient pas pris très au sérieux les prohibitions de leurs concitoyens, furent surpris les cartes à la main. Aussitôt on les garrotta, et six membres de l'association les conduisirent au tribunal de la ville voisine, où ils furent fouettés sans pitié et condamnés à une forte amende. Nous sommes resté assez longtemps dans ce pays, et nous avons pu constater par nos propres yeux combien ce moyen avait été efficace pour corriger les mauvaises habitudes du village. On a été tellement frappé des heureux succès de cette association, que, dans le voisinage, il s'en est formé plusieurs autres, organisées sur le même modèle.

Quelquefois ces sociétés, qui prennent ainsi naissance avec une remarquable spontanéité et en dehors de toute influence gouvernementale, présentent un caractère de force qui étonne. On les voit exercer leur autorité avec une énergie et une audace dont les plus fiers mandarins seraient incapables. Non loin de l'endroit où nous vîmes se former l'association contre les joueurs, nous fûmes témoins de l'organisation d'une société bien autrement redoutable. Ce pays, habité par une population moitié chinoise et moitié mongole, est entrecoupé d'un grand nombre de montagnes, de steppes et de déserts. Les villages situés dans les gorges et dans les vallées ne sont pas assez importants pour que le gouvernement ait jugé à propos d'y placer des mandarins. Cette contrée, un peu sauvage, se trouvant éloignée de tout centre d'autorité, était devenue le repaire de plusieurs bandes de voleurs et de scélérats qui, jour et nuit, exerçaient impunément leur brigandage dans tous les environs. Ils pillaient les troupeaux et les moissons, allaient attendre les voyageurs dans les défilés des montagnes, les dépouillaient sans pitié et souvent les mettaient à mort; quelquefois même ils se précipitaient sur un village et en faisaient le saccagement. Nous avons été forcé de voyager souvent dans cet abominable pays, pour visiter nos chrétiens ; mais il était toujours nécessaire de se réunir en grand nombre et de ne se mettre en route que bien armés de pied en cap. A plusieurs reprises on s'était adressé aux mandarins des villes les plus rapprochées, et aucun n'avait jamais osé engager une lutte avec cette armée de bandits.

Ce que les magistrats avaient redouté d'entreprendre, un simple villageois l'essaya et réussit. — Puisque les mandarins, dit-il, ne peuvent pas ou ne veulent pas venir à notre secours, nous n'avons qu'à nous pro-

téger nous-mêmes, associons-nous, formons un houi.
— Il est d'usage, en Chine, que les associations s'organisent dans un repas. Le villageois ne recule pas devant la dépense ; il tue un vieux bœuf et expédie des lettres d'invitation dans tous les villages de la contrée. Tout le monde approuva l'idée de cette sorte d'assurance mutuelle, et l'on fonda une société qu'on appela *Lao-niou-houi*, c'est-à-dire « Société du Vieux Taureau, » pour conserver le souvenir du repas qui avait présidé à sa formation. Le règlement en était court et simple. Les membres devront chercher à enrôler le plus de monde possible dans la société. Ils s'engageront à se prêter partout et toujours un mutuel appui pour traquer les voleurs, grands et petits. Tout voleur ou recéleur aura la tête coupée immédiatement après avoir été arrêté. Il n'y aura ni procès ni enquête. Peu importe que l'objet volé soit une futilité ou de quelque importance..... Et comme il était facile de prévoir que des expéditions de ce genre entraîneraient nécessairement des démêlés avec les tribunaux, tous les membres étaient solidaires. La société tout entière prenait la responsabilité de toutes les têtes coupées. Un procès intenté à un associé devenait le procès de tout le monde.

Cette formidable société du Vieux Taureau se mit à fonctionner avec un ensemble et une énergie sans exemple ; outre les nombreuses têtes de grands et de petits voleurs qu'elle abattait avec une effrayante facilité, une nuit les associés se réunirent, en grand nombre et en silence, pour aller s'emparer d'un *tsey-ouo*, « nid de voleurs. » C'était un mauvais village caché dans le fond d'une gorge de montagne ; la société du Vieux

Taureau l'investit de toute part, y mit le feu, et tous les habitants, hommes, femmes et enfants, furent brûlés ou massacrés. Nous vîmes, deux jours après cette affreuse expédition, les débris encore fumants de ce nid de voleurs.

Il ne fallut que peu de temps pour extirper ou intimider tous les brigands de la contrée, et y faire respecter la propriété, à un tel point, que tout le monde aurait passé devant un objet égaré sur un chemin sans oser y toucher.

Ces rapides et sanglantes exécutions mirent en émoi les mandarins des villes voisines. Les parents des victimes firent retentir les tribunaux de leurs plaintes, et demandèrent à grands cris la mort de ceux qu'ils appelaient des assassins. La société, fidèle à sa consigne, se présenta comme un seul homme, pour répondre à toutes les accusations et soutenir le procès monstre qui lui était intenté ; elle n'en fut nullement effrayée, parce que, dès le commencement, elle avait prévu un dénoûment semblable. L'affaire alla jusqu'à Péking, et la cour des crimes, après avoir dégradé et condamné à l'exil un grand nombre de fonctionnaires dont la négligence était cause de tout ce désordre, approuva la société du Vieux Taureau. Le gouvernement voulut pourtant lui donner une existence légale en la plaçant sous la direction des magistrats ; il modifia les règlements, exigea que les membres porteraient, pour être reconnus, une plaque délivrée par le mandarin du district, et que, de plus, le titre de Société du Vieux Taureau serait remplacé par celui de *Tai-ping-che*, c'est-à-dire « Agence de pacification générale ; » c'était le nom qu'elle portait quand nous quittâmes le pays pour entreprendre le voyage du Thibet.

On peut voir, d'après ce que nous venons de dire, que les Chinois savent user largement de leur liberté d'association, et en conclure qu'ils ne sont pas tout à fait aussi esclaves de leurs mandarins qu'on se l'imagine en Europe. La liberté de la presse est encore une de ces vieilles chinoiseries que les Occidentaux se figurent avoir inventée, bien qu'ils ne sachent trop comment s'y prendre pour lui faire jeter des racines sur leur sol : tantôt ils sont passionnés pour cette liberté, elle les rend fiévreux jusqu'au délire, et tantôt ils n'en veulent plus ; ils sont, en quelque sorte, ravis de n'avoir plus le droit d'écrire et de faire imprimer ce qu'ils pensent. C'est que, dirait un Chinois, les barbares des mers occidentales ont le sang trop vif, trop chaud ; il leur est impossible de prendre les choses avec calme et modération ; ils ne savent pas se fixer dans ce milieu invariable dont parle Confucius. Nous autres Chinois, nous faisons imprimer ce que nous voulons, des livres, des brochures, des feuilles volantes, des placards pour afficher au coin des rues, et nos mandarins ne s'en occupent pas ; nous sommes même imprimeurs à volonté ; la seule condition, c'est de ne pas trouver la chose trop ennuyeuse, et d'avoir assez d'argent pour faire stéréotyper des planches. Nous usons donc, tant qu'il nous plaît, de la liberté de la presse ; mais nous ne sommes pas dans l'habitude d'en abuser ; nous imprimons des choses qui peuvent récréer ou instruire le public, sans compromettre les cinq vertus fondamentales et les trois rapports sociaux. Nous aimons peu à nous occuper des affaires du gouvernement, parce que nous sommes convaincus que l'empire ne marcherait pas mieux si trois cents millions d'individus prétendaient le faire aller chacun suivant son idée. Il arrive bien quelquefois qu'on imprime des livres capables de troubler la tranquillité publique et de porter atteinte au respect dû à l'autorité; alors les mandarins cherchent à découvrir l'auteur de ce crime et le punissent très-sévèrement. Ce n'est pas une raison, pour cela, d'empêcher les autres de se servir de leur pinceau, et de faire graver leurs écrits sur des planches en bois pour composer des livres. Le péché d'un mauvais citoyen ne doit pas entraîner le châtiment de l'empire tout entier. Mais il paraît que, dans les contrées qui sont par delà les mers occidentales, les choses ne se passent pas de la sorte ; cela ne doit pas étonner, puisqu'on sait que les peuples ont des goûts et des tempéraments particuliers. Le tempérament des Occidentaux est de s'emporter jusqu'à la colère, tantôt dans un sens et tantôt dans un autre ; leur goût est de trouver un jour tous les gouvernements mauvais, et un autre jour de les trouver tous bons. Avec des goûts et des tempéraments semblables, il est difficile qu'on puisse laisser les pinceaux aussi libres que chez nous ; la confusion serait à son comble. Il peut être bon quelquefois de changer de gouvernement; mais les successions ne doivent être ni trop fréquentes ni trop rapides. Un de nos plus fameux philosophes a prononcé cette sentence : « Malheureux les peuples qui ont un mauvais gouvernement; plus malheureux encore ceux qui, en ayant un passable, ne savent pas le garder. »

Quoique les Chinois, une fois lancés dans les révolutions, s'abandonnent facilement à tous les excès de la haine, de la colère et de la vengeance, il est cependant vrai de dire qu'ils n'aiment pas à s'occuper de politique et à s'ingérer dans les affaires du gouvernement. Sans cela il serait difficile de comprendre comment une nation de trois cents millions d'habitants pourrait avoir un seul instant de calme et de repos avec tant d'éléments de discorde et des leviers d'insurrection tels que la liberté d'association et la liberté de la presse. Il existe encore parmi les Chinois un usage bon et louable en soi, mais qui, exploité par des esprits turbulents et agitateurs, serait d'une puissance irrésistible pour exalter et fomenter les passions populaires ; nous voulons parler des *chouo-chou-ti*, ou « lecteurs publics. » La classe en est très-nombreuse ; ils parcourent les villes et les villages, lisant au peuple les passages les plus intéressants et les plus dramatiques de son histoire nationale, en les accompagnant toujours de commentaires et de réflexions. Ordinairement ces lecteurs publics sont diserts, beaux parleurs, et souvent très-éloquents. Les Chinois font leurs délices de les entendre discourir ; ils se groupent autour d'eux sur les places publiques, dans les rues, à l'entrée des tribunaux et des pagodes, et il est facile de comprendre, au seul aspect de leur physionomie, combien est vif l'intérêt qu'ils apportent à ces récits historiques. Le lecteur public s'arrête quelquefois dans le cours de sa séance pour se reposer un peu, et il profite de ces interruptions pour faire une quête ; car il n'a d'autre revenu que les sapèques librement octroyées par ses auditeurs bénévoles. Ainsi voilà, en Chine, dans ce pays du despotisme et de la tyrannie, des clubs en plein vent et en permanence. Nous sommes persuadé que certains peuples très-avancés dans les idées libérales seraient effrayés de voir s'introduire chez eux une coutume semblable.

On se plaît, en Europe, à regarder l'Asie comme la terre classique de l'arbitraire et de la servitude ; cependant il n'est rien de plus contraire à la vérité. Nous pensons que le lecteur ne trouvera pas trop long le passage suivant de M. Abel Rémusat, dont l'autorité est grande en ces matières, parce qu'il juge les choses de l'Orient avec ce coup d'œil sûr et impartial d'un savant qui sait se dégager des préjugés reçus et baser uniquement ses appréciations sur des données historiques.

« Un trait frappant au milieu de tant de variations
« dans la forme des gouvernements orientaux, c'est de
« ne trouver nulle part, et presque en aucun temps, ce
« despotisme odieux et cette servitude avilissante dont on
« a cru voir le génie funeste planer sur l'Asie tout entière.
« J'excepte les États musulmans, dont la condition et les
« ressorts réclament une étude particulière. Partout ail-
« leurs, l'autorité souveraine s'entoure des dehors les
« plus imposants et n'en est pas moins assujettie aux res-
« trictions les plus gênantes, j'ai presque dit aux seules qui
« le soient effectivement. On a pris les rois de l'Asie pour
« des despotes, parce qu'on leur parle à genoux et qu'on
« les aborde en se prosternant dans la poussière ; on s'en
« rapporte à l'apparence, faute d'avoir pu pénétrer la
« réalité. On a vu en eux des dieux sur la terre, parce
« qu'on n'apercevait pas les obstacles invincibles qu'op-
« posaient à leurs volontés les religions, les coutumes,
« les mœurs, les préjugés. Un roi des Indes, suivant le

« divin législateur Manou, est comme le soleil ; il brûle
« les yeux et les cœurs, il est air et feu, soleil et lune ;
« aucune créature humaine ne saurait le contempler ;
« mais cet être supérieur ne peut lever de taxe sur un
« brahmane, quand lui-même mourrait de faim, ni faire
« un marchand d'un laboureur, ni enfreindre les moindres
« dispositions d'un code qui passe pour révélé et qui dé-
« cide des intérêts civils comme des matières religieuses.
« L'empereur de la Chine est le Fils du Ciel, et, quand
« on approche de son trône, on frappe neuf fois la terre
« du front ; mais il ne peut choisir un sous-préfet que
« sur une liste de candidats dressée par les lettrés, et, s'il
« négligeait, le jour d'une éclipse, de jeûner et de re-
« connaître publiquement les fautes de son ministère,
« cent mille pamphlets autorisés par la loi viendraient lui
« tracer ses devoirs et le rappeler à l'observation des
« usages antiques. On ne s'aviserait pas, en Occident,
« d'opposer de telles barrières à la puissance d'un prince ;
« mais il n'en est pas moins vrai qu'une foule d'insti-
« tutions semblables doivent, quelles qu'en soient l'ori-
« gine et la nature, mettre une digue aux caprices de
« la tyrannie, et que le pouvoir ainsi circonscrit est loin
« d'être sans frein et sans limites et peut difficilement
« passer pour despotique.

« J'ai parlé d'institutions, et ce mot, tout moderne
« et tout européen, peut sembler bien pompeux et bien
« sonore, quand il s'agit de peuples grossiers qui ne
« connaissent ni les budgets, ni les comptes rendus, ni
« les bills d'indemnité. Il ne saurait être ici question
« d'un de ces actes improvisés par lesquels on notifie à
« tous ceux qu'il appartiendra, qu'à dater d'un certain

« jour une nation prendra d'autres habitudes et suivra
« des maximes nouvelles, en accordant aux dissidents un
« délai convenable pour changer d'intérêts et de ma-
« nière de voir. J'avoue qu'en ce sens, la plus grande
« partie de l'Asie n'offre rien qu'on puisse appeler *insti-*
« *tutions*. Ces règles, ces principes, qui dirigent les ac-
« tions des puissants et garantissent, jusqu'à un certain
« point, les droits des faibles, sont simplement les effets
« de la coutume, les conséquences du caractère natio-
« nal ; ils ont pour base et pour appui les préjugés du
« peuple, ses croyances ou ses erreurs, ses dispositions
« sociales et ses besoins intellectuels. C'est merveille
« qu'ils aient pu se conserver si longtemps ; il faut appa-
« remment qu'ils soient bien profondément gravés dans
« les cœurs, pour qu'on n'ait jamais songé à les faire
« imprimer. On doit toujours excepter la Chine, qui,
« sur ce point encore, a devancé les autres États asiati-
« ques, et s'est acquis des droits à l'estime des Occiden-
« taux ; car elle a depuis longtemps des constitutions
« écrites, et il est même d'usage de les renouveler de
« temps en temps et de les modifier par des articles
« additionnels. On y descend aussi à des détails négli-
« gés chez nous ; car, indépendamment des attributions
« des cours souveraines et de la hiérarchie administra-
« tive, qui y sont déterminées ou réformées, on y règle
« encore par des statuts particuliers le calendrier, les
« poids et mesures, la circonscription départementale et
« la musique, qui a toujours passé pour un objet essen-
« tiel dans le gouvernement de l'empire.

« Si donc on entend par despote un maître absolu,
« qui dispose des biens, de l'honneur et de la vie de

« ses sujets, usant et abusant d'une autorité sans bornes
« et sans contrôle, je ne vois nulle part, en Asie, de
« semblables despotes : en tous lieux, les mœurs, les
« coutumes antiques, les idées reçues et les erreurs
« même, imposent au pouvoir des entraves plus embar-
« rassantes que les stipulations écrites, et dont la tyran-
« nie ne peut se délivrer qu'en s'exposant à périr par la
« violence même. Je n'aperçois qu'un certain nombre
« de points où l'on ne respecte rien, où les ménagements
« sont inconnus, et où la force règne sans obstacle : ce
« sont les lieux où la faiblesse et l'imprévoyance des
« Asiatiques ont laissé établir des étrangers venus des
« contrées lointaines, avec l'unique désir d'amasser des
« richesses dans le plus court espace de temps possible,
« et de retourner ensuite en jouir dans leur patrie ;
« gens sans pitié pour des hommes d'une autre race,
« sans aucun sentiment de sympathie pour des indigè-
« nes dont ils n'entendent pas la langue, dont ils ne
« partagent pas les goûts, les habitudes, les croyances,
« les préjugés. Nul accord fondé sur la raison et la jus-
« tice ne saurait se former ou subsister entre des inté-
« rêts si diamétralement opposés. La force seule peut
« maintenir un temps cet état de choses ; il n'y a qu'un
« despotisme absolu qui puisse préserver une poignée
« de dominateurs qui veulent tout prendre au milieu
« d'une multitude qui se croit en droit de ne rien don-
« ner. On observe les effets de cette lutte dans les éta-
« blissements coloniaux en Asie, et les étrangers dont
« je parle sont les Européens.
    « C'est, nous pouvons le dire entre nous, une race
« singulière que cette race européenne ; et les préven-

« tions dont elle est armée, les raisonnements dont elle
« s'appuie, frapperaient étrangement un juge impartial,
« s'il en pouvait exister un sur la terre. Enivrée de ses
« progrès d'hier, et surtout de sa supériorité dans les
« arts de la guerre, elle voit avec un dédain superbe
« les autres familles du genre humain; il semble que
« toutes soient nées pour l'admirer et pour la servir, et
« que ce soit d'elle qu'il a été écrit que *les fils de Japhet*
« *habiteront dans les tentes de Sem et que leurs frères se-*
« *ront leurs esclaves.* Il faut que tous pensent comme
« elle et travaillent pour elle. Ses enfants se promènent
« sur le globe, en montrant aux nations humiliées leurs
« figures pour type de la beauté, leurs idées comme base
« de la raison, leurs imaginations comme le *nec plus*
« *ultra* de l'intelligence ; c'est là leur unique mesure ;
« ils jugent tout d'après cette règle, et qui songerait à
« en contester la justesse? Entre eux ils observent en-
« core quelques égards ; ils sont, dans leurs querelles
« de peuple à peuple, convenus de certains principes
« d'après lesquels ils peuvent s'assassiner avec méthode
« et régularité ; mais tout cela disparaît hors de l'Eu-
« rope, et le droit des gens est superflu quand il s'agit
« de Malais, d'Américains ou de Tongouses. Confiants
« dans les évolutions rapides de leurs soldats, ar-
« més d'excellents fusils, qui ne font jamais long feu,
« les Européens ne négligent pas pourtant les précau-
« tions d'une politique cauteleuse. Conquérants sans
« gloire et vainqueurs sans générosité, ils attaquent les
« Orientaux en hommes qui n'ont rien à en craindre,
« et traitent ensuite avec eux comme s'ils devaient tout
« en appréhender. Achevant à moins de frais par la

« diplomatie ce qu'ils n'ont pu faire par les batailles,
« ils rendent les indigènes victimes de la paix et de la
« guerre, les engagent en de pernicieuses alliances, leur
« imposent des conditions de commerce, occupent leurs
« ports, partagent leurs provinces et traitent de rebelles
« les nationaux qui ne peuvent s'accommoder à leur
« joug. A la vérité leurs procédés s'adoucissent envers
« les États qui ont conservé quelque vigueur, et ils
« gardent à Canton et à Nangasaki des ménagements
« qui seraient de trop à Palembeng ou à Colombo (1).
« Mais, par un renversement d'idées plus étrange peut-
« être que l'abus de la force, nos écrivains prennent alors
« parti pour nos aventuriers trompés dans leur espoir ;
« ils blâment ces prudents Asiatiques des précautions
« que la conduite de nos compatriotes rend si natu-
« relles, et s'indignent de leur caractère inhospitalier.
« Il semble qu'on leur fasse tort en se garantissant d'un
« si dangereux voisinage ; qu'en se refusant aux avances
« désintéressées de nos marchands, on méconnaisse
« quelque bienfait inestimable, et qu'on repousse les
« avantages de la civilisation. La civilisation, en ce qui
« concerne les Asiatiques, consiste à cultiver la terre
« avec ardeur pour que les Occidentaux ne manquent
« ni de coton, ni de sucre, ni d'épiceries ; à payer régu-
« lièrement les impôts, pour que les dividendes ne souf-
« frent jamais de retard ; à changer, sans murmures, de
« lois, d'habitudes et de coutumes, en dépit des tradi-
« tions et des climats. Les Nogais ont fait de grands

---

(1) M. Abel Rémusat parlait ainsi en 1829 ; il eût probablement supprimé cette phrase, s'il eût écrit en 1840, lors de la guerre des Anglais contre les Chinois.

« progrès depuis quelques années, car ils ont enfin re-
« noncé à la vie nomade de leurs pères, et les collec-
« teurs du fisc savent où les trouver, quand l'époque du
« tribut est arrivée. Les anciens sujets de la reine
« Obeïra se sont bien civilisés depuis le temps du capi-
« taine Cook, car ils ont embrassé le méthodisme, ils
« assistent tous les dimanches au prêche, en habit de
« drap noir, et c'est un débouché de plus pour les ma-
« nufactures de Sommerset et de Glocester. Nos voya-
« geurs ont vu aussi avec plaisir, en ces derniers temps,
« un prince des îles Sandwich tenir sa cour vêtu d'un
« habit rouge et d'une veste ; et ils regrettaient seule-
« ment que l'extrême chaleur l'eût empêché de com-
« pléter le costume ; mais peu importe que ces imita-
« tions soient imparfaites, maladroites, inconséquentes
« et grotesques, il faut les encourager pour les suites
« qu'elles peuvent avoir. Le temps viendra peut-être où
« les Indous s'accommoderont de nos percales au lieu
« de tisser eux-mêmes leurs mousselines, où les Chinois
« recevront nos soieries, où les Esquimaux porteront
« des chemises de calicot et où les habitants du tropique
« s'affubleront de nos chapeaux de feutre et de nos vête-
« ments de laine. Que l'industrie de tous ces peuples
« cède le pas à celle des Occidentaux ; qu'ils renoncent en
« notre faveur à leurs idées, à leur littérature, à leurs lan-
« gues, à tout ce qui compose leur individualité nationale ;
« qu'ils apprennent à penser, à sentir et à parler comme
« nous ; qu'ils payent ces utiles leçons par l'abandon de
« leur territoire et de leur indépendance ; qu'ils se mon-
« trent complaisants pour les désirs de nos académiciens,
« dévoués aux intérêts de nos négociants, doux, traitables

« et soumis ; à ce prix on leur accordera qu'ils ont fait
« quelques pas vers la sociabilité, et on leur permettra
« de prendre rang, mais à une grande distance, après le
« peuple privilégié, la race par excellence, à laquelle il
« a été donné de posséder, de dominer, de connaître et
« d'instruire (1). »

On trouvera peut-être un peu sévères ces appréciations de notre savant et judicieux orientaliste. Cependant, lorsqu'on a parcouru l'Asie et visité les colonies des Européens, on est forcé de convenir que la race conquise est presque partout traitée avec morgue, insolence et dureté, par des hommes qui se piquent pourtant de civilisation et quelquefois même de christianisme.

Nous voilà bien loin de Han-tchouan et de son palais communal, et de cet heureux mandarin à qui la ville reconnaissante offrait solennellement une paire de bottes au moment de se séparer de lui. Le lecteur a sans doute oublié que c'est à propos de cette manifestation populaire que nous avons été amené à parler des éléments de liberté qu'on rencontre en Chine, et qui se manifestent quelquefois d'une manière si bizarre pour louer ou critiquer la bonne ou mauvaise administration des magistrats.

Le plus bel éloge que la population de Han-tchouan faisait de son mandarin de prédilection, c'est qu'il avait toujours rendu la justice en personne et siégeant en public. Ce mérite, en effet, est bien aujourd'hui de quelque importance pour un magistrat chinois ; les choses sont tellement en décadence dans ce malheureux

---

(1) *Mélanges asiatiques*, p. 244.

pays, que, la plupart du temps, les mandarins se dispensent de rendre eux-mêmes la justice, soit par paresse, soit pour ne pas étaler aux yeux du peuple leur incapacité. Ils se tiennent dans un cabinet privé, ordinairement séparé du tribunal par une simple cloison. Les parties discutent leur affaire en présence des scribes et des fonctionnaires ; ceux-ci vont de temps en temps exposer, selon leur fantaisie, l'état de la question à ces juges indignes qui, mollement couchés sur un divan, sont beaucoup plus préoccupés de leur pipe et de leur tasse de thé que de la vie ou de la fortune de leurs administrés. Ils ne sont pas même distraits par la sentence qu'ils auront à prononcer. On la leur apporte toute rédigée, et ils n'ont qu'à y apposer leur sceau. Cette manière de juger est tellement devenue à la mode, qu'un magistrat qui veut bien se donner la peine d'assister aux procès et d'interroger lui-même les parties est regardé comme un personnage extraordinaire et digne de l'admiration publique.

Nous fûmes forcés de nous arrêter à Han-tchouan deux jours entiers, durant lesquels le vent ne cessa de souffler avec une extrême violence. Personne n'était d'avis de s'embarquer sur le fleuve Bleu ; nous n'avions pas encore oublié le triste naufrage du secrétaire de Song-tche-hien et notre triple échouement sur le rivage. Les mandarins de Han-tchouan, très-peu désireux de garder chez eux nos illustres et précieuses personnes, aimaient encore mieux subir cet embarras qu'assumer la responsabilité d'un naufrage ; cependant, comme il nous en coûtait de ne pas profiter de cette petite tempête qui rafraîchissait singulièrement l'atmosphère, nous proposâmes à nos conducteurs de faire route par terre, espérant bien que le vent ne serait pas assez fort pour enlever les palanquins de dessus les épaules des porteurs, pour nous envoyer promener à travers les airs. Maître Ting nous objecta encore le péril du naufrage, bien plus à redouter, disait-il, en prenant la voie de terre que celle du fleuve Bleu. Cette crainte nous paraissant quelque peu chimérique, il nous avertit que, pour quitter Hantchouan, il nous serait impossible d'éviter la navigation, parce que d'un côté nous avions le fleuve, et de l'autre un grand lac qu'il fallait nécessairement traverser. Les barques qu'on trouvait sur ce lac étaient tellement frêles et si mal construites, qu'elles ne pourraient résister à une tempête ; il fallait donc se résigner et attendre un peu de calme.

Quand le vent fut tombé, nous prîmes notre route par terre. Il y avait cinq ans qu'un missionnaire français avait fait le même chemin que nous, également escorté par des mandarins et des satellites, et conduit comme nous de tribunal en tribunal, mais en des situations bien différentes. Nous étions libres, entourés d'hommages et voyageant avec une certaine pompe ; lui, au contraire, était chargé de chaînes et abreuvé d'outrages par les bourreaux impitoyables qui l'escortaient…, et cependant sa marche était, aux yeux de la foi, un véritable triomphe. Il s'en allait plein de force et de courage à un saint combat. Après avoir enduré avec une constance invincible de longues et affreuses tortures dans les divers prétoires de la capitale du Hou-pé, il a terminé glorieusement sa vie, la palme du martyre à la main et aux applaudissements du monde catholique.

En suivant cette route de Han-tchouan, sanctifiée par les souffrances du vénérable Perboyre, les détails de ce long martyre, que nous avions eu la consolation de raconter nous-même jadis à nos amis d'Europe, se représentaient à notre mémoire et pénétraient notre âme d'une douce émotion, nos yeux étaient mouillés de larmes ; mais les pleurs que l'on verse au souvenir des tourments d'un martyr sont toujours pleins de suavité.

Nous suivîmes pendant deux heures des sentiers étroits et tortueux qui tantôt serpentaient à travers des collines de terre rouge, où croissaient en abondance le cotonnier et la plante à indigo, et tantôt glissaient dans les vallons le long de vertes rizières. Nous ne tardâmes pas à apercevoir le lac Ping-hou, dont la surface, d'un bleu mat, et légèrement ridée par une petite brise, réfléchissait les rayons du soleil, comme par d'innombrables pointes de diamant. Trois bateaux préparés à l'avance nous attendaient au rivage. Le convoi s'embarqua promptement ; on hissa de longues voiles en bambou, plissées comme des éventails, et nous partîmes. Plusieurs rameurs suppléaient à l'insuffisance du vent, qui n'était pas encore formé ; vers midi, il obtint plus de force et de régularité, nous prit par le travers et nous poussa avec assez de rapidité sur la vaste surface de ce lac magnifique. Nous rencontrâmes des barques de toute forme et de toute grandeur, qui transportaient des voyageurs et des marchandises, plusieurs étaient destinées à la pêche et se faisaient remarquer par de noirs filets suspendus au grand mât. Ces nombreuses jonques, se croisant dans tous les sens avec leurs voiles jaunes et leurs pavillons bariolés, le murmure vague et indéterminé qui arrive de toutes parts, les oiseaux aquatiques qu'on voit planer au-dessus du lac et plonger subitement pour saisir leur proie, tout cela offre aux regards un tableau plein de charme et d'animation.

Nous passâmes à côté de plusieurs îles flottantes, produits bizarres et ingénieux de l'industrie chinoise, et dont jamais, peut-être, aucun autre peuple ne s'est avisé. Ces îles flottantes sont des radeaux énormes, construits, en général, avec de gros bambous, dont le bois résiste longtemps à l'action dissolvante de l'eau. On a transporté sur ces radeaux une couche assez épaisse de bonne terre végétale, et, grâce au patient labeur de quelques familles d'agriculteurs aquatiques, l'œil émerveillé voit s'élever à la surface des eaux des habitations riantes, des champs, des jardins et des plantations d'une grande variété. Les colons de ces fermes flottantes paraissent vivre dans une heureuse abondance. Durant les moments de repos que leur laisse la culture des rizières, la pêche devient pour eux un passe-temps à la fois lucratif et agréable. Souvent, après avoir fait leur récolte au-dessus du lac, ils jettent leur filet et le ramènent sur le bord de leur île, chargé de poissons; car la Providence, dans sa bonté infinie, fait encore germer au fond des eaux une abondante moisson d'êtres vivants pour les besoins de l'homme. Plusieurs oiseaux, et notamment les pigeons et les passereaux, se fixent volontiers dans ces campagnes flottantes, pour partager la paisible et solitaire félicité de ces poétiques insulaires.

Vers le milieu du lac, nous rencontrâmes une de ces fermes qui essayait de faire de la navigation. Elle s'en allait avec une extrême lenteur, quoiqu'elle eût cependant vent arrière. Ce n'est pas que les voiles manquassent : d'abord il y en avait une très-large au-dessus de la maison, et puis plusieurs autres aux angles de l'île ; de plus, tous les insulaires, hommes, femmes et enfants, armés de longs avirons, travaillaient de tout leur pouvoir, sans imprimer pour cela une grande vitesse à leur métairie. Mais il est probable que la crainte des retards tourmente peu ces mariniers agricoles, qui sont toujours sûrs d'arriver à temps pour coucher à terre. On doit souvent les voir changer de place sans motif, comme font les Mongols au milieu de leurs vastes prairies ; plus heureux que ces derniers, ils ont su se faire, en quelque sorte, un désert au milieu de la civilisation, et allier les charmes et les douceurs de la vie nomade aux avantages de la vie sédentaire.

Il existe de ces îles flottantes à la surface de tous les grands lacs de la Chine. Au premier abord, on s'arrête avec enchantement devant ces poétiques tableaux ; on aime à contempler cette abondance pittoresque, on admire le travail ingénieux de cette race chinoise qui est toujours étonnante dans tout ce qu'elle fait. Mais, quand on cherche à pénétrer le motif pour lequel ont été créées ces terres factices, quand on calcule tout ce qu'il a fallu de patience et de sueur à quelques familles déshéritées, et qui, pour ainsi dire, n'avaient pu trouver en ce monde une place au soleil, alors le tableau, naguère si riant, prend insensiblement de sombres couleurs, et l'on se demande, l'âme accablée de tristesse, quel sera l'avenir de cette immense agglomération d'habitants que la terre ne peut plus contenir, et qui est forcée, pour vivre, de se répandre sur la surface des eaux. Lorsqu'on parcourt les provinces de l'empire, et qu'on s'arrête à réfléchir sur ce prodigieux encombrement d'hommes qui augmente, d'année en année, dans des proportions effrayantes, on serait presque tenté de souhaiter à la Chine, dans l'intérêt de sa conservation, une de ces grandes exterminations par lesquelles la Providence arrête, de temps à autre, l'essor et le développement des races trop fécondes.

La population de la Chine a été l'objet de grands débats entre les auteurs européens, qui n'avaient aucun moyen de la déterminer avec exactitude. Les Chinois tiennent pourtant avec assez de soin des états statistiques et des relevés de dénombrement. La population de chaque province est inscrite, par familles et par individus contribuables, sur des registres spéciaux, dont le résumé est publié dans les collections des ordonnances. Mais le mode adopté pour cet enregistrement a varié même dans les temps modernes, et des classes nombreuses d'individus non contribuables ont été laissées en dehors du recensement. De là résultent les différences sensibles qui s'observent entre les dénombrements de la population chinoise rapportés à des époques peu distantes. Trois dénombrements principaux ont donné des résultats qui semblent également authentiques, et dont, néanmoins, le plus fort surpasse le plus faible de 183,000,000 ; les voici :

En 1743, selon le P. Amiot........	150,265,475
En 1761, selon le P. Hallerstein....	198,214,552
En 1794, selon lord Macartney.....	333,000,000

Les documents les plus récents fournis par la collection des ordonnances de la dynastie mantchoue élèvent ce chiffre à 361 millions. Nous n'avons pas les matériaux nécessaires pour constater ce résultat et prononcer avec entière connaissance de cause. Cependant, nous pensons qu'on ne peut pas rejeter le chiffre total de 361 millions, malgré son énormité.

Il est facile de se former des idées entièrement opposées sur la population de la Chine, selon la manière de voyager qu'on adopte : si, par exemple, on parcourt les provinces du Midi en prenant la voie de terre, on serait tenté de croire que le pays est bien moins populeux qu'on ne le prétend. Les villages sont moins nombreux et moins considérables ; on rencontre beaucoup de terrains vagues, quelquefois même on croirait voyager au milieu des déserts de la Tartarie ; mais qu'on traverse les mêmes provinces sur les canaux et en suivant le cours des fleuves, alors l'aspect du pays change entièrement. On rencontre fréquemment de grandes villes renfermant dans leur enceinte jusqu'à deux ou trois millions d'habitants ; de toute part on ne voit que de gros villages se succédant presque sans interruption ; la population foisonne, et l'on ne peut comprendre d'où peuvent venir les moyens de subsistance pour ces multitudes innombrables dont les habitations paraissent occuper le sol tout entier ; à la vue de ces prodigieuses fourmilières d'hommes, il semble que le chiffre de trois cent soixante et un millions soit encore bien au-dessous de la réalité.

Un moraliste chinois, le célèbre Te-siou, fait remonter au *tien*, « ciel, » la grande cause qui, tour à tour, diminue ou augmente la population de l'empire. « Les « événements, dit-il, qui préparent l'augmentation ou la

« diminution des hommes, sont si disparates et si étroi-
« tement liés, si lents et si efficaces, qu'il n'y a ni poli-
« tique ni prévoyance à leur opposer. Il faut être bien
« étranger à notre histoire pour ne voir qu'un mé-
« canisme de causes naturelles dans les conduites ca-
« chées du ciel sur les générations des hommes pour
« les étendre ou les resserrer d'une manière conforme
« à ses vues sur tout l'empire ; il faut être bien peu phi-
« losophe pour ne pas voir que la guerre, la peste, la
« famine et les grandes révolutions, font crouler tout
« système par l'impossibilité démontrée d'en prévoir
« les causes, d'en suspendre les ravages, et d'en calcu-
« ler les effets par rapport à la population présente et
« future. Les expériences des dynasties passées sont per-
« dues pour celle qui s'écoule ; les moyens mêmes qui
« ont réussi deviennent destructifs d'un siècle à l'autre. »

Tout en respectant la réserve du moraliste du Céleste Empire, il nous semble pourtant qu'on pourrait assigner plusieurs causes secondaires à la prodigieuse population de la Chine : ainsi les mœurs publiques de la nation, qui font du mariage des enfants la plus grande affaire des pères et des mères ; la honte de mourir sans postérité ; les adoptions fréquentes qui soulagent les familles et en perpétuent les branches ; le retour des biens à la souche par l'exhérédation des filles ; l'immutabilité des impôts qui, toujours attachés aux terres, ne tombent jamais qu'indirectement sur le marchand et l'artisan ; le mariage des soldats et des marins; la politique de n'accorder la noblesse qu'aux emplois, ce qui l'empêche d'être héréditaire, en distinguant seulement les hommes sans distinguer les familles, et détruit de cette manière le vain préjugé des mésalliances ; la vie extrêmement frugale de toutes les classes de la société : voilà peut-être autant de causes capables de favoriser le rapide accroissement de la population chinoise ; mais c'est surtout la paix profonde dont l'empire a joui depuis plus de deux siècles qui a sans doute contribué plus que tout le reste à ce rapide développement.

Aujourd'hui cette paix n'existe plus dans la plupart des provinces ; l'insurrection qui a éclaté depuis trois ans menace l'empire d'un bouleversement général et de la chute de la dynastie tartare. Si cette révolution ressemble à celles qui l'ont précédée, et dont on ne peut lire, sans frémir, les horribles détails dans les Annales de la Chine ; si la guerre civile se prolonge avec son lugubre cortége de massacres et d'incendies, il est à présumer que la population sera affreusement réduite, et que les Chinois qui survivront à ces grandes scènes de carnage et de destruction trouveront où se loger, sans avoir besoin, comme aujourd'hui, de construire des radeaux pour habiter sur la surface des lacs.

Quelques instants avant de terminer notre ravissante navigation sur le Ping-hou, nous rencontrâmes une longue file de petites barques de pêcheurs qui s'en retournaient au port à force de rames ; au lieu de filets, ces pêcheurs avaient un grand nombre de cormorans qui étaient perchés sur les rebords de leurs nacelles. C'est un curieux spectacle que de voir ces oiseaux, au moment de la pêche, plonger à toute minute au fond de l'eau, et remonter chaque fois avec un poisson au bec. Comme les Chinois se défient un peu du trop bon appétit de leurs associés, ils ont soin de leur garnir le cou d'un anneau en fer assez large pour leur permettre de respirer librement, mais trop étroit pour qu'ils puissent avaler le poisson qu'ils ont saisi ; afin de les empêcher de folâtrer au fond de l'eau, et de perdre ainsi le temps destiné au travail, une petite corde est attachée d'un côté à l'anneau, et, de l'autre, à une des pattes du cormoran ; c'est par là qu'on le ramène à volonté, au moyen d'une ligne à crochet, lorsqu'il lui arrive de s'oublier trop longtemps ; s'il est fatigué, il a le droit de remonter à bord et de se reposer un instant ; mais il ne faut pas qu'il abuse de cette complaisance du maître. Au cas où il ne comprendrait pas les obligations de son état, il reçoit quelques légers coups de bambou, et, sur ce muet avertissement, le pauvre plongeur reprend avec résignation son laborieux métier. Durant la traversée d'une pêcherie à l'autre, les cormorans se perchent côte à côte sur les bords du bateau ; ils s'y arrangent d'eux-mêmes avec un ordre admirable, avertis qu'ils sont par leur instinct de se placer en nombre à peu près égal sur bâbord et sur tribord pour ne pas compromettre l'équilibre de la frêle embarcation ; c'est ainsi que nous les vîmes rangés lorsque nous rencontrâmes sur le lac la petite flottille des pêcheurs.

Le cormoran est plus gros que le canard domestique ; il a le cou court, la tête aplatie sur les côtés, le bec long, large et légèrement recourbé à l'extrémité. D'une tournure ordinairement très-peu élégante, il est hideux à voir lorsqu'il a passé la journée à travailler dans l'eau. Ses plumes mouillées et mal peignées se hérissent sur son maigre corps, il se pelotonne, et ne présente plus qu'une masse informe et disgracieuse.

Après avoir traversé le lac Ping-hou, nous rentrâmes dans nos palanquins et nous arrivâmes, vers la nuit, à Han-yang, grande ville située sur le bord du fleuve Bleu. Déjà les marchands allumaient leurs lanternes sur le devant des boutiques, et les groupes nombreux d'artisans, après avoir terminé leur travail, s'en allaient en chantant et en folâtrant voir jouer la comédie. Les curieux se rassemblaient aux angles des rues, autour des escamoteurs et des lecteurs publics. Tout prenait enfin cette allure vive et animée des grands centres de population, lorsque, après les fatigues d'une journée laborieuse, chacun éprouve le besoin de prendre un peu de repos et de délassement.

Les Chinois n'ont pas l'habitude de la promenade ; ils n'en conçoivent ni les charmes ni les avantages hygiéniques. Ceux qui ont quelques notions des mœurs européennes nous trouvent fort singuliers, pour ne pas dire souverainement ridicules, d'aller et de venir sans cesse sans avoir d'autre but que celui de marcher. Lorsqu'ils entendent dire que nous considérons la promenade comme une manière de nous délasser et de nous récréer, ils nous tiennent pour de grands originaux ou pour des hommes qui n'ont pas le sens commun.

Les Chinois des provinces intérieures, que leurs affaires conduisent à Canton ou à Macao, n'ont rien de plus pressé que d'aller voir les Européens à la promenade. C'est pour eux le spectacle le plus attrayant. Ils s'arrangent à l'écart le long des quais ; ils s'accroupissent sur leurs mollets, allument leur pipe, déploient leur éventail, et puis les voilà contemplant d'un œil goguenard et malicieux les promeneurs anglais et américains qui vont et viennent, d'un bout à l'autre, en marquant le pas avec une admirable précision. Les Européens qui arrivent en Chine sont tout disposés à trouver bizarres et ridicules les habitants du Céleste Empire ; les Chinois qui vont visiter Canton et Macao nous le rendent bien. Il faudrait les entendre exercer leur verve railleuse et caustique sur la tournure des diables occidentaux, exprimer leur indéfinissable étonnement à la vue de ces vêtements étriqués, de ces pantalons collants, de ces prodigieux chapeaux en forme de tuyaux de cheminée, de ces cols de chemise destinés à scier les oreilles et qui encadrent si gracieusement ces grotesques figures à long nez et aux yeux bleus, sans barbe et sans moustaches, mais, en revanche, portant sur chaque joue une poignée de poil rouge et crépu. La forme de l'habit les intrigue par-dessus tout. Ils cherchent, sans pouvoir y réussir, à se rendre compte de cet étrange accoutrement qu'ils nomment une moitié de vêtement, parce qu'il est impossible de le faire joindre sur la poitrine et que le prolongement des basques au-dessous de la taille manque complétement sur le devant. Ils admirent ce goût exquis et raffiné de suspendre derrière le dos de larges boutons semblables à des sapèques et qui, disent-ils, restent là éternellement sans avoir jamais rien à boutonner. Combien ils se trouvent plus beaux que nous, avec leurs yeux noirs, étroits et obliques, les pommettes des joues saillantes, leur nez en forme de châtaigne, leur tête rasée et ornée d'une magnifique queue qui descend jusqu'aux talons. Qu'on ajoute à ce type plein de grâce et d'élégance un chapeau conique recouvert de franges rouges, une ample tunique aux larges manges et des bottes en satin noir terminées par une semelle blanche d'une épaisseur exorbitante, et il sera incontestable qu'un Européen ne saurait jamais avoir la bonne façon d'un Chinois.

Mais c'est surtout dans les habitudes de la vie que les Chinois prétendent nous être de beaucoup supérieurs. En voyant les Européens exécuter, pendant de longues heures, des promenades gymnastiques, ils se demandent s'il n'est pas plus conforme à la bonne civilisation de passer son temps, quand on n'a rien à faire, tranquillement assis à boire du thé et à fumer sa pipe, ou encore s'il ne vaut pas mieux aller tout bonnement se coucher. L'idée des soirées ou de passer la majeure partie des nuits en fêtes et en réunions ne leur est pas encore venue. Ils en sont toujours aux habitudes de nos bons aïeux, qui n'avaient pas trouvé la méthode un peu bizarre de prolonger le jour jusqu'à minuit et la nuit jusqu'à midi. Tous les Chinois, même ceux de la haute classe, tiennent à commencer leur sommeil de manière à pouvoir se lever avec le soleil. Ils ne font exception qu'aux premiers jours de l'an et à certaines fêtes de famille. Alors ils ne se donnent pas un instant de repos et de relâche. A part certaines circonstances, ils se conforment assez régulièrement au cours des astres pour le partage du jour et de la nuit. Aux heures où l'on remarque le plus de mouvement et de tumulte dans les grandes villes d'Europe, celles de Chine jouissent du calme le plus profond ; chacun est retiré dans sa famille, toutes les boutiques sont fermées, les bateleurs, les saltimbanques, les lecteurs publics, ont terminé leur séance, et il ne reste plus en activité que quelques théâtres fonctionnant continuellement en faveur des amateurs de la classe ouvrière, qui ont seulement la nuit à leur disposition pour se donner le plaisir de voir jouer la comédie.

Nous mîmes près d'une heure à parcourir les longues rues de Han-yang. Enfin on nous déposa à l'extrémité d'un faubourg, dans une espèce de maison que nous ne savons comment étiqueter. Ce n'était ni un palais communal, ni un tribunal, ni une auberge, ni une prison, ni une pagode. C'est, nous dit-on, un établissement destiné à une foule d'usages et que les autorités du lieu ont désigné pour votre logement. Nous y fûmes reçus très-froidement par un vieux Chinois, petit mandarin retraité, qui nous introduisit dans une grande salle ayant pour tout ameublement quelques fauteuils disloqués et pour tout éclairage une grosse chandelle rouge, en suif végétal, qui répandait, avec beaucoup de fumée, une lueur triste et lugubre. Le vieux Chinois bourra sa pipe, l'alluma à la chandelle, s'assit à l'extrémité d'un banc, croisa ses jambes, et se mit à fumer sans rien dire, sans même nous regarder. Comme la mine de ce personnage était peu de notre goût, nous le laissâmes tranquille, et nous commençâmes à nous promener d'un bout à l'autre de cette grande salle, au risque de nous faire appeler barbares. Une journée entière passée en barque ou en palanquin nous donnait bien le droit de chercher à procurer à nos jambes un peu d'élasticité.

Pendant que nous nous promenions et que le vieux retraité fumait silencieusement sa pipe, nos conducteurs avaient disparu. Nous fûmes longtemps ainsi, et trouvant la position assez disgracieuse ; aucun mandarin de Han-yang, ni grand ni petit, ne vint nous honorer de sa présence ; personne n'eut l'attention de nous offrir une tasse de thé, et pourtant, à l'heure qu'il était, quelques rafraîchissements n'eussent pas été un hors-d'œuvre. Notre Chinois gardait toujours la même attitude, ne s'occupant nullement de nous ; de notre côté, nous affections de ne faire aucune attention à lui. Enfin maître Ting parut ; nous lui demandâmes ce que tout cela signifiait et où on voulait en venir. Nous comprîmes à son étonnement qu'il ne voyait pas plus clair que nous dans la situation ; il fallait cependant un dénoûment à la chose, Nous allâmes interpeller le vieux Chinois qui en était à bourrer sa pipe au moins pour la dixième fois ; il nous répondit, sans se troubler, et en nous regardant à peine, que personne ne lui avait donné aucun ordre à notre sujet, qu'il ne savait pas qui nous étions, d'où nous venions et où nous allions, qu'il était lui-même assez surpris d'avoir vu tant de monde envahir à l'improviste, à une heure si avancée, l'établissement dont il était le gardien. Après nous avoir ainsi exprimé ses pensées avec beaucoup de flegme, il replaça l'embouchure de la pipe au coin de sa bouche et se remit à fumer. Évidemment il n'était pas possible d'entrer en négociation avec un personnage de cette trempe ; nous prîmes donc le parti d'exécuter une visite au tribunal du préfet.

La réception fut assez polie, mais pleine de froideur ; le préfet pensait que nous aurions voulu arriver le soir même à la capitale de la province, qui se trouvait sur la rive opposée du fleuve, et, en conséquence, disait-il, il n'avait rien organisé pour nous recevoir. Puisque vous n'allez pas ce soir à Oû-tchang-fou, ajouta-t-il, je vais donner des ordres pour qu'on ait soin de vous à la maison des hôtes, où l'on vous a conduits. Le préfet nous avait tout bonnement joué un tour à la chinoise pour s'épargner les frais et les embarras d'une réception officielle ; il savait bien mieux que nous qu'il n'était pas possible d'aller dans une journée de Han-tchouan à Ou-tchang-fou, et qu'on devait nécessairement passer la nuit à Han-yang. Nous crûmes que cela ne valait pas la peine de se fâcher ; nous agîmes comme si nous n'avions pas compris la tricherie, et nous retournâmes pacifiquement à la susdite maison des hôtes, avec la perspective de retrouver toujours à la même place notre imperturbable Chinois toujours occupé à fumer sa pipe.

Nous venions de commettre une faute en prenant congé du préfet si bénignement, et sans lui avoir parlé avec un peu de verve, car, s'imaginant que nous étions très-faciles à contenter, il ne manqua pas d'en abuser. Nous revîmes donc notre vieux Chinois, toujours assis sur son banc, et la chandelle rouge dont il ne restait plus qu'un bout, mais qui conservait encore presque entière sa grosse mèche entourée d'un peu de flamme et d'une épaisse fumée. Un domestique du préfet ne tarda pas à se présenter chargé d'un panier à plusieurs étages, et qui contenait le menu de notre souper. A cette vue, le gardien de la maison des hôtes se leva ; il alla chercher une table dans une pièce voisine, l'installa contre le mur, et plaça dessus la chandelle rouge qu'il moucha très-habilement en donnant une chiquenaude à la mèche. Maître Ting, qui était affamé, avait déjà pris place à côté de la table ; mais sa figure s'allongea piteusement quand il vit de quoi se composait le festin que nous envoyait le préfet. Une grande gamelle de riz cuit à l'eau placée entre deux petites assiettes, dont l'une contenait des morceaux de poisson salé et l'autre quelques tranches de lard, voilà quel était le service ; en vérité, ce préfet de Han-yang abusait du privilége qu'il croyait avoir de se moquer de nous. Maître Ting se leva bondissant de colère, et menaça de dévorer le pauvre domestique qui nous avait apporté, dans son panier, cette déplorable mystification. Nous eûmes besoin de toute notre influence pour le calmer, et lui faire comprendre qu'il n'était pas raisonnable d'imputer à ce brave homme le lard et le poisson salé qui se trouvaient sur la table. Notre amour-propre se trouva tellement froissé et humilié, que nous déraillâmes complétement de la ligne que nous avions résolu de suivre dans nos rapports avec les mandarins ; cédant à un puéril sentiment de fierté, nous dîmes avec calme au domestique du préfet de reporter ces mets à son maître, et de le remercier de sa généreuse obligeance ; en même temps nous priâmes maître Ting d'aller commander au restaurant le plus rapproché un souper convenable, parce que nous entendions vivre à nos frais à Han-yang.

Le majordome du préfet emporta la gamelle avec ses accessoires, et peu de temps après nous faisions à nos mandarins d'escorte les honneurs d'un magnifique souper qui nous coûta deux onces d'argent. Il nous sembla, sur le moment, que nous venions d'agir avec une dignité incomparable, et que nous nous étions majestueusement tirés de ce mauvais pas. L'amour-propre nous aveuglait et nous empêchait de voir qu'au bout du compte nous avions fait une sottise ; nous le comprîmes le lendemain après que le repos de la nuit nous eut ramenés à la réalité de notre position. Nous avions oublié que nous étions en Chine, et que les mandarins n'étaient pas des hommes avec lesquels il fût bon de se piquer d'honneur ; pour bien faire, il fallait commander un festin de première classe, le faire payer au préfet, puis nous reposer un ou deux jours à Han-yang. Ce système merveilleusement adapté au caractère chinois avait eu un plein succès sur toute la route. Nous eûmes le malheur de l'abandonner dans un moment d'égarement, et nous en fûmes les victimes ; il nous fallut, après cela, une peine incroyable pour reconquérir notre première influence.

Nous quittâmes Han-yang avec un vif sentiment de satisfaction, sans même regretter le vieux gardien de la maison des hôtes, qui nous expédia avec autant de grâce et d'amabilité qu'il en avait mis à nous recevoir. Le chemin que nous avions à faire ce jour-là n'était pas long ; mais il présentait, disait-on, quelque danger. Nous n'avions qu'à traverser le fleuve Bleu ; nous nous rendîmes sur le rivage, et nous aperçûmes, de l'autre côté, les formes vagues et indéterminées d'une ville immense, presque entièrement enveloppée de brouillards ; c'était Ou-tchang-fou, capitale de la province du Hou-pé ; elle n'était séparée de Han-yang que par le fleuve, assez semblable, en cet endroit, à un large bras de mer. Des multitudes de jonques énormes descendaient rapidement, ou remontaient avec lenteur ce *fleuve enfant de la mer,* comme le nomment les Chinois. Le vent soufflait du sud, et nous était assez favorable, puisqu'il devait nous prendre par le travers ; il était cependant d'une grande violence, et nous hésitâmes quelque temps avant de nous embarquer, car les bateaux de passage qui stationnaient au rivage ne nous paraissaient pas d'une construction assez solide pour résister à un coup de vent au milieu de ces eaux impétueuses. L'exemple de plusieurs voyageurs, qui ne firent pas difficulté de partir, nous ayant rassurés, nous entrâmes dans un bateau qui nous emporta bientôt avec une effrayante rapidité. Vers le milieu du fleuve nous essuyâmes une bourrasque; notre barque fut tellement inclinée que la voilure plongea un instant dans l'eau. Enfin, après une traversée de trois quarts d'heure, nous arrivâmes, sans accident, à un des ports de Ou-tchang-fou, où nous restâmes plus de deux heures à nous frayer un passage parmi un encombrement prodigieux de jonques qui étaient au mouillage. Les courses que nous fîmes ensuite en palanquin dans cette vaste cité furent un véritable voyage. Il était plus de midi lorsque nous fûmes installés dans notre logement, non loin du palais du gouverneur de la province.

CHAPITRE IV.

Mauvais logement dans une petite pagode. — Ou-tchang-fou, capitale du Hou-pé. — Limites de l'empire chinois. — Montagnes. — Fleuves. — Lacs. — Climat. — Principales productions. — Industrie chinoise. — Causes de son dépérissement. — Anciennes expositions des produits des arts et de l'industrie. — Relations des Chinois avec les étrangers. — État actuel de leur commerce avec les Européens. — Commerce intérieur de la Chine. — Intérêt de l'argent. — Système des économistes chinois sur l'intérêt de trente pour cent. — Sociétés pécuniaires. — Immense entrepôt de commerce au centre de l'empire. — Système de canalisation. — Aptitude des Chinois pour le commerce. — Système monétaire. — Influence de la sapèque. — Commerce des infiniment petits.

L'endroit où nous fûmes colloqués dès notre arrivée à Ou-tchang-fou était une petite pagode tout récemment construite, et dont les bonzes n'avaient pas encore pris possession. Le local était propre, mais très-insuffisant. Nous ne pouvions disposer que d'une étroite chambre, où l'air et le jour pénétraient par une lucarne unique, ouverte en face d'un grand mur ; il y faisait une chaleur étouffante. Comme nous devions rester plusieurs jours dans la capitale du Hou-pé, pour prendre une autre feuille de route et organiser une nouvelle escorte, nous fîmes tout de suite des réclamations, afin d'obtenir un logement qui pût nous donner quelque espoir de ne pas mourir de suffocation. Tous les mandarins que nous vîmes nous promirent de s'occuper immédiatement de notre requête ; mais, sans doute, aucun n'en fit rien ; car on nous laissa impitoyablement dans cette étuve.

Nous subissions les conséquences des fautes diplomatiques que nous avions eu la maladresse de commettre à Han-yang. Le petit mandarin de cette ville, qui avait été chargé de nous faire traverser le fleuve Bleu et de nous conduire jusqu'à Ou-tchang-fou, n'avait pas manqué de nous compromettre, en disant que nous étions de bonnes gens et d'excellent accommodement. Maître Ting avait beau protester du contraire, on ne le croyait pas. On savait que le souper du préfet de Han-yang n'ayant pas été de notre goût, nous avions, tout bonnement et sans nous plaindre, fait apporter, à nos frais, des vivres du restaurant. Ainsi il n'y avait pas à se gêner avec nous ; nous serions toujours suffisamment heureux, pourvu qu'on ne nous tuât pas. Tels furent les résultats d'un moment de faiblesse. Nous comprîmes alors combien nous avions eu raison de nous montrer intraitables avec ces mandarins, toujours disposés à devenir les tyrans et les persécuteurs de ceux qui ne savent pas les faire trembler.

Il y avait encore une autre cause de ce mauvais vouloir de l'autorité de Ou-tchang-fou à notre égard. Quelques mois avant notre arrivée dans cette ville, un missionnaire espagnol avait été reconnu et arrêté dans une petite chrétienté de la province. On l'avait conduit à la capitale, où il subit plusieurs interrogatoires juridiques. Après de nombreuses vexations dans les prisons publiques, où il fut longtemps détenu la chaîne au cou, on le reconduisit à Macao, conformément aux traités conclus avec les diverses puissances européennes, à l'issue de la guerre des Anglais. Ce bon père espagnol, dont nous n'avions pas, il faut le confesser, la résignation et la patience, avait laissé contracter aux habitants de Outchang-fou un ton et des allures dont nous étions les victimes. S'il nous arrivait de nous plaindre, on nous répondait que nous devions nous estimer très-heureux, puisque nous n'étions ni emprisonnés, ni enchaînés. Il semblait que notre bouche ne pouvait s'ouvrir que pour faire entendre des paroles d'actions de grâces et de reconnaissance, parce qu'on ne nous avait pas encore coupé le cou. Nous crûmes qu'il était de notre devoir de combattre de notre mieux ces funestes dispositions, tant dans notre intérêt que dans celui des missionnaires qui auraient, après nous, à passer par là. Nous fîmes donc notre plan, et nous attendîmes une occasion favorable.

Notre cellule étroite et incandescente nous rendant la résidence extrêmement pénible, nous prîmes le parti de faire quelques promenades en ville, en la compagnie de notre cher maître Ting, à qui il tardait beaucoup de revoir sa bien-aimée province du Sse-tchouen et de n'avoir plus de relations avec les barbares du Hou-pé. Afin de pouvoir circuler dans les rues plus librement et sans exciter l'attention du public, il avait été indispensable de mettre provisoirement de côté la ceinture rouge et la calotte jaune.

Ou-tchang-fou nous était connu depuis longtemps. La première année de notre entrée en Chine, nous avions eu l'occasion de visiter cette grande ville, l'une des plus commerçantes de la Chine, à cause de sa situation au centre de l'empire et sur les bords du fleuve Bleu, qui la met en rapport avec toutes les provinces. Nous avons vu que Han-yang était en face de Ou-tchang-fou ; une autre ville immense, nommée *Han-keou*, c'est-à-dire « bouche du commerce, » en est encore plus rapprochée ; elle est située au confluent d'une rivière qui se jette dans le Yang-tse-kiang, presque sous les murs de Ou-tchang-fou. Ces trois villes, placées en triangle en vue l'une de l'autre et séparées comme par des bras de mer, sont, en quelque sorte, le cœur qui communique à la Chine tout entière sa prodigieuse activité commerciale.

On compte à peu près huit millions d'habitants dans ces trois villes qui, pour ainsi dire, n'en font qu'une seule tant elles sont étroitement unies entre elles par un va-et-vient perpétuel d'une multitude innombrable de navires. C'est là qu'il faut aller ; c'est Han-keou, Han-yang et Ou-tchang-fou, qu'il faut visiter pour avoir une idée du commerce intérieur de la nation chinoise. Mais, avant d'entrer, à ce sujet, dans quelques détails qui ne seront pas, peut-être, dépourvus d'intérêt, il nous a semblé qu'il serait nécessaire de jeter un coup d'œil sur la géographie et la statistique de la Chine, de ce vaste et puissant empire d'Asie, le plus riche, le plus ancien et le plus peuplé de tous ceux qui existent actuellement, ou dont l'histoire nous a conservé le souvenir (1).

La Chine proprement dite, abstraction faite de ses vastes et nombreux royaumes tributaires, est un grand pays continental, situé dans la partie orientale et moyenne de l'Asie ; elle est bornée au sud et à l'est par

(1) Dans ce que nous avons dit sur cette matière nous nous sommes servi d'un écrit de M. E. Biot, que nous avons dû modifier d'après nos observations sur les lieux mêmes.

la mer Pacifique, au nord par la chaîne des monts Yn et par le grand désert de Gobi, appelé en chinois *Cha-mo*, « mer de sable, » à l'ouest par les hautes chaînes du Thibet, et au sud-ouest par des chaînes moins élevées qui s'étendent sur les limites de l'empire Birman et du Tonquin.

Sous le règne de Kien-long, deuxième empereur de la dynastie mantchoue, trois provinces prises dans le pays qu'on connaissait autrefois sous le nom de Leao-tong et de Mantchourie ont été ajoutées à la Chine. D'après ces dispositions, les frontières actuelles de l'empire suivent le rivage septentrional du golfe de Leao-tong, en partant de Chan-hai-kouan, l'une des portes de la grande muraille, jusqu'à l'embouchure du Ya-lou ; parvenues en cet endroit, elles quittent la côte de ce golfe et s'étendent de l'ouest à l'est, le long des limites de la Corée, jusqu'à la mer du Japon ; elles suivent le rivage de cette mer en se dirigeant vers le nord-est, puis vers le nord, jusqu'au point qui marque le commencement de la frontière russe, à peu de distance au nord de l'embouchure de l'Amour, ou fleuve Noir. De là, la ligne qui sépare les deux empires suit la chaîne des monts Hing-ngan, redescend au sud-ouest jusqu'au fleuve Noir, qu'elle coupe au confluent de l'Argoun, et s'arrête aux lacs de Koulun et de Bouïr. En cet endroit la frontière chinoise s'éloigne de la frontière russe, en laissant entre deux le pays des Khalkhas et la Mongolie ; elle se dirige au sud-est jusqu'au Songari, qu'elle traverse à Bedoune, et vient rejoindre la barrière de pieux du Leao-tong ; elle suit cette palissade en allant du nord-est au sud-ouest jusqu'à sa jonction avec la grande muraille, à peu de distance à l'ouest de Chan-haï-kouan.

La frontière chinoise suit la grande muraille (1), en allant par diverses sinuosités du côté de l'ouest jusqu'au fleuve Jaune et séparant du pays des Mongols les deux provinces de Pe-tche-li et de Chan-si. Après avoir traversé le fleuve Jaune vers le milieu de la branche qui descend au sud, elle court d'abord au sud-ouest, puis au nord-ouest entre le pays des Ortous au nord et la province de Chen-si au sud. Elle vient rejoindre une seconde fois le fleuve Jaune au milieu de la partie de ce fleuve qui est dirigée vers le nord, le traverse encore en redescendant au sud, après avoir embrassé le territoire de Ning-hia ; puis va en côtoyant la rive gauche d'abord et ensuite la rive droite, jusqu'au 37° de latitude ; là elle s'éloigne du fleuve en se dirigeant au nord-ouest jusqu'à ce qu'elle ait atteint au 40° le département de Sou-tcheou. Elle continue à suivre la même direction jusqu'au 44° de latitude. C'est là qu'est l'extrémité de la Chine du côté du nord-ouest. La frontière revient alors au sud-est, laissant de côté des déserts sablonneux et le pays de Koukou-noor ; parvenue à Si-ning, elle descend au sud, en côtoyant successivement les provinces de Chen-si et de Sse-tchouen. La direction devient un peu occidentale dans les contrées où les fortes rivières qui coulent des hautes montagnes du Thibet versent leurs eaux dans le grand fleuve que les Chinois nomment par excellence *Kiang*, ou « le Fleuve. » Elle tourne ensuite à l'est, marche par diverses sinuosités entre le pays des

(1) Voir une notice sur la grande muraille dans les *Souvenirs*, II, p. 27.

Birmans et la Cochinchine d'une part, et les provinces du Yun-nan et du Kouan-si de l'autre jusqu'au point d'où nous sommes partis.

Conformément aux limites que nous venons de tracer, on voit que la Chine présente la forme d'un cercle, ou plutôt d'un parallélogramme équilatéral dont on aurait abattu les angles, appuyé au sud sur le tropique du Cancer qu'il ne dépasse que d'environ un degré et demi, s'étendant au nord jusqu'au 41°, et offrant, au nord-est et au nord-ouest, deux prolongements, dont l'un s'avance jusqu'au 56° de latitude nord et l'autre jusqu'au 44° seulement. En ne tenant, pour le moment, aucun compte de ces deux appendices, on voit que la Chine est comprise entre le 20° et le 41° de latitude nord, et le 140° et le 95° de longitude, ce qui lui donne une étendue de cinq cent vingt-cinq lieues du nord au sud et de six cents lieues de l'est à l'ouest, à partir des points les plus éloignés, ou environ trois cent mille lieues carrées en superficie, ou plus de six fois la surface de la France.

La Chine forme une portion considérable de cet immense versant situé à l'orient des montagnes du Thibet, et qui est contigu, au sud et à l'est, avec les plages du Grand Océan Oriental. Ses montagnes de l'ouest, dépendances du massif de l'Asie centrale, se prolongent vers la mer d'Orient par deux principales séries de chaînons dont l'une porte le nom chinois de *Thsin-ling*, « monts Bleus, » et se dirige au sud-est entre les 34ᵉ et 31ᵉ parallèles, et dont l'autre, connue sous le nom de *Nan-ling*, « monts du Midi, » se dirige vers l'est-sud-est entre les 27ᵉ et 24ᵉ parallèles. Les monts Thsin-ling et Nan-ling, indiqués comme des chaînes continues sur la plupart des cartes de la Chine, ne sont, en réalité, que des agglomérations de chaînons dont l'orientation générale est vers le nord-est. Le sol chinois présente encore plusieurs autres grandes arêtes dirigées dans le même sens, par chaînons interrompus. Telles sont celles qui s'étendent de la pointe orientale de Chan-tong à l'île de Haï-nan, et de Thaï-tong près de la province du Chan-si, au nord, jusqu'à la frontière du Tonquin. Cette direction commune, du sud-ouest au nord-est, est aussi celle de la ligne de volcans qui se prolonge à travers la grande île de Formose, l'archipel de Lieou-khieou et le Japon, jusqu'aux îles Aleutiennes. Le savant géologue M. Élie de Beaumont a montré qu'elle coïncidait avec le grand cercle de la sphère terrestre qui passe par les Cordilières de l'Amérique du Sud et les montagnes Rocheuses de l'Amérique du Nord, d'où il résulte que le système des montagnes de l'Asie orientale et le système des grandes chaînes américaines paraissent avoir été formés à la même époque. Les tremblements de terre, les éruptions boueuses et les soulèvements, qui se sont fait sentir dans la Chine depuis la plus haute antiquité, ont, en effet, une analogie frappante avec les phénomènes de ce genre qui ont eu lieu dans les deux Amériques.

On ne connaît aucun volcan actuellement en ignition dans la Chine ; mais il est certain que les terrains volcaniques y occupent un espace considérable. Il y a un grand nombre de solfatares dans la province du Chan-si, où les habitants les emploient à des usages économiques.

Parallèlement à ces séries de chaînons de montagnes chinoises coulent un grand nombre de rivières et de cours d'eau dont la plupart aboutissent dans l'un ou l'autre des deux immenses fleuves, le Yang-tse-kiang que nous appelons *fleuve Bleu*, et le Hoang-ho, ou fleuve Jaune. Tous deux prennent leur source dans les montagnes du Thibet oriental, à peu de distance l'un de l'autre, entre le 34° et le 35° de latitude nord. Leur embouchure est aussi très-rapprochée, dans la mer orientale; mais leur cours s'écarte à des distances considérables, et embrasse un espace de pays prodigieux. Nous avons déjà eu occasion d'en parler ailleurs.

De même que les géographes chinois classent les montagnes d'après leurs idées particulières et en distinguent cinq principales auxquelles ils donnent des sites distincts qui ont leur fondement dans les traditions historiques; de même aussi ils désignent quatre fleuves ou rivières sous le nom de *Sse-tou*, « les quatre écoulements, » ce sont : le Kiang, le Ho, le Houi et le Tsi. Il faut ajouter à ces fleuves un nombre considérable de rivières, qui vont se jeter à la mer, mais dont le cours est généralement peu étendu. Beaucoup d'affluents du fleuve Jaune et du fleuve Bleu les surpassent en longueur et en volume.

La Chine compte plusieurs grands lacs. On en distingue cinq principaux, savoir : 1° le lac Thoung-thing, sur les confins des provinces du Hou-nan et du Hou-pé; 2° le lac Phou-yang, dans le Kiang-si ; 3° le lac Houng-tse, dans le Kiang-sou ; 4° le Si-hou, ou « lac occidental, » dans le Tché-Kiang, et 5° le lac Taï-hou, ou « Grand Lac, » sur les limites du Kiang-sou et du Tché-kiang. Il y a, en outre, beaucoup d'autres lacs plus petits, ou moins célèbres, notamment dans le Yun-nan.

Le climat d'un pays qui s'étend depuis le tropique

jusqu'au 56° doit différer infiniment, suivant les provinces. Celui de la Chine offre, en effet, toutes les variations de la zone tempérée et participe, en quelque sorte, aussi de celui de la zone glaciale et de la torride. La province du fleuve Noir a des hivers semblables à ceux de la Sibérie, et la chaleur de Canton ressemble à celle de l'Hindoustan. On voit des rennes dans le nord et des éléphants dans le midi. Entre ces deux extrêmes, toutes les nuances de la température, toutes les gradations du chaud et du froid s'observent, à mesure qu'on avance du midi vers le nord. Ainsi, à Péking, par 40° de latitude, le thermomètre descend, pendant les trois mois de l'hiver, jusqu'à 30° au-dessous de zéro et s'élève, dans l'été, jusqu'à 30° de chaleur. A Canton, par 23° de latitude, la température moyenne est 22° 9. Généralement, l'air est très-sain en Chine, et les exemples de longévité ne sont pas rares, ce qui est d'autant plus remarquable, que la culture la plus universellement répandue, du moins dans les provinces du midi, est celle des rizières. On doit, sans doute, attribuer cet avantage en partie à l'heureuse disposition des bassins qui sont ouverts aux vents les plus généreux, et en partie aussi aux sages mesures qu'on a prises pour l'assainissement du pays, en cultivant les bords des lacs et les prairies marécageuses, en procurant un libre écoulement aux eaux des fleuves et des rivières, et en assujettissant à des règlements judicieux les travaux d'irrigation, l'un des moyens de prospérité de l'empire et de salut pour les habitants.

La surface entière de la Chine peut être divisée en trois zones parallèles à l'équateur et dont la température et les produits sont très-différents. La zone du nord s'étend au 35° parallèle et ne dépasse guère, au sud, la vallée inférieure du fleuve Jaune. Les froids y sont trop rudes pour le thé, le riz, le mûrier ordinaire; les terres s'ensemencent principalement en millet et avoine, qui résistent mieux au froid que le froment. On y exploite beaucoup de minerai de fer et des gisements considérables de houille. Ce combustible si précieux se trouve, d'ailleurs, dans presque toute la Chine, et notamment dans la province de Kan-sou. Il est employé pour le chauffage habituel, la fabrication du fer, de la chaux, etc. La zone centrale, limitée par le 27° ou le 26° parallèle et les monts Nan-sing, a des hivers beaucoup plus doux que la zone du nord. Le riz, le froment, y sont excellents. Elle possède les meilleures espèces de thé, le mûrier, le cotonnier, le jujubier, l'oranger, la canne à sucre, qui y a été importée de l'Inde au huitième siècle, le bambou, qui remonte au nord jusqu'au 38° et a été appliqué par les Chinois à de nombreux usages. La partie orientale de cette zone favorisée est célèbre par ses fabriques de soieries et de cotonnades; le milieu passe pour le grenier de la Chine et pourrait la nourrir par ses immenses récoltes de riz; l'occident est riche en bois de construction. La zone méridionale, bordée par la mer, présente les mêmes productions naturelles que la zone centrale; mais, généralement, elles sont de moins bonne qualité parce que la température est plus chaude. De nombreux gîtes métallifères sont répartis dans l'une et l'autre de ces deux zones. L'or et l'argent se trouvent dans les provinces du sud et dans celles de l'ouest; le cuivre, l'étain, le plomb, s'extraient dans la province centrale du Kiang-si; le mercure est très-abondant, sous diverses formes. Enfin les montagnes du sud-ouest, dans le Yun-nan et le Kouei-tcheou, passent pour très-riches en métaux de toute espèce. On trouve encore en Chine du lazulettre, le quartz, le rubis, l'émeraude, le corindon, la pierre ollaire, qui sert à faire des vases et particulièrement des écritoires; la stéatite, qu'on taille en ornements et en figurines; diverses espèces de schistes, de roche cornéenne et de serpentine, dont on fabrique des instruments de musique. Le jade, si célèbre sous le nom de *yu*, se trouve aussi à Thaï-thoung, dans la province du Chan-si; mais la plus grande partie de cette pierre si estimée des Chinois vient de Khotan, et est apportée de Tartarie par les Boukhares.

La Chine nourrit un grand nombre d'espèces d'animaux, parmi lesquelles il y en a plusieurs qui ne sont que peu ou mal connues en Europe. Le cheval y est moins beau et plus petit; on y trouve, dans le nord, le chameau de la Bactriane, le buffle, plusieurs espèces d'ours, de blaireaux, de ratons, une espèce particulière de tigre, plusieurs espèces de léopards et de panthères. Le bœuf est moins commun qu'en Europe, et le cochon est plus petit. Il y a plusieurs variétés de chiens qui ont la langue noire. Le chat y est mis en domesticité, surtout une espèce qui est sans queue et qui est très-répandue dans le midi; la variété blanche à poil soyeux n'y est pas inconnue. On compte beaucoup d'espèces différentes de rongeurs, parmi lesquelles il y en a qui pullulent au point de devenir un fléau pour les provinces, qu'elles parcourent en troupes immenses. Les gerboises, les polatouches, les écureuils, les loutres, les zibelines, se trouvent dans les forêts. Le rhinocéros et le tapir oriental habitent les parties occidentales du Kouang-si, du Yun-nan et du Sse-tchouen. De nombreuses espèces de cerfs, de chèvres et d'antilopes, le musc et d'autres ruminants moins connus, peuplent les forêts et les montagnes, particulièrement dans les provinces occidentales. On trouve aussi dans le sud-ouest plusieurs quadrumanes, et même de grandes espèces de singes assez voisines de l'orang-outang.

La Chine, si féconde en produits de tout genre, possède surtout un trésor sans lequel les plus abondantes richesses du sol deviennent bientôt inutiles ; nous voulons parler de l'industrie de ses habitants. L'industrie des Chinois est merveilleuse en tout ce qui concerne les choses usuelles et les commodités de la vie. L'origine de plusieurs arts se perd chez eux dans la nuit du temps, et l'invention en est attribuée à des personnages dont l'existence historique a souvent été mise en doute par les annalistes. Ils ont toujours su préparer la soie et fabriquer des étoffes qui ont attiré chez eux les marchands d'une grande partie de l'Asie ; la fabrication de la porcelaine a été portée à un degré de perfection qui, sous le rapport de l'élégance, n'a été dépassée, en Europe, que depuis bien peu d'années, et qu'on n'y égale pas encore sous le rapport de la solidité et du bon marché ; le bambou leur sert à faire des milliers d'ouvrages de toute espèce ; leurs toiles de coton, le nankin, sont renommés dans le monde entier ; ils excellent dans la confection des satins à fleurs ; malgré la simplicité de leurs métiers, ils peuvent reproduire les dessins les plus variés, et nous n'avons pas encore réussi à imiter leurs crêpes ; outre les toiles en chanvre, ils en fabriquent de très-fortes avec une sorte de lierre appelé *ko* ; leurs meubles, leurs vases, leurs instruments et outils de toute espèce, sont remarquables par une certaine simplicité ingénieuse qui mériterait souvent d'être imitée.

La polarité de l'aimant avait été remarquée chez eux deux mille cinq cents ans avant notre ère, quoiqu'ils n'en eussent pas tiré parti pour la navigation. La poudre à canon, et d'autres compositions inflammables dont ils se servent pour construire des pièces d'artifice d'un effet surprenant, leur étaient connues depuis très-longtemps, et l'on croit que des bombardes et des pierriers, dont ils avaient enseigné l'usage aux Tartares au treizième siècle, ont pu donner, en Europe, l'idée de l'artillerie, quoique la forme des fusils et des canons dont ils se servent actuellement leur ait été apportée par la France, ainsi que l'attestent les noms mêmes qu'ils donnent à ces sortes d'armes. De tout temps ils ont su travailler les métaux, faire des instruments de musique, polir et tailler les pierres dures. La gravure en bois et l'imprimerie stéréotype remontent, en Chine, au milieu du dixième siècle, ils excellent dans la broderie, la teinture, les ouvrages de vernis. On n'imite qu'imparfaitement en Europe certaines productions de leur industrie, leurs couleurs vives et inaltérables, leur papier à la fois solide et fin, leur encre, et une infinité d'autres objets, qui exigent de la patience, du soin et de la dextérité. Ils se plaisent à reproduire des modèles qui leur viennent des pays étrangers ; ils les copient avec une exactitude scrupuleuse et une fidélité servile ; ils fabriquent même, tout exprès pour les Européens, des objets qui sont du goût de ces derniers, des magots ou des figurines en stéatite, en porcelaine, en bois peint, et la main-d'œuvre est à si bon marché chez eux, qu'il y a souvent de l'avantage à leur commander des ouvrages que des artisans européens ne pourraient exécuter qu'à de grands frais.

Nous devons remarquer qu'en Chine l'industrie, comme tout le reste, au lieu de faire des progrès, va tous les jours en déclinant. Plusieurs secrets importants de fabrication se sont perdus, et aujourd'hui les ouvriers les plus habiles seraient incapables d'obtenir la perfection et le fini qu'on admire dans les ouvrages des siècles passés; de là ce goût effréné des riches Chinois pour les *kou-toun*, ou antiquités. Ils recherchent avec avidité des porcelaines, des bronzes, des tissus de soie, des peintures qui, à part le mérite d'être de vieille date, surpassent de beaucoup, comme œuvre d'art, les productions modernes. Non-seulement les Chinois de nos jours n'inventent rien, ne perfectionnent rien, mais ils rétrogradent sensiblement du point avancé où ils étaient parvenus depuis si longtemps.

Ce déplorable état de choses tient à cette désorganisation générale, à cette incurie du gouvernement, que nous avons déjà eu occasion de signaler tant de fois. Personne n'encourage le talent et le mérite des artistes et des industriels; il n'y a rien pour exciter leur émulation, aussi on ne tente aucun progrès, on ne cherche pas à se distinguer. Tout homme de génie, capable de donner une salutaire impulsion aux arts et à l'industrie, se trouve à l'instant paralysé par la pensée que son mérite sera méconnu, et que ses efforts obtiendront, de la part du gouvernement, des châtiments plutôt que des récompenses. Il n'en était pas ainsi autrefois, et les moyens qui, aujourd'hui, en Europe, contribuent si efficacement à développer tous les talents et toutes les aptitudes, étaient aussi mis en usage dans l'empire chinois ; il y avait des expositions publiques pour les produits des arts et de l'industrie, tous les citoyens étaient admis à en faire la critique, et les magistrats ne manquaient jamais de louer et de récompenser ceux qui se distinguaient par leur travail et leurs succès.

Dans la Relation des voyages faits par les Arabes en Chine, au neuvième siècle, on trouve un curieux passage qui vient, en quelque sorte, expliquer les progrès étonnants des Chinois à une époque où les autres peuples du monde étaient plongés dans l'ignorance et la barbarie.

« Les Chinois, dit le narrateur arabe, sont au nombre
« des créatures de Dieu qui ont le plus d'adresse dans
« la main, en ce qui concerne le dessin, l'art de la
« fabrication, et pour toute espèce d'ouvrage ; ils ne
« sont, à cet égard, surpassés par aucune nation. En
« Chine, un homme fait avec sa main ce que vraisembla-
« blement personne ne serait en état de faire ; quand son
« ouvrage est fini, il le porte au gouverneur, demandant
« une récompense pour le progrès qu'il a fait faire à
« l'art ; aussitôt le gouvernement fait placer l'objet à la
« porte de son palais, et on l'y tient exposé pendant un
« an ; si, dans l'intervalle, personne ne fait de remarque
« critique, le gouverneur récompense l'artiste et l'admet
« à son service ; mais, si quelqu'un signale quelque dé-
« faut grave, le gouverneur renvoie l'artiste et ne lui
« accorde rien.

« Un jour un homme représenta, sur une étoffe de
« soie, un épi sur lequel était posé un moineau ; per-

« sonne, en voyant la figure, n'aurait douté que ce ne fût
« un véritable épi, et qu'un moineau était réellement
« venu se percher dessus. L'étoffe resta quelque temps
« exposée ; enfin un bossu, étant venu à passer, critiqua
« le travail. Aussitôt on l'admit auprès du gouverneur
« de la ville ; en même temps, on fit venir l'artiste ;
« ensuite on demanda au bossu ce qu'il avait à dire. Le
« bossu dit : C'est un fait admis par tout le monde, sans
« exception, qu'un moineau ne pourrait pas se poser sur
« un épi sans le faire ployer ; or, l'artiste a représenté
« l'épi droit et sans courbure, et il a figuré un moineau
« perché dessus : c'est une faute. L'observation fut
« trouvée juste, et l'artiste ne reçut aucune récompense.

« Le but des Chinois, dans cela et dans les choses de
« même genre, est d'exercer le talent des artistes et de
« les forcer à réfléchir mûrement sur ce qu'ils entre-
« prennent, et à mettre tous leurs soins aux ouvrages
« qui sortent de leurs mains (1). »

Il est facile de comprendre combien ces expositions
permanentes devaient exciter l'émulation et favoriser
les progrès de tout genre. Aussi, à cette époque, les procédés artistiques et industriels de la Chine avaient une
supériorité si marquée sur ceux des pays voisins, que
son commerce extérieur prit un développement prodigieux. C'est principalement le commerce de la soie, qui
se faisait avec les Romains, par l'entremise des Boukhares, des Asses et des Persans, qui a fait connaître les
Chinois en Occident et appelé les Occidentaux en Chine.
Les étrangers qui fréquentaient ses ports étaient si nom-

---

(1) Tome II, p. 77 et 78.

breux que, vers la fin du neuvième siècle, cent vingt mille furent massacrés à Han-tcheou-fou, capitale du Tché-kiang. Voici de quelle manière l'écrivain arabe raconte ces terribles exécutions :

« Des événements sont survenus qui ont fait cesser
« les expéditions dirigées vers ces contrées (la Chine),
« qui ont ruiné ce pays, qui en ont aboli les coutumes
« et qui ont dissous sa puissance. Je vais, s'il plaît à
« Dieu, exposer ce que j'ai lu relativement à ces évé-
« nements.

« Ce qui a fait sortir la Chine de la situation où elle se
« trouvait en fait de lois et de justice, et ce qui a inter-
« rompu les expéditions dirigées vers ces régions du
« port de Syraf, c'est l'entreprise d'un rebelle, qui n'ap-
« partenait pas à la maison royale, et qu'on nommait
« Bauschena. Cet homme débuta par une conduite
« artificieuse et par l'indiscipline ; puis il prit les armes
« et se mit à rançonner les particuliers. Peu à peu les
« hommes malintentionnés se rangèrent autour de lui ;
« son nom devint redoutable, ses ressources s'accrurent,
« son ambition prit de l'essor, et, parmi les villes de la
« Chine qu'il attaqua, était Khan-fou, port où les mar-
« chands arabes abordent. Entre cette ville et la mer, il
« y a une distance de quelques journées ; sa situation
« est sur une grande rivière et elle est baignée par l'eau
« douce (1).

« Les habitants de Khan-fou ayant fermé leurs portes,

---

(1) Ces indications ne sauraient être d'une plus grande exactitude. Nous avons été sur les lieux où était Khan-fou; le port n'existe plus aujourd'hui ; il a été comblé par les sables ; mais les Chinois du voisinage ont conservé le souvenir de son importance commerciale.

« le rebelle les assiégea pendant longtemps. Cela se pas-
« sait dans le cours de l'année 264 de l'hégire (878 de
« J. C.). La ville fut enfin prise, et les habitants furent
« passés au fil de l'épée. Les personnes qui sont au cou-
« rant des événements de la Chine rapportent qu'il périt
« en cette occasion cent vingt mille musulmans, juifs,
« chrétiens et mages, qui étaient établis dans la ville et
« qui y exerçaient le commerce, sans compter les person-
« nes qui furent tuées d'entre les indigènes. On a indi-
« qué le nombre précis des personnes de ces quatre
« religions qui perdirent la vie, parce que le gouver-
« nement chinois prélevait sur elles un impôt d'après
« leur nombre. De plus, le rebelle fit couper les mû-
« riers et les autres arbres qui se trouvaient sur le
« territoire de la ville ; nous nommons les mûriers en
« particulier, parce que la feuille de cet arbre sert à
« nourrir l'insecte qui fait la soie, jusqu'au moment où
« l'animal s'est construit sa dernière demeure. Cette
« circonstance fut cause que la soie cessa d'être envoyée
« dans les contrées arabes et dans d'autres régions. »

Pendant que les étrangers affluaient dans les ports du
Céleste Empire, les marchands chinois parcouraient
avec leurs jonques les mers de l'Inde, et allaient trafiquer
jusqu'en Arabie et en Égypte. Ils visitent encore de nos
jours, dans des vues commerciales, les îles de l'Archipel
oriental, les ports de la Cochinchine et du Japon, la
presqu'île de Malacca et même le Bengale. Quant au commerce par terre, ils s'en sont occupés à différentes époques avec activité, et l'on ne peut douter que les intérêts
du négoce n'aient conduit en Tartarie les colonies chinoises qui s'y sont établies, et attiré vers les pays occi-

dentaux les armées que le gouvernement chinois y a souvent envoyées. Aujourd'hui le commerce extérieur se fait par terre sur toute la frontière du nord et de l'ouest. Les Chinois se procurent des chevaux de Tartarie, du jade, du musc et des châles de Khotan et du Thibet, des fourrures de la Sibérie et des draps, du savon, des cuirs, des fils d'or et d'argent de Silésie et de Russie. Les villes voisines du pays des Birmans reçoivent, de ce côté, des marchandises européennes. C'est par la voie de la petite Boukharie et des villes placées au nord-ouest du Kan-sou que les premières soieries sont autrefois arrivées en Europe ; mais les difficultés du transport rendent, depuis longtemps, le commerce extérieur par terre beaucoup moins important que le commerce maritime.

Le port de Canton a été longtemps le seul ouvert au commerce européen qui, jusqu'à la fin du dix-huitième siècle, n'envoyait en Chine que son argent, pour être échangé contre du thé ; depuis le commencement du dix-neuvième, il a commencé à importer des cotonnades, des draps, des métaux travaillés, des montres, etc. L'Inde fournit ses épices, du camphre, de l'ivoire, surtout une énorme quantité d'opium, dont le goût s'est si rapidement propagé en Chine. « Ce vaste continent livre au-
« jourd'hui au commerce étranger une valeur de cent
« soixante-dix-sept millions de francs en échange de deux
« cent vingt-six millions de produits bruts ou manufac-
« turés, que lui versent l'Inde ou l'Occident..... La con-
« sommation plus ou moins considérable des principaux
« produits de la Chine, le thé et la soie grége, détermine
« l'importance des échanges que l'on peut opérer avec

« les sujets du Céleste Empire. La Chine a besoin de
« vendre, non d'acheter. A l'exception de l'opium et du
« coton de l'Inde, ce qu'elle accepte du commerce étran-
« ger, elle ne l'accepte qu'en vue de favoriser l'écoule-
« ment de ses propres articles. D'après une pareille
« donnée, il est facile de prévoir le rôle commercial que
« la France peut se créer sur ce nouveau terrain à côté
« des autres puissances de l'Occident. L'Angleterre im-
« porte dans ses entrepôts 25 millions de kilogrammes
« de thé, les États-Unis 8 millions, la Russie 4 millions ;
« quant à la France, elle ne transporte que le thé néces-
« saire à sa consommation, et n'en reçoit pas 300,000 ki-
« logrammes par an. La soie grége n'est exportée que
« par l'Angleterre et les États-Unis ; l'Angleterre en de-
« mande au Céleste Empire plus d'un million de kilo-
« grammes, représentant une valeur d'environ 35 mil-
« lions de francs. De tous les pays qui cherchent en
« Chine un débouché pour leurs produits, l'Inde anglaise
« est le seul qui y trouve un marché facile, et qui puisse
« y faire pencher la balance des échanges en sa faveur.
« La Chine reçoit annuellement de Calcutta et de Bom-
« bay pour 30 millions de coton brut, pour 120 millions
« d'opium. Les manufactures britanniques, en se con-
« damnant à ne vendre leurs tissus qu'à vil prix, sont
« parvenues cependant, malgré la concurrence de l'in-
« dustrie chinoise, à faire entrer dans les ports de Canton
« et de Shang-haï une valeur de 33 millions en fils de
« coton et en cotonnades, de 11 millions en tissus de
« laine. Les draps russes offerts à Kiakhta et dans l'Asie
« centrale, les cotonnades américaines importées à
« Shang-haï acceptent les mêmes conditions et se rési-

« gnent aux mêmes sacrifices. Ce commerce onéreux se
« soutient à l'aide des bénéfices réalisés sur les charge-
« ments de retour et contribue encore à exclure les
« produits français de l'extrême Orient ; aussi, dans les
« meilleures années, les échanges de la France avec la
« Chine n'ont-ils pas dépassé 2 millions (1).

Afin qu'on puisse saisir d'un coup d'œil le degré d'importance des opérations commerciales que les diverses nations étrangères font avec la Chine, nous allons donner un tableau exact du nombre de bâtiments marchands qui ont été expédiés dans ses ports pendant une de ces dernières années.

IMPORTATIONS EN CHINE EN 1850.

Angleterre	374
États-Unis	183
Hollande	29
Espagne	13
France	4
Royaumes divers	22

Ce grand mouvement commercial est, sans doute, d'une mportance considérable pour l'Angleterre et les États-Unis ; mais son influence se fait bien peu sentir dans ce vaste empire chinois et au milieu de cette immense population de marchands. Le commerce avec les étrangers pourrait cesser complétement et tout d'un coup, sans causer peut-être la moindre sensation dans les provinces intérieures. Les grands négociants chinois des ports

(1) *Revue des Deux Mondes*, 1er septembre 1841, par M. Jurien de la Gravière, dont les nombreux et intéressants ouvrages sont une preuve qu'on peut être en même temps un illustre marin et un écrivain distingué.

ouverts aux Européens s'en ressentiraient ; mais il est probable que la nation chinoise ne s'apercevrait même pas de cette interruption. Le prix du thé et de la soie diminuerait, et celui de l'opium augmenterait, mais seulement pour peu de temps ; car les Chinois se mettraient aussitôt à en fabriquer en abondance. La marche des affaires ne se trouverait nullement gênée, parce que, comme l'a très-bien remarqué le capitaine Jurien de la Gravière, « la Chine a besoin de vendre, non « d'acheter. » Ses riches et fertiles provinces lui fournissent tout ce qu'il lui faut ; elle a chez elle le nécessaire et l'utile, et les Européens ne peuvent lui fournir que des objets de luxe et de fantaisie. Les cotonnades qu'on lui apporte, quelque énorme qu'en paraisse la quantité, ne sauraient être, en réalité, que d'une faible ressource pour l'immense consommation de plus de trois cents millions d'hommes.

Si donc le gouvernement chinois n'a jamais, à aucune époque, favorisé le commerce avec les Européens ; si, au contraire, il a toujours cherché à le paralyser à l'écraser même, c'est parce qu'il l'a toujours considéré comme nuisible aux véritables intérêts du pays. Le commerce, selon les Chinois, ne peut être utile à l'empire qu'autant qu'en cédant des choses superflues, on en acquiert de nécessaires ou d'utiles. Ce principe admis, ils en concluent que le commerce des étrangers, diminuant la quantité usuelle des soies, des thés, des porcelaines, et occasionnant l'augmentation de leur prix dans toutes les provinces, est véritablement désavantageux à l'empire ; aussi le gouvernement s'est-il toujours appliqué à l'entraver. Les objets de luxe, les précieuses bagatelles qu'apportent les navires européens, ne lui ont jamais fait illusion ; ils ne recherchent que le commerce avec les Tartares et les Russes, qui fournit des pelleteries et des cuirs dont on a besoin dans toutes les provinces, et qui se fait par des échanges.

Les Chinois n'ont pas tout à fait les mêmes idées que les Européens sur le commerce. Voici comment s'exprimait, il y a plus de deux mille ans, Kouan-tse, célèbre économiste du Céleste Empire : « L'argent qui entre
« par le commerce n'enrichit un royaume qu'autant
« qu'il en sort par le commerce. Il n'y a de commerce
« longtemps avantageux que celui des échanges ou
« nécessaires ou utiles. Le commerce des objets de
« faste, de délicatesse et de curiosité, soit qu'il se fasse
« par échanges ou par achats, suppose le luxe. Or, le
« luxe, qui est l'abondance du superflu chez certains
« citoyens, suppose le manque du nécessaire chez
« beaucoup d'autres. Plus les riches mettent de che-
« vaux à leurs chars, plus il y a de gens qui vont à
« pied ; plus leurs maisons sont vastes et magnifiques,
« plus celles des pauvres sont petites et misérables ; plus
« leur table est couverte de mets, plus il y a de gens
« qui sont réduits uniquement à leur riz. Ce que les
« hommes en société peuvent faire de mieux à force
« d'industrie et de travail, d'économie et de sagesse,
« dans un royaume bien peuplé, c'est d'avoir tous le
« nécessaire, et de procurer le commode à quelques-
« uns. »

D'après ces idées, qui sont celles de l'administration chinoise, il est facile de prévoir que les produits européens n'obtiendront jamais un grand écoulement dans le Céleste Empire ; et cet état de choses durera tant que les Chinois voudront rester ce qu'ils sont, sans modifier leurs goûts et leurs habitudes. Le commerce extérieur n'ayant à leur offrir aucun objet de première nécessité, pas même d'une utilité réelle, ils s'intéresseront fort peu à son extension, ils le verront s'arrêter non-seulement sans inquiétude, mais encore avec un certain sentiment de satisfaction.

Il n'en serait certainement pas ainsi du côté des Anglais ; une interruption totale du commerce avec la Chine serait pour l'Angleterre un événement désastreux. La vie et le mouvement de cette puissance colossale se trouveraient aussitôt paralysés dans les Indes ; des extrémités, le mal gagnerait rapidement le cœur, et l'on ne tarderait pas à apercevoir dans la métropole les symptômes d'une maladie peut-être mortelle. La source la plus féconde de la richesse et de la force de la Grande-Bretagne se trouve dans ses colonies de l'Inde, et c'est surtout par la Chine qu'elle s'alimente. Les Anglais le savent bien ; aussi, les a-t-on vus, dans ces dernières années, prendre bravement la résolution d'endurer avec patience et résignation toutes les avanies du gouvernement chinois, plutôt que d'en venir à une nouvelle rupture et d'arrêter ce grand mouvement commercial, qui est une des principales sources de la prospérité des Indes.

Une raison excellente pour laquelle la Chine aime médiocrement à faire le négoce avec les étrangers, c'est que son commerce intérieur est immense. Elle y emploie des bâtiments de toute grandeur, qui sillonnent continuellement les rivières et les canaux dont l'empire est arrosé dans toute son étendue. Il consiste principalement en échange de grains, sels, métaux et autres productions naturelles et artificielles des différentes provinces. La Chine est un pays si vaste, si riche et si varié, que le trafic intérieur suffit surabondamment pour occuper la partie de la nation qui peut se livrer aux opérations mercantiles. Il y a, dans toutes les villes importantes de grandes maisons de commerce qui sont comme les réservoirs où viennent se décharger les marchandises de toutes les provinces. De tous les points de l'empire on accourt s'approvisionner dans ces vastes entrepôts. Aussi remarque-t-on, de toutes parts, un mouvement, une activité fiévreuse, qu'on ne trouverait pas dans nos plus importantes villes d'Europe. Les voies de communication, quoique souvent très-peu confortables, sont sans cesse encombrées de marchandises qu'on emporte sur des barques, des chariots, des brouettes, à dos d'hommes et de bêtes de somme.

Le gouvernement fait lui-même le commerce, en conservant, dans des greniers affectés aux divers chefs-lieux, l'excédant des grains qu'il reçoit en impôt, et les vendant à ses sujets dans les temps de disette. Une partie des nombreuses maisons de prêts sur gages qui existent en Chine appartient aussi au gouvernement. Le taux d'intérêt est, par mois, deux pour cent pour les dépôts d'habillements et trois pour cent pour les dépôts de bijoux et objets métalliques. Le taux légal de l'argent a été fixé à trente pour cent par an, et, comme cet intérêt se paye par lune ou mois lunaire, c'est trois pour cent par mois, la sixième, la douzième lune et la lune intercalaire, quand il y en a, ne portant point d'intérêt.

On sera peut-être curieux de savoir quel but s'est proposé le gouvernement chinois, en portant si haut l'intérêt de l'argent, et de connaître la manière dont on envisage, dans ce singulier pays, les questions d'économie politique et sociale. Selon Tchao-yng, écrivain distingué du Céleste Empire, l'État a voulu empêcher que la valeur des biens-fonds n'augmentât et que celle de l'argent ne diminuât par la médiocrité de l'intérêt. En le portant à un taux considérable, il a essayé de rendre la distribution des biens-fonds proportionnelle au nombre des familles et la circulation de l'argent plus active et plus uniforme.

« Il est évident, dit l'écrivain chinois, que l'argent « étant au-dessous des biens-fonds, parce qu'il est plus « casuel en lui-même et dans les revenus, la même « valeur en biens-fonds sera toujours préférée à celle « qui est en argent. Il est évident encore que, pour ne « pas courir le risque du casuel de l'argent, on aimera « mieux posséder une moindre valeur en biens-fonds « avec plus de sécurité. Cette moindre valeur est pro- « portionnée aux risques de l'argent et de ses profits.

« Plus l'intérêt de l'argent est élevé, plus il faut de « biens-fonds, tous les risques compensés, pour équiva- « loir à l'argent, comme il faut plus d'arpents de mau- « vaise terre pour équivaloir à une terre excellente et « fertile. Or, plus il faut de biens-fonds pour équivaloir à « l'argent, plus il est aisé aux pauvres citoyens de con- « server ceux qu'ils ont et d'en acquérir même une cer- « taine quantité, puisque cela ne suppose pas la ri- « chesse ; plus, par la même raison, les partages sont « faciles dans les familles et avantageux à l'État pour les

« terres que le gouvernement a eues surtout en vue.
« Pourquoi cela ? C'est que les fonds en terre produisent
« toujours plus à ceux qui les font valoir eux-mêmes,
« et que les riches, qui en possèdent plus qu'ils n'en
« peuvent cultiver, perdent pour l'État, en les négli-
« geant, ou pour eux, en les donnant à d'autres, ce que
« gagnent ceux qui les cultivent eux-mêmes ; perte
« certaine et inévitable, perte, dans le dernier cas, à
« laquelle il faut ajouter les risques de la récolte et le
« casuel du payement ; perte, par conséquent, qui,
« étant aggravée par les risques, leur rend l'achat des
« terres moins avantageux qu'aux pauvres, et doit autant
« le faciliter aux derniers qu'elle doit en dégoûter les
« premiers. »

Après avoir prouvé par l'expérience que les possessions territoriales du peuple ont augmenté à proportion
que l'intérêt de l'argent a été porté plus haut, Tchao-yng
conclut ainsi : « Le grand bien qu'a cherché et qu'a
« produit la loi de l'intérêt à trente pour cent, c'est que
« les cultivateurs, qui sont la portion la plus nombreuse,
« la plus utile, la plus morale et la plus laborieuse
« des citoyens, peuvent posséder assez de biens-fonds
« en terre pour avoir de quoi vivre sans être riches,
« et ne sont plus les malheureux esclaves des rentiers,
« des citoyens pécunieux, qui engraissent leur oisive
« inutilité du fruit des travaux de ces infortunés. »

Tchao-yng essaye de prouver ensuite que le taux de
trente pour cent étant la moyenne entre le revenu des
bonnes terres et les profits du commerce en gros, c'est
celui précisément qu'il fallait déterminer pour aiguil-
lonner le commerce et faire circuler l'argent oisif. « Qui

« a de bonnes terres, dit-il, ne les laissera pas en friche,
« parce qu'à moins d'être insensé, il ne voudrait pas se
« priver, en pure perte, des moissons dont, chaque an-
« née, elles peuvent remplir ses greniers. Qui a des
« fonds en argent serait aussi insensé s'il les laissait
« chômer dans ses coffres ; car, s'il y a plus de danger
« à les placer qu'à cultiver des terres et à les mettre en
« valeur, il y a aussi des profits plus considérables. Tout
« le monde convient que l'argent ne reste jamais en
« caisse chez les négociants, parce que l'appât puissant
« du gain l'en fait sortir sans cesse. La loi de trente
« pour cent étant établie, le même appât doit produire
« le même effet chez tous ceux qui en ont ; aussi voyons-
« nous que, depuis que l'intérêt de l'argent a été porté
« si haut, personne n'a plus songé à en faire des amas,
« et la circulation en a été plus générale, plus vive, plus
« continuelle. »

Un autre économiste, nommé Tsien-tche, soutient que l'intérêt légal de trente pour cent a pour but de faciliter le commerce. On va voir que les Chinois sont tout aussi avancés que nous dans l'art de faire des formules.

« Une société bien organisée, dit Tsien-tche, serait
« celle où, chacun travaillant selon ses forces, son ta-
« lent et les besoins publics, tous les biens seraient tou-
« jours partagés dans une proportion qui en fît jouir
« tout le monde à la fois.

« L'État le plus riche serait celui où peu de travail
« mettrait les productions de la nature et de l'art dans
« une abondance supérieure, en tout temps, au nom-
« bre et aux besoins des habitants. La richesse a néces-
« sairement une relation avec les besoins.

« L'empire était plus riche avec moins de biens,
« sous les premières dynasties, parce qu'un moindre
« travail produisait plus par rapport au nombre des
« habitants.

« La population de l'empire est telle aujourd'hui, que
« l'intérêt pressant des besoins communs demande qu'on
« tire de la fertilité de la terre et de l'industrie de
« l'homme tout ce qu'on peut en tirer. Pour y réussir, il
« faut cultiver dans chaque endroit ce qui y vient le mieux,
« et travailler les matériaux où on les trouve. Le sur-
« abondant des consommations locales devient un secours
« pour les autres endroits, et c'est au commerce à l'y
« porter.

« La nécessité du commerce dans l'empire est égale à
« la nécessité des échanges, et l'utilité du commerce à
« leur utilité ; c'est-à-dire qu'il est d'une nécessité abso-
« lue et d'une utilité universelle et continuelle.

« Il faut distinguer dans le commerce les choses et
« les lieux. Sa totalité embrasse, dans les productions
« de la nature et de l'art, le nécessaire, l'utile, le com-
« mode, l'agréable et le superflu. Il y a un commerce
« de familles à familles, dans le même endroit ; un com-
« merce de village à village, de ville à ville, de pro-
« vince à province, et il est facile, continuel, universel,
« à cause de la proximité ; un commerce, enfin, de la
« capitale avec les provinces et des provinces entre elles
« quelque éloignées qu'elles soient les unes des autres.

« Si tous les biens de l'empire appartenaient à l'État,
« et que l'État fût chargé de faire le partage, il faudrait
« nécessairement qu'il se chargeât des échanges que fait
« le commerce en portant la surabondance d'un endroit

« dans l'autre, et, dans ce cas, il assignerait des appoin-
« tements à ceux qu'il chargerait de ce soin, comme
« il en donne aux magistrats, aux gens de guerre, etc.
« Ce soin, qui n'a rien que de noble et de grand, puis-
« qu'il se rapporte directement à la félicité publique,
« deviendrait honorable.

« Les commerçants se chargent, à leurs risques et
« périls, de rendre cet important service à la société. La
« proportion et la correspondance des échanges en
« produits ne seraient évidemment ni assez commodes,
« ni assez uniformes, ni assez constantes, pour subvenir
« aux besoins si variés, si continuels, de la société.
« L'argent, comme signe et équivalent d'une valeur
« fixe et reconnue, y supplée d'autant plus aisément,
« qu'il se prête avec plus de facilité et de promptitude
« à toutes les proportions, divisions et correspondances
« des échanges. L'argent est donc le ressort et le fer-
« ment du commerce ; le commerce ne peut donc être
« florissant qu'autant que la circulation de l'argent faci-
« lite, augmente, hâte et perpétue la multitude des
« échanges.

« L'équilibre antique de la répartition proportion-
« nelle des biens ayant été rompu, il est évident qu'il
« y a un grand nombre de citoyens dont la dépense est
« moindre que la recette, et qui, par conséquent, peu-
« vent mettre de l'argent en réserve, ou du moins,
« n'être pas pressés d'en faire usage. Il n'est pas moins
« évident que, le gouvernement veillant à ce que la
« totalité de l'argent qui circule dans l'empire soit pro-
« portionnée à la valeur et à la quantité des échanges
« innombrables du commerce, l'argent qu'on enlève à

« cette circulation par des réserves diminue la facilité,
« l'uniformité et la continuité des échanges en propor-
« tion de sa quantité. Donc, tout ce qui tend à le faire
« rentrer dans la circulation et à l'y conserver est au
« profit du commerce. La loi le fait autant qu'elle le
« peut en mettant dans le cas d'une plus grande dépense
« ceux à qui l'État donne plus ; la bienséance et les
« mœurs générales le font aussi pour les autres, jus-
« qu'à un certain point : cela ne suffit pas. Le haut
« intérêt de l'argent y supplée en assurant des profits
« qui amorcent et séduisent la cupidité. S'il en est qui
« résistent à un appât si attrayant, c'est une nouvelle
« preuve qu'un moindre intérêt eût encore moins fait
« sortir d'argent et eût privé le commerce de beaucoup
« de fonds.

« Comme le besoin d'argent dans le commerce est
« toujours un peu pressant et universel, à cause de son
« immensité et de ses divisions et ramifications infinies,
« les plus petites sommes y trouvent place et y sont
« poussées par la séduction des profits, séduction d'au-
« tant plus efficace pour le laboureur et l'artisan, que
« la moindre perte attaque son bien-être, et que, s'il
« confie de l'argent au commerce, il le retire quand
« il veut.

« Les négociants et les marchands, eussent-ils des
« fonds suffisants pour se passer du secours des em-
« prunts, ce qui est impossible à cause de l'inégalité
« des fortunes et de la proportion de l'argent qui circule
« avec la valeur des échanges dans tout l'empire, les
« négociants, dis-je, et les marchands pussent-ils se
« passer du secours continuel des emprunts, il serait de

« l'intérêt du commerce qu'ils en fissent et qu'ils les
« rendissent lucratifs pour intéresser le public à ses
« succès. Si l'on veille partout avec tant de soin à la
« facilité, à la commodité et à la sûreté des transports
« par terre et par eau ; si toutes les affaires qui concer-
« nent le commerce dans les ventes, achats et expédi-
« tions, sont terminées avec tant de célérité et de bonne
« foi ; si les priviléges des foires et des marchés sont
« conservés si scrupuleusement ; si la police qu'on y
« garde est si attentive et si douce ; si les malversations
« et les tyrannies des douanes sont punies avec tant d'é-
« clat, c'est que presque tout le monde a des fonds dans
« le commerce ou s'intéresse à ceux qui en ont. Le gou-
« vernement ne peut qu'exiger les secours qui lui sont
« dus et qu'il importe aux citoyens de lui procurer ;
« le haut intérêt de l'argent les procure infailliblement.
« C'est un grand coup d'État que la loi de trente pour
« cent. »

L'économiste Tsien-tche réfute ensuite les adversaires de la loi de trente pour cent. — « Les anciens ne
« toléraient que de petits intérêts, dit Leang-tsien ; ce-
« lui de trente pour cent est une injustice et une oppres-
« sion publique. On ne peut pas imaginer d'usure plus
« criante. — Nous pourrions nous contenter de répon-
« dre : 1° Que le fait allégué est au moins douteux,
« puisqu'il ne faut qu'ouvrir les anciens auteurs, et
« même les livres sacrés, pour voir que les profits du
« commerce étaient prodigieux, sous la belle et célèbre
« dynastie des Tcheou, et il n'est pas naturel de penser
« que les commerçants travaillassent sur leurs fonds,
« ni que ceux qui leur prêtaient ne voulussent pas par-

« tager les bénéfices qu'on faisait avec leur argent ;
« tout ce qu'on peut dire de plus, c'est que les gros
« intérêts n'étaient pas autorisés par la loi. Du reste,
« comme on ne trouve pas qu'ils fussent prohibés, il
« faudrait examiner si ce que nous avons perdu de ces
« lois était ou la condamnation ou l'apologie de l'inté-
« rêt. 2° Que toutes les proportions ont changé par les
« accroissements de la population. Un père doit autre-
« ment gouverner sa famille, lorsqu'il a douze enfants,
« que lorsqu'il n'en avait que trois ou quatre. 3° Qu'il
« est terrible d'accuser d'injustice et d'oppression usu-
« raire une loi que le zèle du public a dictée, qui a été
« reçue avec actions de grâces dans tout l'empire, qui
« était générale et au profit de tout le monde, qui, ne fai-
« sant que permettre, ne gêne personne, qui date main-
« tenant de plusieurs siècles, et qui répond à toutes les
« objections par l'état actuel de l'empire et du commerce.

« Une boutique sur la grande rue qui aboutit à la
« première entrée du palais impérial, se loue le quadru-
« ple de ce qu'elle se louerait, si elle était dans un quar-
« tier ordinaire et médiocrement fréquenté. Pourquoi
« cette augmentation de loyer ? Pourquoi cette dispro-
« portion entre deux maisons dont la valeur réelle
« est la même, n'ayant pas plus coûté à bâtir l'une
« que l'autre ? C'est que, bien qu'il ne tienne qu'à
« moi de profiter de l'avantage du commerce que
« m'offre sa position, je cède mon droit au marchand, à
« condition qu'il m'en dédommagera, en augmentant le
« loyer à proportion du profit qu'elle lui procurera et
« que je lui cède. Il en est de même de l'argent qu'on
« prête aux négociants.

« Le commerce a ses révolutions, ses accidents, ses
« fautes, ses pertes et ses manquements de bonne foi,
« dont le résultat général réduit la totalité du fonds
« qu'on lui confie à un intérêt qui ne passe guère que
« de quatre ou cinq pour cent le revenu ordinaire des
« bonnes terres. Est-ce trop d'un pareil avantage pour
« lui assurer les prêts dont il a besoin et pour dédom-
« mager ceux qui lui remettent leur argent des risques
« qu'ils courent ? La multitude gagne toujours dans les
« prêts faits au commerce ; mais il y a toujours beau-
« coup de particuliers qui y perdent ou l'intérêt ou le capi-
« tal. Le flux et le reflux des pertes et des gains doit entrer
« nécessairement dans la balance du taux de l'intérêt de
« l'argent ; on doit même y avoir d'autant plus d'égard,
« que, soit à raison de la population, soit à raison de la
« constitution intime du gouvernement et de l'adminis-
« tration publique, la majeure partie des fonds du com-
« merce doivent être des emprunts.

« L'État n'a mis aucun autre impôt sur le commerce
« que celui des douanes ; le négociant et le marchand,
« quelque riches qu'ils soient, quelques dépenses que
« fasse l'État pour la facilité et l'utilité du commerce
« dont ils recueillent les plus doux fruits, ne donnent
« rien à l'État pour ces charges. Cette politique est très-
« sage et très-équitable, parce que le négociant et le
« marchand, tirant leurs revenus du public par les bé-
« néfices du commerce, ils lui feraient payer les impôts
« qu'on leur demanderait ; il se trouverait par là que
« l'État n'aurait fait que s créer receveurs de ces im-
« pôts ; si cependant les besoins de l'État exigeaient qu'il
« leur demandât un impôt, comme les consommations

« sont communes à tous les ordres de l'Etat et propor-
« tionnées aux fortunes des particuliers, il est évident
« que ce serait l'impôt dont la répartition serait la plus
« équitable et la moins à charge aux pauvres ; tout le
« monde y applaudirait. Donc nos lettrés, qui ont crié
« contre l'intérêt à trente pour cent, n'entendent rien
« en fait d'administration politique ; changeons les
« noms, et tout cela sera démontré. A quoi monte l'ex-
« cédant des intérêts qu'on tire aujourd'hui dans tout
« l'empire, sur ce qu'on en tirait sous la dynastie des
« Tang, il y a neuf siècles ? Supposons dix millions
« d'onces d'argent ; qui trouverait mauvais que l'État
« les exigeât en sus des impôts ordinaires pour subvenir
« aux besoins du commerce intérieur de l'empire ? Eh
« bien ! la déclaration qui a porté à trente pour cent l'in-
« térêt de l'argent est un édit qui crée cet impôt, et l'État
« le cède à ceux qui prêtent aux commerçants, ou à
« ceux qui sont dans le cas de prêter à leurs conci-
« toyens. C'est sur les profits du commerce, c'est sur le
« public, que cet impôt est levé, et de la manière la plus
« avantageuse, puisqu'on ne le paye qu'à proportion de
« ses consommations ; tout ce qu'il y a de particulier à
« cet impôt, c'est que l'État le cède au public, sans le
« faire passer par le trésor de l'empire, et sans être
« obligé de l'augmenter des frais de la recette. Tchang-
« sin a dit, à cette occasion : Un impôt pallié est un
« glaive dans le fourreau, le fourreau s'use et le glaive
« blesse. Ce raisonnement prouve qu'on peut être un
« très-habile lettré, et même un bon magistrat, sans
« avoir la tête assez forte pour saisir les affaires d'État.
« En quoi le haut intérêt fixé par la loi étend-il l'uti-

« lité du commerce ? En ce qu'il en ouvre la carrière à
« ceux qui ont du talent pour le faire, et le rend néces-
« sairement plus réparti et plus divisé. Le génie du com-
« merce est un génie à part, comme celui des lettres, du
« gouvernement, de la guerre et des arts ; peut-être même
« pourrait-on dire qu'il embrasse, à certains égards, tou-
« tes les espèces de génie. Or, le génie du commerce est
« perdu pour l'empire dans tous ceux qui sont à portée de
« suivre une autre carrière ; reste donc à le mettre en
« œuvre dans ceux dont le commerce est l'unique res-
« source. Quoique le commerce soit infiniment nécessaire
« à l'État, l'administration, qui fait tant de dépenses pour
« faciliter les études et former par là des sujets propres
« aux affaires, ne fait rien pour ceux qui ont le génie du
« commerce, pour les aider à le déployer ; le haut in-
« térêt de l'argent supplée à cette espèce d'oubli ; quel-
« que pauvre que soit un jeune homme, s'il a de la con-
« duite et du talent, il trouvera à emprunter assez pour
« faire des tentatives ; dès qu'elles réussissent, toutes les
« bourses s'ouvrent pour lui, et l'intérêt donne à l'em-
« pire un citoyen utile qui aurait été perdu s'il ne lui
« eût tendu une main secourable. Or, dès qu'on peut
« entrer dans le commerce, sans avoir de fonds à soi, le
« commerce doit être nécessairement très-divisé et tel,
« par conséquent, que le demande l'état actuel de la
« population.

« Un homme, quel qu'il soit, n'a qu'une certaine
« mesure de temps et de forces à employer ; si le com-
« merce dont il est chargé en demande plus, il faut
« qu'il appelle du secours, c'est-à-dire qu'il achète des
« services ; ils lui coûtent peu pour l'ordinaire, et il

« tâche d'en retirer beaucoup ; ce qu'il gagne sur eux
« le dispense peu à peu de travailler lui-même, et le
« public est chargé du fardeau de son oisiveté. On de-
« mandait à So-ling pourquoi il avait fait prêter vingt
« mille onces d'argent, sur le Trésor public, à douze
« petits marchands. — C'est, répondit-il, afin que le
« public ne paye plus les festins, les spectacles, les vernis,
« les concubines et les esclaves de celui qui a envahi
« le commerce des soieries. La rivalité des ventes oblige
« les marchands à lutter d'industrie et de travail, c'est-à-
« dire à rançonner moins le public. »

Nous pensons qu'il serait superflu d'avertir le lecteur que, en donnant ces citations, peut-être un peu trop longues, des économistes chinois, nous n'entendons nullement approuver leur doctrine. Ces questions épineuses et ardues sont trop au-dessus de nos connaissances pour qu'il nous soit permis de nous en établir le juge ; nous avons voulu seulement faire connaître la trempe d'esprit des Chinois. On est si communément habitué à les apprécier d'après les dessins des paravents et des éventails, et à ne voir en eux que des magots plus ou moins civilisés, que nous avons été bien aise de montrer de quelle manière ils savent traiter les matières de haute politique et d'économie sociale.

Afin de faciliter ces opérations commerciales, les Chinois ont inventé des sociétés pécuniaires, répandues dans tout l'empire, et dont le but principal est d'éviter le fardeau des dettes fixes et qui portent intérêt. Les membres de ces sociétés conviennent entre eux d'une certaine somme, que chacun versera le premier jour de chaque mois ; ce jour même, la totalité des sommes se tire au sort ; on continue ainsi chaque mois, jusqu'à ce que chacun ait eu le lot. Comme les derniers seraient trop mal partagés et auraient fait inutilement toutes les avances sans en retirer aucun avantage, chaque mois le lot augmente d'un petit intérêt payé par ceux qui en ont déjà profité.

L'avantage de ces sociétés consiste à procurer tout d'un coup une somme considérable qu'on ne paye qu'en détail. Comme le gouvernement ne se mêle en aucune manière de ces sociétés privées, leurs règles varient au gré de ceux qui les composent. Il y a cependant deux conditions qui paraissent invariables et admises dans toutes les provinces ; la première, c'est que le fondateur de la société a toujours le premier lot ; la seconde, c'est que tout associé qui manque une fois à fournir sa quote part perd toutes ses avances au profit du chef de la loterie, lequel répond pour tout le monde ; mais ces cas arrivent très-rarement. Tous les membres se font un si grand point d'honneur d'être fidèles à ces sortes d'engagements, qu'on ne pourrait y manquer sans se couvrir de honte et devenir, pour ses concitoyens, un objet de mépris. Lorsque quelqu'un se trouve pressé d'argent, il obtient facilement qu'on lui cède le lot, et, s'il ne peut plus continuer, il abandonne ses avances à un autre, qui répond pour lui. Ces sociétés sont tellement à la mode, que presque tous les Chinois en font partie ; les cultivateurs, les artisans, les petits marchands, tout le monde se réunit ainsi par groupes et met ses ressources en commun. Le Chinois ne vit jamais dans l'isolement ; mais c'est surtout dans les affaires d'intérêt et de commerce que son esprit d'association est remarquable.

L'immense population de la Chine, la richesse de son sol et la variété de ses produits, la vaste étendue de son territoire et la facilité des communications par terre et par eau, l'activité de ses habitants, les lois, les mœurs publiques, tout semble se réunir pour rendre cette nation la plus commerçante du monde. De quelque côté qu'un étranger pénètre en Chine, quel que soit le point qu'on visite, ce qui frappe avant tout, ce qui saisit d'étonnement, c'est l'agitation prodigieuse de ce peuple, que la soif du gain, que le besoin du trafic tourmentent sans cesse. Du nord au midi, d'orient en occident, c'est comme un marché perpétuel, une foire qui dure toute l'année sans interruption.

Et cependant, quand on n'a pas pénétré jusqu'au centre de l'empire, quand on n'a pas vu ces trois grandes villes, Han-yang, Ou-tchang-fou et Han-keou, placées en face l'une de l'autre, il est impossible de se former une idée exacte de l'activité et de l'immensité de ce commerce intérieur. C'est surtout Han-keou, « la bouche des entrepôts, » qu'il faut visiter ; tout y est boutique et magasin ; chaque produit a sa rue ou son quartier, qui lui est spécialement affecté. De toutes parts on rencontre toujours une si grande affluence de piétons, les masses sont tellement compactes et pressées, qu'on a toutes les peines du monde à se frayer un passage. Presque toutes les rues sont continuellement sillonnées par de longues files de portefaix, qui s'en vont au pas gymnastique et en poussant un cri monotome et cadencé dont le son aigu domine les sourdes rumeurs de la multitude. Au milieu de ce vaste tourbillonnement d'hommes, on remarque pourtant assez d'ordre et de tranquillité ; il y a peu de querelles et de batailles, quoique la police soit loin d'être aussi nombreuse que dans nos villes d'Europe. Les Chinois sont toujours retenus par un instinct salutaire, la crainte de se compromettre ; ils s'ameutent volontiers, ils vocifèrent beaucoup ; mais, après cela, la circulation reprend son cours ordinaire.

En voyant les rues sans cesse encombrées de monde, on serait assez porté à croire que tous les habitants de la ville sont en course et que les maisons sont vides. Mais qu'on jette un coup d'œil dans les magasins ; ils sont toujours remplis de vendeurs et d'acheteurs. Les fabriques et les manufactures renferment, en outre, un nombre considérable d'ouvriers et d'artisans, et, si l'on ajoute à ces multitudes les femmes, les vieillards et les enfants, on ne sera nullement surpris qu'on élève à huit millions la population de Han-keou, de Han-yang et de Ou-tchang-fou. Nous ne savons pas si l'on comprend dans ce chiffre les habitants des barques. Le grand port de Han-keou est bien littéralement une immense forêt de mâts de navires ; on est saisi d'étonnement en voyant, au milieu de la Chine, des bâtiments en si grand nombre et d'une telle dimension.

Nous avons dit que Han-keou est, en quelque sorte, l'entrepôt général des dix-huit provinces ; c'est là, en effet, qu'arrivent et c'est de là que partent les marchandises qui alimentent tout le commerce intérieur. Il n'est pas, peut-être, au monde, de ville située plus favorablement et entourée par la nature de plus grands avantages. Placée au centre de l'empire, elle est, en quelque sorte, entourée par le fleuve Bleu, qui la met en communication directe avec les provinces de l'est et de l'ouest. Ce même fleuve, décrivant deux courbures à droite et à gauche, quand il s'éloigne de Han-keou, conduit les grandes jonques du commerce vers le sud jusqu'au sein des lacs Pou-yang et Thoung-ting, qui sont comme deux mers intérieures. Une infinité de rivières, qui se jettent dans ces lacs, peuvent recevoir, sur de plus petites barques, les marchandises venues de Han-keou, et les répandre dans toutes les provinces du midi. Vers le nord, les communications naturelles sont moins faciles ; mais de gigantesques et ingénieux travaux sont venus y suppléer. Nous voulons parler de ces nombreux canaux artificiels dont le nord de la Chine est entrecoupé, et qui, par de merveilleuses et savantes combinaisons, font correspondre entre eux tous les lacs et tous les fleuves navigables de l'empire, de sorte qu'il serait facile à quelqu'un de voyager dans toutes les provinces, sans jamais descendre de sa barque.

On voit dans les Annales de la Chine qu'à toutes les époques chaque dynastie s'est occupée avec le plus grand intérêt de la canalisation de l'empire ; mais rien n'est comparable à ce qui fut exécuté par l'empereur Yang-ti, de la dynastie des Tsin, qui monta sur le trône l'an 605 de l'ère chrétienne. La première année de son règne, il s'occupa à faire creuser de nouveaux canaux ou agrandir les anciens, pour que les barques pussent aller du Hoang-ho au Yang-tse-kiang, et de ces deux grands fleuves dans les principales rivières. Un savant, nommé Siao-hoai, lui présenta un plan pour rendre toutes les rivières navigables dans tout leur cours, et les faire communiquer les unes avec les autres par des canaux d'une nouvelle invention. Son projet fut adopté et exécuté, de manière qu'on fit, refit et répara plus de mille six cents lieues de canaux. Cette grande entreprise exigea des travaux immenses, qui furent partagés entre les soldats et le peuple des villes et des campagnes. Chaque famille devait fournir un homme âgé de plus de quinze ans et de moins de cinquante, à qui le gouvernement ne donnait que la nourriture. Les soldats, qui avaient eu en partage le travail le plus pénible, recevaient une augmentation de paye. Quelques-uns de ces canaux furent revêtus de pierres de taille dans toute leur longueur. Pendant nos voyages nous en avons vu des restes qui attestent encore la beauté de ces ouvrages. Celui qui allait de la cour du nord à celle du midi (1) avait quarante pas de large; et, sur les deux bords, il y avait des plantations en ormeaux et en saules. Celui qui allait de la cour d'orient à celle d'occident était moins magnifique, mais bordé également d'une double rangée d'arbres. Les historiens chinois ont flétri la mémoire de l'empereur Yang-ti, qui, pendant son règne, n'a cessé d'écraser le peuple de corvées, pour satisfaire son goût effréné du luxe et du faste. Ils reconnaissent cependant qu'il a bien mérité de tout l'empire, par l'utilité que le commerce intérieur a retirée de ses canaux.

Les richesses de la Chine, son système de canalisation, toutes les causes que nous avons déjà assignées, ont, sans doute, beaucoup contribué à développer dans le pays cette prodigieuse activité commerciale qu'on y a remarquée à toutes les époques ; mais il faut convenir aussi que le caractère, le génie de ses habitants, les porte na-

(1) A cette époque, il y avait quatre cours impériales.

turellement au trafic. Le Chinois est cupide et passionné à l'excès pour le lucre; il aime l'agiotage, les spéculations, et son esprit, plein de ruse et de finesse, se plaît infiniment à calculer, à combiner les chances d'une opération commerciale ; le Chinois par excellence est un homme installé du matin au soir derrière le comptoir d'une boutique, attendant sa pratique avec patience et résignation, et dans les intervalles de la vente, réunissant dans sa tête et supputant sur les boules de sa tablette de mathématiques les moyens d'accroître sa fortune ; quelles que soient la nature et l'importance de son commerce, il ne néglige aucun bénéfice ; le plus petit gain sera toujours le bien venu, il l'accueillera avec empressement ; sa jouissance la plus grande, c'est, le soir, après avoir bien fermé et barricadé son magasin, de se retirer dans un recoin de sa maison, et là de compter religieusement ses sapèques et d'apprécier la recette de la journée.

Le Chinois apporte en naissant ce goût du commerce et du trafic, qui grandit et se développe avec lui ; c'est sa nature et son instinct. Le premier objet pour lequel un enfant se sent de l'attrait, c'est la sapèque ; le premier usage qu'il fait de la parole et de l'intelligence, c'est d'apprendre et d'articuler la numération ; lorsque ses doigts sont assez forts pour tenir le pinceau, ce sont des chiffres qu'il s'amuse à dessiner ; enfin, aussitôt que ce petit être sait parler et marcher, le voilà capable de vendre et d'acheter. En Chine on ne doit pas craindre d'envoyer un enfant faire une emplette quelconque, on peut être assuré qu'il ne se laissera pas tromper. Les jeux mêmes auxquels se livrent les petits Chinois sont toujours imprégnés de cet esprit de mercantilisme ; ils s'amusent à tenir boutique, à ouvrir des monts-de-piété, et ils se familiarisent ainsi au jargon, aux ruses et aux subtilités des marchands. Leurs connaissances sur tout ce qui regarde le commerce sont si précoces et si positives, qu'on ne fait pas de difficulté de les mettre dans les confidences les plus importantes, et de leur donner à traiter des affaires sérieuses à un âge où les enfants ne sont ordinairement préoccupés que d'amusements et de bagatelles.

Les habitants du Céleste Empire ont la réputation bien méritée d'être astucieux et rusés, et l'on comprend qu'un tel caractère doit surtout jouer un très-grand rôle dans le commerce. Il se ferait des volumes sur les friponneries plus ou moins ingénieuses et audacieuses des marchands chinois; l'habitude est si générale, la mode si universelle, qu'on ne s'en choque pas; c'est tout simplement de l'habileté et du savoir-faire; un marchand est tout glorieux lorsqu'il peut raconter les petits succès de sa scélératesse. Cependant, pour être tout à fait juste envers les Chinois, nous devons ajouter que ce manque de probité et de bonne foi se remarque seulement chez les petits marchands; les grandes maisons de commerce mettent, au contraire, dans leurs opérations, une loyauté et une honnêteté remarquables; elles se montrent esclaves de leur parole et de leurs engagements. Les Européens qui ont eu des relations commerciales avec la Chine sont unanimes pour vanter la probité irréprochable des grands négociants chinois; il est fâcheux que ceux-ci ne puissent en dire autant des Européens.

Il n'existe pas, en Chine, d'autre monnaie légale que de petites pièces rondes fondues, avec un alliage de cuivre et d'étain et appelées *tsien*; les Européens leur ont donné communément le nom de sapèques. Elles sont percées, au milieu, d'un trou carré, afin de pouvoir être enfilées avec une corde ; mille de ces pièces forment une enfilade équivalant, au cours moyen, à une once chinoise d'argent ; car l'or et l'argent ne sont jamais monnayés en Chine. Bien que les sapèques ne soient habituellement employées que pour les achats de détail, l'or et l'argent, qui servent pour les achats plus considérables, se pèsent comme une denrée ordinaire, et les conventions se font en enfilades de sapèques. A cet effet les Chinois des villes portent toujours avec eux de petites balances pour acheter ou vendre, et pèsent l'argent qu'ils donnent ou reçoivent. Les billets de banque payables au porteur sont en usage dans toute l'étendue de l'empire. Ils sont émis par les grandes maisons de commerce et acceptés dans toutes les villes importantes.

La sapèque, dont la valeur représente à peu près un demi-centime de notre monnaie, est d'un avantage incalculable pour le petit commerce de détail. Grâce à la sapèque on trafique, en Chine, sur les infiniment petits. On peut acheter une tranche de poire, une noix, une douzaine de fèves frites, un cornet de graines de citrouille, boire une tasse de thé, ou fumer quelques pipes de tabac, pour une sapèque. Tel citoyen, qui n'est pas assez riche pour faire la dépense d'une orange, ne laisse pas que de se passer la fantaisie d'en acheter une côte. Cette division extrême de la monnaie chinoise a donné naissance à une infinité de petites industries qui font vivre des milliers d'individus. Avec deux cents sapèques de capital un Chinois n'hésitera pas à se lancer dans quelque petite spéculation mercantile. La sapèque est surtout d'une immense ressource pour ceux qui demandent l'aumône. Il faudrait être bien pauvre pour n'avoir pas une sapèque à donner à un mendiant.

CHAPITRE V.

Tentatives pour voir le gouverneur de la province. — Nous forçons la garde de son palais. — Le gouverneur du Hou-pé. — Entretien avec ce haut personnage. — Bon résultat de cette visite. — Déménagement. — Courtoisie d'un cuisinier. — Adieux de maître Ting et de l'escorte du Sse-tchouen. — Le mandarin *Lieou*, ou le « Saule pleureur, » chef de la nouvelle escorte. — Architecture chinoise. — Les tours. — Les pagodes. — Beaux-arts. — Religions. — Doctrine des lettrés. — Honneurs inouïs rendus à Confucius. — Docteurs de la raison. — Vie et opinions du philosophe Lao-tzé. — Le bouddhisme. — Légende de Bouddha. — Ses principes dogmatiques et moraux. — Les bouddhistes persécutés par les brahmanes. — Causes de ces persécutions. — Dispersion des bouddhistes dans les diverses contrées de l'Asie.

Nous avons dit, au commencement du chapitre précédent, comment, dès notre arrivée à Ou-tchang-fou, on nous avait confinés dans une étroite cellule de pagode, où nous étions menacés de mourir asphyxiés. Nous avions espéré que les hauts fonctionnaires, après avoir vu de leurs propres yeux ce réduit meurtrier, comprendraient que nous ne pouvions pas vivre sans air, et finiraient peut-être par nous procurer un autre logement, en attendant le jour du départ. Ces espérances, quoique bien légitimes, paraissaient peu devoir se réaliser. Les magistrats de la capitale ne s'occupaient nullement de nous ; et, à part quelques petits officiers de peu d'importance, personne ne venait nous visiter. La chose était, nous en convenons, un peu blessante pour notre amour-propre ; cependant il nous eût été encore très-facile de supporter cette épreuve, pourvu qu'on nous eût accordé une dose suffisante d'air et assez d'espace pour nous promener. Être délaissés par nos aimables et chers mandarins, passe encore ; mais être délaissés dans un trou ne pouvait nous convenir en aucune manière.

Il y avait deux jours que nous étions dans cette position peu commode, lorsque nous résolûmes de tenter un vigoureux effort pour en sortir, et essayer de reprendre l'influence que nous avions perdue par notre faute. Après nous être revêtus de nos habits de parade, nous fîmes appeler des porteurs de palanquin, et nous leur commandâmes de nous conduire au palais du gouverneur de la province. Ils nous regardèrent avec hésitation ; mais nous les payâmes d'avance, en leur promettant un généreux pourboire au retour, et ils partirent pleins d'ardeur.

Nous traversâmes la place où le vénérable Perboyre avait été étranglé ; nous allions à ce même tribunal où il avait été si cruellement torturé, et où fut prononcée contre lui la sentence de mort. Rien ne pouvait nous faire espérer un sort semblable, une fin si glorieuse. Cependant tous ces souvenirs de constance et de courage enivraient nos âmes et nous inspiraient une énergie incomparable, non pas pour mourir, nous n'en étions pas dignes, mais pour vivre, car nous pensions en avoir le droit.

Nous descendîmes de nos palanquins à l'entrée du palais. Jusque-là, l'entreprise n'avait pas été difficile. Nous franchîmes le seuil, bien déterminés à renverser tous les obstacles qui voudraient nous empêcher d'arriver jusqu'au gouverneur. A peine fûmes-nous au milieu de la première cour, que nous fûmes environnés par une foule de satellites et de valets dont les avenues des grands tribunaux sont toujours encombrées. Toutes ces physionomies sinistres, tous ces types de bourreaux avec lesquels nous étions familiarisés depuis longtemps, nous émurent peu. Nous continuâmes notre marche avec assurance, sans paraître entendre les mille réflexions extravagantes qui se faisaient autour de nous au sujet du bonnet jaune et de la ceinture rouge.

Au moment où nous allions traverser une salle d'attente pour entrer dans la seconde cour, nous fûmes accostés par un petit mandarin à globule d'or, qui avait la fonction de portier, ou, pour mieux dire, d'introducteur des hôtes. Il parut tout effaré de nous voir aller si rondement. Il se porta sur notre passage, et nous demanda trois fois, coup sur coup, où nous allions; et, en même temps, il étendit ses deux bras horizontalement, comme pour nous faire barrière et nous empêcher de passer. — Nous allons chez Son Excellence le gouverneur. — Son Excellence n'y est pas ; on ne peut pas voir le gouverneur. Est-ce que les rites permettent de se transporter de la sorte chez le premier magistrat de la province ?... En disant ces paroles, il trépignait, il gesticulait, et, toujours les bras étendus, il suivait tous nos mouvements, allant tantôt à droite et tantôt à gauche, pour nous barrer le chemin. Cependant nous avancions toujours un peu sans rien dire, et nous forcions l'introducteur d'aller à reculons. Quand nous fûmes parvenus de la sorte jusqu'à l'extrémité de la salle d'attente, il se retourna brusquement, et se jeta sur les deux battants de la porte pour les fermer ; l'ayant saisi par le bras, nous lui dîmes, du ton le plus impérieux, le plus magnétique qu'il nous fut possible de prendre : Malheur à toi, si tu ne laisses pas la porte ouverte ! Si tu nous arrêtes un seul instant, tu es un homme perdu !... Ces paroles lui ayant inspiré une salutaire frayeur, il rouvrit la porte largement, et nous pénétrâmes dans la seconde cour, pendant que l'introducteur nous regardait passer avec stupéfaction et bouche béante.

Nous arrivâmes sans nouvel obstacle jusqu'aux appartements du gouverneur. Dans l'antichambre il y avait quatre mandarins supérieurs qui, en nous voyant entrer, eurent l'air de nous prendre pour une apparition. Avant de nous interroger, ils se regardèrent longtemps les uns les autres, se consultant en quelque sorte des yeux, pour savoir ce qu'il y avait à faire dans cette circonstance imprévue ; enfin l'un d'eux se hasarda à nous demander qui nous étions. — Nous sommes Français, lui répondîmes-nous ; nous avons été à Péking, puis de Péking à Lha-ssa dans le Thibet, et nous voulons parler tout de suite à Son Excellence le gouverneur. — Mais Son Excellence est-elle instruite de votre présence à Ou-tchang-fou? lui a-t-on annoncé votre visite ? — Une dépêche de l'empereur a dû lui faire connaître notre passage dans la capitale du Hou-pé... Nous remarquâmes que la dépêche de l'empereur faisait sensation chez les mandarins. Notre interlocuteur, après avoir fixé un instant sur nous son regard inquisiteur, disparut par une petite porte. Nous soupçonnâmes qu'il avait été chez le gouverneur, pour lui annoncer la curieuse découverte qu'il venait de faire. Il ne tarda pas à reparaître. — Le gouverneur est absent, nous dit-il, d'un air tout à fait dégagé et comme s'il n'eût pas fait un mensonge, le gouverneur est absent ; quand il sera rentré, il vous fera appeler, s'il a à vous parler. Maintenant, retournez à votre logement. — Qui est-ce qui nous invite à nous en aller? Qui t'a chargé de nous dire que le gouverneur nous ferait appeler? Pourquoi vouloir nous tromper et prononcer des paroles qui ne sont pas conformes à la vérité? Le gouverneur est ici, tu viens de lui parler, et nous ne sortirons pas avant de l'avoir vu... En disant ces mots, nous nous assîmes sur un large divan, qui occupait une grande partie de la salle. Les mandarins, étonnés de notre attitude, sortirent tous ensemble et nous laissèrent seuls.

A Han-yang, nous dîmes-nous, nous avons été pleins de faiblesse ; il faut aujourd'hui réparer cette faute, si nous voulons arriver jusqu'à Canton et ne pas périr de misère le long de la route. Les dispositions si bienveillantes du vice-roi du Sse-tchouen ne pouvaient nous protéger que jusqu'à Ou-tchang-fou ; le gouverneur du Hou-pé va maintenant disposer de nous jusqu'à la capitale du Kiang-si, il nous importe donc absolument de lui parler, pour qu'il ne nous abandonne pas à la voracité des petits mandarins... On nous laissa seuls assez longtemps, et nous pûmes nous tracer tout à notre aise la ligne de conduite que nous voulions suivre.

Enfin un vieil appariteur se présenta, et, après avoir, pour ainsi dire, appliqué sa figure sur la nôtre pour bien nous considérer, il nous dit, de sa voix chevrotante, que

Son Excellence le gouverneur invitait nos illustres personnes à se rendre auprès de lui. Cette formule de politesse nous fit comprendre qu'il nous serait peut-être facile de nous réhabiliter. Nous suivîmes le vieil appariteur, qui nous conduisit dans un magnifique salon, où, parmi une foule de chinoiseries de luxe, nous remarquâmes une pendule française et deux jolis vases de porcelaine de la fabrique de Sèvres ; sur les murs il y avait quelques tableaux qui nous parurent être de fabrication anglaise. Les riches Chinois aiment assez à décorer leurs appartements de quelques objets européens ; ce n'est pas qu'à leurs yeux ils aient une grande valeur comme œuvre d'art ; mais ils viennent de fort loin, de par delà les mers occidentales, et cela suffit. Les Chinois ressemblent un peu en cela aux Européens. Qui n'est heureux d'avoir dans son salon un magot en bronze ou en porcelaine, une chinoiserie quelconque, pourvu qu'il soit incontestable que c'est un produit bien authentique de la Chine ?

Nous admirions avec vanité l'élégance et la finesse des vases de Sèvres bien supérieurs aux porcelaines qui sortent des fabriques chinoises, lorsque le gouverneur entra. Il traversa le salon en branlant les bras sans regarder ni à droite ni à gauche, et alla s'asseoir, à côté d'un guéridon, sur un large fauteuil laqué, dont le dossier était recouvert d'une pièce de drap rouge ornée de broderies en soie. Nous le saluâmes respectueusement, et nous attendîmes qu'il voulût bien nous adresser la parole. Ce personnage ne nous parut pas avoir autant de simplicité et de bonté que le vice-roi du Sse-tchouen. Agé tout au plus d'une cinquantaine d'années, sa figure maigre et brune annonçait un caractère dur et sévère. — Votre illustre pays, nous dit-il, c'est le royaume de France; il y a longtemps que vous l'avez quitté? — Il y a déjà plusieurs années. — Vous avez, sans doute, quelque affaire à me communiquer, puisque vous êtes venus chez moi? — D'abord nous avons voulu remplir un devoir de civilité. — Ah! je suis confus. — Ensuite nous désirerions savoir si le vice-roi du Sse-tchouen a expédié une dépêche pour annoncer notre passage par Ou-tchang-fou. — Sans doute; il y a longtemps qu'elle est arrivée; ce sont les courriers accélérés qui apportent les dépêches. — En voyant la manière dont nous sommes traités à Ou-tchang-fou, nous avions pensé que la dépêche n'était pas encore arrivée. L'empereur a donné ordre au vice-roi Pao-hing de nous faire conduire jusqu'à Canton avec tous les égards convenables. D'abord pendant notre séjour à Tching-tou-fou, nous n'avons eu qu'à nous louer des bons traitements que nous y avons reçus de la part de l'autorité. L'illustre et vénérable Pao-hing, que nous avons vu plusieurs fois, a été pour nous plein d'attentions; sur toute la route les grands et les petits mandarins ont respecté les dispositions qu'il avait prises à notre sujet, et nous avons pu faire notre voyage commodément et avec honneur. — C'est l'usage de notre pays, interrompit avec morgue le gouverneur; on y traite bien les étrangers. — Il paraît, lui répondîmes-nous, que cet usage n'est pas général; cela doit dépendre, peut-être, des gouverneurs de province; le livre des rites est le même pour tout l'empire, mais, dans le Hou-pé, on ne l'interprète pas de la même manière que dans le Sse-tchouen. A Han-yang, de l'autre côté du fleuve, nous serions morts de faim, si nous n'avions eu de l'argent pour acheter des vivres dans une auberge ; ici, dans la capitale même, depuis deux jours que nous sommes arrivés, personne ne s'occupe de nous ; on nous a enfermés dans un réduit où nous n'avons pas assez d'espace pour nous remuer. Est-ce que l'empereur aurait donné un ordre pour nous faire expier dans le Hou-pé les bons traitements que nous avons reçus dans le Sse-tchouen ? — Quelles paroles prononcez-vous ? La miséricorde de l'empereur s'étend à tous les lieux. Où êtes-vous logés dans la ville ? — Le vice-roi du Sse-tchouen ne nous a jamais demandé où nous étions logés ; il le savait parce qu'il avait lui-même désigné notre logement. En arrivant ici, on nous a conduits dans une étroite chambre où l'air ne pénètre pas ; nous y sommes depuis deux jours, sans voir personne à qui nous puissions nous plaindre. On désire probablement que notre voyage se termine à Ou-tchang-fou... Le gouverneur se secoua dans son fauteuil avec colère et indignation. Il prétendit que nous faisions injure au caractère des habitants de la nation centrale, et sa voix criarde s'animant par degrés, il se mit à disserter avec tant de volubilité et d'animation, que nous finîmes par ne plus rien comprendre à ce qu'il disait. Nous nous gardâmes bien de l'interrompre ; nous demeurâmes devant lui calmes et immobiles, attendant avec patience qu'il voulût bien s'apaiser et se taire. Quand le moment fut arrivé, nous lui dîmes sur un ton très-bas, mais avec une certaine énergie froide et concentrée : Excellence, il n'est pas dans nos habitudes de prononcer des paroles blessantes et injurieuses ; il est mal de supposer à ses frères des intentions perverses. Cependant nous sommes missionnaires de la religion du Seigneur du ciel, nous sommes Français, et nous ne pouvons pas oublier que cette ville se nomme Ou-tchang-fou. — Quel est le sens de ces paroles ? je ne le comprends pas. — Nous ne pouvons pas oublier qu'un de nos frères, un missionnaire, un Français, a été étranglé ici, à Ou-tchang-fou, il y a vingt-trois ans ; qu'un autre de nos frères, missionnaire et Français, a été également mis à mort dans cette ville, il n'y a pas encore six ans... En entendant ces paroles, le gouverneur parut un peu perdre contenance, l'expression de sa figure annonçait qu'il éprouvait intérieurement une vive agitation. Aujourd'hui même, continuâmes-nous, en nous rendant ici, nous avons traversé la place sur laquelle nos frères ont été exécutés. Que peut-il donc y avoir d'étonnant s'il nous vient des idées sinistres ; si nous pensons qu'on veut attenter à nos jours, alors que nous nous voyons logés à peu près comme dans un sépulcre ? — Je ne sais pas ce que vous voulez dire, je ne connais pas ces affaires, répondit brusquement le gouverneur ; aux époques dont vous parlez je n'étais pas dans la province. — Nous le savons : le gouverneur qui était ici, il y a six ans, aussitôt qu'il eut donné ordre d'étrangler le missionnaire français, fut dégradé par l'empereur et condamné à un exil perpétuel. Il était évident pour tout l'empire que le ciel voulait venger l'innocence. Chacun ne répond que de ses actions ; mais aujourd'hui à qui la faute si nous sommes traités de la sorte ? Nous avons étudié les livres du philosophe Meng-tse, et nous y avons lu ceci : Meng-tse demanda un jour au roi de Leang s'il trouvait de la différence à tuer un homme avec une épée ou avec une mauvaise administration, et le roi de Leang répondit : Je n'y trouve aucune différence.

Le gouverneur parut fort étonné de nous entendre citer un passage des livres classiques. Il chercha à mettre de la mansuétude dans sa physionomie et dans ses manières, et jugea à propos de nous rassurer sur les craintes que nous paraissions avoir. Il nous dit que les mandarins chargés de prendre soin de nous avaient mal exécuté ses ordres ; qu'il ordonnerait une enquête sévère et que les péchés de tout le monde seraient punis, parce qu'il entendait faire respecter la volonté de l'empereur, dont le cœur était plein d'une miséricorde toute paternelle pour les étrangers, comme nous en avions ressenti les effets dans la capitale du Sse-tchouen et le long de la route. Il ajouta que nous serions également bien traités dans la province du Hou-pé ; qu'il ne fallait pas croire qu'on eût mis à mort, par le passé, aucun de nos compatriotes, que tout cela n'était que faux bruits et rumeurs oiseuses répandues par le petit peuple, dont la langue est extrêmement prompte, mobile et mensongère.

Nous ne crûmes pas devoir insister sur ce point et prouver au gouverneur que le martyre de MM. Clet et Perboyre, à Ou-tchang-fou, était autre chose qu'une rumeur oiseuse. Nous nous contentâmes de lui dire qu'on connaissait toujours, en France, la manière avec laquelle on traitait les Français dans les royaumes étrangers ; que notre gouvernement paraissait quelquefois l'ignorer, mais qu'il ne manquait pas de s'en souvenir quand il le jugeait opportun. Somme toute, il nous sembla que nous avions produit quelque impression sur l'esprit du gouverneur et que notre visite aurait peut-être un bon résultat. Avant de quitter le palais, nous détendîmes insensiblement la situation, en causant un peu de notre long voyage, et de l'Europe, qui était, pour Son Excellence, un monde à peu près inconnu. Enfin, nous fîmes les révérences exigées par les rites, et nous allâmes retrouver à la porte nos porteurs de palanquin qui nous attendaient.

En traversant la salle et les nombreux pas-perdus du tribunal, nous comprîmes, aux manières des employés, qu'on était déjà au courant du succès de notre visite. On nous saluait avec courtoisie, et, lorsque nous fûmes parvenus à la première cour d'entrée, l'introducteur des hôtes, qui avait déployé tant de zèle pour nous barrer le passage, s'empressa de venir au-devant de nous et de nous conduire jusqu'à nos palanquins en nous donnant les témoignages d'un cordial et impérissable dévouement. Les porteurs nous chargèrent sur leurs épaules et nous reconduisirent, au pas de course, à notre logis.

Il y avait à peine quelques heures que nous étions rentrés dans notre abominable cellule, lorsque le tam-tam résonna à la porte de la petite pagode. Un mandarin, accompagné de son personnel de valets et de satellites, se présenta en demandant les illustres natifs du grand royaume de France. Aussitôt qu'il nous aperçut, il s'empressa de nous annoncer qu'il était chargé, par Son Excellence le gouverneur, de nous conduire dans un logement plus convenable et plus conforme aux règles de l'hospitalité. — Quand partirons-nous ? lui demandâmes-nous. — A l'instant, si vous voulez. Probablement que tout est prêt, car les ordres ont été donnés aussitôt que vous avez eu quitté le palais du gouverneur. — Partons immédiatement, dîmes-nous ; il nous tarde de ressusciter et de sortir de ce tombeau. — Oui, c'est cela, ressuscitons, s'écria maître Ting, qui n'était guère plus satisfait que nous de ce misérable logis, où il était obligé de se tenir accroupi en fumant l'opium, faute d'un espace suffisant pour étendre ses jambes.

Chacun ramassa donc à la hâte son bagage, et nous quittâmes sans regret ce détestable nid. On nous conduisit à une des extrémités de la ville, presque dans la campagne, et nous fûmes installés dans un vaste et bel établissement, moitié civil et moitié religieux. C'était un riche temple bouddhique, environné de nombreux appartements destinés à recevoir les mandarins de distinction qui étaient de passage à Ou-tchang-fou. Des jardins, des cours plantées d'arbres de haute futaie, des belvédères et des terrasses à péristyles, donnaient à cette résidence un certain ton de pompe et de grandeur qui contrastait singulièrement avec la piteuse exiguïté de la pagode que nous venions de quitter ; mais, ce que nous appréciâmes par-dessus tout, c'était l'air pur et frais de la campagne qu'il nous était donné de pouvoir respirer à pleins poumons.

Aussitôt que nous fûmes arrangés dans notre nouvelle demeure, le mandarin qui nous y avait conduits fit appeler le cuisinier en chef de l'établissement. Il arriva un pinceau entre les dents, une feuille de papier d'une main et un écritoire de l'autre. Il se plaça au bout d'une table, délaya un peu d'encre sur le disque d'une pierre ollaire et nous pria de lui indiquer les mets qui étaient le plus à notre convenance. — C'est un fait connu de tout le monde, ajouta le mandarin, que les peuples occidentaux ne se nourrissent pas de la même manière que les habitants du royaume du Milieu. Autant qu'il est possible, il ne faut pas contrarier les usages et les coutumes des hommes. Nous remerciâmes le mandarin de sa gracieuse attention : Il y a longtemps, lui dîmes-nous, que nous avons contracté l'habitude des mets chinois ; l'intendant de la marmite n'a qu'à suivre les inspirations de son talent, et tout ira bien, une liste des mets serait une chose superflue, et nous eussions pu ajouter très-difficile à faire. Nous avions, en effet, depuis tant d'années, suivi des régimes si différents, changé si souvent de système culinaire, et expérimenté un si grand nombre de substances à saveur excentrique et aventureuse, qu'il nous eût été impossible de bien apprécier le mérite d'un bon morceau. Nous n'avions plus sur la cuisine que des idées extrêmement vagues et confuses. Tout ce qui n'avait pas le goût de la farine d'avoine assaisonnée de suif nous semblait délicieux. Le cuisinier en chef reprit donc ses articles de bureau et s'en alla tout fier et tout glorieux du témoignage de confiance qu'il venait de recevoir et dont, nous devons en convenir, il était digne à tous égards. L'habileté avec laquelle il nous façonna une foule de ragoûts chinois, plus remarquables les uns que les autres, était une preuve que nous n'avions pas eu tort de compter sur son mérite et sur son savoir-faire.

Le lendemain de notre déménagement, maître Ting, accompagné de son confrère le mandarin militaire et des nombreux soldats et satellites qui nous avaient escortés depuis notre départ de la capitale du Sse-tchouen, se rendirent en corps et avec une certaine solennité dans nos appartements pour nous faire leurs adieux. Ayant été chargés de nous conduire seulement jusqu'à Ou-tchang-fou, leur mission était terminée, et ils allaient rebrousser chemin pour retourner dans leur pays. Nous avions voyagé de compagnie par terre et par eau, durant l'espace de deux mois ; nous nous étions insensiblement accoutumés à vivre ensemble, nous avions partagé le bon et le mauvais temps de la route ; aussi ce ne fut pas sans une certaine émotion que nous vîmes arriver le moment de nous séparer et de nous quitter pour toujours. Nos regrets n'étaient pas, sans doute, vifs et profonds, comme ceux que nous éprouvâmes lorsque nous reçûmes, en sortant de Ta-tsien-lou, les adieux de l'escorte thibétaine. Ce n'étaient pas des liens que nous avions à briser, mais simplement une certaine habitude de relations qu'on contracte si facilement durant de longs et pénibles voyages, et qu'il est toujours désagréable de rompre pour en former de nouvelles. Maître Ting nous avait agacés dans plus d'une circonstance, nous nous étions souvent querellés, et cependant, au résumé, nous étions passablement bons amis. C'est qu'au fond maître Ting était un mandarin d'assez bon aloi ; pourvu qu'on le laissât faire un peu le Chinois, c'est-à-dire rapiner des sapèques à droite et à gauche, le long de la route, il était de bonne humeur, complaisant et suffisamment aimable.

Nos adieux furent très-verbeux, et, au lieu de pleurer, nous rîmes beaucoup car nous rappelâmes quelques-uns des épisodes les plus piquants du voyage. Nous lui fîmes une courtoisie à la chinoise en lui demandant si, pécuniairement parlant, il était satisfait de nous avoir accompagnés, s'il avait pu réaliser des économies assez considérables pour s'arrondir une honnête petite somme. — Oui, oui, nous dit-il, en se frottant les mains, les affaires n'ont pas mal été, j'aurai gagné, dans ce voyage, quelques lingots d'un assez joli volume; mais vous concevez, ce n'est assurément pas pour l'argent que j'ai voulu vous accompagner. — Non, sans doute, qui pourrait s'imaginer cela? — Il est évident que je n'aime pas l'argent et que je ne l'ai jamais aimé; mais je serais heureux d'avoir à offrir un petit cadeau à ma mère, à mon retour; c'est pour elle que je cherche à faire quelques profits. — C'est là, maître Ting, un noble et beau sentiment; dans ce cas, en aimant l'argent, on pratique la piété filiale. — Oui, c'est cela même; la piété filiale est la base des rapports sociaux, elle doit être le mobile de toutes nos actions... Maître Ting nous souhaita, en nous quittant, l'étoile du bonheur pour toute la route jusqu'à Canton. Il s'en alla tout enchanté de nous laisser dans la persuasion que c'était par pur sentiment de piété filiale qu'il avait essayé de rançonner les mandarins de toutes nos stations, depuis la capitale du Sse-tchouen jusqu'à Ou-tchang-fou.

L'escorte du Sse-tchouen s'en retourna tout entière, à l'exception seulement de notre domestique, Wei-chan, que le vice-roi Pao-hing avait mis à notre service. Ce jeune homme s'était acquitté de son devoir avec intelligence et activité. Il paraissait même avoir pour nous quelque attachement, autant, du moins, qu'il est possible d'en obtenir d'un serviteur chinois. Wei-chan devait nous suivre, comme les autres, jusqu'à Ou-tchang-fou seulement; mais, la veille du départ de ses compagnons de voyage, il était venu nous exprimer le désir de rester avec nous jusqu'à Canton. Sa proposition ne souffrit, de notre part, aucune difficulté, et nous l'accueillîmes, sans trop le lui témoigner, avec un vif empressement. Il était au courant de nos habitudes et connaissait parfaitement, selon l'expression chinoise, le fumet de notre caractère ; il nous convenait donc mieux d'avoir affaire à un homme auquel nous étions déjà accoutumés et qui nous allait suffisamment. Wei-chan pouvait, d'ailleurs, nous être d'un grand secours avec l'escorte nouvelle que nous allions prendre à Ou-tchang-fou. Celle qui s'en retournait et qui, dans les derniers temps, fonctionnait à merveille, y compris maître Ting, son chef, nous avait énormément coûté à former. Nous y avions dépensé tant de patience et d'énergie, que l'idée d'avoir à recommencer nous incommodait un peu. Or, nous pensions que la présence de Wei-chan nous épargnerait en partie les frais d'une nouvelle éducation à donner à nos futurs compagnons de route ; il serait là pour continuer les bonnes traditions et servir de modèle aux autres par ses bons exemples. Il fut donc décidé qu'il viendrait avec nous jusqu'à Canton.

Le même mandarin qui nous avait installés dans notre nouveau logement, nous fit une visite d'étiquette après le départ de l'escorte du Sse-tchouen, et nous annonça qu'il avait été désigné par Son Excellence le gouverneur pour nous conduire jusqu'à Nan-tchang-fou, capitale du Kiang-si. Il nous pria ensuite de lui exprimer notre opinion sur le choix que le gouverneur avait bien voulu faire de lui pour une œuvre de cette importance. Il n'y avait pas deux manières de répondre à un Chinois en pareille circonstance. Un pareil choix, lui dîmes-nous, prouve, d'une manière incontestable, que Son Excellence le gouverneur possède au plus haut degré le don si rare et si précieux de discerner les hommes. Un pareil choix prouve encore, d'une manière non moins incontestable, que Son Excellence le gouverneur désire bien sincèrement que nous fassions un voyage heureux et agréable. Avant notre départ, nous ne manquerons pas d'aller le remercier de sa sollicitude et de sa bienveillance. Notre nouveau conducteur s'humilia beaucoup en paroles et répondit à notre courtoisie en nous disant qu'il n'avait jamais rencontré des hommes d'un cœur aussi miséricordieux et aussi vaste.

Quand ces formules furent terminées, nous essayâmes de parler un peu raisonnablement. Nous apprîmes que notre mandarin était âgé de quarante ans, et qu'il se nommait *Lieou*, c'est-à-dire « saule. » Lieou le Saule était de la classe des lettrés, mais à un degré très-inférieur ; il avait administré pendant quelques années un petit district, et actuellement il se trouvait en disponibilité. A son langage on reconnaissait facilement un homme du Nord ; il était de la province du Chang-tong, patrie de Confucius, ce qui ne prouvait nullement qu'il fût doué d'une intelligence surprenante. Plus grave et mieux élevé que maître Ting, il jouissait d'un caractère concentré et très-peu amusant ; on ne trouvait pas grand charme à causer avec lui, car il s'exprimait avec une extrême difficulté. Dans son calme ordinaire, il empâtait ses paroles jusqu'à donner des impatiences à ceux qui l'écoutaient. Lorsqu'il voulait s'animer un peu, c'était une confusion, un imbroglio, auxquels on ne comprenait rien du tout. Sa physionomie était, du reste, très-insignifiante; il ne lui restait que quelques fragments de dents, et ses yeux bombés, qu'on voyait saillir à travers les verres de ses lunettes, avaient l'inconvénient de larmoyer fréquemment, ce qui fut cause que nous nous laissâmes entraîner à ajouter une épithète à son nom, et que, au lieu de dire tout court Lieou, « le Saule, » nous finîmes par l'appeler Saule pleureur. Il fut convenu qu'on s'occuperait d'organiser une nouvelle escorte le plus promptement possible, de manière à être prêts à nous mettre en route dans quatre jours.

La visite que nous avions eu l'heureuse audace de faire au gouverneur de la province du Hou-pé nous avait procuré deux bons résultats. D'abord nous avions reconquis notre influence perdue, et, en second lieu, nous avions obtenu un excellent logement, où nous pouvions, en attendant le départ, nous reposer un peu des fatigues de notre long voyage, et trouver autour de nous de nombreuses distractions. Outre la compagnie des mandarins qui résidaient dans le même établissement, nous avions, de temps en temps, celle des principaux fonctionnaires de la ville, qui ne manquèrent pas de nous venir voir, aussitôt qu'ils surent que le gouverneur nous était favorable. Nous pouvions ensuite, sans qu'il fût besoin de sortir, nous procurer tous les agréments de la promenade, tantôt dans les cours ombragées de grands arbres, tantôt sous de longs péristyles ou dans un vaste jardin, moins riche et moins élégant, il est vrai, que celui de Sse-ma-kouang, mais où l'on trouvait un joli belvédère et les sentiers les plus capricieux du monde. Quelquefois nous allions visiter le temple bouddhique situé au centre de l'établissement, et nous cherchions à deviner les sentences énigmatiques dont les murs étaient ornés.

Il nous a été impossible de bien savoir au juste ce qu'était cet établissement ; il y avait des corps de logis pour les mandarins voyageurs, de vastes salles destinées aux réunions des lettrés et aux assemblées de plusieurs autres corporations. On y voyait, en outre, un observatoire, un théâtre et une pagode ; tout cela s'appelait *Si-men-yuen*, « Jardin de la porte occidentale. » On trouve souvent en Chine, surtout dans les villes les plus importantes, un grand nombre de ces édifices indéfinissables et qui ont une foule d'usages. Leur genre de construction est aussi très-difficile à préciser ; on peut dire que c'est chinois. Les monuments, les temples, les maisons, les villes du Céleste Empire, ont un cachet particulier, qui ne ressemble à aucun genre d'architecture connue ; on pourrait l'appeler le style chinois ; mais il faut avoir été en Chine pour s'en faire une idée exacte.

Les villes sont presque toutes construites sur le même plan ; elles ont ordinairement la forme d'un quadrilatère et sont entourées de hautes murailles, flanquées de tours d'espace en espace ; elles ont quelquefois de larges fossés secs ou remplis d'eau. Dans les livres qui parlent de la Chine, il est dit que les rues sont larges et alignées au cordeau ; il n'en est pas moins vrai qu'elles sont étroites et tortueuses, surtout dans les provinces du midi. Nous avons bien rencontré çà et là quelques exceptions, mais elles sont très-rares. Les maisons des villes, comme celles des campagnes, sont basses et n'ont ordinairement qu'un rez-de-chaussée. Les premières sont construites en briques ou en bois peint et verni à l'extérieur ; elles sont recouvertes de tuiles grises. Les secondes sont en bois ou en terre et ont des toits de chaume. Les constructions du Nord sont toujours inférieures à celles du Midi, surtout dans les villages. Dans les maisons des riches, il y a ordinairement plusieurs cours, l'une derrière l'autre ; l'appartement des femmes et les jardins sont à l'extrémité. L'exposition du midi passe pour la plus favorable. Les fenêtres occupent tout un côté de l'appartement ; elles présentent des dessins très-variés et sont garnies de talc, d'une espèce de coquille transparente, ou de papier blanc et colorié. Les bords des toits sont relevés en forme de gouttières, et les angles, terminés en arc, représentent des dragons ailés ou des animaux fabuleux. Les boutiques sont soutenues par des pilastres ornés d'inscriptions sur de grandes planches peintes et vernies ; le mélange de toutes ces couleurs produit de loin un effet assez agréable.

La magnificence est généralement exclue des constructions particulières ; elle se fait quelquefois remarquer dans les édifices publics. A Péking les hôtels des différents corps administratifs et les palais des princes sont élevés sur un soubassement et recouverts de tuiles vernissées. Les monuments les plus remarquables de la Chine sont les ponts, les tours et les pagodes. Les ponts y sont très-multipliés, et nous en avons vu un grand nombre d'une beauté imposante ; ils sont en pierre, formés d'arcs en plein cintre, d'une solidité et d'une longueur remarquables.

A peu de distance de toutes les villes de premier, de

second et de troisième ordre, on voit presque toujours une tour plus ou moins élevée, placée à l'écart et dans l'isolement comme une colossale sentinelle. Selon les traditions indiennes, lorsque Bouddha mourut, on brûla son corps, ensuite on forma huit parts de ses ossements, qu'on enferma en autant d'urnes pour être déposées dans des tours à huit étages. De là vient, dit-on, l'origine de ces sortes de tours si communes en Chine et dans les pays où le bouddhisme a pénétré ; pourtant le nombre des étages est indéterminé et la forme qu'elles affectent est aussi très-variable ; il y en a de rondes, de carrées, d'hexagones et d'octogones ; on en voit en pierre, en bois, en briques, en faïence même, comme celle de Nanking ; les ornements en porcelaine dont elle est revêtue lui ont fait donner le nom de Tour de porcelaine. Maintenant la plupart de ces monuments sont dégradés et tombent en ruine ; mais on trouve, dans les poésies anciennes, des passages qui attestent tout le luxe et la magnificence que les empereurs déployaient dans la construction de ces édifices ; voici quelques-uns de ces passages. « Quand j'élève mes regards vers la tour de « pierre, il me faut chercher son toit dans les nues. « L'émail de ses briques dispute d'éclat à l'or et à la « pourpre, et réfléchit en arc-en-ciel, jusqu'à la ville, les « rayons du soleil qui tombent sur chaque étage. » Un censeur, pour exprimer énergiquement l'inutilité et les dépenses énormes de la fameuse tour de Tchang-ngan, la nommait *la moitié d'une ville*. Un poëte, quelque peu satirique, en parlant d'un de ces édifices qui avait cinq cents pieds de haut, après plusieurs strophes exprimant l'étonnement et l'admiration sur le projet et

l'exécution d'un si grand ouvrage, continue ainsi : « Je
« crains l'asthme, et je n'ai pas osé me risquer à mon-
« ter jusqu'à la dernière terrasse d'où les hommes ne pa-
« raissent que comme des fourmis. Monter tant d'esca-
« liers est réservé à ces jeunes reines qui ont la force de
« porter à leurs doigts ou sur leur tête les revenus de
« plusieurs provinces. » Il y a eu, disent les livres chinois, des tours en marbre blanc, en briques dorées, et
même en cuivre, au moins en partie. Le nombre des étages
était trois, cinq, sept, neuf, et allait quelquefois jusqu'à
treize ; leur forme extérieure variait beaucoup, ainsi que
leur décoration intérieure ; il y en avait qui étaient à galerie ou à balcon, et diminuaient, à chaque étage, de la
largeur du balcon ou de la galerie ; quelques-unes
étaient bâties au milieu des eaux, sur un massif énorme
de rochers escarpés, où l'on faisait croître des arbres et
des fleurs, et sur lesquelles on ménageait des cascades
et des chutes d'eau. On montait sur ce massif par des
escaliers qui étaient taillés grossièrement, tournaient sur
les flancs d'un gros rocher, passaient sous un autre, ou
même au travers, par des voûtes et des cavernes imitées
de celles des montagnes, et suspendues comme elles en
précipices. Quand on était arrivé sur la plate-forme, on
y trouvait des jardins enchantés ; c'est du milieu de ces
jardins que s'élevaient les tours, qui devaient être d'une
magnificence extraordinaire, à en juger par les beaux
restes qui existent encore aujourd'hui.

Les pagodes ou temples d'idoles sont, pour ainsi dire,
semées dans l'empire chinois avec une profusion incroyable ; il n'est pas de village qui n'en possède plusieurs ; il y en a sur les chemins, au milieu des champs,

partout. On dit communément que, dans la ville de Péking et dans la banlieue, le nombre s'élève jusqu'à dix mille. Il faut ajouter que la plupart de ces pagodes ne diffèrent pas beaucoup des autres édifices. Souvent ce ne sont que des espèces de chapelles, ou des niches renfermant quelque idole ou des vases à brûler des parfums. Cependant il y en a plusieurs qui sont d'une grandeur, d'une richesse et d'une beauté dignes d'attention. On remarque surtout, à Péking, les temples du Ciel et de la Terre, et, dans les provinces, plusieurs pagodes célèbres, où les Chinois font des pèlerinages à certaines époques de l'année.

Les ornements et les décorations de ces temples sont, on le comprend, tout à fait dans le goût chinois; l'œil n'y découvre guère que confusion et bizarreries. Les peintures et les sculptures qu'on y trouve n'ont pas une grande valeur artistique; on sait que le dessin est très-imparfaitement cultivé à la Chine. Les peintres n'y excellent que dans certains procédés mécaniques relatifs à la préparation et à l'application des couleurs; dans leurs compositions, ils ne font aucune attention à la perspective, et leurs paysages sont toujours d'une uniformité désolante. On voit pourtant quelquefois des miniatures chinoises et des gouaches d'une rare perfection, mais très-inférieures, par le style, aux tableaux les plus médiocres des peintres européens. Les sculptures qu'on remarque dans les pagodes ont de beaux morceaux de détail; mais elles pèchent, le plus souvent, du côté de l'élégance et de la correction des formes. Les Chinois prétendent que les peintres et les sculpteurs des temps passés, surtout du cinquième et du sixième siècle de notre ère, étaient de beaucoup supérieurs à ceux d'aujourd'hui. On serait tenté de souscrire à cette opinion, après avoir visité les magasins des choses antiques, où l'on rencontre en effet des objets d'un mérite réel.

On ne trouve pas, en Chine, de temples d'une grande antiquité. Ils ne sont pas d'assez forte construction pour résister aux injures du temps et des hommes. On les laisse tomber en ruine, puis on en élève de nouveaux, Les Song, dit un proverbe chinois, faisaient des routes et des ponts, les Tangs, des tours, les Mings, des pagodes. Nous pouvons ajouter que les Tsings ne font rien et ne cherchent pas même à conserver ce qui a été fait par les dynasties précédentes.

A ne considérer que le nombre prodigieux de temples, de pagodes et d'oratoires, qui s'élèvent sur tous les points de la Chine, on serait assez porté à croire que les Chinois sont un peuple religieux. Cependant, en y regardant de près, il est facile de se convaincre que ces manifestations extérieures ne sont que le résultat d'un usage, d'une vieille habitude, et nullement un indice d'un sentiment pieux ou d'une idée religieuse. Nous avons déjà dit combien les Chinois actuels sont absorbés dans les intérêts matériels et les jouissances de la vie présente, et jusqu'à quel point ils ont poussé l'indifférentisme en religion. Leurs annales attestent toutefois qu'à diverses époques, ils se sont vivement préoccupés de plusieurs systèmes religieux qui, après de nombreuses vicissitudes, ont fini par s'acclimater dans l'empire, et existent encore aujourd'hui, du moins nominalement.

Il n'y a point, à proprement parler, de religion d'État en Chine, et tous les cultes y sont tolérés, pourvu que le gouvernement ne les juge pas dangereux. Trois religions principales sont admises et considérées comme également bonnes, et l'on pourrait dire comme également vraies, quoiqu'il y ait eu entre elles des guerres longues et acharnées. La première et la plus ancienne est celle que l'on nomme *jou-kiao*, « la doctrine des lettrés, » et dont Confucius est regardé comme le réformateur et le patriarche. Elle a pour base un panthéisme philosophique, qui a été diversement interprété suivant les époques. On croit que, dans la haute antiquité, l'existence d'un Dieu tout-puissant et rémunérateur n'en était pas exclue, et divers passages de Confucius donnent lieu de penser que ce sage l'admettait lui-même ; mais le peu de soin qu'il a mis à l'inculquer à ses disciples, le sens vague des expressions qu'il a employées, et le soin qu'il a pris d'appuyer exclusivement ses idées de morale (1) et de justice sur le principe de l'amour de l'ordre et d'une conformité mal définie avec les vues du ciel et la marche de la nature, ont permis aux philosophes qui l'ont suivi de s'égarer, au point que plusieurs d'entre eux, depuis le douzième siècle de

---

(1) Et encore quelle morale ! Comment doit se comporter un fils vis-à-vis de l'ennemi de son père ? demanda Tse-hia à Confucius. — « Il « se couche en habit de deuil, lui répondit Confucius, et n'a que ses « armes pour chevet ; il n'accepte aucun emploi, il ne souffre pas que « l'ennemi de son père reste sur la terre. S'il le rencontre, soit dans le « marché, soit dans le palais, il ne retourne point chez lui pour « prendre ses armes, mais il l'attaque sur-le-champ... » Dans un autre passage, ce fameux moraliste s'exprime ainsi : « Le meurtrier de « votre père ne doit pas rester sous le ciel avec vous ; il ne faut « pas mettre les armes bas, tandis que celui de votre frère vit encore, « et vous ne pouvez pas habiter un même royaume avec celui de votre « ami... »

notre ère, sont tombés dans un véritable spinosisme, et ont enseigné, en s'appuyant toujours de l'autorité de leur maître, un système qui tient du matérialisme et dégénère en athéisme. Confucius, en effet, n'est jamais religieux dans ses écrits; il se contente de recommander, en général, d'observer les pratiques anciennes, la piété filiale, l'amour fraternel, d'avoir une conduite conforme aux lois du ciel, qui doivent être toujours en harmonie avec les actions humaines.

En réalité, la religion et la doctrine des disciples de Confucius, c'est le positivisme. Peu leur importent l'origine, la création et la fin du monde ; peu leur importent les longues élucubrations philosophiques. Ils ne prennent du temps que ce qu'il leur faut pour la vie ; de la science et des lettres, que ce qu'il leur faut pour remplir leurs emplois ; des plus grands principes, que les conséquences pratiques, et de la morale, que la partie utilitaire et politique. Ils sont, en un mot, ce que nous cherchons aujourd'hui à devenir en Europe. Ils laissent de côté les grandes disputes, les questions spéculatives pour s'attacher au positif. Leur religion n'est, en quelque sorte, qu'une civilisation, et leur philosophie, que l'art de vivre en paix, que l'art d'obéir et de commander.

L'État a toujours conservé, comme institution civile, le culte rendu aux génies du ciel et de la terre, des étoiles, des montagnes et des rivières, ainsi qu'aux âmes des parents morts : c'est la religion extérieure des officiers et des lettrés qui aspirent aux charges administratives ; mais, à leurs yeux, cette sorte de culte n'est qu'une institution sociale, sans conséquence, et dont le sens peut s'interpréter de différentes manières. Ce culte ne connaît pas d'images et n'a pas de prêtres ; chaque magistrat le pratique dans la sphère de ses fonctions, et l'empereur lui-même en est le patriarche. Généralement, tous les lettrés et ceux qui ont la prétention de le devenir s'y attachent, sans renoncer toutefois à des usages empruntés aux cultes. Mais la conviction n'entre pour rien dans leur conduite, et l'habitude seule les soumet à des pratiques qu'ils tournent eux-mêmes en ridicule, comme la distinction des jours heureux et malheureux, les horoscopes, la divination par les sorts, et une foule d'autres superstitions du même genre, qui ont une grande vogue dans tout l'empire.

On peut dire que tout ce qu'il y a de moins vague et de plus sérieux dans la religion des lettrés est absorbé par le culte de Confucius lui-même. Sa tablette est dans toutes les écoles ; les maîtres et les élèves doivent se prosterner devant ce nom vénéré au commencement et à la fin des classes ; son image se trouve dans les académies, dans les lieux où se réunissent les lettrés et où l'on fait subir les examens littéraires. Toutes les villes ont des temples élevés en son honneur, et plus de trois cents millions d'hommes le proclament, d'une voix unanime, le saint par excellence. Jamais, sans contredit, il n'a été donné à aucun mortel d'exercer, pendant tant de siècles, un si grand empire sur ses semblables, d'en recevoir des hommages qui se traduisent en véritable culte, quoique tout le monde sache bien que Confucius était tout simplement un homme né dans la principauté de Lou, six siècles avant l'ère chrétienne. On ne trouve certainement rien, dans les annales humaines, de comparable à ce culte, tout à la fois civil et religieux, rendu à un simple citoyen par un peuple immense, et durant vingt-quatre siècles. Les descendants de Confucius, qui existent encore en grand nombre, participent aux honneurs extraordinaires que la nation chinoise tout entière rend à leur glorieux ancêtre ; ils constituent la seule noblesse héréditaire de l'empire, et jouissent de certains priviléges qui ne peuvent appartenir qu'à eux seuls.

La seconde religion, à la Chine, est regardée, par ses sectateurs, comme étant la religion primitive de ses plus anciens habitants. Elle a, par conséquent, de nombreuses analogies avec la précédente ; seulement, l'existence individuelle des génies et des démons, indépendants des parties de la nature auxquelles ils président, y est mieux reconnue. Les prêtres et prêtresses de ce culte, voués au célibat, pratiquent la magie, l'astrologie, la nécromancie, et mille autres superstitions ridicules. On les nomme *tao-sse*, ou « docteurs de la raison, » parce que leur dogme fondamental, enseigné par le fameux Lao-tze, contemporain de Confucius, est celui de l'existence de la raison primordiale qui a créé le monde.

Lao-tze étant peu connu des Européens, nous pensons qu'il ne sera pas hors de propos de donner quelques détails sur la vie et les opinions de ce philosophe. Nous les empruntons à une excellente notice publiée par M. Abel Rémusat, dans ses *Mélanges asiatiques* (1).

« J'ai soumis à un examen approfondi la doctrine
« d'un philosophe très-célèbre à la Chine, fort peu
« connu en Europe, et dont les écrits, très-obscurs, et,

---

(1) Tome I, p. 91 et suiv.

« par conséquent, très-peu lus, n'étaient guère mieux
« appréciés dans son pays, où on les entendait mal, que
« dans le nôtre où l'on en avait à peine ouï parler.

« Les traditions qui avaient cours au sujet de ce philo-
« sophe, et dont on devait la connaissance aux mission-
« naires, n'étaient pas de nature à encourager des re-
« cherches sérieuses. Ce qu'on savait de plus positif, c'est
« que ce sage, qu'une des trois sectes de la Chine recon-
« naît pour son chef, était né il y a environ deux mille
« quatre cents ans, et qu'il avait fait un ouvrage qui est
« venu jusqu'à nous, sous le titre pompeux de *Livre de*
« *la raison et de la vertu* (1). De ce titre est venu celui de
« ses sectateurs, qui s'appellent eux-mêmes *docteurs de*
« *la raison*, et qui soutiennent par mille extravagances
« cette honorable dénomination. C'est d'eux qu'on avait
« appris que la mère de leur patriarche l'avait porté
« neuf ans dans son sein, et qu'il était venu au monde
« avec les cheveux blancs, ce qui lui avait valu le nom
« de *Lao-tze*, « vieil enfant, » sous lequel on a coutume
« de le désigner. On savait encore que, vers la fin de sa
« vie, ce philosophe était sorti de la Chine, et qu'il avait
« voyagé bien loin à l'Occident, dans des pays où, sui-
« vant les uns, il avait puisé ses opinions, et où, selon
« les autres, il les avait enseignées. En recherchant les
« détails de sa vie, j'ai rencontré beaucoup d'autres traits
« merveilleux qui lui sont attribués par les sectaires igno-
« rants et crédules qui s'imaginent suivre sa doctrine.

« Ainsi, comme ils ont admis le dogme de la transmi-

(1) Stanislas Julien en a donné une traduction qui, comme tous les
travaux de ce savant sinologue, est marquée au coin d'une rare perfection.

« gration des âmes, ils supposent que celle de leur
« maître, quand elle vint animer son corps, n'en était
« pas à sa première naissance, et que déjà, précédem-
« ment, elle avait paru plusieurs fois sur la terre.

« On sait que Pythagore prétendait avoir régné en
« Phrygie sous le nom de Midas ; qu'il se souvenait d'a-
« voir été cet Euphorbe qui blessa Ménélas, et qu'il re-
« connut, dans le temple de Junon, à Argos, le bouclier
« qu'il avait porté au siége de Troie. Ces sortes de gé-
« néalogies ne coûtent rien à ceux qui les fabriquent ;
« aussi, celle qu'on a faite à Lao-tze est-elle des plus
« magnifiques. Entre autres transformations, son âme
« était descendue, bien des siècles auparavant, dans les
« pays occidentaux, et elle avait converti tous les habi-
« tants de l'empire romain plus de six cents ans avant la
« fondation de Rome.

« Il me parut que ces fables pouvaient se rapporter à
« l'origine des principes enseignés par Lao-tze, et, peut-
« être, offrir quelque souvenir des circonstances qui les
« avaient portées jusqu'au bout de l'Asie. Je trouvai cu-
« rieux de rechercher si ce sage, dont la vie fabuleuse
« offrait déjà plusieurs traits de ressemblance avec celle
« du philosophe de Samos, n'aurait pas avec lui, par ses
« opinions, quelque autre conformité plus réelle.
« L'examen que je fis de son livre confirma pleinement
« cette conjecture et changea, du reste, toutes les idées
« que j'avais pu me former de l'auteur. Comme tant
« d'autres fondateurs, il était, sans doute, bien loin de
« prévoir la direction que devaient prendre les opinions
« qu'il enseignait ; et, s'il reparaissait encore sur la terre,
« il aurait bien lieu de se plaindre du tort que lui ont fait

« ses indignes disciples. Au lieu du patriarche d'une
« secte de jongleurs, de magiciens et d'astrologues,
« cherchant le breuvage d'immortalité et les moyens de
« s'élever au ciel en traversant les airs, je trouvai, dans
« son livre, un véritable philosophe, moraliste judicieux,
« théologien disert et subtil métaphysicien. Son style a
« la majesté de celui de Platon, et, il faut le dire, aussi
« quelque chose de son obscurité. Il expose des concep-
« tions toutes semblables, presque dans les mêmes
« termes, et l'analogie n'est pas moins frappante dans
« les expressions que dans les idées. Voici, par exemple,
« comme il parle du souverain Être : « Avant le chaos
« qui a précédé la naissance du ciel et de la terre, un seul
« être existait ; immense et silencieux, immuable et tou-
« jours agissant : c'est la mère de l'univers. J'ignore son
« nom, mais je le désigne par le mot Raison.... L'homme
« a son modèle dans la terre, la terre dans le ciel, le ciel
« dans la raison, la raison en elle-même. » La morale
« qu'il professe est digne de ce début. Selon lui, la per-
« fection consiste à être sans passions, pour mieux con-
« templer l'harmonie de l'univers. « Il n'y a pas, dit-il,
« de plus grand péché que les désirs déréglés, ni de plus
« grand malheur que les tourments qui en sont la juste
« punition. » Il ne cherchait pas à répandre sa doc-
« trine. « On cache avec soin, disait-il, un trésor qu'on a
« découvert. La plus solide vertu du sage consiste à savoir
« passer pour un insensé. » Il ajoutait que le sage devait
« suivre le temps et s'accommoder aux circonstances ;
« précepte qu'on pourrait croire superflu, mais qui, sans
« doute, devait s'entendre dans un sens un peu différent
« de celui qu'il aurait parmi nous. Au reste, toute sa

« philosophie respire la douceur et la bienveillance,
« toute son aversion est pour les cœurs durs et les
« hommes violents. On a remarqué ce passage sur les
« conquérants : « La paix la moins glorieuse est préfé-
« rable aux plus brillants succès de la guerre. La vic-
« toire la plus éclatante n'est que la lueur d'un in-
« cendie. Qui se pare de ses lauriers aime le sang, et
« mérite d'être effacé du nombre des hommes. Les an-
« ciens disaient : Ne rendez aux vainqueurs que des hon-
« neurs funèbres ; accueillez-les avec des pleurs et des
« cris, en mémoire des homicides qu'ils ont faits, et que
« les monuments de leurs victoires soient environnés de
« tombeaux. »

« La métaphysique de Lao-tze offre bien d'autres traits
« remarquables que nous sommes contraint de passer
« sous silence. Comment, en effet, donner une idée de
« ces hautes abstractions et de ces subtilités inextricables
« où se joue et s'égare l'imagination orientale ? Il suffira
« de dire que les opinions du philosophe chinois, sur
« l'origine et la constitution de l'univers, n'offrent ni
« fables ridicules, ni choquantes absurdités ; qu'elles
« portent l'empreinte d'un esprit noble et élevé, et que,
« dans les sublimes rêveries qui les distinguent, elles
« présentent une conformité frappante et incontestable
« avec la doctrine que professèrent, un peu plus tard,
« les écoles de Pythagore et de Platon. Comme les
« pythagoriciens et les platoniciens, notre philosophe
« admet pour première cause la *raison*, être ineffable,
« incréé, qui est le type de l'univers et n'a de type que
« lui-même. Ainsi que Pythagore, il regarde les âmes
« humaines comme des émanations de la substance

« éthérée qui vont s'y réunir à la mort, et, de même que
« Platon, il refuse aux méchants la faculté de rentrer
« dans le sein de l'âme universelle. Avec Pythagore, il
« donne aux premiers principes des choses les noms des
« nombres, et sa cosmogonie est, en quelque sorte,
« algébrique. Il rattache la chaîne des êtres à celui qu'il
« appelle *un*, puis à *deux*, puis à *trois*, qui, dit-il, ont fait
« toutes choses. Le divin Platon, qui avait adopté ce
« dogme mystérieux, semble craindre de le révéler aux
« profanes ; il l'enveloppe de nuages dans sa fameuse
« lettre aux trois amis ; il l'enseigne à Denys de Syra-
« cuse ; mais par énigmes, comme il le dit lui-même,
« de peur que, ses tablettes venant, sur terre ou sur
« mer, à tomber entre les mains de quelque inconnu,
« il ne puisse les lire et les entendre. Peut-être le sou-
« venir récent de la mort de Socrate contribuait-il à lui
« imposer cette réserve. Lao-tze n'use pas de tous ces
« détours, et ce qu'il y a de plus clair dans son livre,
« c'est qu'un être trine a formé l'univers.... »

Cette dernière pensée confirme tout ce qu'indiquait déjà la tradition d'un voyage de Lao-tze dans l'Occident, et ne laisse aucun doute sur l'origine de sa doctrine. Vraisemblablement, il la tenait ou des Juifs des dix tribus, que la conquête de Salmanazar venait de disperser dans toute l'Asie, ou des apôtres de quelque secte phénicienne à laquelle appartenaient aussi les philosophes qui furent les maîtres et les précurseurs de Pythagore et de Platon. En un mot, nous retrouvons dans les écrits de ce philosophe chinois les dogmes et les opinions qui faisaient, suivant toutes les apparences, la base de la foi orphique et de cette antique sagesse orientale dans laquelle les Grecs allaient s'instruire à l'école des Égyptiens, des Thraces et des Phéniciens.

Maintenant qu'il est certain que Lao-tze a puisé aux mêmes sources que les maîtres de la philosophie ancienne, on voudrait savoir quels ont été ses précepteurs immédiats et quelles contrées de l'Occident il a visitées. Nous savons par un témoignage digne de foi qu'il est allé dans la Bactriane ; mais il n'est pas impossible qu'il ait poussé ses pas jusque dans la Judée ou même dans la Grèce. Un Chinois à Athènes offre une idée qui répugne à nos opinions, ou plutôt à nos préjugés, sur les rapports des nations anciennes. Je crois, toutefois, qu'on doit s'habituer à ces singularités, non qu'on puisse démontrer que notre philosophe chinois ait effectivement pénétré jusque dans la Grèce, mais parce que rien n'assure qu'il n'y en soit pas venu d'autres vers la même époque, et que les Grecs n'en aient pas confondu quelqu'un dans le nombre de ces Scythes et de ces Hyperboréens qui se faisaient remarquer par l'élégance de leurs mœurs, leur douceur et leur politesse.

Au reste, quand Lao-tze se serait arrêté en Syrie, après avoir traversé la Perse, il eût déjà fait les trois quarts du chemin et parcouru la partie la plus difficile de la route, au travers de la haute Asie. Depuis qu'on s'attache exclusivement à la recherche des faits, on conçoit à peine que le seul désir de connaître des opinions ait pu faire entreprendre des courses si pénibles ; mais c'était alors le temps des voyages philosophiques ; on bravait la fatigue pour aller chercher la sagesse, ou ce qu'on prenait pour elle, et l'amour de la vérité lançait dans des entreprises où l'amour du gain, encore peu inventif, n'eût osé se hasarder. Il y a dans les excursions lointaines quelque chose de romanesque qui nous les rend à peine croyables. Nous ne saurions nous imaginer qu'à ces époques reculées, où la géographie était si peu perfectionnée et le monde encore enveloppé d'obscurité, des philosophes pussent, par l'effet d'une louable curiosité, quitter leur patrie et parcourir, malgré mille obstacles et en traversant des régions inconnues, des parties considérables de l'ancien continent. Mais on ne peut pas nier tous les faits qui embarrassent, et ceux de ce genre se multiplient chaque jour, à mesure qu'on approfondit l'histoire ancienne de l'Orient. Ce qu'on serait tenté d'en conclure, c'est que les obstacles n'étaient pas aussi grands que nous le supposons, ni les contrées à traverser aussi peu connues. Des souvenirs de parenté liaient encore les nations de proche en proche ; l'hospitalité, qui est la vertu des peuples barbares, dispensait les voyageurs de mille précautions qui sont nécessaires parmi nous. La religion favorisait leur marche, qui n'était, en quelque sorte, qu'un long pèlerinage de temple en temple et d'école en école. De tous temps aussi le commerce a eu ses caravanes, et, dès la plus haute antiquité, il y avait, en Asie, des routes tracées qu'on a suivies naturellement jusqu'à l'époque où la découverte du cap de Bonne-Espérance a changé la direction des voyages de long cours. En un mot, on a cru les nations civilisées de l'ancien monde plus complétement isolées, et plus étrangères les unes aux autres, qu'elles ne l'étaient réellement, parce que les moyens qu'elles avaient pour communiquer entre elles, et les motifs qui les y engageaient, nous sont également inconnus. Nous sommes peut-être un peu trop disposés à mettre sur le compte de leur ignorance ce qui n'est qu'un effet de la nôtre. A cet égard, nous pourrions justement nous appliquer ce que dit, par rapport à la morale, un des disciples les plus célèbres du sage dont nous venons de rechercher les opinions : « Une « vive lumière éclairait la haute antiquité, mais à peine « quelques rayons sont venus jusqu'à nous. Il nous « semble que les anciens étaient dans les ténèbres, parce « que nous les voyons à travers les nuages épais dont « nous venons de sortir. L'homme est un enfant né à « minuit ; quand il voit lever le soleil, il croit qu'*hier* « n'a jamais existé. »

Confucius eut de fréquentes relations avec Lao-tze ; mais il est difficile de savoir quelle était l'opinion du chef des lettrés sur la doctrine du patriarche des docteurs de la raison (1). Un jour il alla lui rendre visite ; étant revenu près de ses disciples, il resta trois jours sans prononcer un mot. Tseu-kong en fut surpris et lui en demanda la cause.

« Quand je vois un homme, dit Confucius, se servir « de sa pensée pour m'échapper comme l'oiseau qui « vole, je dispose la mienne comme un arc armé de sa « flèche pour le percer ; je ne manque jamais de l'at- « teindre et de me rendre maître de lui. Lorsqu'un « homme se sert de sa pensée pour m'échapper comme « un cerf agile, je dispose la mienne comme un chien « courant pour le poursuivre ; je ne manque jamais de « le saisir et de l'abattre. Lorsqu'un homme se sert de « sa pensée pour m'échapper comme le poisson de l'a-

(1) Le *Livre de la Voie et de la Vertu*, par Lao-tze, traduction de M. Stanislas Julien ; Introduction, p. xxix.

« bîme, je dispose la mienne comme l'hameçon du
« pêcheur ; je ne manque jamais de le prendre et de
« le faire tomber en mon pouvoir. Quant au dragon qui
« s'élève sur les nuages et vogue dans l'éther, je ne
« puis le poursuivre. Aujourd'hui j'ai vu Lao-tze ; il
« est comme le dragon ! A sa voix, ma bouche est res-
« tée béante, et je n'ai pu la fermer ; ma langue est
« sortie à force de stupeur, et je n'ai pas eu la force de
« la retirer ; mon âme a été plongée dans le trouble,
« et elle n'a pu reprendre son premier calme. »

Quoi qu'on puisse dire des idées philosophiques de Lao-tze, ses disciples, les docteurs de la raison, ne jouissent pas aujourd'hui d'une grande popularité. Les superstitions auxquelles ils se livrent sont si extravagantes, que les plus ignorants mêmes en font l'objet de leurs plaisanteries et de leurs sarcasmes. Ils se sont rendus principalement célèbres par leur prétendu secret d'un élixir d'immortalité. Ce breuvage leur a donné beaucoup de crédit auprès de plusieurs empereurs fameux. Les annales chinoises sont remplies des débats et des querelles des tao-sse avec les sectateurs de Confucius ; ces derniers se sont servis contre eux, avec le plus grand succès, de l'arme du ridicule, et ils n'ont jamais manqué d'envelopper dans leurs railleries, et les docteurs de la raison et les bonzes, prêtres du bouddhisme, qui est la troisième religion de la Chine.

Vers le milieu du premier siècle de notre ère, les empereurs de la dynastie des Han admirent officiellement, en Chine, le bouddhisme indien. Cette religion à représentations matérielles de la Divinité se répandit rapidement parmi les Chinois, qui l'appelèrent *religion de Fo*, par une transcription incomplète du nom de Bouddha. Le bouddhisme, ce vaste système religieux auquel on peut attribuer plus de trois cents millions de sectateurs, mérite bien que nous entrions dans quelques détails sur son origine, sa doctrine et sa propagation parmi les peuples de la haute Asie.

Le mot Bouddha est un nom générique très-ancien, et qui a une double racine en sanscrit. L'une signifie être, exister, et l'autre sagesse, intelligence supérieure. C'est le nom par lequel on désigne l'Être créateur, tout-puissant, Dieu. Mais on l'applique aussi, par extension, à ceux qui l'adorent et cherchent à s'élever jusqu'à lui par la contemplation et la sainteté. Cependant tous les bouddhistes que nous avons vus en Chine, en Tartarie, au Thibet et à Ceylan, entendent désigner par ce nom un personnage historique devenu célèbre dans toute l'Asie, et qu'on regarde comme le fondateur des institutions et de la doctrine comprise sous la dénomination générale de bouddhisme. Aux yeux des bouddhistes, ce personnage est tantôt un homme, tantôt un dieu, ou plutôt il est l'un et l'autre. C'est une incarnation divine, un homme-dieu, qui est venu en ce monde pour éclairer les hommes, les racheter et leur indiquer la voie du salut. Cette idée d'une rédemption humaine par une incarnation divine est tellement générale et populaire parmi les bouddhistes, que partout nous l'avons trouvée nettement formulée en des termes remarquables. Si nous adressions à un Mongol ou à un Thibétain cette question : Qu'est-ce que Bouddha ? il nous répondait à l'instant : C'est le sauveur des hommes. La naissance merveilleuse de Bouddha, sa vie et ses enseignements, renferment un grand nombre de vérités morales et dogmatiques professées dans le christianisme, et qu'on ne doit pas être surpris de retrouver aussi dans d'autres religions, parce que ces vérités sont traditionnelles et ont toujours été du domaine de l'humanité tout entière. Il doit y avoir chez un peuple païen plus ou moins de vérités chrétiennes, selon qu'il a été plus ou moins fidèle à conserver le dépôt des traditions primitives (1).

D'après la concordance des livres indiens, chinois, thibétains, mongols et cingalais, on peut faire remonter la naissance de Bouddha à l'an 960 avant Jésus-Christ. Les variantes de quelques années en plus ou en moins ne sont d'aucune importance. Klaproth a extrait des livres mongols, qui ne sont que des traductions du thibétain ou du sanscrit, la légende de Bouddha dont nous allons donner une analyse succincte.

Soutadanna, chef de la maison de Chakia, de la caste des brahmanes, régnait dans l'Inde sur le puissant empire de Magadha, dans le Bahar méridional, dont la capitale était Kaberchara. Il épousa *Mahamaïa*, « la grande illusion, » mais ne consomma pas son mariage avec elle. Celle-ci, quoique vierge, conçut par l'influence divine, et, le quinze du deuxième mois du printemps, elle mit au monde un fils qu'elle avait porté trois cents jours dans son sein. Le prenant dans ses bras, elle le remit à un roi qui était également une incarnation de Brahma (en mongol, *Esroum-Tingri*);

(1) Nous nous proposons de développer cette pensée dans un travail spécial, où nous essayerons d'exposer la religion bouddhique telle que nous l'avons comprise par nos rapports avec les peuples qui la professent.

celui-ci l'enveloppa d'une étoffe précieuse et lui prodigua de tendres soins. Un autre roi, incarnation d'Indra (en mongol, *Hormousta-Tingri*), baptisa le jeune dieu dans une eau divine. L'enfant reçut le nom d'Arddha-Chiddi et fut reconnu aussitôt pour un être divin, et l'on prédit qu'il surpasserait en sainteté toutes les incarnations précédentes. Chacun l'adora en le saluant du titre de dieu des dieux (en mongol *Tingri-in-Tingri*). Dix vierges furent chargées de le servir, sept le baignaient tous les jours, sept l'habillaient, sept le berçaient, sept le tenaient propre, sept l'amusaient de leurs jeux, trente-cinq autres charmaient ses oreilles par des chants et des instruments de musique. Arrivé à l'âge de dix ans, on lui donna plusieurs maîtres, parmi lesquels se distinguait le sage Babourenou, duquel il apprit la poésie, la musique, le dessin, les sciences mathématiques et la médecine. Il embarrassa bientôt son instituteur par ses questions, et le pria ensuite de lui enseigner toutes les langues, condition indispensable, disait-il, de son apostolat, qui tend à éclairer le monde et à répandre, parmi toutes les nations, la connaissance de la religion et de la doctrine véritable. Mais le précepteur ne savait que les idiomes de l'Inde, et ce fut l'élève qui lui apprit cinquante langues étrangères avec leurs caractères particuliers. Il surpassa bientôt le genre humain entier.

Arrivé à l'âge de puberté, il refusa de se marier, à moins qu'on ne lui trouvât une vierge possédant trente-deux vertus et perfections. A force de recherches, on parvint à en découvrir une de la race de Chakia ; mais il fallut la disputer à son oncle, qui l'avait recherchée.

Il était alors âgé de vingt ans ; le mariage eut lieu, et, l'année suivante, la jeune épouse mit au monde un fils qui reçut le nom de *Bakholi*, et elle eut, dans la suite, une fille. Bientôt, renonçant aux vanités mondaines, il se livra à la pratique des vertus et à la vie contemplative, quitta son épouse, sa famille et son précepteur, qui, affligés d'une telle résolution, firent de vains efforts pour l'en dissuader ; ils lui signifièrent même qu'on le retiendrait prisonnier dans le palais de Kaberchara ; mais il déclara qu'il en sortirait malgré eux, et dit à son instituteur : Adieu, mon père, je vais entrer dans l'état de pénitent ; je renonce donc à vous, à l'empire, à mon épouse, à mon fils chéri ; j'ai des raisons suffisantes pour suivre ma vocation ; ne m'empêchez pas de l'accomplir, c'est un devoir sacré pour moi.

Monté sur un cheval que lui amena un esprit céleste, il prit la fuite et se rendit dans le royaume d'Oudipa, sur les bords de la Naracara. Là, il se conféra à lui-même le sacerdoce, se coupa les cheveux et prit l'habit de pénitent. Il substitua alors à son nom celui de *Gotamâ*, c'est-à-dire « qui éteint, qui amortit les sens » (*go*, « sens, » et *tamâ*, « obscurité, ténèbres »). Épuisé par des austérités prolongées, il se rétablit en se nourrissant du lait des vaches que Soutadanna, son père, fit conduire dans le voisinage de sa retraite. Un grand singe Rhâkko-Mansou vint souvent voir Gotamâ ; un soir il lui porta des gaufres, du miel d'abeilles sauvages et des figues, et les lui présenta pour son repas. Gotamâ, selon son usage, arrosa les figues et le miel d'eau bénite et en mangea. Le singe, bondissant de joie, tomba dans un puits. En mémoire de cet accident, cette place fut consacrée sous le nom de *Place des offrandes du singe*. Un jour, il apaisa un éléphant enivré de vin de coco, dirigé contre lui par un mauvais génie, en lui faisant un signe de ses doigts.

Il choisit alors une retraite encore plus sauvage où il ne fut suivi que par deux de ses disciples, Chari, le fils de son précepteur, et le célèbre Malou-Toni. Quelque éloignée que fût cette retraite, ses ennemis surent la découvrir et crurent le tenter par des questions insidieuses. Eriztou et Débeltoun se présentèrent les premiers et lui demandèrent avec une modestie feinte : Gotamâ, quelle est ta doctrine ? Quel a été ton instituteur ? De qui as-tu reçu le sacerdoce ? — Je suis saint par mon propre mérite, dit Gotamâ ; c'est moi qui me suis sacré mon propre ministre. Qu'ai-je à faire avec d'autres instituteurs ? La religion m'a pénétré. — Il repoussa les séductions de plusieurs femmes, et fit, à cette occasion, jaillir du sein de la terre le génie tutélaire de ce globe, qui porta témoignage des vertus de Gotamâ. Cinq disciples favoris entouraient alors leur maître. Voici leurs noms devenus célèbres dans l'histoire du bouddhisme : Godinia, Datol, Langba, Muigtsan et Sangdan.

Au bout de six ans, il quitta le désert pour aller exercer son apostolat, auquel il se prépara par un long jeûne. Ses disciples l'adorèrent, et aussitôt rayonna sur le visage du saint une auréole éclatante. Il prit alors la route de Varanasi (Bénarès) pour y faire son entrée ; mais, absorbé dans une extatique contemplation, il fit trois fois le tour de cette ville sacrée avant de monter sur ce trône qu'avaient occupé successivement les fondateurs des trois époques religieuses antérieures. Après avoir pris possession du siége suprême, il adopta le nom de *Chakia-Mouni*, « le pénitent de Chakia, » vécut dans la solitude, et continua les méditations préparatoires par lesquelles il préludait à ses nouvelles fonctions. Suivi de ses cinq disciples, il traversa les déserts, se rendit sur les bords de l'Océan, et partout on l'accueillait avec vénération. De retour à Bénarès, il y développa sa doctrine, entouré d'une multitude innombrable d'auditeurs de toutes les classes. Ses enseignements sont renfermés dans une collection de cent huit gros volumes, connus sous le nom générique de *Gandjour* ou instruction verbale. Ils roulent exclusivement sur la métaphysique des créations et sur la nature frêle et périssable de l'homme. Cet ouvrage monumental se trouve dans toutes les bibliothèques des grands couvents bouddhiques. La plus belle édition est celle de Péking, de l'imprimerie impériale. Elle est en quatre langues, en thibétain, en mongol, en mantchou et en chinois. Le gouvernement est dans l'habitude de l'envoyer en cadeau aux grands monastères lamaïques.

Chakia-Mouni éprouva une vive opposition de la part des prêtres attachés aux anciennes croyances ; mais il triompha de tous ses adversaires à la suite d'une discussion qu'il eut avec eux. Leur chef se prosterna devant lui et se confessa vaincu. En mémoire de ce triomphe fut instituée une fête qui dure pendant les premiers quinze jours du premier mois. Chakia-Mouni rédigea alors les principes fondamentaux de la morale et le décalogue. Les principes moraux se réduisent à quatre : 1° la force de la miséricorde établie sur des bases inébranlables ; 2° l'éloignement de toute cruauté ; 3° une compassion sans bornes envers toutes les créatures ; 4° une conscience inflexible dans la loi... Suit le décalogue ou les dix prescriptions et prohibitions spéciales : 1° ne pas tuer ; 2° ne pas voler ; 3° être chaste ; 4° ne pas porter faux témoignage ; 5° ne pas mentir ; 6° ne pas jurer ; 7° éviter toutes les paroles impures ; 8° être désintéressé ; 9° ne pas se venger ; 10° ne pas être superstitieux. Cette dernière défense est très-remarquable et les bouddhistes actuels n'en tiennent pas grand compte. Chakia-Mouni déclara que les préceptes de cette règle des actions humaines lui avaient été révélés après les quatre grandes épreuves qu'il avait subies jadis, lorsqu'il se voua à l'état de sainteté. Ce code de morale commençait à se répandre dans toute l'Asie lorsqu'il quitta la terre, se dépouillant de son enveloppe matérielle pour se réabsorber en l'âme universelle, qui est en lui-même. Il avait alors quatre-vingts ans. Avant de dire le dernier adieu à ses disciples, il prédit que le règne de sa doctrine serait de cinq mille ans ; qu'au bout de ce temps apparaîtrait un autre Bouddha, un autre homme-dieu, prédestiné, depuis des siècles, à être le précepteur du genre humain. D'ici à cette époque, ajouta-t-il, ma religion sera en butte à des persécutions, mes fidèles seront obligés de quitter l'Inde pour se retirer sur les plus hautes cimes du Thibet, et ce plateau, du haut duquel l'observateur domine le monde, deviendra le palais, le sanctuaire et la métropole de la vraie croyance.

Telle est l'histoire très-abrégée de ce fameux fondateur du bouddhisme, qui essaya de renverser l'antique religion des Hindous, le brahmanisme. Bouddha avait pour moyen de conversion les miracles et la prédication.

Sa légende et celle de ses principaux disciples sont remplies de prodiges et de merveilles qui atteignent souvent le comble de l'extravagance. Le caractère dominant du bouddhisme est un esprit de douceur, d'égalité et de fraternité, qui contraste avec la dureté et l'arrogance du brahmanisme. D'abord Chakia-Mouni et ses disciples cherchaient à mettre à la portée de tout le monde des vérités qui étaient auparavant le partage des classes privilégiées. La perfection des brahmanes était, en quelque sorte, égoïste ; la religion n'était que pour eux. Ils se livraient à de rudes pénitences pour partager dans une autre vie le séjour de Brahma. Le dévouement de l'ascète bouddhiste était plus désintéressé. N'aspirant pas à s'élever seul, il pratiquait la vertu et s'appliquait à la perfection pour en faire partager le bienfait aux autres hommes. En instituant un ordre de religieux mendiants, qui prit bientôt des accroissements prodigieux, Chakia attirait à lui et réhabilitait les pauvres et les malheureux. Les brahmanes se moquaient de lui parce qu'il recevait au nombre de ses disciples les misérables et les hommes repoussés par les premières classes de la société indienne. Mais il se contentait de répondre : Ma loi est une loi de grâce pour tous... Un jour les brahmanes se scandalisaient de voir une fille de la caste inférieure des tchandala reçue comme religieuse. Chakia dit : « Il n'y a pas, entre un brahmane et un
« homme d'une autre caste, la différence qui existe
« entre la pierre et l'or, entre les ténèbres et la lumière.
« Le brahmane, en effet, n'est sorti ni de l'éther ni du
« vent. Il n'a pas fendu la terre pour paraître au jour
« comme le feu qui s'échappe du bois de l'Arani. Le

« brahmane est né du sein d'une femme tout comme le
« tchandala. Où vois-tu donc la cause qui ferait que
« l'un doit être noble et l'autre vil? Le brahmane lui-
« même, quand il est mort, est abandonné comme un
« objet vil et impur. Il en est de lui comme des autres
« castes ; où est alors la différence ? »

Les systèmes religieux du bouddhisme et du brahmanisme se ressemblent beaucoup. Les persécutions acharnées que les bouddhistes ont éprouvées de la part des brahmanes, doivent être attribuées, moins à des divergences d'opinion sur le dogme qu'à l'admission de tous les hommes, sans distinction de castes, aux fonctions sacerdotales et civiles et aux récompenses futures. L'empire du brahmanisme tenant essentiellement à la hiérarchie des castes, ils ont dû traiter en ennemis les réformateurs qui avaient proclamé l'égalité des hommes en ce monde et dans l'autre. Ces persécutions furent longues et d'une violence extrême. A en croire les livres et les traditions bouddhistes, le nombre des victimes serait incalculable. Enfin, vers le sixième siècle de notre ère, le brahmanisme obtint une victoire décisive sur les partisans de la religion nouvelle. Ceux-ci, expulsés de l'Hindoustan, furent forcés de franchir les Himalaya, et se répandirent dans le Thibet, la Boukharie, la Mongolie, la Chine, le pays des Birmans, le Japon, et même à Ceylan. La propagande qu'ils ont exercée dans tous ces pays a été tellement active, que le bouddhisme compte encore aujourd'hui plus de sectateurs qu'aucune autre croyance religieuse. Parmi les peuples bouddhistes que nous avons visités, ceux qui nous ont paru attachés à leur religion avec le plus d'énergie et de sincérité, ce sont les Mongols, puis viennent les Thibétains, en troisième lieu les Cingalais de Ceylan, et enfin les Chinois, qui sont tombés dans le scepticisme.

A notre passage à Ceylan, quelques bouddhistes nous ont dit que leurs livres étaient ceux qui contenaient la pure doctrine de Bouddha, et que, selon les traditions du pays, Bouddha, fuyant les persécutions des brahmanes, se serait retiré dans leur île ; qu'il s'éleva dans les cieux du sommet d'une montagne, où il laissa l'empreinte de son pied. Cette montagne est celle qu'on nomme aujourd'hui *le Pic d'Adam*, parce que les musulmans prétendent que l'empreinte qu'on y voit est celle du premier homme. Dans l'intérieur de l'île est le fameux temple de Candi, où les bouddhistes conservent, disent-ils, une dent de Bouddha.

CHAPITRE VI.

Toutes les religions condamnées par le gouvernement chinois. — Formules de scepticisme. — Condition des bonzes en Chine. — Monastères bouddhistes. — Architecture religieuse. — Temple de Pou-tou. — Bibliothèque du monastère. — Visite au supérieur des bonzes. — Profond respect des Chinois pour l'écriture. — Couvents de bonzesses. — Cérémonies pour ramener les âmes des moribonds quand elles se sauvent. — Mort d'un jeune bachelier. — Deuil des Chinois. — Singulière manière de pleurer les morts. — Enterrements. — Culte des ancêtres. — Classification chinoise des divers âges de la vie. — Le mariage en Chine. — Servitude des femmes. — Discorde dans les ménages. — Exemples. — Sectes des femmes abstinentes.

Les trois religions dont nous avons parlé dans le chapitre précédent, et qui sont personnifiées par Confucius, Lao-tze et Bouddha ou Fô, existent encore en Chine. Après avoir lutté avec acharnement, pendant des siècles, l'une contre l'autre, aujourd'hui elles se sont réunies dans un indifférentisme universel, et il règne entre elles une paix profonde. Ce résultat doit être principalement attribué à la classe des lettrés. Les docteurs de la raison et les bouddhistes s'étaient abandonnés à tant de superstitions, que les disciples de Confucius n'ont pas eu de peine à en montrer le ridicule. Les pamphlets pleins de sel et de verve dont ils n'ont cessé d'accabler les bonzes et les tao-sse, ont fini par étouffer, chez le peuple, tout sentiment religieux. Les empereurs mêmes de la dynastie mantchoue n'ont pas peu contribué à plonger la nation dans ce scepticisme qui la ronge et opère sa dissolution avec une si effrayante activité. Il nous reste un recueil de sentences composées par l'empereur, Khang-hi, pour l'instruction du peuple. Young-tching, qui succéda à Khang-hi sur le trône impérial, a fait, sur chacune des sentences de son père, des commentaires destinés à être lus en public par les magistrats.

L'un des points sur lesquels le prince commentateur insiste avec le plus de force, c'est l'éloignement pour les fausses sectes, ou plutôt pour toutes les religions. Il les passe en revue, les critique et les condamne toutes, sans exception. Celle du bouddhisme, la plus répandue en Chine, est surtout l'objet de son improbation. Il parle avec mépris des dogmes sur lesquels elle repose; il en tourne les pratiques en dérision. Les bouddhistes, comme les autres partisans des sectes indiennes, attachent beaucoup d'importance à certains mots ou à certaines syllabes qu'ils répètent perpétuellement, croyant se purifier de tous leurs péchés par l'articulation seule de ces saintes syllabes et faire leur salut par cette dévotion aisée. Le commentateur impérial raille assez malicieusement cet usage. — Supposez, dit-il, que vous ayez violé les lois en quelque point, et que vous soyez conduit dans la salle du jugement pour y être puni; si vous vous mettez à crier, à tue-tête, plusieurs milliers de fois, *Votre Excellence! Votre Excellence!* croyez-vous que, pour cela, le magistrat vous épargnera? — Ailleurs, la similitude ne tend à rien moins qu'à détruire toute idée d'un culte ou d'un hommage quelconque à rendre à la Divinité. C'est une véritable prédication d'athéisme adressée par le souverain à ses sujets. — Si vous ne brûlez pas du papier en l'honneur de Fô, et si vous ne déposez pas des offrandes sur ses autels, il sera mécontent de vous et fera tomber son jugement sur vos têtes. Votre dieu Fô est donc un misérable. Prenons pour exemple le magistrat de votre district : quand vous n'iriez jamais le complimenter et lui faire la cour, si vous êtes honnêtes gens et appliqués à votre devoir, il n'en fera pas moins d'attention à vous ; mais, si vous transgressez la loi, si vous commettez des violences, et si vous usurpez les droits des autres, vous aurez beau prendre mille voies pour le flatter, il sera toujours mécontent de vous.

La religion chrétienne n'est pas épargnée par le commentateur de l'empereur Khang-hi, qui fut très-favorable aux missionnaires, mais qui ne vit jamais en eux, quoi qu'on en ait dit, que des savants et des artistes dont il pouvait tirer parti pour le bien de l'État. Le passage suivant de son successeur Young-tching en est une preuve. — La secte du *Seigneur du ciel* (1) elle-même, dit-il, cette secte qui parle sans cesse du ciel, de la terre, et d'êtres sans ombre et sans substance, cette religion est aussi corrompue et pervertie. Mais, parce que les Européens qui l'enseignent savent l'astronomie et sont versés dans les mathématiques, le gouvernement les emploie pour corriger le calendrier ; cela ne veut pas dire que leur religion soit bonne, et vous ne devez nullement croire à ce qu'ils vous disent.

Un semblable enseignement, venu de si haut, ne pouvait manquer de porter ses fruits. Toute créance aux

---

(1) C'est ainsi qu'on désigne, en Chine, la religion chrétienne.

choses de l'âme et de la vie future a été éteinte. Le sentiment religieux s'est évanoui ; les doctrines rivales ont perdu toute autorité, et leurs partisans, devenus impies et sceptiques, sont tombés dans l'abîme de l'indifférentisme, où ils se sont donné le baiser de paix. Les discussions religieuses ont cessé de toute part, et la nation chinoise tout entière a proclamé cette fameuse formule, dont tout le monde est satisfait : *San-kiao, y-kiao,* c'est-à-dire : « Les trois religions n'en sont qu'une. » Ainsi, tous les Chinois sont à la fois sectateurs de Confucius, de Lao-tze et de Bouddha, ou, pour mieux dire, ils ne sont rien du tout ; ils rejettent tout dogme, toute croyance, pour vivre au gré de leurs instincts plus ou moins dépravés et corrompus. Les lettrés ont seulement conservé un certain engouement pour les livres classiques et les principes moraux de Confucius, que chacun explique à sa fantaisie en invoquant toujours le *ly,* ou le rationalisme, qui est devenu leur principe général.

Quoiqu'on ait fait table rase des croyances religieuses, les anciennes dénominations sont restées, et les Chinois s'en servent encore volontiers ; mais elles ne sont plus qu'un vain signe d'une foi morte, l'épitaphe d'une religion éteinte. Il n'est rien qui caractérise mieux ce scepticisme désolant des Chinois que la formule de politesse que s'adressent des inconnus quand ils veulent se mettre en rapport. Il est d'usage qu'on se demande à quelle sublime religion on appartient. L'un se dit confucéen, l'autre, bouddhiste, un troisième, disciple de Lao-tze, un quatrième, sectateur de Mahomet ; car il existe, en Chine, un grand nombre de musulmans. Chacun fait l'éloge de la religion dont il n'est pas ; la politesse le veut ainsi ; et puis tout le monde finit par répéter en chœur : *Pout-toun-kiao, toun-ly*, « Les religions sont diverses, la raison est une ; nous sommes tous frères.... » Cette formule, qui est sur les lèvres de tous les Chinois, et qu'ils se renvoient les uns aux autres avec une exquise urbanité, est l'expression bien nette et bien précise de l'estime qu'ils font des croyances religieuses. A leurs yeux, les cultes sont tout bonnement une affaire de goût et de mode ; on ne doit pas y attacher plus d'importance qu'à la couleur des vêtements.

Le gouvernement, les lettrés, le peuple, tout le monde regardant les religions comme choses futiles et de nul intérêt, on comprend qu'il doit régner, en Chine, une tolérance incomparable pour toute espèce de culte. Les Chinois jouissent, en effet, sur ce point, d'une grande liberté, pourvu, toutefois, que l'autorité ne se persuade pas que, sous prétexte d'association religieuse, on cache un but politique et nuisible à l'État. C'est pour ce seul motif, comme nous l'avons déjà dit, que le christianisme est réprouvé et persécuté par les magistrats.

Nul ne songe à tourmenter les bonzes et les tao-sse. On les laisse vivre dans la misère et dans l'abjection au fond de leur demeure, sans que personne s'occupe d'eux, à l'exception de quelques rares adeptes qui vont quelquefois consulter les sorts, brûler un peu de papier peint et des bâtons de parfums aux pieds des idoles ou commander quelques prières, dans l'espérance de faire immédiatement une grosse fortune. Les modiques aumônes qu'ils reçoivent, en ces circonstances, seraient insuffisantes pour leur entretien, s'ils négligeaient d'y joindre les produits de quelque industrie particulière. La plupart d'entre eux tiennent école, et ceux qui ne sont pas assez lettrés pour enseigner les livres classiques sont forcés, en quelque sorte, de parcourir les villages et de mendier leur riz ; car les revenus de leurs pagodes ne sont plus aussi considérables qu'ils l'étaient, dit-on, à d'autres époques. Les bonzes et les tao-sse mènent une existence si précaire et si humiliante, que leur nombre va toujours en diminuant. On ne voit pas trop pourquoi, en effet, des hommes, qui sont sans croyance religieuse, se résigneraient à une si profonde misère. Aussi, cette espèce de sacerdoce d'une religion éteinte et d'un culte abandonnée est-il forcé de se recruter d'une singulière manière. Le bonze qui est attaché à une pagode achète, pour quelques sapèques, l'enfant de quelque famille indigente ; il lui rase la tête et en fait son disciple, ou plutôt son domestique. Ce pauvre enfant végète ainsi, en la compagnie de son maître, et s'accoutume insensiblement à ce genre de vie. Plus tard, il devient le successeur et l'héritier de celui à qui on l'avait vendu, et cherche, à son tour, à se procurer de la même façon un petit disciple. Voilà de quelle façon se perpétue la classe des bonzes, dont l'influence a été grande à diverses époques, comme on peut le voir en parcourant les Annales de la Chine, mais aujourd'hui, ces hommes ont complétement perdu leur autorité et leur crédit. Les peuples n'ont plus pour eux aucune considération ; souvent ils sont mis en scène sur le théâtre, et on ne manque jamais de leur faire jouer les rôles les plus infâmes. Il faut qu'ils soient tombés dans un bien grand mépris pour que l'insurrection ait cru se rendre populaire en les massacrant partout sur son passage.

Autrefois il y avait, aux environs des pagodes les plus célèbres, de grands monastères, où des bonzes nombreux vivaient en communauté, à la manière des lamas du Thibet et de la Tartarie. Ils possédaient de riches bibliothèques, où l'on trouvait réunis tous les livres de l'Inde et de la Chine, ayant quelque rapport avec le culte bouddhique. C'est là qu'on voyait les belles éditions du *Gandjour*, ou « Instructions verbales de Bouddha, » en cent huit gros volumes, et du *Dandjour*, en deux cent trente-deux volumes. Ce dernier ouvrage est une sorte d'encyclopédie religieuse ou d'histoire ecclésiastique du bouddhisme. Actuellement, ces fameuses bonzeries sont presque désertes et abandonnées. Nous avons eu occasion d'en visiter un grand nombre, et, entre autres, celle de Pou-tou, l'une des plus renommées de l'Empire Céleste. Pou-tou est une île du grand archipel de Tchou-san, sur les côtes de la province de Tché-kiang. Plus de cinquante monastères, plus ou moins importants, et dont deux ont été fondés par des empereurs, sont disséminés sur les flancs des montagnes et dans les vallées de cette île pittoresque et enchantée, que la nature et l'art se sont plu à embellir de toutes les magnificences. On ne voit, de toute part, que des jardins ravissants, semés des plus belles fleurs, des grottes taillées dans la roche vive, parmi des bouquets de bambou et des touffes d'arbres aux écorces aromatiques. Les habitations des bonzes, abritées contre les ardeurs du soleil sous d'épais ombrages, sont dispersées çà et là, au milieu de ces sites gracieux. Mille sentiers aux détours capricieux, traversant des ravins, des étangs et des ruisseaux, par le moyen de jolis ponts en pierre ou en bois, font communiquer entre elles toutes ces demeures. Au centre de l'île s'élèvent deux vastes et brillants bâtiments ; ce sont deux temples bouddhiques. Les briques jaunes dont ils sont revêtus annoncent que leur construction est due à la munificence impériale.

L'architecture religieuse des Chinois ne ressemble nullement à la nôtre. Ils n'ont aucune idée de ces édifices grandioses, fermés de toute part, d'un style grave, majestueux, un peu sombre et mélancolique, en harmonie enfin avec les sentiments que doit inspirer un lieu consacré au recueillement et à la prière. Lorsque les Chinois veulent construire une pagode, ils choisissent, sur les flancs d'une montagne, ou dans le creux d'un vallon, un site riant et pittoresque ; on le plante de grands arbres, aux feuilles toujours verdoyantes, on trace aux environs une foule de sentiers, aux bords desquels on multiplie les arbustes, les buissons fleuris et les plantes rampantes. C'est par ces avenues fraîches et parfumées qu'on arrive à plusieurs corps de bâtiments, entourés de galeries, et qu'on prendrait moins pour un temple que pour une résidence champêtre, agréablement située dans un parc ou dans un jardin.

On arrive au principal temple de Pou-tou par une large allée bordée de grands arbres séculaires, et dont l'épais feuillage est encombré de troupes de corbeaux à tête blanche, dont les croassements et les battements d'ailes à travers les branches font un continuel vacarme. A l'extrémité de l'allée est un magnifique lac, entouré d'arbustes qui s'inclinent sur ses bords comme des saules pleureurs ; des tortues, des poissons rouges, et quelques canards mandarins, aux couleurs étincelantes, se jouent à la surface des eaux, parmi de splendides nénuphars dont les riches et brillantes corolles se dressent majestueusement sur de longues tiges d'un vert tendre et moucheté de points noirs. Plusieurs ponts en bois rouge ou vert sont jetés sur ce lac, et conduisent aux nombreux degrés qui précèdent le premier bâtiment du temple, espèce de porche soutenu par huit énormes colonnes en granit. Quatre statues de grandeur colossale, deux à droite et deux à gauche, sont là en faction comme des sentinelles immobiles. Deux portes latérales conduisent de ce vestibule à la nef principale, où siége une trinité bouddhique représentant le passé, le présent et l'avenir. Ces trois statues, entièrement dorées, sont, quoique accroupies, d'une dimension gigantesque ; elles ont au moins douze pieds de haut. Le Bouddha du milieu a ses mains entrelacées et gravement posées sur son majestueux abdomen. Il représente l'idée du passé et de la quiétude inaltérable et éternelle à laquelle il est parvenu. Les deux autres ont le bras et la main droite levés, en signe de leur activité présente et future. Devant chaque idole est un autel, recouvert de petits vases pour les offrandes et de cassolettes en bronze ciselé, où brûlent sans cesse de petits bâtons de parfums.

Une foule d'autres divinités secondaires sont rangées autour de la salle, dont les ornements se composent de lanternes énormes en papier peint ou en corne fondue. Il y en a de carrées, de rondes, d'ovales, de toute forme et de toute couleur. Les murs sont tapissés de larges bandes de satin, chargées de sentences et de maximes.

La troisième salle est consacrée à Kouang-yn, que la

plupart des relations sur la Chine se sont obstinées à regarder comme une déesse de la porcelaine, et quelquefois de la fécondité. D'après la mythologie bouddhique, Kouang-yn est une personnalité de la Trimourti indienne, représentant la puissance créatrice.

Enfin, la quatrième salle est un panthéon ou pandémonium, renfermant un assortiment complet d'idoles hideuses, à figure d'ogre ou de reptile. On y voit pêle-mêle les dieux du ciel et de la terre, des monstres fabuleux, les patrons de la guerre, de l'artillerie, des manufactures de soie, de l'agriculture, de la médecine ; les images des saints de l'antiquité, philosophes, hommes d'État, littérateurs, guerriers, en un mot, un assemblage des figures les plus grotesques et les plus disparates.

Ce temple en quatre parties, dont la construction et les ornements ont dû coûter des sommes énormes, est aujourd'hui dans un complet délabrement. La riche toiture en tuiles dorées et vernissées est défoncée en plusieurs endroits ; de sorte que, lorsqu'il pleut, l'eau tombe sur la tête de ces pauvres idoles, qui auraient bien plus besoin d'un parapluie que des parfums qu'on brûle à leurs pieds. Les autres pagodes ne sont pas en meilleur état ; quelques-unes tombent entièrement en ruines, et les dieux, étendus de leur long, la face contre terre, au milieu des décombres, servent parfois de sièges aux curieux visiteurs de l'île sainte.

Les vastes monastères de Pou-tou, où autrefois les bonzes ont dû se trouver réunis en grand nombre, sont presque entièrement abandonnés à des légions de rats et à de grosses araignées qui tissent paisiblement leurs larges toiles dans les cellules désertes. L'endroit le plus propre et le mieux conservé, c'est la bibliothèque. Le bonze chargé de son entretien nous la fit visiter. Nous la trouvâmes bien inférieure à celles que nous avions vues dans la Tartarie et le Thibet. Elle possède cependant environ huit mille volumes, enveloppés de taffetas jaune, exactement étiquetés et rangés par ordre dans les cases qui entourent une vaste salle. Ces livres appartiennent exclusivement à la théologie et à la liturgie de la religion de Bouddha. Ils sont, pour la plupart, des traductions et quelquefois de simples transcriptions chinoises des livres indiens, de sorte que les Chinois peuvent les lire couramment, mais sans jamais en comprendre le sens. Nous dîmes au bibliothécaire que cet inconvénient était grave et que de pareils livres nous paraissaient peu propres à développer chez les bonzes le goût de l'étude. — La famille religieuse de Bouddha, nous répondit-il, n'a plus d'attrait pour les livres. Les bonzes de Pou-tou n'en lisent aucun, pas plus ceux qu'ils pourraient comprendre que les autres. Ils ne mettent pas le pied dans la bibliothèque ; je n'y vois jamais que des étrangers qui viennent la visiter par curiosité.

Le religieux bouddhiste qui nous faisait cet aveu ne semblait pas partager l'indifférence de ses confrères pour les livres ; c'était, au contraire, un vrai type de bibliophile. Depuis dix-huit ans qu'il était à Pou-tou, il n'avait jamais quitté sa bibliothèque. Il y passait la journée entière et une partie des nuits, continuellement occupé, nous disait-il, à sonder la profondeur insondable de la doctrine. Quelques livres ouverts sur une petite table placée à un angle de la salle attestaient, en effet, qu'il faisait autre chose que garder simplement l'établissement. Si nous avions voulu l'écouter, il paraissait tout disposé à passer en revue sa nombreuse collection, en nous faisant une petite analyse du contenu de chaque livre. Il avait déjà commencé avec un merveilleux enthousiasme, et il était facile de voir qu'il trouvait rarement des visiteurs qui voulussent bien s'intéresser à ce qui était devenu pour lui un véritable culte. Le temps nous manquait pour l'entendre jusqu'au bout, et nous fûmes contraints bien à regret, de nous priver, lui et nous, de ses savantes dissertations.

Nous visitâmes le supérieur de l'île, dont l'habitation avoisinait le principal temple. Les appartements qu'il occupait étaient presque propres ; on voyait même que certaines idées de luxe avaient jadis présidé à leur arrangement. Ce supérieur était un homme d'une quarantaine d'années. Son langage n'indiquait pas qu'il fût très-habile en littérature ou en théologie ; mais, à son œil rusé, à sa parole brève et bien accentuée, on reconnaissait un homme ayant l'habitude des affaires et du commandement. Il nous dit que, depuis quelques années, il cherchait à restaurer les pagodes de l'île, et que presque tous les bonzes qui vivaient sous son obéissance étaient occupés à quêter dans l'intérieur de l'empire, pour se procurer les fonds nécessaires à la réalisation de son projet. Les quêtes étant peu productives, il ne manqua pas de nous faire de longues lamentations sur le dépérissement du zèle pour le culte de Bouddha. Comme il savait que nous étions missionnaires, nous crûmes pouvoir lui exprimer franchement notre pensée au sujet de cette indifférence qu'il déplorait. — Nous ne sommes nullement surpris, lui dîmes-nous, de voir les

Chinois pleins de froideur et d'insouciance pour un culte renfermant tant de croyances contradictoires et qui offusquent le bon sens. — C'est cela, nous répondit-il, votre merveilleuse intelligence a saisi le véritable point de la difficulté. — Les hommes peuvent se laisser séduire, pour un temps, par de vaines superstitions ; mais tôt ou tard ils en aperçoivent la futilité, et ils s'en détachent facilement. — Ces paroles sont pleines de netteté et de précision. — Une religion qui n'a pas sa racine dans la vérité ne saurait satisfaire ni l'esprit ni le cœur de l'homme. Les peuples peuvent y croire un instant, mais leur foi n'est ni ferme, ni durable. — Voilà la véritable explication. La nation centrale ne croit plus, et c'est pourquoi mes quêteurs reviennent les mains vides. Il est connu que les religions sont nombreuses, et qu'elles n'ont qu'un temps, mais le *ly*, « la raison, » est immuable. — Les religions fausses, basées sur le mensonge, n'ont qu'un temps, c'est vrai. La vérité est éternelle, elle est, par conséquent, de tous les temps et de tous les lieux. La religion du Seigneur du ciel, qui est l'expression de la vérité, est pour tous les hommes ; elle est immuable comme son fondement... Ce chef des bonzes connaissait suffisamment la religion chrétienne ; il avait lu plusieurs livres de doctrine, et entre autres, le fameux traité du P. Ricci, *Sur la véritable notion de Dieu*. Il eut la politesse de nous dire que notre religion était sublime, incomparable, et que la sienne, à lui, n'avait pas le sens commun ; puis il ajouta la formule à la mode parmi les Chinois : *Pou-toun-kiao, toun-ly*, « les religions sont diverses, la raison est une... » Et, après cette déplorable conclusion, il changea brusquement de sujet, en nous parlant des beaux plans qu'il avait en tête pour la restauration de ses pagodes.

Au moment où nous quittions Pou-tou nous rencontrâmes plusieurs barques, se dirigeant vers le petit port de l'île. Elles étaient chargées de bonzes qui revenaient de faire la quête. Nous leur demandâmes si leur tournée avait été heureuse. — Oui, s'écria avec transport un jeune novice ; oui, nous avons été heureux, nous rapportons beaucoup de sapèques. — A peine eut-il prononcé ces mots, qu'un vieux bonze, qui se tenait accroupi à côté de cet indiscret, lui appliqua un rude coup de poing sur la tête. — Diable rasé, lui cria-t-il, est-ce que tu ne te corrigeras pas de dire des mensonges à tout le monde ? Où avons-nous des sapèques, nous autres ? L'enfant se cacha avec ses deux mains, et se mit à pleurnicher. Il parut comprendre, mais un peu tard, qu'il avait commis une imprudence, et qu'il n'est pas bon de révéler au premier venu le secret de ses richesses. Le vieux bonze avait une plus longue expérience. — Tiens, dit-il, en frappant encore du poing son pauvre novice, voilà pour tes mensonges ; je te donnerai plus de coups que nous n'avons de sapèques... Puis, s'adressant à nous avec beaucoup de politesse : — Il faut, dit-il, corriger la jeunesse, quand elle outrage la vérité ; c'est un principe incontestable. Notre excursion dans le district de Han-Tcheou n'a pas été féconde. La moisson de riz ayant été mauvaise, les peuples sont dans l'indigence ; comment songeraient-ils à faire des aumônes à la famille de Bouddha ? En revanche, nous avons eu le bonheur de recueillir une grande quantité de papier abandonné, et de soustraire ainsi à la profanation d'innombrables caractères... En prononçant ces paroles, il nous montrait une petite barque renfermant une cargaison de chiffons de papier. — Le respect pour les caractères, ajouta-t-il, a été recommandé par les saints de l'antiquité. Après ce petit incident, la flottille de bonzes continua sa route.

Nous étions en droit de penser que cette compagnie de quêteurs avait fait une assez bonne collecte ; sans cela, le vieux bonze n'eût pas donné de coup de poing au jeune novice. Quand les Chinois ont de l'argent, ils ne le disent pas, et, lorsqu'ils se vantent d'en avoir, on peut être presque toujours assuré que leur bourse est vide. Cette manie n'est pas tellement propre au caractère chinois, qu'on ne puisse aussi quelquefois la retrouver ailleurs.

En nous montrant une barque remplie de chiffons de papier, le vieux bonze quêteur nous avait dit que le respect pour les caractères avait été recommandé par les saints de l'antiquité. Nous avons en effet remarqué, durant notre long séjour dans le Céleste Empire, que, généralement, tous les Chinois professaient une profonde vénération pour la parole écrite. Ils ont grand soin de ne pas employer à des usages profanes le papier qui contient des caractères imprimés ou tracés au pinceau. Ils fabriquent du papier grossier et à bas prix, destiné aux enveloppes, aux emballages et à une foule d'autres usages. On conserve avec respect celui qui est écrit, on évite de le fouler aux pieds et de lui laisser contracter des souillures. Les enfants mêmes ont cette habitude. Nous ne pensons pas que les Chinois attachent à cette pratique aucune idée superstitieuse. Il nous a semblé qu'ils entendaient simplement honorer de cette manière la pensée humaine, qui s'incarne en quelque sorte, et se fixe dans l'écriture. A un tel point de vue, cette sollicitude scrupuleuse des Chinois pour leurs caractères est, peut-être, digne de quelque admiration.

Tout le monde n'étant pas également soigneux à l'égard du papier écrit, il arrive quelquefois, soit oubli, soit négligence, qu'on le laisse exposé à la profanation. Afin d'obvier à cet inconvénient, il existe une classe de bonzes dont la mission est d'en faire partout une recherche exacte et minutieuse. Ils parcourent les villes, les villages et les chemins les plus fréquentés, le dos chargé d'une hotte et armés d'un crochet. Ils s'arrêtent de préférence dans les endroits où l'on jette les immondices, et recueillent religieusement tous les caractères qu'ils peuvent rencontrer. Ces débris de papiers sont ensuite portés dans une pagode pour y être brûlés en présence des images des sages de l'antiquité.

La plupart des pagodes célèbres de la Chine sont à peu près dans le même état que celle de Pou-tou. La décadence, le manque de foi, se font remarquer partout, et rien n'annonce que ces édifices bouddhiques soient près de recouvrer leur ancien lustre. Le souvenir de leur antique renommée y attire bien encore, à certaines époques, un certain nombre de visiteurs; mais c'est la curiosité et non la religion qui les y conduit. On n'y va plus pour brûler de l'encens aux pieds des idoles, ou demander des prières aux bonzes ; ce sont des parties de plaisir, de petits voyages d'agrément où la piété n'a plus aucune part. On peut bien encore rencontrer de temps en temps quelques promeneurs dans les lieux consacrés au bouddhisme, mais on n'y voit pas de véritables pèlerins.

Il n'existe plus, à proprement parler, de monastères où les bonzes vivent en communauté. Les religieux bouddhistes, disséminés dans les diverses provinces de l'empire, sont indépendants les uns des autres, sans être unis entre eux par aucun lien de discipline ou de hiérarchie. Dans chaque maison il y a bien un chef ; mais c'est plutôt un administrateur des biens temporels qu'un supérieur. Il n'exerce aucune autorité sur ses confrères, qui vivent sans règle, au gré de leurs caprices, tantôt d'un côté, tantôt d'un autre, faisant de longues absences loin du monastère, vagabondant à travers le pays, tant qu'ils y trouvent de quoi subsister, et ne reparaissant au logis que lorsqu'ils sont poussés par la faim. S'ils rencontrent quelque part une position à leur convenance, on ne les voit plus revenir. De même que, pour se faire bonze, il suffit de se raser la tête et d'endosser une robe à longues et larges manches, pour cesser de l'être, les formalités ne sont pas plus compliquées ; il n'y a qu'à changer d'habits et qu'à laisser croître ses cheveux. En attendant qu'ils soient assez longs, on use seulement d'une queue postiche et voilà tout, on n'est plus bonze. On voit que les religieux bouddhistes de la Chine sont loin d'avoir l'importance et l'influence des lamas de la Tartarie et du Thibet.

Les couvents de bonzesses sont assez nombreux en Chine, surtout dans les provinces du Midi. Leur costume ne diffère guère de celui des bonzes ; elles ont également la tête rasée ; elles ne sont pas cloîtrées, et on les rencontre assez fréquemment dans les rues. S'il faut ajouter foi aux rumeurs de l'opinion publique, il régnerait de graves désordres dans l'intérieur de ces établissements. Il est certain que les gens honnêtes et tant soit peu jaloux de leur réputation évitent d'y mettre les pieds.

De tout ce que nous venons de dire sur l'état actuel des divers cultes admis en Chine et de la position de leurs ministres, il est permis de conclure que les Chinois vivent absolument sans religion. Il leur reste encore quelques pratiques superstitieuses auxquelles ils se livrent plutôt par habitude que par conviction, et dont on les voit se détacher journellement avec une extrême facilité. Les croyances religieuses n'entrent pour rien dans la législation, et les magistrats n'en parlent plus que pour les tourner en dérision. L'idée d'un gouvernement athée, d'une loi athée, qu'on avait essayé de préconiser en France du haut de la tribune de la Chambre des députés, se trouve réalisée en Chine, et on ne remarque pas que ce peuple y ait beaucoup gagné en grandeur et en prospérité.

Durant notre séjour à Ou-tchang-fou, dans l'établissement nommé *Si-men-yuen*, « Jardin de la porte occidentale, » nous fûmes témoin d'un événement où nous vîmes comment les Chinois savent concilier les pratiques superstitieuses avec leur défaut de convictions religieuses. Nous avons dit que ce vaste établissement, où nous attendions le jour de notre départ, avait plusieurs locataires de diverses conditions. En face des départements qu'on nous avait assignés, dans une grande cour, était un autre corps de logis construit avec une certaine élégance. Un vieux mandarin retraité et sa nombreuse famille l'occupaient depuis deux ans. Ce mandarin, qui avait exercé à Ou-tchang-fou une charge importante dans la magistrature, s'était résigné à retarder son retour dans son pays natal, dans l'espoir que son influence auprès des premiers fonctionnaires de la ville pourrait obtenir pour son fils aîné un petit mandarinat. Cet aspirant avait le simple grade de bachelier ; il était marié et père de trois enfants.

Pendant ces deux années d'attente, les espérances du vieux mandarin ne s'étaient pas encore réalisées, et son fils aîné, au lieu d'être promu aux fonctions publiques, avait contracté une maladie qui devait le conduire au tombeau. Lors de notre arrivée dans l'établissement, nous trouvâmes cette pauvre famille plongée dans la désolation ; l'état du malade était tellement grave, qu'on se disposait déjà à lui préparer un cercueil. La mort de ce jeune lettré devait être, pour tous les membres de la famille, un terrible événement; car il en était l'espoir et le soutien.

Dès la première nuit que nous passâmes dans notre nouveau logement, le Jardin de la porte occidentale retentit de cris et de détonations de pétards, qui se faisaient entendre tantôt sur un point, tantôt sur un autre, mais sans interruption. Tout ce tumulte avait pour but de sauver le moribond. Les Chinois pensent que la mort est le résultat de la séparation définitive de l'âme d'avec le corps. Jusque-là, ils sont dans le vrai. La gravité de la maladie est toujours en raison directe des tentatives que fait l'âme pour s'échapper ; et, lorsque le malade éprouve de ces crises terribles qui mettent ses jours en péril, c'est une preuve qu'il y a des absences momentanées; que l'âme s'éloigne à une certaine distance, mais pour rentrer bientôt. L'éloignement n'est pas tellement considérable, qu'elle ne puisse encore exercer son influence sur le corps et le maintenir en vie, quoiqu'il souffre horriblement de cette séparation passagère. Si le moribond entre en agonie, il est évident que l'âme en a pris son parti, et qu'elle se sauve avec la ferme détermination de ne plus revenir. Cependant tout espoir n'est pas encore perdu, et il y a moyen de lui faire rebrousser chemin et de l'engager à reprendre son poste dans le corps du malheureux qui lutte avec la mort. On cherche d'abord à l'émouvoir ; on lui adresse des prières et des supplications ; on court après elle, on la conjure de retourner à son logis, on lui expose, en des termes pathétiques et pleins d'onction, le lamentable état auquel on va se trouver réduit, si elle s'obstine à s'en aller. On essaye de lui faire bien comprendre que c'est d'elle que dépend le bonheur ou l'infortune d'une famille entière. On la presse, on la flatte, on l'accable d'invocations : Reviens, reviens, lui crie-t-on ; que t'a-t-on fait ? Pourquoi nous abandonner ? Quel motif as-tu de t'en aller ? Reviens, nous t'en conjurons... Et, comme on ne sait pas au juste de quel côté l'âme s'est sauvée, on court dans tous les sens, on fait mille évolutions, dans l'espoir de la rencontrer et de l'attendrir par les prières et par les larmes.

Si les moyens d'insinuation et de douceur ne réussissent pas, si l'âme se montre sourde aux supplications et s'obstine à aller froidement son chemin, alors on procède par voie d'intimidation ; on cherche à lui faire peur, on pousse des cris, on lance des pétards, à l'improviste, dans toutes les directions par où elle pourrait s'échapper, on étend les bras pour lui barrer le passage, et l'on pousse en avant avec les mains, comme pour la forcer de retourner chez elle, de rentrer dans le corps du moribond. Parmi ceux qui s'évertuent de la sorte à la suite de cette âme réfractaire, il y a toujours quelqu'un de plus habile que les autres et qui finit par la dépister. Alors il appelle au secours : Elle est par ici, s'écrie-t-il ; et aussitôt tout le monde d'accourir. On réunit ses forces, on concentre tous ses moyens d'action ; on pleure, on gémit, on se lamente ; les cris retentissent sur tous les tons ; les pétards éclatent de toute part, on fait un effroyable charivari à cette pauvre âme ; on la pousse de toutes les manières imaginables, de sorte que, si elle ne cède pas à de telles injonctions, on est en droit de lui supposer beaucoup de mauvaise volonté et un grand fond d'obstination.

Quand on procède à cette étrange perquisition, on ne manque jamais de se munir de lanternes, afin d'éclairer l'âme, de lui indiquer la route, et de lui enlever ainsi tout prétexte de ne pas retourner. Ces cérémonies ont lieu, le plus souvent, pendant la nuit, parce que, disent les Chinois, l'âme est dans l'usage de profiter de l'obscurité pour s'en aller. Cette opinion se rapproche un peu de l'idée émise par M. de Maistre dans ses *Soirées de Saint-Pétersbourg* (1) : « L'air de la nuit ne vaut rien
« pour l'homme matériel, les animaux nous l'apprennent
« en s'abritant tous pour dormir. Nos maladies nous l'ap-
« prennent en sévissant toutes pendant la nuit. Pour-
« quoi envoyez-vous, le matin, chez votre ami malade,
« demander comment il a passé la nuit, plutôt que vous

(1) Tome II, p. 75.

« n'envoyez demander, le soir, comment il a passé la
« journée ? Il faut bien que la nuit ait quelque chose de
« mauvais. »

Dans le Jardin de la porte occidentale, il y avait, nous l'avons déjà dit, une belle pagode consacrée à Bouddha, dont on voyait, sur l'autel, une grande statue dorée. La porte de ce temple était ouverte jour et nuit. Les parents, les amis et les serviteurs de ce jeune lettré passaient et repassaient continuellement devant l'image de Bouddha, et nous n'en vîmes jamais un seul s'arrêter dans ce temple pour y faire une prière, brûler un peu d'encens, et implorer une guérison qui leur tenait tant à cœur. C'est que, sans doute, ces gens étaient sans foi, sans religion ; ils n'avaient pas l'air de soupçonner qu'il existe un Être tout-puissant, maître de la vie et de la mort, et tenant entre ses mains les destinées de tous les hommes. Ils savaient seulement que, lorsqu'un malade se trouve en danger de mort, il est d'usage de courir, de côté et d'autre, à la poursuite de son âme pour tâcher de la ramener ; et ils s'abandonnaient à ces pratiques uniquement pour faire comme les autres, sans se demander si la chose était raisonnable ou ridicule, et, probablement, sans y avoir une grande confiance.

Durant la nuit tout entière, nous fûmes tenus en éveil par les incroyables manœuvres de ces pauvres Chinois qui donnaient la chasse à l'âme du lettré mourant. Ils s'arrêtaient quelquefois sous nos fenêtres, et nous les entendions adresser à cette âme fugitive les supplications les plus étranges, les prières les plus burlesques. La scène eût été pour nous vraiment risible et amusante, si nous n'avions su qu'il s'agissait d'une nombreuse famille dans l'attente d'un affreux malheur et en proie aux plus cruelles angoisses. La voix de ces petits enfants et de ce vieillard, appelant à grands cris l'âme d'un père et d'un fils, avait quelque chose de navrant.

Le lendemain matin, comme nous nous rendions auprès de cette famille éplorée dans le but de lui apporter, s'il était possible, quelques paroles de consolation, un des domestiques de la maison nous arrêta, en nous disant que le malade venait de mourir. Les Chinois ont une foule de tournures pour exprimer que quelqu'un est trépassé. Il n'existe plus, il est mort, il a salué le siècle, il est parti, il est monté au ciel, sont autant d'expressions plus ou moins élégantes qu'on doit employer suivant la qualité des personnes dont on parle. Quand il est question de l'empereur, on dit qu'il s'est *écroulé*. La mort du chef de l'empire est considérée comme une immense catastrophe dont le retentissement n'est comparable qu'au fracas produit par l'écroulement d'une montagne.

Nous ne tardâmes pas à voir les personnes qui allaient et venaient dans la maison du mort, revêtues des habits de deuil, c'est-à-dire d'un bonnet et d'une ceinture en toile blanche. Le deuil complet et de parade exige que tous les habits soient blancs ; on n'en excepte pas même les souliers, ni le petit cordon de soie avec lequel on tresse et noue les cheveux en forme de queue. Les usages chinois étant presque toujours en opposition avec ceux de l'Europe, il fallait bien s'attendre à ce que le blanc fût parmi eux la couleur du deuil.

Les Chinois ont l'habitude de garder les morts chez eux pendant fort longtemps ; on ne les enterre souvent que le jour anniversaire de leur décès ; en attendant, le corps est placé dans une bière d'une épaisseur extraordinaire, on le recouvre ensuite de chaux vive et on peut ainsi l'avoir dans l'intérieur de la maison sans inconvénient. Cette pratique a pour but d'honorer le mort et surtout de donner le temps de se préparer aux funérailles. L'enterrement est l'affaire la plus sérieuse du Chinois, l'objet de son plus grand souci. La mort est peu de chose, il ne s'en met pas en peine ; mais la qualité du cercueil, la cérémonie des funérailles, le choix de la sépulture et de l'endroit où l'on creusera la fosse, voilà l'important. Le mort lègue sur ce point toute sa sollicitude à ses parents. Il nous a semblé que, dans ces circonstances, la vanité et l'ostentation jouaient le principal rôle. On veut faire les choses en grand, avec pompe, de manière à se donner du relief dans le pays. Il faut faire concurrence à l'orgueil de tous ses concitoyens. Pour obtenir un pareil résultat, on temporise, afin de ramasser la somme nécessaire à ces énormes dépenses. On ne recule devant aucun sacrifice, on vend volontiers ses propriétés, et il n'est pas rare de voir des familles se ruiner complétement pour enterrer un mort. Confucius ne voulait pas que, pour accomplir les devoirs de la piété filiale, on se laissât aller à ces extrémités ; mais il conseillait de consacrer à l'enterrement de ses parents jusqu'à la moitié de ses biens. La dynastie actuelle a fait des règlements pour mettre des bornes à ces dépenses exorbitantes et inutiles ; mais ces lois ne paraissent regarder que les Mantchous, et les Chinois continuent toujours de suivre, à cet égard, leurs anciens usages.

Après qu'on a déposé le corps dans le cercueil, les

parents et les amis du mort se réunissent, à certaines heures déterminées, pour pleurer tous ensemble, et exprimer leurs regrets et leur douleur. Nous avons assisté plusieurs fois à ces cérémonies funèbres, où les Chinois déploient, avec une merveilleuse facilité, leur prodigieux talent pour la dissimulation. Les hommes et les femmes se rassemblent dans des appartements séparés. En attendant que le moment de pleurer soit venu, on est occupé à boire du thé, à fumer, à jaser, à rire, mais avec tant d'abandon et de laisser aller, qu'on ne s'imaginerait guère avoir là, sous les yeux, une réunion de pleureurs. Quand l'heure est arrivée, le plus proche parent du mort avertit l'assemblée, et l'on va se placer en cercle autour du cercueil. Les conversations continuent bruyamment jusqu'à ce qu'on donne le signal ; alors les lamentations commencent, et ces figures, naguère si réjouies et de si belle humeur, prennent subitement l'expression de la douleur et de la désolation. On adresse au mort les paroles les plus attendrissantes ; chacun lui fait son monologue entrecoupé de sanglots et de gémissements..... et, ce qu'il y a de plus extraordinaire, de plus inconcevable, c'est que des larmes, mais des larmes réelles, véritables, coulent en abondance. Ces gens-là se lamentent, se désolent avec tant de naturel, qu'on les croirait inconsolables ; mais ce ne sont, après tout, que d'habiles comédiens du deuil et de la douleur. A un signal donné, tout cesse brusquement ; on n'a qu'à passer le revers de la main sur les yeux et la source des larmes est tarie. On n'achève pas même un gémissement, un sanglot commencé ; chacun prend sa pipe, et l'on voit ces incomparables Chinois retourner en riant à leur thé et à leurs causeries. Personne ne se douterait, assurément, qu'ils viennent de pleurer à chaudes larmes.

Quand vient le tour des femmes d'aller se ranger autour du cercueil, la comédie est jouée avec une perfection qui ne laisse rien à désirer. Toutes ces douleurs postiches prennent une telle expression de sincérité, les larmes sont si abondantes, les soupirs si étouffés, la voix si pleine de sanglots, que, malgré la persuasion où l'on est que tout cela est une représentation purement mensongère, on ne peut s'empêcher d'être ému de compassion à la vue de ces pauvres femmes qui fondent en larmes et paraissent suffoquées par une vraie et profonde douleur.

Les Chinois ne manquent pas d'exploiter, dans une foule de circonstances, leur étonnante facilité à se désoler à froid et à verser, en guise de larmes, une prodigieuse abondance d'eau, qu'ils font venir on ne sait d'où. Quoiqu'ils soient tous parfaitement au courant de ces moyens d'influence et d'insinuation, ils ne laissent pas, pour cela, de s'y laisser prendre eux-mêmes fort souvent et de s'attraper mutuellement. C'est surtout avec les étrangers qu'ils ont beau jeu et qu'ils obtiennent de brillants succès. Les missionnaires nouvellement arrivés en Chine, et qui n'ont pas encore eu le temps d'étudier et d'apprécier ces natures flexibles, ces caractères si habiles à prendre tour à tour et à volonté l'expression des sentiments les plus opposés, s'imaginent souvent avoir affaire aux hommes les plus sensibles, les plus impressionnables du monde, mais ils ne tardent pas à s'apercevoir que, dans leurs larmes comme dans leur langage, le plus souvent tout est factice et trompeur. La sincérité et la cordialité sont deux sentiments qu'on trouve bien rarement chez les Chinois.

Les riches habitants du Céleste Empire déploient dans les enterrements beaucoup d'ostentation et de luxe. Ils invitent le plus qu'ils peuvent de parents et d'amis, afin d'avoir un imposant cortége. Tous les habits de deuil dont sont revêtus ceux qui assistent aux funérailles sont à la charge de la famille du défunt, qui, de plus, est obligée de leur servir, quelquefois pendant plusieurs jours, des repas splendides. On convoque, en outre, un grand nombre de musiciens et de pleureuses ; car, quoique tout le monde, en Chine, soit assez habile pour verser des larmes à volonté, il existe encore des pleureuses de profession, qui ont poussé aussi loin que possible l'art du sanglot et du gémissement. Elles suivent le cercueil, la tête échevelée, revêtues de longues robes blanches et serrées à la ceinture avec de la filasse de chanvre. Leurs lamentations ont pour accompagnement le bruit des gongs, les sons aigus et discordants des instruments de musique et les détonations continuelles des pétards. On prétend que ces explosions soudaines et l'odeur de la poudre ont pour but d'effrayer les démons et de les empêcher de s'emparer de la pauvre âme du défunt, laquelle ne manque jamais de suivre le cercueil ; et, comme ces esprits malfaisants ont la réputation d'être pleins de cupidité et dominés par l'amour des richesses, on cherche aussi à les prendre par leur faible. On laisse donc tomber, le long de la route, une quantité considérable de sapèques et de billets de banque que le vent emporte de tous côtés. Bien entendu que cette monnaie n'est qu'une attrape et qu'elle consiste simplement en morceaux de papier blanc. Cependant les démons étant, en Chine, bien moins rusés que les hommes, ils se laissent prendre à ce stratagème avec une admirable candeur. Pendant qu'ils sont occupés à la poursuite de ces richesses trompeuses, l'âme du mort, profitant de leur distraction, peut tranquillement accompagner le cercueil sans danger d'être arrêtée.

Les sceptiques chinois se passent volontiers, pour les enterrements, du concours des bonzes et des tao-sse. N'ayant aucun besoin de religion pendant leur vie, ils concluent, très-logiquement, qu'après leur mort elle leur est, à plus forte raison, parfaitement inutile. Les disciples de Confucius surtout admettraient difficilement la nécessité des prières et des sacrifices pour les trépassés, car ils professent de croire que l'homme meurt tout entier, que l'âme s'évanouit aussi bien que le corps et tombe également dans le néant. Cependant les bonzes sont quelquefois invités aux enterrements à cause de la plus grande pompe qui doit nécessairement résulter de leur présence. Nous avons vu, aux environs de Péking, les funérailles d'un grand dignitaire de l'empire où assistaient tous les lamas, les bonzes et les tao-sse qu'on avait pu découvrir dans la contrée. Chacun faisait de son côté les cérémonies et chantait les prières de son culte. C'était une réalisation de la fameuse formule : *San-kiao, y-kiao*, « Les trois religions n'en sont qu'une. »

Les Chinois sont dans l'usage d'offrir aux morts des mets et, quelquefois même, des repas splendides. On les leur sert devant la bière, tant qu'on la garde dans la famille, ou sur le tombeau, après l'inhumation. Quelle est l'idée des Chinois au sujet de cette pratique? Bien des gens ont cru et écrit que, dans leur opinion, les âmes des défunts aimaient à venir se régaler des parties les plus subtiles et les plus délicates, des essences, en quelque sorte, des mets qu'on leur offrait. Il nous semble que les Chinois ne sont pas tellement dépourvus d'intelligence, qu'ils poussent l'idiotisme jusque-là. Les masses observent ces pratiques machinalement et sans chercher à s'en rendre compte ; quant à ceux qui ont l'habitude de réfléchir à ce qu'ils font, nous pensons qu'ils ne vont pas jusqu'à se faire, à ce sujet, une illusion si grossière. Comment, par exemple, les confucéens pourraient-ils croire que les morts reviennent pour manger, eux qui admettent l'anéantissement complet du corps et de l'âme ? Un jour, nous demandâmes à un mandarin de nos amis, qui venait d'offrir un somptueux repas devant le cercueil d'un de ses confrères défunt, s'il était dans l'opinion que les morts eussent besoin de nourriture. — Comment pouvez-vous me supposer une pareille pensée ? nous répondit-il avec étonnement..... Mon intelligence serait-elle bornée au point de ne pas voir que ce serait là une folie ? — Quel est donc le but de ces repas mortuaires ? — Nous prétendons honorer la mémoire de nos parents et de nos amis, leur témoigner qu'ils sont toujours vivants dans notre souvenir et que nous aimons encore à les servir, comme s'ils existaient. Qui serait assez insensé pour croire que les morts ont besoin de manger ? Parmi le petit peuple, on raconte beaucoup de fables ; mais qui ne sait que les gens grossiers et ignorants sont toujours crédules ?

Nous sommes assez porté à croire qu'en Chine les

hommes quelque peu instruits et habitués à réfléchir apprécient comme ce mandarin des pratiques auxquelles les masses attachent quelquefois des idées superstitieuses.

Le culte des ancêtres, qui autrefois a soulevé de si longues et si déplorables discussions entre les missionnaires jésuites et dominicains, ressemble peut-être beaucoup aux offrandes faites aux morts. Les Chinois ont toujours été dans l'usage de réserver, dans l'intérieur de leur maison, un lieu destiné à honorer les ancêtres. Chez les princes, les grands, les mandarins, et tous ceux qui sont assez riches pour avoir un grand nombre d'appartements, il existe une sorte de sanctuaire domestique, dans lequel sont des tablettes où l'on a gravé les noms des aïeux, depuis celui qui compte pour être le chef de la famille, jusqu'au dernier défunt. Quelquefois il n'y a que la tablette du chef, parce qu'il est censé représenter tous les autres. C'est dans ce sanctuaire que se rendent les membres de la famille, pour y faire les cérémonies prescrites par les rites, brûler les parfums, présenter des offrandes et faire des prostrations. Ils y vont encore toutes les fois qu'il s'agit de quelque importante entreprise, d'une faveur reçue ou d'un malheur essuyé. Ils doivent, en un mot, avertir les ancêtres, et leur faire part des biens et des maux qui leur arrivent. Les pauvres et ceux qui ont tout au plus le strict nécessaire pour loger les vivants, se contentent de placer les aïeux sur une petite planche ou dans une niche au fond de leur chambre. Autrefois, même en temps de guerre, le général avait dans sa tente un lieu destiné pour la tablette des ancêtres ; en commençant le siége d'une place, la veille d'une bataille, toutes les fois qu'il y avait apparence de quelque événement important, il allait, à la tête des officiers généraux, se prosterner devant la tablette, et donner avis aux ancêtres de la situation des affaires.

Ces usages, tolérés par certains missionnaires comme étant des hommages purement civils rendus à la mémoire des aïeux, furent réprouvés par d'autres, qui trouvèrent dans ces cérémonies tous les caractères d'un culte superstitieux. De là naquirent ces lamentables contestations qui paralysèrent complétement, à cette époque, le succès des missions. La question était réellement difficile à résoudre. Les partisans et les adversaires des rites pratiqués en l'honneur des ancêtres et de Confucius, ne doutant pas que leurs opinions ne fussent appuyées sur d'excellentes preuves, la lutte s'envenima, et tout faisait présumer que la paix et la concorde seraient désormais impossibles dans ces chrétientés naissantes. Mais Rome, ce tribunal souverain et infaillible aux yeux de tout bon catholique, trancha la question, condamna le culte des ancêtres et de Confucius, et prit des mesures efficaces pour prévenir le retour de ces malheureuses querelles, qui portèrent aux missions de Chine un coup plus terrible que les violentes persécutions des mandarins.

La durée ordinaire du deuil pour un père ou une mère doit être de trois ans. Il a été réduit à vingt-sept mois en faveur des fonctionnaires du gouvernement. Pendant ce temps, on ne peut exercer aucun office public. Un mandarin est obligé de quitter sa charge; un ministre d'État, de renoncer à l'administration des affaires, pour vivre dans la retraite. Il ne doit rendre aucune visite, et ses relations officielles avec le monde sont interrompues. Chaque année, on fait, au moins une fois, une cérémonie commémorative au tombeau des ancêtres. Tous les descendants d'une même famille, hommes, femmes et enfants, s'y rendent exactement. On nettoie la sépulture ; puis, après avoir émaillé le sol de découpures en papier de diverses couleurs, on fait les prostrations prescrites par le cérémonial ; on brûle des parfums, et l'on dépose sur le gazon, ou sur les pierres tumulaires, de petits vases contenant des mets plus ou moins exquis. Quelque profond que soit le scepticisme des Chinois modernes, il est incontestable que ces pratiques sont basées sur la croyance à une vie future. Presque tous les hommes, dit Bossuet, sacrifiaient aux mânes, c'est-à-dire aux âmes des morts ; ce qui nous fait voir combien était ancienne la croyance de l'immortalité de l'âme, et nous montre qu'elle doit être rangée parmi les premières traditions du genre humain (1). »

Dans toutes les prescriptions liturgiques pour les funérailles, le deuil et les sacrifices devant les tablettes et les tombeaux des ancêtres, il est facile de voir la consécration du grand principe de la piété filiale, base de la société chinoise. Il n'est pas de pratiques, d'usages, qui, examinés de près, ne semblent avoir pour but d'inculquer dans l'esprit des peuples le respect pour l'autorité paternelle. Ces tendances sont surtout frappantes dans les nombreuses cérémonies du mariage. Nous allons entrer dans quelques détails sur cette matière, et l'on

---

(1) *Discours sur l'histoire universelle.*

verra quelle part immense est faite au pouvoir paternel par les mœurs et les lois du pays.

C'est un principe incontesté en Chine que les pères ou les mères, ou, à leur défaut, les aïeux, ou enfin les plus proches parents, ont sur les enfants, lorsqu'il s'agit de les marier, une autorité entièrement arbitraire, à laquelle ils ne peuvent se soustraire. Les Chinois se marient fort jeunes, ce qui paraît contraire aux usages observés dans l'antiquité, et aux prescriptions du *Livre des rites*. Cet écrit canonique établit de la manière suivante la division des âges de l'homme : « Les hommes, à l'âge
« de dix ans, ont le cerveau aussi faible que le corps, et
« peuvent tout au plus s'appliquer aux premiers élé-
« ments des sciences. Les hommes de vingt ans n'ont pas
« encore toute leur force ; ils aperçoivent à peine les
« premiers rayons de la raison. Cependant, comme ils
« commencent à devenir hommes, on doit leur donner
« le chapeau viril. A trente ans, l'homme est vraiment
« homme ; il est robuste, vigoureux, et cet âge convient
« au mariage. On peut confier à un homme de quarante
« ans les magistratures médiocres, et à un homme de
« cinquante ans les emplois les plus difficiles et les plus
« étendus. A soixante ans, on vieillit, et il ne reste plus
« qu'une prudence sans vigueur, de sorte que ceux de
« cet âge ne doivent rien faire par eux-mêmes, mais
« prescrire seulement ce qu'ils veulent que l'on fasse. Il
« convient à un septuagénaire, dont les forces du corps
« et de l'esprit sont désormais atténuées et impuissantes,
« d'abandonner aux enfants le souci des affaires domes-
« tiques. L'âge décrépit est celui de quatre-vingt et qua-
« tre-vingt-dix ans ; les hommes de cet âge, semblables

« aux enfants, ne sont pas sujets des lois, et, s'ils arri-
« vent jusqu'à cent ans, ils ne doivent plus s'occuper que
« du soin d'entretenir le souffle de la vie qui leur reste. »

Selon le livre des rites, la vénérable antiquité pensait donc que l'âge de trente ans est le plus convenable pour le mariage ; mais aujourd'hui les Chinois, plus précoces sans doute qu'autrefois, ont abandonné, à cet égard, les anciens usages. Rien n'est plus ordinaire que de conclure les mariages longtemps avant que les contractants aient atteint l'âge de puberté. Il arrive même souvent que les parents prennent des engagements avant la naissance des futurs époux. Deux amis se promettent, très-sérieusement et avec serment, d'unir par le mariage les enfants qui naîtront du leur, s'ils sont de sexe différent, et la solennité de cette promesse consiste à déchirer sa tunique et à s'en donner réciproquement une partie. Il est évident que des mariages contractés de cette manière sont difficilement basés sur la convenance et la sympathie des caractères. Les autres, du reste, ne présentent pas non plus de grandes garanties, puisqu'on se marie ordinairement sans s'être vus, et que la seule volonté des parents est la raison du lien conjugal.

Dans les mariages chinois, non-seulement la fille n'apporte aucune dot, mais encore on est obligé de l'acheter et de donner aux parents une somme d'argent stipulée par avance. Ce sont des arrhes dont on paye une partie après que le contrat est signé, et l'autre partie quelques jours avant la célébration du mariage. Outre ces arrhes, les parents de l'époux font à ceux de l'épouse un présent d'étoffes de soie, de riz, de fruits, de vin, etc. Si les parents reçoivent les arrhes et le présent, le contrat est censé parfait, et il n'est plus permis de se dédire. Quoique l'épouse ne soit pas dotée, il est d'usage cependant, quand elle n'a pas de frère, que ses parents lui donnent par pure libéralité, un trousseau plus ou moins important. Il arrive même quelquefois, en pareil cas, que le beau-père fait venir son gendre dans la maison, et le constitue héritier d'une partie de ses biens. Mais il ne peut se dispenser de léguer l'autre à quelqu'un de sa famille et de son nom, pour accomplir les cérémonies devant les tablettes des ancêtres. Cette pratique est, aux yeux des Chinois, d'une telle importance, qu'elle a donné lieu aux adoptions. Ceux qui n'ont pas de descendant mâle adoptent ou plutôt achètent un enfant qui ne reconnaît plus ensuite d'autre père que le père adoptif. Il en prend le nom, et, après sa mort, il doit en porter le deuil. S'il arrive que le père adoptif ait des enfants, l'adoption subsiste toujours, et l'adopté a droit à une portion de biens égale à celle des autres enfants.

Tous les mariages se font par des entremetteurs et des entremetteuses, tant du côté de l'homme que de celui de la femme. Ils se chargent gratuitement des négociations et de tous les préparatifs. On regarde même comme un honneur d'être jugé digne de remplir des fonctions si délicates.

Nous ne pensons pas que la polygamie soit, en Chine, une institution légale. Autrefois il n'était permis qu'aux mandarins et aux hommes de quarante ans, qui n'avaient pas d'enfants, de prendre des femmes secondaires, ou *petites femmes*, selon l'expression chinoise. Le livre des rites prescrit même les punitions qu'on doit attacher à la transgression de cette loi. « Un con-

« cubinaire, dit-il, sera puni de cent coups de verges
« sur les épaules. » Mais ces lois ne subsistent plus
que dans les livres, et actuellement chacun peut avoir
autant de femmes secondaires qu'il lui plaît. Sa fantaisie n'a d'autres limites que celles de sa fortune, et encore pas toujours.

Quel que soit le nombre des femmes secondaires, il ne peut jamais y avoir qu'une seule femme légitime, qui est la maîtresse de la maison, et à laquelle toutes les autres doivent être subordonnées. Les enfants qui naissent des femmes secondaires reconnaissent pour leur mère la femme légitime de leur père; ils ne portent point le deuil de leur mère naturelle, c'est à la première qu'ils prodiguent les témoignages de respect, d'affection et d'obéissance. La femme secondaire est si inférieure, si dépendante, qu'elle obéit exactement à la femme légitime en tout ce qui lui est ordonné. Elle n'appelle jamais le chef de la maison que du simple nom de père de famille.

Il n'est jamais permis aux femmes secondaires d'abandonner leur mari pour quelque cause que ce puisse être. Elles sont tout simplement la propriété de celui qui les a achetées; mais le mari peut les répudier, les chasser, les revendre quand bon lui semble; aucune loi ne le lui défend. « Si quelqu'un, dit le code, chasse
« sa femme légitime sans raison, on l'obligera de la
« reprendre, et il recevra quatre-vingts coups de bâ-
« ton. » La loi ne dit rien de la *petite femme*, et ce silence autorise les Chinois à la traiter suivant leur caprice.

Quand les Chinois se marient, ils sont convaincus

qu'ils contractent un lien indissoluble, et les lois écrites de l'empire sont conformes, à cet égard, à la conviction générale. Elles imposent des châtiments sévères contre les personnes mariées qui s'écartent ouvertement des devoirs de leur état. Toutefois, elles admettent le divorce en plusieurs circonstances ; mais, il est à remarquer que la législation concernant cette matière est entièrement en faveur du mari. Comme dans toutes les sociétés païennes, la femme est toujours esclave ou victime de l'homme. La loi ne s'en occupe pas, ou, si elle en parle, ce n'est jamais que pour lui remettre devant les yeux l'infériorité de sa condition, et lui rappeler qu'elle n'est en ce monde que pour obéir et souffrir.

Parmi les empêchements de mariage reconnus par la loi, il en est quelques-uns d'assez remarquables, qui concernent les magistrats. La loi, par exemple, interdit au mandarin toute sorte d'alliance dans la province où il exerce quelque emploi public. Si un mandarin civil (la loi exempte les officiers militaires) se marie ou prend une femme secondaire dans le pays où il est magistrat, il est condamné à quatre-vingts coups de bâton, et son mariage est déclaré nul. Si le mandarin épouse la fille d'un plaideur, dont il doit juger le procès, le nombre des coups de bâton est doublé, et, dans ces deux cas, les entremetteurs sont punis de la même manière. La femme est renvoyée chez ses parents, et les présents nuptiaux sont confisqués au profit du trésor public.

Nous n'entrerons pas dans les longs détails des formalités et des cérémonies en usage dans la célébration du mariage. On distingue six rites principaux, qui ne s'observent rigoureusement qu'entre les familles considérables, et dont se dispensent en partie les gens de condition inférieure. Le premier rite consiste à convenir du mariage ; le second, à demander le nom de la fille, le mois et le jour de sa naissance, car l'étiquette exige absolument que la fille paraisse être tout à fait inconnue à l'époux auquel on la destine ; le troisième, à consulter les devins sur le mariage futur, et à en porter l'heureux augure aux parents de la fille ; le quatrième, à offrir des étoffes de soie et d'autres présents, comme gage de l'intention où l'on est d'effectuer le mariage ; le cinquième, à proposer le jour des noces, et enfin le sixième, à aller au-devant de l'épouse, pour la conduire ensuite dans la maison de l'époux. L'accomplissement de ces rites est accompagné par les deux familles d'une foule d'observances minutieuses, dont on n'oserait s'écarter. La formule des missives que l'on s'adresse, les paroles qu'on emploie, les salutations, tout est déterminé d'avance, selon les règles de la politesse la plus exquise. Cependant le rôle que joue, dans toutes ces cérémonies, la famille de l'épouse, porte toujours un caractère plus profond de déférence et de modestie. Ainsi, quand on fait demander le nom de la fille, le père doit répondre de la manière suivante : — J'ai reçu avec respect les marques de bonté que vous avez pour moi. Le choix que vous daignez faire de ma fille, pour être l'épouse de votre fils, me fait connaître que vous estimez *ma pauvre et froide famille* plus qu'elle ne mérite. Ma fille est grossière et sans esprit, et je n'ai pas eu le talent de la bien élever ; cependant je me fais gloire de vous *obéir* dans cette occasion. Vous trouverez écrit sur un pli séparé le nom de ma fille et celui de sa mère, avec le jour de sa naissance... Quand il reçoit les présents et la nouvelle du jour choisi pour la célébration du mariage, il répond en ces termes : — J'ai reçu votre dernière résolution. Vous voulez que les noces se fassent ; je suis seulement fâché que ma fille ait si peu de mérite et qu'elle n'ait pas eu toute l'éducation désirable. Je crains qu'elle ne soit bonne à rien ; cependant, puisque l'augure est favorable, je n'ose vous désobéir ; j'accepte votre présent ; je vous salue, et je consens au jour marqué pour les noces. J'aurai soin de préparer tout ce qu'il faudra.

Au jour marqué pour la célébration du mariage, l'époux se revêt de magnifiques habits. Quand les parents sont réunis dans le sanctuaire domestique des ancêtres, il se met à genoux et se prosterne la face contre terre. Les parfums brûlent devant la tablette des aïeux ; on leur annonce l'événement important de la famille. Cependant le maître des cérémonies invite le père à prendre place sur un siége qui lui est préparé. Aussitôt qu'il est assis, l'époux reçoit à genoux une coupe pleine de vin, en répand quelques gouttes à terre en forme de libations et fait, avant de boire, quatre génuflexions devant son père ; ensuite, il s'avance vers le siége et reçoit ses ordres à genoux. Allez, mon fils, lui dit le père, allez chercher votre épouse, comportez-vous en toutes choses avec prudence et avec sagesse. Le fils, se prosternant quatre fois devant son père, lui répond qu'il obéira ; après cela il entre dans un palanquin préparé à la porte de la maison. Ses amis et de nombreux domestiques marchent devant lui avec des lanternes aux brillantes couleurs, usage qu'on a conservé parce qu'autrefois tous les mariages se faisaient pendant la nuit. Lorsqu'il est arrivé à la maison de l'épouse, il s'arrête à la porte de la seconde cour et attend que son beau-père vienne le prendre pour l'introduire.

On observe, dans la maison de l'épouse, les mêmes cérémonies dont nous venons de parler. Après la libation ordinaire et après avoir bu la coupe de vin, l'épouse se met à genoux devant son père, qui l'exhorte à obéir ponctuellement aux ordres de son beau-père et de sa belle-mère. Ensuite sa mère lui met une guirlande sur la tête, d'où pend un grand voile qui lui couvre tout le visage : Ayez bon courage, ma fille, lui dit-elle, soyez toujours soumise aux volontés de votre époux.

On va recevoir solennellement l'époux, qui attend à l'entrée de la seconde cour. Le cortége avance, et, lorsqu'on est arrivé au milieu de la cour, l'époux se met à genoux et offre à son beau-père un canard sauvage, que le maître des cérémonies porte à l'épouse. Enfin les deux époux se rencontrent pour la première fois ; ils se saluent l'un l'autre fort gravement et en se faisant une inclination profonde. Ensuite ils se mettent à genoux pour adorer ensemble le ciel et la terre. Il paraît que cet acte est le point essentiel de la cérémonie, et qu'il est, en quelque sorte, le symbole du lien conjugal. Lorsqu'on veut exprimer que quelqu'un s'est marié, on dit communément : *Il a adoré le ciel et la terre.* Après être restés un instant à genoux, l'épouse est conduite à un palanquin recouvert de taffetas couleur de rose, l'époux entre aussi dans son palanquin, et le cortége se met en route. Le nombre des personnes de l'escorte est considérablement augmenté ; car, outre les lanternes dont il a été déjà parlé, on porte tout ce qui sert à un ménage, comme lits, tables, chaises, etc.

Quand l'époux est arrivé à la porte de sa maison, il descend de sa chaise à porteurs et invite son épouse à entrer. Il marche devant elle et pénètre dans la cour intérieure où le repas nuptial est préparé ; alors l'épouse lève son voile et salue son mari ; l'époux la salue à son tour, et l'un et l'autre lave ses mains, l'époux au côté septentrional et l'épouse au côté méridional du portique. Avant de se mettre à table, l'épouse fait quatre génuflexions devant son mari, qui en fait à son tour deux devant elle. Ils se mettent seuls à table et en face l'un de l'autre. Avant de boire et de manger, ils font une libation avec du vin et mettent à part des viandes pour être offertes aux ancêtres.

Après avoir goûté à quelques mets, dans le plus profond silence, l'époux se lève, invite son épouse à boire, et se remet incontinent à table. L'épouse pratique aussitôt la même cérémonie à l'égard de son mari, et en même temps on apporte deux tasses pleines de vin. Ils en boivent une partie, et mettent ce qui reste dans une seule tasse, pour se le partager ensuite et achever de boire.

Cependant le père de l'époux donne un grand repas à ses parents dans un appartement voisin. La mère de l'épouse en donne un autre, en même temps, aux femmes invitées. La journée entière n'est qu'un long festin, où les choses se passent avec un peu plus d'entrain et de gaieté qu'entre les nouveaux mariés. Le lendemain, l'épouse, vêtue de ses habits nuptiaux, et accompagnée de son époux et d'une maîtresse de cérémonies, qui porte deux pièces d'étoffes de soie, se rend dans la seconde cour de la maison où le beau-père et la belle-mère, assis chacun à une table particulière, attendent sa visite. Les nouveaux mariés les saluent en faisant quatre prostrations devant eux ; après quoi le mari se retire dans une salle voisine, et l'épouse fait à son beau-père et à sa belle-mère l'offrande des étoffes de soie. Le reste de la journée et les jours suivants sont employés à faire les visites. L'épouse doit saluer tous les parents de son mari, en faisant quatre génuflexions devant eux. Le mari se conduit de la même manière auprès des parents de son épouse.

Tel est, en abrégé, le cérémonial des mariages chinois. Nous avons remarqué que tout le monde, en Chine, professait un grand respect pour cet acte solennel de la vie de l'homme. Quand le cortége d'un mariage riche ou pauvre passe quelque part, on est obligé de lui céder le pas. Les mandarins, même les plus élevés en dignité, s'arrêtent avec tous les gens de leur suite. S'ils sont à cheval, la politesse veut qu'ils en descendent pour faire honneur aux nouveaux mariés.

Il serait peut-être superflu d'ajouter que les mariages chinois sont rarement heureux. La paix, la concorde et l'union habitent rarement dans le ménage. Sans parler des nombreuses causes de jalousie et de discorde qui doivent naître de la présence de plusieurs femmes secondaires dans une même maison, on comprend que ce serait un bien grand hasard si les deux époux, qui ne se sont connus en aucune manière avant leur mariage, pouvaient se convenir. Les antipathies de caractère ne tardent pas à se manifester, et peu à peu naissent les répulsions invincibles et les haines profondes. De là, des querelles perpétuelles, des rixes et souvent des batailles sanglantes. Sauf quelques rares exceptions, la femme est toujours victime. Des privations de tout genre et de tous les jours, des invectives, des malédictions, et, de temps en temps, des coups, qu'elle doit recevoir en patience, voilà son partage. Dans certaines localités, battre sa femme est une chose tellement à la mode et de bon ton, que les maris se garderaient bien d'y manquer. Se montrer négligent sur ce point, serait afficher sa niaiserie, compromettre sa dignité d'homme et laisser voir à tout le monde qu'on ne comprend rien à ses prérogatives.

Un jour nous étions chez une famille chinoise que nous connaissions très-particulièrement. Il s'était formé une nombreuse réunion autour d'une jeune femme qui était sur le point de rendre le dernier soupir. Peu de jours auparavant elle était l'image de la santé. En ce moment, elle n'était plus reconnaissable, tant elle avait la figure ensanglantée et meurtrie de coups ; elle ne pouvait ni se mouvoir, ni articuler une seule parole. Ses yeux noyés de larmes et les violents battements de son cœur indiquaient combien étaient atroces les douleurs dont elle était accablée... Nous demandâmes des explications sur les causes de ce déchirant spectacle. — C'est son mari, nous répondit-on, qui a réduit en cet état cette pauvre créature... Le mari était là, morne, silencieux, presque hébété, et les yeux fixés sur sa malheureuse victime. — Quel motif a donc pu te porter à un pareil excès ? lui dîmes-nous. Quel crime a donc commis ta femme pour la traiter de la sorte... ? — Aucun, aucun, répondit-il d'une voix entrecoupée de sanglots ;

elle n'a jamais mérité de reproche ; il y a deux ans, vous le savez, que nous sommes mariés et nous avons toujours vécu en paix. Depuis plusieurs jours j'avais l'esprit préoccupé ; je me figurais qu'on se moquait partout de moi, parce que je n'avais jamais battu ma femme, et ce matin j'ai cédé à une pensée mauvaise. Aussitôt ce jeune homme, que nous n'eussions jamais soupçonné d'un semblable coup de folie, s'abandonna à de tardifs et inutiles regrets. Deux jours après, cette pauvre femme, qui avait toujours été un ange de douceur et de bonté, mourait au milieu d'affreuses convulsions.

L'intérêt est le seul motif capable de mettre des bornes à la dureté des Chinois envers leurs épouses. S'ils les traitent avec modération et ménagement, c'est quelquefois par principe d'économie ; on ménage bien une bête de somme, parce qu'elle coûte de l'argent, parce qu'on en a besoin et parce que, si on la tuait, il faudrait la remplacer. Ce hideux calcul n'est nullement chimérique en Chine. Dans un gros village, au nord de Péking, nous fûmes témoin d'une violente querelle entre un mari et sa femme. Après s'être longtemps accablés, l'un l'autre, d'outrages et de malédictions et s'être lancé quelques projectiles assez inoffensifs, la colère montant toujours par degrés, ils en vinrent à tout casser dans la maison. Plusieurs personnes du voisinage essayaient de les contenir sans pouvoir y réussir. Enfin, le mari saisit dans la cour un énorme pavé et se précipita, tout furieux, vers la cuisine, où sa femme faisait tomber sa rage sur la vaisselle et jonchait le plancher de débris de porcelaine. En voyant l'homme accourir armé d'un pavé, tout le monde s'empressa d'aller s'opposer à un malheur imminent ; mais il n'était plus temps ;... ce furieux avait lancé son pavé contre la grande marmite en fonte de fer et l'avait défoncée du coup. La femme ne pouvant pas renchérir sur cette extravagance, la querelle cessa. Un mauvais plaisant, qui se trouvait là, dit au mari, en riant : — Tu es un imbécile, mon frère aîné ; plutôt que de crever la marmite avec ton pavé, que ne cassais-tu la tête à ta femme? De cette manière, tu serais sûr d'avoir la paix dans le ménage. — J'y ai bien pensé, répondit froidement ce gracieux mari ; mais c'eût été une sottise. Avec deux cents sapèques je ferai raccommoder ma marmite, au lieu que, pour acheter une femme quelconque, il faut toujours une somme un peu forte.... Une pareille réponse n'a rien de surprenant pour ceux qui connaissent les Chinois.

Les femmes du Céleste Empire sont si malheureuses, que, dans plusieurs endroits, la vue des maux qu'elles ont à souffrir en cette vie a contribué à leur faire concevoir des espérances pour une vie future. On a le cœur navré en voyant ces pauvres victimes d'une civilisation sceptique et corrompue s'agiter au milieu de leurs souffrances, chercher partout vainement quelques consolations, et, faute de connaître la religion chrétienne, se jeter avec ardeur dans les extravagances de la métempsycose. Il s'est formé une secte, dite *des abstinentes*, qui prend un grand accroissement, surtout dans les provinces méridionales. Les femmes qui s'enrôlent dans cette confrérie font vœu de ne jamais manger ni viande ni poisson, rien de ce qui a eu vie ; de se nourrir simplement de légumes. Elles pensent qu'après la mort leur âme transmigrera dans un autre corps, et que, si elles ont fidèlement observé le vœu des abstinentes, elles auront le bonheur de sortir de la condition de femmes et de renaître hommes. L'espoir d'obtenir un pareil avantage les aide à pratiquer des mortifications journalières et les soutient au milieu des peines et des contradictions que les hommes leur font endurer. Elles se promettent, sans doute, un ample dédommagement après leur métamorphose, et ce ne serait peut-être pas faire un jugement téméraire que de supposer que quelques-unes d'entre elles savourent déjà, par avance, un petit avant-goût de vengeance dans le cas où elles viendraient à retrouver leur mari transformé en femme.

A diverses époques de l'année, les associées de la confrérie des abstinentes font des processions à certaines pagodes. Nous en avons rencontré plusieurs fois, et c'est vraiment pitié de voir ces pauvres femmes, appuyées sur un bâton et clopinant avec leurs petits pieds de chèvre, exécuter d'assez longs pèlerinages dans l'espérance de prendre, après leur mort, une bonne revanche sur les hommes.

CHAPITRE VII.

Départ de la capitale du Hou-pé. — Visite d'adieux au gouverneur de la ville. — Sépulture de deux martyrs. — État du christianisme dans le Hou-pé. — Désagréments de la route. — Point de vivres dans une ville de troisième ordre. — Visite au palais du préfet de la ville. — Criminel soumis à la question. — Horribles détails d'un jugement. — Le *kouan-kouen* ou bandit chinois. — Manière de rendre la justice. — Code des lois et statuts de la Chine. — Considérations générales sur la législation chinoise. — Caractère pénal et matérialiste du Code. — Défaut de précision dans certaines lois. — Principe de solidarité. — Lois relatives aux fonctionnaires. — Organisation de la famille. — De la répression des délits. — Lois rituelles. — De l'impôt et de la propriété territoriale. — Nombreuses têtes de voleurs suspendues aux branches d'un arbre.

Après quatre jours de repos au Jardin de la porte occidentale, nous songeâmes à reprendre notre interminable route. Presque à bout de nos forces et de notre courage, il fallait faire encore plus de trois cents lieues, durant la saison la plus chaude de l'année et en nous dirigeant toujours vers le midi. Nous avions certes bien besoin de mettre notre confiance en la protection de la Providence, pour espérer d'arriver un jour à Macao, et de trouver un peu de repos à la suite de nos promenades excessives.

Les préparatifs du départ étaient déjà faits ; on avait rafraîchi et vernissé à neuf nos palanquins un peu rongés par la poussière et calcinés par les ardeurs du soleil. La nouvelle escorte avait été régulièrement constituée, sous la présidence de maître *Lieou,* ou « saule pleureur, » et notre domestique, Wei-chan, avait commencé l'éducation de nos futurs compagnons de voyage. Il leur avait insinué, en son langage pittoresque et imagé, qu'il leur serait nécessaire de se plier souvent avec beaucoup de souplesse, afin de ne pas s'écorcher à ce qu'il pouvait y avoir d'un peu anguleux dans notre nature.

Avant de quitter définitivement la capitale du Houpé, nous allâmes saluer Son Excellence le gouverneur de la province. Il nous reçut tout juste avec convenance et politesse ; son langage et ses manières n'avaient rien de cette bienveillance, de cette affabilité, qui nous avaient fait tant aimer le vénérable et excellent Pao-hing, vice-roi de la province du Sse-tchouen. De notre côté, nous eûmes aussi tout simplement de l'urbanité, et nous nous en tînmes strictement aux prescriptions du rituel. — Cheminez en paix, nous dit-il, en nous saluant de la main. — Soyez assis tranquillement, lui répondîmes-nous ;... et, après lui avoir envoyé une modeste inclination de tête, nous sortîmes.

Il y avait tout au plus une demi-heure que nous avions quitté cette grande et populeuse ville d'Outchang-fou, lorsque nous entrâmes dans un pays montueux et rougeâtre, sillonné en tous sens par une foule de petits sentiers. Ce site nous frappa, et nous crûmes le reconnaître. Il nous sembla qu'au commencement de l'année 1840, quand, pour la première fois, nous traversâmes l'empire chinois, nous avions fait furtivement un pèlerinage à travers les sinuosités de ces nombreuses collines. Ce souvenir plongea notre âme dans un ineffable ravissement de tristesse. Afin de nous bien assurer que nous n'étions pas dans l'erreur, nous interrogeâmes un des porteurs de palanquin, et nous lui demandâmes le nom de la contrée que nous traversions. *Houng-chan*, nous répondit-il, « la montagne rouge. » C'était bien cela ; ce nom était gravé profondément dans notre mémoire.

En longeant un étroit chemin bordé d'arbustes épineux, qu'enlaçaient de nombreuses plantes grimpantes, nous aperçûmes, à quelques pas de nous, sur le penchant d'une colline, deux modestes tombeaux placés côte à côte. Cette vue remplit nos yeux de larmes et nos cœurs de vives et douces émotions. Sous ces deux pierres tumulaires reposaient les précieuses reliques de deux enfants de saint Vincent de Paul, des vénérables Clet et Perboyre, martyrisés pour la foi, l'un en 1822, l'autre en 1838. Oh ! que notre consolation eût été grande, si nous avions pu nous arrêter un instant au pied de cette colline sainte, nous agenouiller, nous prosterner sur ces tombeaux de famille, baiser avec respect cette terre consacrée par le sang des martyrs, et demander à Dieu, au nom de ces hommes forts, de ces héros de la foi, un peu de cette intrépidité toujours si nécessaire au milieu des tribulations de ce monde ; car, quel que soit le poste que nous assigne ici-bas la volonté de Dieu, nous n'en sommes pas moins les enfants du Calvaire, et notre sublime vocation a toujours quelque chose de celle du martyre.

La prudence ne nous permit pas de nous arrêter. Il y eût eu danger de découvrir un si précieux trésor aux nombreuses personnes qui nous accompagnaient. En 1840, lorsque nous visitâmes ces chères tombes, nous étions seul avec un jeune chrétien de Ou-tchang-fou, qui nous servait de guide. Voici ce que nous écrivions, à cette époque, à nos frères de France : « Les « restes précieux de M. Clet et de M. Perboyre reposent « côte à côte, sur une verte colline, au delà de la « ville de Ou-tchang-fou. Oh ! qu'elle fut enivrante « l'heure que je passai auprès de ces deux modestes « tombes de gazon ! Sur une terre idolâtre, au milieu « de l'empire chinois, j'avais deux tertres sous mes yeux, « et une félicité inconnue remplissait et dilatait mon « âme. On ne voit pas de marbre ciselé sur la terre qui « recouvre les ossements des deux glorieux enfants de « saint Vincent de Paul ; mais Dieu semble s'être chargé « lui-même des frais du mausolée ; des plantes rampantes « et épineuses, assez semblables par la forme à l'acacia « d'Europe, croissent naturellement sur les deux « tombes. Au-dessus de ce tapis de verdure surgissent « avec profusion des mimosas remarquables de fraîcheur « et d'élégance. En voyant toutes ces brillantes « corolles s'échapper à travers un épais tissu d'épines, « on pense involontairement à la gloire dont sont couronnées « dans le ciel les souffrances des martyrs. »

Les deux précieuses tombes étaient encore dans le même état ; rien n'avait été changé ; les pierres et les inscriptions nous parurent intactes. Seulement, le temps des fleurs était passé, et les mimosas n'épanouissaient plus parmi la verdure leurs fraîches corolles. L'herbe était desséchée, et quelques cordons de liserons sauvages, dépouillés de leurs feuilles, rampaient d'une tombe à l'autre, comme pour les unir, les envelopper toutes deux dans une même trame.

Il faut espérer que le sang des martyrs, qui était autrefois comme une semence de chrétiens, n'aura pas perdu, en Chine, de sa fécondité. Cette terre a été, sans doute, jusqu'ici, d'une bien désolante stérilité ; mais, quand viendra l'heure fixée par celui qui est assez puissant pour transformer les pierres mêmes en enfants d'Abraham, on verra ce sol de granit se ramollir, et faire germer de son sein d'innombrables adorateurs de Jésus-Christ.

L'état du christianisme dans le Hou-pé n'est pas aussi florissant que dans la province du Sse-tchouen. On y compte tout au plus douze ou quatorze mille chrétiens, la plupart pauvres et appartenant aux classes inférieures de la société. Les nombreuses et violentes persécutions dont cette province a été presque toujours tourmentée sont peut-être la cause de ces succès peu rapides dans l'œuvre de la propagation de la foi. Le petit nombre des chrétiens, et les vexations continuelles qu'ils ont à subir de la part des mandarins, contribuent peut-être beaucoup à les rendre timides et à diminuer en eux cette ardeur et cette énergie nécessaires au prosélytisme. En parcourant, durant notre voyage, les points principaux de cette province, nous avons remarqué que les chrétiens se tenaient cachés ; ils n'osaient se montrer sur notre passage ; nous ne recevions pas leur visite dans les palais communaux, tout au plus en découvrions-nous quelques-uns, de loin en loin, qui faisaient furtivement le signe de la croix, afin de nous faire savoir ce qu'ils étaient. On ne voyait nulle part ce mouvement, cet entrain, que nous avions aperçus dans les missions du Sse-tchouen, et qui dénotent, sinon une foi plus vive, du moins un zèle plus ardent pour la conversion des infidèles.

La mission du Hou-pé est maintenant confiée à la sollicitude des missionnaires italiens, sous la direction de monseigneur Rizzolatti, vicaire apostolique, qui est entré dans les missions de Chine depuis un grand nombre d'années. Sous l'influence de sa longue expérience, le vicariat du Hou-pé prenait de jour en jour des accroissements considérables, lorsqu'une persécution est malheureusement venue séparer le pasteur de son troupeau. Monseigneur Rizzolatti, arrêté par les mandarins, a été reconduit dans la colonie anglaise de Hong-kong, où il attend que des circonstances favorables lui permettent de rentrer sans imprudence au sein de sa mission.

Nous suivîmes, durant une journée entière, un pays entrecoupé de ravins et de collines. Le terrain nous parut peu propre à la grande culture ; aussi rencontre-t-on rarement des villages ; on ne voit çà et là que des maisons et des fermes isolées, où quelques familles, à force de patience et d'industrie, cherchent à tirer le meilleur parti possible de ce sol infécond. Avant le coucher du soleil, nous arrivâmes sur le bord du fleuve Bleu, que nous dûmes traverser pour aller coucher dans un gros bourg situé sur la rive opposée. Le chemin que nous avions pris en quittant Ou-tchang-fou se dirigeait vers le nord-est et nous éloignait de Canton. Nous fûmes contraints de marcher de la sorte pendant trois jours, afin d'éviter une foule de petits lacs qui, à chaque instant, nous eussent barré le passage. Il fallait, d'ailleurs, aller prendre la route impériale qui devait ensuite nous conduire directement jusqu'à la capitale du Kiang-si. Nous eussions bien pu nous embarquer à Ou-tchang-fou et descendre le fleuve Bleu jusqu'au grand lac Pou-yang, mais, comme on était alors à la saison des inondations et des tempêtes, l'administration avait jugé prudent de nous faire partir par la voie de terre. La route était plus longue, moins agréable ; mais enfin il n'y avait pas à craindre les naufrages.

Après avoir traversé le fleuve Bleu, nous fîmes notre halte dans un gros village dont nous avons oublié le nom, et ce n'est pas assurément grand dommage, car nous n'avons pas des choses bien merveilleuses à en dire.

Nous y trouvâmes mauvais gîte, mauvais souper, et, en sus, une effroyable quantité de moustiques et de cancrelats. Le cancrelat est un gros et puant insecte du genre des coléoptères, foisonnant en Chine, dans les pays chauds, et faisant ses délices de ronger le plus délicatement possible l'extrémité des orteils et des oreilles de ceux qui dorment.

Nous fûmes, en général, logés et nourris d'une manière pitoyable tant que nous restâmes sur cette route de traverse. Les mandarins suivant ordinairement, dans leurs voyages, le cours du fleuve Bleu, l'administration locale n'a pas disposé, comme ailleurs, d'étape en étape, des palais communaux pour recevoir les fonctionnaires publics. On est obligé de se loger dans de misérables auberges, mal tenues, d'une saleté inénarrable, et où l'on a toutes les peines du monde à trouver de quoi ne pas mourir de faim. Nos conducteurs y mettaient bien toute leur bonne volonté ; Lieou, le Saule pleureur, qui nous avait promis de nous rendre la vie si douce, si poétique, tant qu'il serait avec nous, donnait vainement des ordres à ses subordonnés, et il avait la douleur de voir que les résultats n'étaient jamais très-brillants. Il en était désolé, du moins nous remarquâmes que ses yeux larmoyaient souvent plus abondamment que de coutume. D'autre part, notre domestique, Wei-chan, était furieux. Sachant que nous l'avions gardé dans l'espoir qu'il imprimerait une bonne tournure à nos affaires, il sentait son honneur froissé et sa réputation compromise, toutes les fois que nous ne trouvions pas, comme dans le Sse-tchouen, un superbe palais communal avec un splendide festin. Il se mettait en colère à tout propos, insultait les gens de l'auberge et maudissait en bloc toute la province du Hou-pé. A l'entendre, il eût fallu ravager, incendier la ville ou le village où nous étions, et appliquer tous les habitants à la cangue ou les exiler au fond de la Boukharie. Nous dûmes, plus d'une fois, modérer l'extravagance de son zèle et lui bien faire entendre que, si ordinairement nous montrions une grande énergie et une fermeté inébranlable pour réclamer nos droits, nous savions aussi être patients lorsque les circonstances l'exigeaient et que nous n'avions à nous plaindre de la mauvaise volonté de personne. Wei-chan écoutait docilement notre sermon, mais cela ne l'empêchait pas de harceler tout le monde. Il n'admettait pas, quand nous arrivions quelque part, qu'on ne trouvât pas aussitôt un logement vaste, frais, commode et agréable.

La veille du jour où nous devions prendre la route impériale, nous arrivâmes, vers midi, dans une ville de troisième ordre nommée *Kouang-tsi-hien*. On nous conduisit dans une maison assez bien conditionnée, dont les appartements nous rappelaient les beaux palais communaux que nous rencontrions tous les jours dans la province du Sse-tchouen. Nous étions à nous épanouir dans un frais jardin, à l'ombre des larges feuilles d'un massif de bananiers, lorsque le Saule pleureur s'en vint à nous, et, nous regardant par-dessous ses lunettes et à travers ses larmes, nous adressa ces intéressantes paroles : — Le gardien de l'établissement n'est chargé que de nous loger ; le tribunal lui a fait dire qu'il n'avait pas à s'occuper des vivres. — C'est donc l'administration qui s'en avise ; on nous enverra, sans doute, le dîner du tribunal ? — Nullement; on m'a dit que le tribunal ne devait pas s'en mêler. — Qui donc a-t-on chargé de ce soin ? — Personne, nous répondit le Saule pleureur, en étendant piteusement vers nous sa main droite, pendant que, de la gauche, il étanchait l'humidité de ses yeux avec un lambeau de toile blanche. — Personne ! nous écriâmes-nous en nous levant aussitôt de nos siéges ; qu'on fasse venir les porteurs de palanquin et qu'on nous conduise chez le préfet de la ville... Le Saule pleureur, qui n'était pas accoutumé à nos procédés diplomatiques, fut saisi de frayeur ; mais Wei-chan le tranquillisa en lui disant que nous avions fait ainsi tout le long de la route, et qu'il n'en était résulté aucun malheur.

Les porteurs de palanquin arrivèrent aussitôt et nous partîmes pour le palais du préfet. Nous avions recommandé à nos porteurs d'entrer rondement dans la cour intérieure, sans s'arrêter à la porte. La consigne fut ponctuellement observée ; mais le portier, à la vue de cette façon inusitée de s'introduire dans le tribunal, courut après nous pour nous demander où nous allions. — Parler au préfet. — Le préfet siége ; il fait un jugement de première importance... Nous pensâmes que c'était un faux prétexte pour nous empêcher d'entrer et nous insistâmes. — Au moins, dit le portier, donnez-moi votre carte de visite et j'irai annoncer..... Dans la crainte que le préfet ne voulût pas se laisser voir, nous répondîmes au portier que nous n'étions pas soumis aux rites de l'empire et que nous saurions nous annoncer nous-mêmes... Nous ordonnâmes donc aux porteurs de continuer leur chemin, et nous pénétrâmes ainsi dans la cour intérieure qui précède l'entrée du prétoire. Cette cour était encombrée de monde, et nous soupçonnâmes que le premier magistrat de la ville pourrait fort bien, en effet, être occupé à rendre la justice. Un employé subalterne du palais vint à nous, au moment où nous sortions de nos palanquins, et nous assura que le préfet jugeait une affaire criminelle. Nous hésitâmes un instant, ne sachant trop quel parti nous avions à prendre, de retourner au logis ou de nous présenter dans la salle où se faisait le jugement. Comme nous tenions beaucoup à n'avoir pas fait une démarche inutile, et puis la curiosité nous poussant aussi un peu, nous fendîmes la foule et nous entrâmes.

Tous les yeux se fixèrent sur nous, et il s'opéra dans l'assemblée un mouvement général de surprise. Deux hommes à grande barbe, en bonnet jaune et ceinture rouge, c'était quelque chose comme une apparition fantastique. Pour nous, subitement saisis par une froide sueur et pouvant à peine nous soutenir sur nos jambes chancelantes, nous fûmes sur le point de nous évanouir. Le regard fixe et la poitrine haletante, il nous semblait être sous l'impression d'un horrible cauchemar. Le premier objet qui s'était présenté à notre vue, en entrant dans le prétoire chinois, c'était l'accusé, le prévenu, l'homme qu'on était en train de juger. Il était suspendu au milieu de la salle, comme une de ces lanternes à forme bizarre et de dimension colossale qu'on rencontre dans les grandes pagodes. Des cordes attachées à une grosse poutre de la charpente tenaient l'accusé lié par les poignets et par les pieds, de sorte que le corps était obligé de prendre la forme d'un arc. Au-dessous de lui étaient cinq ou six bourreaux armés de lanières de cuir et de racines de rotin. Les gémissements étouffés qu'exhalait ce malheureux, ces membres déchirés de coups et presque en lambeaux, et puis ces bourreaux dans une attitude féroce et dont la figure et les habits dégouttaient de sang, tout cela présentait un tableau hideux, qui nous fit frissonner d'horreur. Le public qui assistait à cet épouvantable spectacle paraissait parfaitement tranquille. On eût dit que notre bonnet jaune le préoccupait plus que tout le reste. Plusieurs riaient du saisissement que nous avions éprouvé en entrant dans la salle.

Le magistrat, qu'on s'était hâté de prévenir de notre arrivée au tribunal, se leva de son siége aussitôt qu'il nous aperçut et traversa la salle pour venir nous recevoir. En passant tout près des bourreaux il dut marcher sur la pointe des pieds et relever un peu sa belle robe de soie, parce que le parquet était couvert de larges plaques de sang à moitié caillé. Après nous avoir salués en souriant, il nous dit qu'il allait suspendre un instant la séance. Il nous conduisit ensuite dans un cabinet situé derrière son siége de juge. Nous nous assîmes, ou plutôt nous nous laissâmes tomber sur un divan, et nous fûmes quelques instants avant de pouvoir recueillir nos pensées et calmer notre émotion.

Le préfet de Kouang-tsi-hien avait tout au plus une quarantaine d'années ; les traits de sa figure, le timbre de sa voix, son regard, sa pose, ses manières, tout en lui respirait tant de douceur et de bonté, que nous ne pouvions revenir de notre étonnement. Il nous semblait impossible que ce fût là l'homme qui avait ordonné l'affreuse exécution que nous avions eue tout à l'heure sous les yeux. Un vif sentiment de curiosité s'empara insensiblement de nous, et nous finîmes par lui demander s'il n'y aurait pas indiscrétion de notre part à l'interroger sur la terrible affaire qu'il était occupé à juger. — Au contraire, nous répondit-il, je désire beaucoup, moi-même, que vous connaissiez la nature de ce procès. Vous m'avez paru étonnés de l'extrême sévérité que je déploie envers ce criminel ; le supplice qu'il endure vous a émus de compassion. Les sentiments qui ont agité votre cœur, quand vous êtes entrés dans la salle, sont montés à votre figure, et ils ont été visibles à tout le monde. Mais le criminel ne mérite aucune commisération ; si vous connaissiez sa conduite, sans doute vous ne penseriez pas que je le traite avec rigueur. Je suis naturellement porté à la douceur, et mon caractère est éloigné de la cruauté. Le magistrat, d'ailleurs, ne doit-il pas toujours être le père et la mère du peuple ? — Quel grand crime a donc commis cet homme, pour être soumis à une si horrible torture ? — Cet homme est le chef d'une bande de scélérats. Depuis plus d'un an il désolait la contrée, se livrant au brigandage sur le grand fleuve, qu'il parcourait nuit et jour avec une grande barque. Il a pillé un nombre considérable de jonques marchandes et commis plus de cinquante assassinats. Il a fini par avouer tous ses crimes, et, sur ce point, la vérité a été mise au jour ; mais il s'obstine à ne pas dénoncer ses compagnons de brigandage ; et je dois employer les moyens extrêmes pour atteindre tous les coupables. Quand on veut détruire un arbre, il ne suffit pas de couper le tronc, il faut encore arracher toutes les racines, sans cela il repoussera.

Le magistrat nous raconta ensuite quelques-unes des abominables atrocités commises par cette bande de brigands. Des hommes, des femmes, des enfants, à qui on coupait la langue, à qui on arrachait les yeux, qu'on dépeçait avec tous les raffinements d'une incroyable barbarie, tels étaient les amusements auxquels se livraient, sur leur barque, ces monstres à figure humaine. Ces détails, quelque horribles qu'ils fussent, ne nous étonnaient pourtant pas. Le long séjour que nous avions faits parmi les Chinois, nous avait appris jusqu'à quel point l'instinct du mal pouvait se développer en eux.

Le préfet de Kouang-tsi-hien, à qui nous avions exposé en deux mots le motif qui nous avait fait commettre l'indiscrétion de venir le trouver dans son tribunal, nous déclara que ses préoccupations au sujet de cette grande affaire étaient la seule cause des négligences dont nous avions à nous plaindre. Il ajouta que nous pouvions retourner à notre logement avec la certitude d'y trouver les choses organisées conformément aux rites ; que, pour lui, il allait remonter sur son siége pour continuer la procédure de son fameux criminel.

Quoiqu'il fût déjà tard et que nous n'eussions encore pris dans la journée qu'une légère collation, nous nous trouvions médiocrement disposés à nous mettre à table. L'appétit s'en était allé au milieu de tout ce que nous avions vu et entendu depuis que nous étions entrés au prétoire. Nous demandâmes au magistrat s'il verrait quelque inconvénient à nous permettre d'assister un instant au jugement. Notre désir parut le surprendre et l'embarrasser un peu. Après quelques minutes de réflexion, il nous dit : Si vous entrez dans la salle, je crains que votre présence ne soit pour tout le monde un sujet de préoccupation. On n'a jamais vu, dans ces contrées, d'hommes des pays occidentaux. Les officiers du tribunal pourraient difficilement apporter à leurs fonctions l'application convenable. Cependant vous pouvez, si vous le désirez, rester dans ce cabinet ; d'ici, il vous sera facile de tout voir et de tout entendre, sans être aperçus de personne. Il appela aussitôt un domestique auquel il ordonna d'ouvrir une large fenêtre et d'abaisser un treillis en bambou. Pendant que nous nous arrangions derrière cette grille, le juge rentra dans la salle, monta sur son siége et la séance recommença, quand les satellites, les bourreaux et les officiers du tribunal eurent crié par trois fois : *Qu'on soit modeste et respectueux !*

Après avoir rapidement parcouru des yeux quelques pages d'un long cahier manuscrit qui, sans doute, était une des pièces du dossier, le juge chargea un fonctionnaire, qui se tenait debout à sa gauche, de demander à l'accusé s'il ne connaissait pas un nommé Ly-fang, qui exerçait autrefois le métier de forgeron dans un village voisin qu'il lui désigna. Nous avons déjà dit que les mandarins, ne pouvant jamais exercer de charge dans leur propre province, ne connaissaient pas suffisamment les idiomes des pays où ils se trouvaient, et qu'ils étaient obligés de se servir d'interprète toutes les fois qu'ils avaient à interroger un homme de condition inférieure. Le fonctionnaire interprète traduisit la question du juge à l'accusé. Celui-ci souleva un peu la tête, qu'il tenait affaissée sur sa poitrine, lança un regard de bête fauve vers le juge, et répondit, sur un ton plein d'insolence, qu'il avait entendu parler de Ly-fang. — Le connais-tu; as-tu eu des relations avec lui? — J'en ai entendu parler, je ne le connais pas. — Comment, tu ne le connais pas? Il est démontré pourtant que cet homme est resté longtemps sur ta barque; ne persiste pas à répondre des mensonges; parle avec netteté : connais-tu Ly-fang? — J'en ai entendu parler, je ne le connais pas... Le mandarin choisit sur la table un long jeton en bambou, et le lança au milieu du prétoire. Un chiffre est écrit sur ce jeton, et désigne le nombre de coups que doit recevoir l'accusé, en observant toutefois que les exécuteurs doublent toujours le nombre fixé par le magistrat. Un des bourreaux ramassa le jeton, examina le chiffre et cria, en chantant : Quinze coups! C'est-à-dire que l'accusé devait en recevoir trente, qui, multipliés encore par le nombre des bourreaux, devait fournir un total effrayant. Il se fit aussitôt un mouvement dans l'assemblée; tous les yeux se fixèrent, avec une ardente curiosité, tantôt sur le malheureux accusé, tantôt sur les bourreaux. Plusieurs souriaient et s'arrangeaient de leur mieux, comme des gens qui s'apprêtent à contempler quelque chose d'intéressant. Les bourreaux prirent leur position, et bientôt on vit tournoyer et se balancer, sous une grêle de coups, le corps du criminel, qui poussait des cris effroyables ; son sang jaillissait de toute part, coulait le long des verges de rotin, et rougissait les bras nus des bourreaux.

Il nous fut impossible de soutenir la vue d'un pareil spectacle. Nous demandâmes à un officier du tribunal, qui était avec nous dans le cabinet du préfet, s'il n'y aurait pas moyen de sortir sans traverser la salle du jugement. Il nous engagea vivement à attendre la fin de la séance, pour voir, disait-il, comment on s'y prenait pour détacher l'accusé. Cette proposition nous ayant peu souri, il eut l'obligeance de nous reconduire par un long corridor, jusqu'à la porte où nous attendaient les palanquins. — Ce criminel est un bon kouan-kouen, nous dit l'officier en nous quittant. Dans votre pays y a-t-il un grand nombre de kouan-kouen ? — Non, lui répondîmes-nous, cette classe d'hommes est inconnue chez nous.

Il serait difficile de trouver dans la langue française un équivalent de ce mot kouan-kouen. Il est donné, en Chine, à une race de bandits qui se font un jeu et un honneur de fronder les lois et les magistrats, de commettre des injustices et des assassinats. Donner et recevoir des coups avec impassibilité, tuer les autres avec sang-froid et ne pas redouter la mort, voilà le sublime du genre. Les kouan-kouen sont très-nombreux en Chine ; ils forment entre eux des associations et se soutiennent mutuellement avec une imperturbable fidélité. Quelques-uns vivent isolément et ce sont les plus féroces. Ils regarderaient comme indigne de leur valeur d'avoir un associé, un appui quelconque ; ils ne veulent compter que sur l'énergie de leur caractère. Rien n'est comparable à l'audace de ces hommes. Les crimes les plus atroces, les forfaits les plus extravagants, ont pour eux un attrait irrésistible. Quelquefois ils vont, par fierté, se dénoncer eux-mêmes aux magistrats. Ils font l'aveu de tous leurs crimes, s'appliquent à en fournir des preuves irrécusables, et demandent à être jugés ; puis, quand on instruit le procès, comme, d'après la législation chinoise, l'aveu du coupable est nécessaire, ils nient tout ce qu'ils ont d'abord avoué, et endurent avec un stoïcisme inébranlable tous les genres de torture auxquels on les applique. On dirait même qu'ils trouvent un certain bonheur à voir leurs membres broyés, pourvu qu'ils puissent braver la justice et pousser à bout la colère des mandarins. Il leur arrive souvent de les compromettre et de les faire casser ; c'est alors un de leurs plus beaux triomphes. On rencontre dans toutes les villes de la Chine de nombreuses collections de petites brochures, qui composent en quelque sorte les fastes judiciaires et les causes célèbres de l'empire. Elles renferment les dramatiques biographies des plus fameux kouan-kouen ; le peuple dévore ces brochures, qui ne coûtent que quelques sapèques.

La manière de rendre la justice, en Chine, est extrêmement sommaire. Il est permis d'avancer, sans crainte d'exagération, qu'il y a, en France, quatre fois plus de juges que dans tout l'empire Chinois. cette simplification, il faut en convenir, n'est nullement favorable à l'accusé, pour lequel il existe très-peu de véritables garanties. Sa fortune et sa vie dépendent presque toujours du caprice et de la rapacité des mandarins. Les tribunaux ordinaires ne sont composés que d'un seul juge. L'accusé se tient à genoux pendant le procès ; le magistrat l'interroge, et il est seul pour apprécier la valeur de ses réponses. Point d'avocat qui prenne sa défense ; on admet quelquefois ses parents ou ses amis à plaider sa cause ; mais c'est une pure condescendance du mandarin, et un effet de son bon plaisir. Les témoins à charge ou à décharge se trouvent souvent dans une position pire que celle de l'accusé, car, si leurs dépositions ne plaisent pas aux juges, ils sont à l'instant fouettés et souffletés ; un bourreau, chargé de les rappeler à l'ordre, est toujours placé à leur côté. Ainsi l'accusé est absolument à la merci du mandarin qui le juge, ou plutôt des officiers subalternes du tribunal, qui ont déjà préparé à l'avance la procédure, d'une manière favorable ou contraire à l'accusé, suivant l'argent qu'ils ont reçu.

Cicéron nous a fait connaître, avec son énergique éloquence, la méthode de l'infâme Verrès, quand il rendait la justice en Sicile. « Les condamnés, dit-il, sont
« renfermés dans la prison ; le jour de leur supplice
« est fixé ; on le commence dans la personne de leurs pa-
« rents, déjà si malheureux. On les empêche d'arriver
« jusqu'à leurs fils ; on les empêche de leur porter de la
« nourriture et des vêtements ; ces malheureux pères
« restaient étendus sur le seuil de la prison. Les mères
« éplorées passaient les nuits auprès du guichet fatal
« qui les privait des derniers embrassements de leurs
« enfants ; elles demandaient pour toute faveur qu'il leur
« fût permis de recueillir leur dernier soupir. A la porte
« veillait l'inexorable geôlier, le bourreau du préteur,

« la mort et la terreur des alliés et des citoyens, le licteur
« Sestius, qui levait une taxe sur chaque gémissement,
« sur chaque douleur. — Pour entrer, disait-il, vous
« me donnerez tant, tant pour introduire ici des aliments ;
« personne ne s'y refusait. — Et vous, combien me
« donnerez-vous pour que je fasse mourir votre fils d'un
« seul coup ? Combien pour qu'il ne souffre pas long-
« temps ? Combien pour qu'il ne soit pas frappé plu-
« sieurs fois ? Combien pour que je l'expédie sans qu'il
« le sente, sans qu'il s'en aperçoive ? Et ces affreux ser-
« vices, il fallait encore les payer au licteur (1) ! » Il
nous a toujours semblé que Verrès avait dû avoir
quelque connaissance des usages chinois, tant nous a
paru frappante la ressemblance entre les procédés des
mandarins du Céleste Empire et ceux du préteur de
Sicile...

Tout condamné a droit de faire appel aux tribunaux
supérieurs et de poursuivre sa cause à Péking même,
par-devant la cour souveraine. Pour arriver jusque-là,
il faut mettre en mouvement tant d'influences et faire
agir des ressorts si nombreux, que la plupart des affaires
se bâclent ordinairement dans les provinces. La justice
chinoise est très-sévère pour les voleurs et les perturba-
teurs du repos public. Les peines les plus ordinaires
sont : la bastonnade, les amendes, les soufflets avec d'é-
paisses semelles de cuir, la cangue ou carcan portatif,
la prison, les cages en fer où l'on doit rester accroupi,
le bannissement dans l'intérieur de l'empire, l'exil perpétuel ou temporaire en Tartarie, et la mort, qui se

(1) Cicero, *in Verrem, De suppliciis.*

donne par strangulation ou décapitation. Les rebelles sont coupés en morceaux, ou mutilés de la manière la plus horrible. L'application des peines est le plus souvent arbitraire et précipitée, à l'exception toutefois de la peine de mort, pour laquelle, hors certains cas très-rares, on doit attendre la ratification de la sentence par l'empereur.

Il existe, en Chine, un code très-détaillé, une sorte de *Corps du droit chinois*, comme diraient les légistes européens. Il a pour titre : *Ta-tsing-lu-li*, c'est-à-dire « Lois et statuts de la grande dynastie des Tsing. » Ce livre curieux a été traduit du chinois en anglais par sir Georges Thomas Staunton, sous le titre de *Code pénal de la Chine*. Un tel titre paraît d'abord inexact et peu conforme au texte chinois et aux matières dont il est traité dans le cours de l'ouvrage, où il y a autre chose que le système des lois criminelles de la Chine. Il est partagé en sept divisions, dont voici les sujets : 1° lois générales ; 2° lois civiles ; 3° lois fiscales ; 4° lois rituelles ; 5° lois militaires ; 6° lois criminelles ; 7° lois sur les travaux publics. Cette qualification de *Code pénal*, quoique peu littérale, nous paraît pourtant assez logique.

Ceux qui ont observé sérieusement les institutions et les mœurs chinoises ont été frappés de deux choses, bien propres en effet à exciter l'attention. D'un côté, c'est le caractère pénal affecté par la législation du Céleste Empire. Chaque prescription de la loi, chaque règlement, est l'objet d'une sanction pénale, non-seulement dans l'ordre criminel, mais encore dans l'ordre purement civil et administratif. Tous les manquements, toutes les irrégularités qui, dans la législation européenne, peuvent tout au plus entraîner des déchéances, des incapacités, des nullités, ou bien seulement une légère réparation civile, sont punies, en Chine, par un nombre déterminé de coups de bambou. Il pourra être intéressant de rechercher la cause de ce caractère particulier de la loi chinoise.

D'un autre côté, la Chine tout entière, avec sa religion officielle, ses mœurs publiques et privées, ses institutions politiques, sa police et son administration, toute cette immense agglomération de trois cents millions d'hommes, paraît être assise sur un principe unique, pivot de toute la machine. Ce principe, dont nous avons souvent parlé, est le dogme de la piété filiale, qui a été étendu au respect dû à l'empereur et à ses délégués, et qui, en réalité, ne paraît être autre chose que le culte des vieilles institutions.

La civilisation chinoise remonte à une antiquité si reculée, qu'on a beau scruter son passé, on ne peut jamais découvrir les traces d'un état d'enfance chez ce peuple. Ce fait est peu ordinaire, et nous sommes habitués, au contraire, à trouver toujours un point de départ bien déterminé dans l'histoire générale des nations, et les documents historiques, les traditions, les monuments qui nous en restent, tout nous permet de suivre, en quelque sorte pas à pas, les progrès de chaque civilisation, d'assister à sa naissance, de constater son développement et sa marche ascendante, enfin d'être les témoins de sa décadence et de sa chute. Pour les Chinois, il n'en est pas ainsi; ils paraissent avoir toujours vécu au milieu de la civilisation que nous leur connaissons aujourd'hui et les données de l'antiquité sont de nature à confirmer cette opinion.

Il ne serait donc pas téméraire de supposer qu'il a dû se produire quelque événement mystérieux et de la plus haute importance, qui a initié brusquement les Chinois à ce degré de civilisation qui nous étonne. Ce fait a dû profondément frapper l'imagination de ces peuples. De là le respect, la vénération, la reconnaissance, pour les premiers fondateurs de leur vieille monarchie, qui les ont ainsi conduits à la lumière d'une manière si rapide. De là encore le culte des ancêtres, des choses anciennes, de ceux qui, dans l'ordre politique, tiennent la place que le père et la mère occupent dans la famille. Les Chinois, en effet, ont toujours attaché l'idée de saint et de mystérieux à tout ce qui est antique, à tout ce qui a traversé les siècles passés ; ce respect généralisé a pris le nom de piété filiale.

Ce sentiment, poussé jusqu'à l'exagération, avait pour conséquence nécessaire d'abord l'exclusivisme et même le mépris à l'égard des nations étrangères, des barbares, et, en second lieu, la stabilité dans la civilisation, qui est restée à peu près ce qu'elle était au commencement, sans progresser d'une manière sensible.

Les réflexions qui précèdent nous permettront de restituer aux lois relatives à la piété filiale leur véritable importance politique et sociale.

De même que le style c'est l'homme, les législations, qui sont le style des nations, reflètent fidèlement les mœurs, les habitudes et les instincts du peuple pour lequel elles ont été faites, et l'on peut dire de la législation chinoise qu'elle est le peuple chinois bien défini.

Les habitants du Céleste Empire manquant de croyances religieuses et vivant au jour le jour, sans trop s'inquiéter ni du passé ni de l'avenir, profondément sceptiques et insouciants de tout ce qui touche au côté moral de l'homme, n'ayant enfin de l'énergie que pour amasser des sapèques, on comprend qu'ils ne peuvent être maintenus dans l'accomplissement des lois par le sentiment du devoir. Le culte officiel de la Chine ne possède, en effet, aucun des caractères qui constituent ce qu'on appelle proprement une religion, et doit être, en conséquence, insuffisant pour donner aux peuples les idées morales qui font plus pour l'observance des lois que la sanction pénale la plus terrible. Il est dès lors tout naturel que le bambou soit l'accessoire nécessaire et indispensable de chaque prescription légale. La loi chinoise présentera donc toujours un caractère pénal, même lorsqu'elle aura seulement pour objet des intérêts purement civils ou administratifs.

Chaque fois qu'une législation est obligée de prodiguer les peines, on est en droit d'affirmer que le milieu social dans lequel elle est en vigueur est vicieux. Le *Code pénal* de la Chine est une preuve de la vérité de ce principe. Les peines n'y sont pas graduées d'après la gravité morale du délit considéré en lui-même ; elles dépendent, au contraire, de l'importance du préjudice causé par le délit. Ainsi, la peine infligée au vol est proportionnelle à la valeur de l'objet volé, d'après une échelle spéciale dressée à cet effet, pourvu qu'au vol ne se soit pas réunie une des circonstances qui en font un crime particulier et spécialement réprimé par la loi. A ce point de vue, la législation pénale est basée sur le principe utilitaire. Cela ne doit pas étonner : le matérialisme de la loi chinoise s'oppose à ce que le caractère moral de l'acte punissable soit pris en considération exclusive; elle ne voit que le positif.

La présence du principe utilitaire dans une législation indique assez généralement que le lien social est artificiel, qu'il ne repose pas sur les vrais principes qui constituent et conservent les nationalités. L'immense population de la Chine, dépravée par l'absence des croyances religieuses et de toute éducation morale, absorbée par le culte des intérêts matériels, ne subsisterait pas longtemps en corps de nation et serait bientôt démembrée, si l'on venait substituer brusquement, à l'étrange législation qui la gouverne, une législation basée seulement sur les principes du droit et de la justice absolue. Chez un peuple de spéculateurs et de sceptiques, comme le sont les Chinois, le lien social doit se trouver dans la loi pénale, et non pas dans la loi morale. Le rotin et le bambou sont la seule garantie de l'accomplissement du devoir.

Et ce but ne saurait être encore atteint, si les mandarins chargés de faire exécuter la loi ne trouvaient dans la loi elle-même la plus grande latitude possible. C'est ce qui explique le vague et le manque de précision qu'on remarque souvent dans le *Code pénal* de la Chine. Très-souvent il lui arrive de ne pas définir, de ne pas qualifier les délits, ou, du moins, de ne le faire que très-imparfaitement; de sorte que les magistrats ont la plus grande latitude dans l'interprétation de la loi, qui est, entre leurs mains, d'une élasticité merveilleuse; elle semble faite tout exprès pour favoriser l'esprit tracassier, oppresseur, et surtout voleur, des mandarins chargés de l'appliquer; car, en l'absence de textes clairs et précis, ils trouvent toujours le moyen de faire rentrer dans la catégorie des faits punis par la loi, des actes d'ailleurs très-innocents, ou qui, tout au moins, ne sauraient jamais subir l'action des lois positives.

Ainsi, pour en donner un exemple, on trouve dans le tome Ier, page 274, du *Code pénal,* un article ainsi conçu : « Quand un marchand, après avoir observé la
« nature des affaires que font ses voisins, s'assortit et
« met des prix à ses marchandises, de manière à ce que
« ses voisins ne puissent pas vendre les leurs, et à ce
« qu'il lui en revienne un bénéfice beaucoup plus grand
« que celui qu'on fait ordinairement, il sera puni de
« quarante coups de bambou. » Quel est le marchand qui pourra être à l'abri des vexations du mandarin avec un pareil article toujours suspendu sur sa tête ? En voici un autre qui dépasse tout ce qu'on peut imaginer de plus odieux en ce genre. « Quiconque tiendra une
« conduite qui blesse les convenances, et telle, qu'elle
« soit contraire à l'esprit des lois, *sans qu'elle dénote*
« *une infraction spéciale à aucune de leurs dispositions,*
« sera puni au moins de quarante coups, et il en re-
« cevra quatre-vingts quand l'*inconvenance* sera d'une
« nature plus grave. »

Les deux articles que nous venons de citer suffiront à un mandarin pour rançonner tous les habitants de sa juridiction et faire promptement une grosse fortune.

Mais ce n'était pas assez; le chef-d'œuvre de la législation chinoise en cette matière se trouve dans un vaste système de solidarité qui rend en quelque sorte chaque sujet de l'empire garant de la conduite de son voisin ou de son parent, de son supérieur ou de son inférieur. Les fonctionnaires publics sont principalement soumis à cette terrible responsabilité comme nous verrons plus bas, et les simples particuliers n'en sont pas exempts. Ainsi, dans chaque division territoriale composée de cent familles, il y a un chef nommé par ses concitoyens pour veiller, avec six assesseurs, à la perception des impôts et à l'acquittement des autres droits et services publics (1).

Ce chef est responsable d'une foule de délits qui peuvent se commettre dans son district. Quand les terres sont mal cultivées, la peine qu'il encourt flotte entre vingt et quatre-vingts coups, suivant l'étendue du terrain en contravention (2).

Voici ce qu'on trouve au chapitre premier du tome second : « Le crime de haute trahison est celui qu'on
« commet, soit contre l'État en renversant le gouver-
« nement établi, ou en essayant de le faire, soit contre
« le souverain en détruisant le palais dans lequel il ré-
« side, le temple où sa famille est adorée, ou les tom-
« beaux dans lesquels reposent les restes de ses ancêtres,
« ou en tentant de les détruire.

« Toutes les personnes qui seront convaincues d'a-
« voir commis ces forfaits exécrables, ou d'avoir eu le
« projet de les commettre, subiront la mort par une
« exécution lente et douloureuse, soit comme partie
« principale ou comme complices.

(1) Tome I, p. 152.
(2) Tome I, p. 174.

« Tous les parents mâles des personnes convaincues
« des forfaits ci-dessus, au premier degré et âgés de
« soixante ans ou de plus de soixante, nommément : le
« père, le grand-père, les fils, les petits-fils, les oncles
« paternels et tous leurs fils respectifs, sans aucun
« égard pour le lieu de leur résidence, ni pour les in-
« firmités naturelles ou survenues à quelques-uns
« d'eux, seront décapités indistinctement.

« Toutes les personnes qui connaîtront des coupables
« de haute trahison, ou des individus qui auront l'inten-
« tion d'en commettre le crime, et qui conniveront audit
« crime en n'en dénonçant pas les auteurs, seront dé-
« capitées. »

Cet épouvantable principe de la solidarité répugne à
notre intelligence et à notre conscience de chrétien ; il
est pourtant tout naturel qu'il soit, en Chine, d'une
application énergique et constante. Quand on envisage
une nation composée de trois cents millions d'hommes,
sans croyances religieuses, exclusivement livrée à tous
les hasards de la spéculation, on conçoit qu'il ait fallu
des moyens peu ordinaires pour réunir sous une même
domination des éléments si rebelles, et maintenir l'unité
politique de ces innombrables populations.

Et cependant toutes ces rigueurs ne sauraient empêcher les commotions politiques, et les annales de ce
peuple étrange sont là pour nous prouver que la Chine
est le pays le plus révolutionnaire du monde. C'est qu'en
effet, avec de tels systèmes, on ne peut guère fonder
qu'un ordre factice. Le moindre souffle suffit pour compromettre la solidité d'un édifice si péniblement, mais si
mal assis. Cela prouve encore ce dont auraient été ca-

pables les Chinois, s'ils avaient voulu profiter des lumières que le christianisme a répandues en si grande abondance sur les peuples occidentaux. C'est, en vérité, un grand spectacle que celui que nous présente la Chine : il y a quelque chose de profondément mystérieux dans cette civilisation si antique, ayant pu résister, jusqu'à ce jour, au flux et reflux des révolutions, et se soustraire à une ruine complète, en dépit de l'instabilité de ses bases, de la fausseté de ses principes et du peu de moralité de ses concitoyens.

Malgré les nombreuses imperfections que nous venons de signaler, le *Code pénal* de la Chine peut néanmoins être considéré comme un des beaux monuments de l'esprit humain. On y retrouve tous ces grands principes que les législations modernes sont si fières de posséder. Les circonstances atténuantes, la non-rétroactivité dans l'application des lois pénales, le droit de faire grâce accordé au souverain, le droit d'appel, le respect de la liberté individuelle garantie par la responsabilité des magistrats chargés de la répression des délits, la confusion des peines, dans le cas de conviction de plusieurs délits entraînant des peines différentes : voilà autant de principes reconnus par la loi, et qui protégent le peuple contre la tyrannie des mandarins.

Cependant, chose digne de remarque, la science du droit n'existe pas en Chine ; le ministère des avocats est inconnu ; il n'y a pas non plus de jurisprudence. On trouve bien quelquefois, dans les édits publiés par les empereurs pour la confirmation des sentences prononcées contre de grands coupables, un rappel des sentences précédentes rendues dans des circonstances analogues ; mais un tel usage n'a d'autre but que de justifier un acte qu'on pourrait peut-être considérer comme une dérogation à la loi, ou d'expliquer, par un précédent, l'interprétation particulière d'un texte du Code. Ces rappels ne sauraient constituer ce qu'on entend par jurisprudence. Chaque magistrat chargé d'appliquer la loi l'interprète d'après sa manière de voir et l'esprit général de la législation. Mais il n'y a pas de doctrine spéciale qui veille à ce qu'on ne s'écarte pas des principes du droit chinois ; par suite, il n'y a pas en Chine de jurisconsultes.

On prend toutefois certaines mesures, non-seulement pour que les magistrats entendent parfaitement les lois qu'ils sont chargés d'appliquer, mais encore pour vulgariser, autant que possible, la connaissance du Code parmi le peuple.

Ainsi il est ordonné à tous les officiers et employés du gouvernement de faire une étude particulière des lois. Une disposition spéciale du Code exige qu'à la fin de chaque année, et dans toutes les localités, les officiers soient examinés sur les lois par leurs supérieurs respectifs ; si leurs réponses ne sont pas convenables, ils subissent une amende d'un mois de leurs émoluments, s'ils sont officiers du gouvernement, et reçoivent quarante coups de bambou, s'ils occupent des emplois inférieurs. Tous les individus, laboureurs, artisans et autres, qui, pour leur premier délit commis par accident ou par la faute d'autres personnes, sauront expliquer les lois, leur nature et leur objet, seront excusés et relaxés (1).

(1) Tome I, p. 115.

Quoique les mandarins chinois jouissent d'une grande puissance, leur sort n'est pas aussi brillant qu'on se l'imagine communément. Ils ont, il est vrai, beaucoup de facilité pour s'enrichir rapidement, et, s'ils sont capables et habiles, arriver assez vite aux premiers emplois. Mais jamais ils ne sont sûrs du lendemain ; il suffit d'un caprice de l'empereur, d'une dénonciation, d'un ennemi riche ou influent, pour les faire casser, envoyer en exil, et quelquefois même à la mort.

Les emplois publics sont aussi recherchés en Chine qu'en Europe. Ils le sont même peut-être davantage, si l'on en juge par les précautions qui ont été prises pour éviter les sollicitations, et cette fièvre du *fonctionnarisme*, qui a excité, parmi nous, tant d'indignation dans ces derniers temps. Ces précautions sont trop curieuses pour que nous ne les fassions pas connaître. Peut-être jugera-t-on à propos de faire en France quelque chose de semblable.

Le nombre des officiers, dans chaque tribunal et dans chaque administration, est fixé par la loi. Quiconque sera nommé officier surnuméraire, ou sera cause qu'un autre le devient sans faire partie du nombre fixé par la loi, subira cent coups de bambou, et un accroissement de peine par chaque surnuméraire dont il aura causé la nomination (1). — Si pareille loi était en vigueur dans notre pays, il est probable que l'ardeur des solliciteurs et le bon vouloir des protecteurs seraient singulièrement refroidis. Mais voici qui est prodigieux.

« Quand des officiers civils du gouvernement, qui

---

(1) Tome I, p. 97.

« ne sont pas distingués par des services éminents
« rendus à l'État, seront recommandés aux bontés de
« l'empereur, comme dignes de plus grands honneurs,
« ces officiers et ceux qui les auront recommandés se-
« ront mis en prison et condamnés à être décapités (1).

« Les adresses envoyées à l'empereur en faveur d'un
« des grands officiers de l'Etat sont considérées comme
« prouvant l'existence d'une machination traîtresse,
« subversive du gouvernement, et leurs auteurs sont
« punis de mort, ainsi que l'officier, objet de la lettre,
« s'il a participé au délit (2). »

Cette sévérité excessive ne saurait avoir seulement pour but de couper court à l'intrigue, et d'empêcher des ambitieux incapables d'arriver aux premiers emplois de l'État ; la loi veut principalement s'opposer à ce que la moindre atteinte soit portée au pouvoir de l'empereur. Dans un vaste empire comme la Chine, et avec des populations que ne retient pas le frein de la religion et de la morale, on comprend que la souveraineté soit ombrageuse, et qu'elle tremble en quelque sorte devant ces grands fonctionnaires, dépositaires d'un pouvoir qui leur permettrait, s'ils l'osaient, de secouer le joug et de compromettre la solidité du trône. Aussi la loi chinoise est-elle d'une sévérité outrée pour le plus léger manquement au respect dû à l'empereur. « Il est défendu,
« sous peine de quatre-vingts coups de bambou, d'em-
« ployer, dans une adresse à l'empereur, le nom appel-
« latif de Sa Majesté ; sous peine de quarante coups,
« de s'en servir dans une instruction au peuple ; sous

(1) Tome I, p. 95.
(2) Tome I, p. 113.

« peine de cent coups, de le prendre pour soi ou pour
« d'autres (1). » Enfin, le bambou sert encore à réprimer le délit de celui qui lance des projectiles contre les résidences ou les temples impériaux.....

Les lois qui régissent les fonctionnaires publics en Chine, quoique d'une grande sévérité, sont néanmoins tempérées par des formes ayant un certain rapport avec ce qu'on appelle, en France, la *garantie constitutionnelle*.

Lorsqu'un officier du gouvernement, à la cour ou dans la province, commet un délit contre les lois, soit comme homme public, soit comme simple particulier, son supérieur, dans tous les cas importants, en soumettra à l'empereur un détail circonstancié, et l'on ne pourra procéder au jugement du coupable sans la sanction expresse de Sa Majesté (2).

Les personnes privilégiées ne peuvent être poursuivies, pour délits contre les lois, que sur l'ordre positif de l'empereur, à qui toute la procédure devra être portée, pour, par lui, être statué définitivement. Mais le privilége cesse quand il s'agit de crimes qui tiennent de la trahison ; ces crimes sont : la rébellion, la déloyauté, la désertion, le parricide, le massacre, le sacrilége, l'impiété, la discorde, l'insubordination, l'inceste (3).

C'est surtout à l'égard des fonctionnaires publics que le système de responsabilité pénale, dont nous avons parlé plus haut, reçoit une application énergique. Chaque fois que les tribunaux, ou corps de fonctionnaires

---

(1) Tome I, p. 120.
(2) Tome I, p. 29.
(3) Tome I, p. 27.

se sont rendus coupables, en prononçant des décisions erronées, ou contraires aux lois, ou trop douces ou trop sévères, ou bien en apportant de la négligence dans les poursuites, c'est le greffier qui est considéré comme auteur principal du crime ; tous les autres membres sont aussi punis, mais d'une peine moindre, en descendant jusqu'au président. En Chine, plus les officiers sont inférieurs, plus leur responsabilité augmente ; car on admet que le crime ne se serait peut-être pas commis, s'ils avaient refusé leur ministère. Ainsi les employés subalternes sont exposés à des peines terribles, s'ils prêtent leur concours à un acte illégal, et à tous les ressentiments de leurs supérieurs, s'ils s'y refusent. Ailleurs une position semblable serait impossible ; mais, en Chine, les fonctionnaires n'ont peur de rien, parce qu'ils sont assurés d'avoir toujours quelque moyen de se tirer d'affaire.

Un chose encore digne de remarque, dans la loi que nous venons de mentionner, c'est qu'on fasse un crime aux tribunaux d'avoir rendu une décision erronée. Ce serait, en Europe, un singulier spectacle que de voir les juges bâtonnés lorsqu'ils se sont trompés. En Chine, un tribunal n'est pas seulement punissable pour un arrêt inexact rendu sur le fait dont la connaissance lui est tout naturellement attribuée ; il l'est encore en appel, lorsque, par exemple, un tribunal supérieur confirme une décision erronée d'un tribunal inférieur, ou encore lorsqu'un tribunal inférieur confirme la décision erronée qui lui a été renvoyée d'un tribunal supérieur.

La responsabilité des officiers subalternes va si loin, qu'il peut se présenter des cas où ils seront punis de mort, parce qu'une lettre aura été mal cachetée. Quand le sceau officiel sera mal apposé, ou apposé renversé, tous les officiers responsables de son apposition recevront quatre-vingts coups, et, si le destinataire, par suite de cette irrégularité, doute de l'authenticité de l'acte, hésite pour l'exécuter, et qu'une opération militaire soit ainsi manquée, le commis de bureau sera mis à mort (1).

La capacité civile des fonctionnaires est restreinte dans certaines limites, et c'est là, peut-être, une des dispositions les plus sages de la législation chinoise. — Il est défendu à tous les officiers du gouvernement qui ont une juridiction territoriale, et à leurs commis ou greffiers, d'acquérir des terres dans l'étendue de leur juridiction et pendant toute la durée de leur autorité (2). — Il est encore défendu aux officiers du gouvernement, dans les villes de premier, de deuxième et de troisième ordre, de prendre une femme habitant dans l'étendue de leur juridiction à peine de quatre-vingts coups de bambou. L'officier coupable recevra cent coups, si le mari ou le père de la femme a un procès devant son tribunal ; il subira la même peine, s'il fait épouser cette femme à son fils, petit-fils, frère cadet, ou neveu (3).

L'échelle pénale établie par le Code est très-simple. La peine la plus ordinaire est la cangue et les coups de bambou, appliqués tantôt du gros bout, tantôt du petit bout, et pouvant varier de quatre-vingts à cent. La peine de soixante à cent coups se combine souvent avec un bannissement temporaire ou perpétuel et avec la marque.

---

(1) Tome I, p. 135.
(2) Tome I, p. 170.
(3) Tome I, p. 195.

La peine de mort est exécutée par strangulation ou par décapitation, selon la gravité du délit ; il y a aussi, pour les plus grands forfaits, la mort *lente et douloureuse* ou le *supplice des couteaux*, qui s'inflige de la manière suivante : on attache d'abord le coupable à une croix de sa hauteur et qui est fixée en terre ; ensuite l'exécuteur prend au hasard dans un panier couvert un des couteaux qui y sont renfermés et il coupe le membre que le couteau indique. La famille du coupable cherche ordinairement à abréger des souffrances aussi cruelles en donnant quelque argent à l'exécuteur pour qu'il trouve, le plus promptement possible, le couteau qui doit être enfoncé dans le cœur.

La loi chinoise, très-sévère pour la répression des crimes et délits, contient cependant plusieurs dispositions remarquables et qui ne dépareraient pas nos codes modernes. Il y a surtout un système de circonstances atténuantes qui a des bases peut-être plus morales que le système français. Chez nous, l'appréciation des circonstances atténuantes est laissée à l'arbitraire du jury, qui a seulement mission de déclarer qu'elles existent, sans qu'il puisse s'expliquer à cet égard. Ainsi comprises, les circonstances atténuantes ne sont pas admises en Chine ; mais la loi prévoit spécialement certains faits qui, lorsqu'ils sont constatés, entraînent de plein droit tantôt une réduction dans la peine, tantôt la rémission complète.

Dans certains cas particuliers, à l'occasion, par exemple, de quelque grand événement, l'empereur rend un édit de grâce générale, qui a l'effet d'un pardon pur et simple. Cet acte ne s'applique jamais de plein droit à ceux qui ont commis ou des crimes de trahison ou tout autre spécialement prévu. Les effets de cette amnistie s'étendent à tous ceux qui ont commis un crime par inadvertance ou qui se trouvent impliqués à cause du fait ou de leur responsabilité particulière. Il y a, en outre, des grâces particulières que peut recevoir tout criminel sans exception (1).

La considération des parents entraîne quelquefois une réduction de peine pour le coupable qui eût mérité la mort. Il faut, pour cela, qu'il n'ait pas d'enfants âgés de plus de seize ans, que ses parents aient dépassé soixante et dix ans ou qu'ils soient infirmes, et que le crime, enfin, soit de nature à pouvoir être amnistié par un acte de grâce. Il en est alors référé à l'empereur, qui statue à cet égard. Si le coupable a mérité le bannissement, il recevra, à la place, cent coups de bambou et payera une amende (2).

L'âge ou les infirmités des coupables peuvent aussi leur attirer de l'indulgence. On doit exposer le cas à l'empereur dans un mémoire explicatif. Pour qu'il y ait lieu à réduction de peine, il suffit que les coupables aient l'âge ou les infirmités à l'époque du jugement, quoiqu'ils ne les aient pas eus à l'époque du crime.

Le coupable qui se livre volontairement au magistrat, sans que le crime ait été autrement découvert, obtiendra son pardon, sauf les réparations civiles. L'aveu a toujours pour résultat une réduction dans la peine, quelquefois même, s'il est fait dans certaines circonstances spécialement prévues, il entraîne le par-

---

(1) Tome I, p. 35 à 66.
(2) Tome I, p. 46.

don complet, sauf toujours les réparations civiles. Un tel système paraît plein de sagesse, et les Chinois sont peut-être, à cet égard, supérieurs aux autres peuples. En France, un aveu a presque toujours pour résultat une déclaration de circonstances atténuantes qui entraîne de droit une réduction de peine ; mais ce n'est qu'un fait. Ne vaudrait-il pas mieux que la loi prononçât elle-même cette réduction, qui, ainsi, étant toujours de droit, amènerait peut-être le coupable à faire des aveux, par la certitude d'un adoucissement à sa peine ?

Le contumax qui se livre et fait arrêter un complice aussi ou plus coupable que lui a droit au pardon (1).

La loi chinoise présente certains cas d'excuse légale, tout comme la loi française. Ainsi, il est défendu d'entrer, la nuit, sans autorisation, dans une maison habitée ; si le maître de maison tue quelqu'un qui s'est introduit de force chez lui, à une heure indue, il n'est pas puni ; le fait est considéré comme une extension du principe de légitime défense. Il en est de même du mari qui tue sa femme adultère et son complice (2).

La manière de traiter les coupables en prison et de leur faire subir leur peine est minutieusement déterminée par des règlements particuliers. Lorsque le magistrat fait emprisonner des criminels, et qu'il néglige de prendre, à leur égard, quelqu'une des mesures de rigueur prescrites par la loi, il est puni d'un nombre de coups de bambou proportionné aux crimes qu'ils ont commis (3). Il arrive quelquefois que les mandarins,

---

(1) Tome I, p. 61.
(2) Tome II, p. 51 et 68.
(3) Tome II, p. 283.

plutôt que de s'exposer aux coups de bambou, se conduisent envers leurs prisonniers avec une atrocité telle, qu'il nous eût été impossible d'y croire jamais, si nous ne l'eussions vu de nos propres yeux. Un jour, nous rencontrâmes, sur une route qui conduisait à Péking, un convoi de plusieurs chariots sur lesquels étaient entassés de nombreux Chinois qui poussaient des cris horribles. Des bandes de soldats, ayant à leur tête un officier militaire, escortaient ces charretées d'hommes. Au moment où nous nous arrêtâmes pour laisser passer cette cohue, nous fûmes saisis d'horreur en voyant tous ces malheureux cloués par une main aux planches des chariots. Un satellite, que nous interrogeâmes, nous dit avec un affreux sang-froid : — Nous avons été *dénicher des voleurs* dans un village voisin. Nous en avons pris un nombre considérable, et, comme nous n'avions pas apporté des chaînes en assez grande quantité, il a fallu imaginer un moyen pour les empêcher de se sauver. Voilà pourquoi vous les voyez cloués par la main. — Vous ne pensez donc pas qu'il puisse y avoir des innocents parmi eux ? — Qui pourrait le savoir ? on ne les a pas encore jugés. Nous les conduisons au tribunal, et nous avons pris cette mesure uniquement pour prévenir les évasions. Plus tard, s'il y a lieu, on séparera les voleurs de ceux qui ne le sont pas... Ce satellite trouvait la chose toute naturelle, il avait même l'air un peu fier et satisfait du procédé ingénieux qu'ils avaient imaginé contre les fuyards..... Le spectacle que nous eûmes un instant sous les yeux faisait horreur; mais ce qu'il y avait de plus hideux, c'était l'hilarité, les ricanements des soldats, qui se montraient les uns aux autres les grimaces que la douleur faisait naître sur les figures de ces malheureux captifs. On doit présumer jusqu'où doivent aller les excès des révolutions et des guerres civiles chez un peuple capable de semblables barbaries dans les temps calmes et réguliers. Il doit se passer actuellement en Chine, dans les provinces envahies par l'insurrection, des abominations incroyables.

Le Code pénal s'occupe beaucoup, comme on peut le penser, de l'organisation de la famille, qui est, en Chine, une institution en quelque sorte autant politique que sociale. Quoiqu'on ait beaucoup préconisé le dogme de la piété filiale, il est constant qu'on retrouve bien moins de véritable harmonie dans la famille chinoise que chez les peuples européens, et la raison en est bien simple : en Chine, c'est la loi et le bambou et non pas le devoir et la religion qui réglementent l'amour filial et cherchent à conserver artificiellement les liens de la famille. On peut croire qu'au commencement les lois qui ont été portées sur cette matière étaient l'expression d'un sentiment vif et véritable ; mais, depuis, le sentiment a disparu et la loi seule est restée. La peur de la cangue et du rotin a dû naturellement prendre la place de l'affection, et ce n'est plus maintenant qu'une affaire d'habitude.

Le mariage, base de la famille, a été réglé avec soin et minutie par la législation chinoise. On y retrouve toujours ce caractère de tyrannie domestique qui distingue les mœurs de tous les peuples placés en dehors de l'influence du christianisme. En parlant des rites et des cérémonies observées dans la célébration des mariages, nous avons signalé cette despotique autorité des parents à l'égard de leurs enfants. Ainsi, ce ne sont jamais les futurs conjoints qui sont consultés ; c'est à leurs familles respectives qu'il appartient de faire les premières avances, de fixer les présents de noces, d'arrêter les articles du contrat, etc. Tous ces préliminaires ont lieu par l'entremise de tierces personnes, servant d'intermédiaire entre les deux parties et faisant, en quelque sorte, la hausse et la baisse de la denrée mariable. Quand on est tombé d'accord, on fait les fiançailles. Si ensuite une des familles refuse d'exécuter le contrat, son chef est condamné à recevoir cinquante coups de bambou, et le mariage se fait. S'il n'a pas été dressé de contrat, l'acceptation des présents de noces suffit pour attester le consentement des parties contractantes.

Il est très-facile, comme on le voit, de conclure un mariage sans consulter les principaux intéressés ; mais cela n'a lieu que pour un premier mariage. Un père de famille ne peut forcer ses enfants veufs à convoler à de secondes noces, sous peine de quatre-vingts coups de bambou (1).

Si, entre les fiançailles et le mariage, les parents de la future promettent sa main à un autre, le chef de famille reçoit soixante et dix coups ; il en reçoit quatre-vingts, si la future avait déjà été présentée et agréée. Celui qui accepterait une promesse de mariage, en sachant que des négociations sont entamées pour un autre mariage, reçoit également quatre-vingts coups. Sont exceptés les cas où le vol ou l'adultère d'un des contractants est prouvé avant le mariage ; car alors le contrat est résilié de plein droit.

(1) Tome I, p. 190.

La loi chinoise détermine certaines circonstances où l'on ne peut contracter mariage. Il y a des empêchements absolus, des empêchements relatifs et de simples obstacles dilatoires. Il est défendu de se marier durant le temps fixé par la loi pour le deuil du père, de la mère et du mari. Le mariage contracté dans ces circonstances est nul et puni, en outre, de cent coups de bambou. Le mariage contracté dans le temps du deuil d'un grand-père ou d'une grand'mère, d'un oncle ou d'une tante, d'un frère aîné ou d'une sœur aînée, est valable ; mais il est puni de quatre-vingts coups (1).

La loi déclare nul le mariage contracté par une veuve qui a reçu de l'empereur un rang d'honneur pendant la vie de son mari ; elle est punie de cent coups de bambou, dégradée de son rang, et séparée de son nouveau mari (2).

Les mariages contractés entre ceux qui portent le même nom de famille, avec une personne qui se cache pour crime, avec des musiciens ou comédiens, sont déclarés nuls, et les délinquants punis de coups de bambou.

Une des conséquences de la manière dont se font les mariages en Chine est le divorce, non-seulement pour cause déterminée, mais encore par consentement mutuel. Il paraît assez naturel que des enfants qui n'ont pas été consultés sérieusement pour se marier, aient au moins la faculté de se séparer, s'ils ne se conviennent pas. Le mari peut répudier sa femme légitime pour les causes suivantes, dont quelques-unes paraissent assez

(1) Tome I, p. 188.
(2) Tome I, p. 189.

bizarres : 1° stérilité ; 2° immoralité ; 3° mépris envers le père et la mère du mari ; 4° propension à la médisance ; 5° penchant au vol ; 6° caractère jaloux ; 7° maladie habituelle.

L'impiété, qui est mise par la loi chinoise au rang des plus grands crimes, n'est autre chose que le manquement aux devoirs de la famille. Elle est définie dans le Code de la manière suivante : « L'impiété est le man-
« que de respect et de soins pour ceux à qui l'on doit
« l'être, de qui l'on tient l'éducation et dont on est protégé.
« C'est être encore impie que d'intenter procès à ses
« proches parents, de les insulter, de ne pas porter leur
« deuil et de ne pas en respecter la mémoire (1). »

Les peines encourues par le crime d'impiété sont terribles. On est puni de mort pour avoir frappé ses ascendants ; pour avoir porté contre eux une fausse accusation, pour leur avoir adressé des paroles outrageantes, pourvu que l'ascendant outragé porte plainte lui-même et qu'il ait entendu les paroles outrageantes. Le parricide est soumis au supplice des couteaux ; s'il est mort en prison, son cadavre subit la peine.

La loi fixe le mode et la durée du deuil auquel chacun est tenu après la mort d'un membre de la famille. Quiconque reçoit avis de la mort de son père, de sa mère, ou de son mari, sans prendre aussitôt le deuil, est puni de soixante coups de bambou et d'une année de bannissement. Il subit la même peine, s'il quitte le deuil avant l'époque voulue, ou si, pendant sa durée, il prend part à des réjouissances.

---

(1) Tome I, p. 23.

Tout officier du gouvernement qui reçoit une nouvelle semblable, doit prendre le deuil et cesser immédiatement ses fonctions. Il devra s'abstenir de tous les actes de son ministère pendant toute la durée du deuil. Si, pour éviter cette cessation de services, il représente faussement que la personne décédée était un parent inférieur, il subira la peine de cent coups, perdra sa place et sera déclaré incapable d'exercer, à l'avenir, aucun emploi public.

La loi précédente sur les avis reçus de la mort d'un père ou d'une mère n'oblige point ceux des officiers du gouvernement qui remplissent des emplois civils importants et éloignés, ou des commandements militaires loin de la cour. La conduite qu'ils auront à tenir, dans de telles occasions, sera déterminée par les ordres exprès de l'empereur (1).

On voit par tous ces détails, ce que peut être une piété filiale, qui, pour ne pas s'émousser, a toujours besoin d'être fortement stimulée par le bambou.

Parmi les lois rituelles, nous en avons remarqué quelques-unes qui méritent d'être signalées à cause de leur excentricité. « Tout ce qui concerne la science des
« astres, comme le soleil, la lune, les cinq planètes, les
« vingt-huit constellations principales et les autres, ainsi
« que l'observation des éclipses, des météores, des co-
« mètes et des autres apparences célestes, sera du res-
« sort des officiers composant le conseil astronomique
« de Péking. Si ces officiers négligent d'observer exac-
« tement lesdites apparences, et de marquer le temps où

---

(1) Tome I, p. 310 et 311.

« elles auront lieu pour en rendre compte à Sa Majesté
« l'empereur, ils en seront punis de soixante coups de
« bambou (1). »

Voici une autre disposition, qui n'est peut-être pas
entièrement dépourvue de sagesse. « Il est défendu aux
« magiciens, aux sorciers et aux diseurs de bonne aven-
« ture, de fréquenter les maisons des officiers civils ou
« militaires du gouvernement, sous prétexte de leur
« annoncer les calamités qui menacent la nation ou les
« événements dont elle aura à se louer, et ils subiront
« la peine de cinq cents coups pour chacune de ces
« prédictions. Cette loi cependant n'entend pas les
« empêcher de tirer l'horoscope des individus qui les
« consulteront, ni de leur pronostiquer des nais-
« sances, en consultant les étoiles en la manière accou-
« tumée (2). »

La nation chinoise, dont on connaît la complète indifférence en matière de religion, a cependant des lois
très-détaillées et très-sévères concernant le culte officiel ;
toute négligence, imperfection ou irrégularité dans
l'observance des rites, est réprimée par le bambou
appliqué au délinquant et à l'intendant des cérémonies
dont la surveillance aura été en défaut. Ainsi, lorsque
l'officier du gouvernement chargé de l'éducation des
cochons sacrés qu'on engraisse dans les pagodes pour
les sacrifices solennels, ne les nourrira pas conformément à la loi, de manière que l'un d'eux souffre ou
devienne maigre, il subira quarante coups de bambou
et sera passible d'une augmentation de peine pour cha-

(1) Tome I, p. 308.
(2) Tome I, p. 309.

que animal en mauvais état (1). Un cochon malade est donc un événement majeur et capable de plonger dans la consternation tous les officiers d'une pagode.

La loi chinoise frappe d'une espèce de mort civile les bonzes et les tao-sse ou docteurs de la raison. Il leur est défendu de visiter leur père et leur mère, de sacrifier à leurs ancêtres, et, chose remarquable, de porter le deuil pour leurs parents morts, à peine de cent coups de bambou (2).

Le *Code pénal* de la Chine, dont nous avons essayé de tracer une légère esquisse, entre souvent dans les détails les plus minutieux sur des points dont les législations européennes n'ont pas même jugé à propos de s'occuper. En parcourant ce nombre infini de prescriptions et de règlements de tout genre, nous avons dû plus d'une fois faire la remarque que les lois de la Chine ne sont pas toujours d'accord avec la pratique de ses habitants. L'autorité ayant perdu sa force et son énergie, le peuple vit à peu près comme il l'entend, sans se préoccuper du Code et des lois qu'il renferme. Les mandarins eux-mêmes exercent leur pouvoir selon leur caprice. Dans les affaires les plus graves, lorsqu'ils doivent, par exemple, torturer un accusé pour obtenir l'aveu de son crime, ou lorsqu'il faut appliquer la peine de mort, la loi a beau diriger la conduite du magistrat, il n'en tient aucun compte, et l'arbitraire et la fantaisie sont souvent son unique règle.

En 1849, nous traversions, pendant l'été, la province du Chan-toung pour nous rendre à Péking. Un soir nous

(1) Tome I, p. 283.
(2) Tome I, p. 307.

suivions, sur un chariot de louage, la route impériale bordée de grands arbres. Pendant que le voiturier, assis sur un des brancards du véhicule, était occupé à fumer sa pipe et à fouetter ses maigres mulets, nos yeux erraient vaguement sur une plaine triste et monotone, qui s'étendait devant nous à perte de vue. Le phaéton chinois, après avoir secoué les dernières cendres de sa pipe, sauta à terre et courut un peu en avant, la tête en l'air, et regardant à droite et à gauche comme un homme qui va à la découverte. Il revint en courant et nous dit : Regardez en haut des arbres qui bordent la route. — Nous levâmes les yeux vers la direction qu'il nous indiquait avec le manche de son fouet, et nous aperçûmes comme de nombreuses petites cages suspendues aux branches des arbres ; on eût dit des appareils pour prendre des oiseaux. — Qu'est-ce donc que cela ? demandâmes-nous au voiturier. — Regardez attentivement, vous le saurez bientôt. — Le chariot avança, et nous vîmes, en frissonnant d'horreur, une cinquantaine de cages, grossièrement fabriquées avec des barreaux de bambou et renfermant des têtes humaines. Presque toutes étaient en putréfaction et faisaient des grimaces affreuses. Plusieurs cages s'étant disloquées et disjointes, quelques têtes pendaient accrochées aux barreaux par la barbe ou les cheveux, d'autres étaient tombées à terre, et on les voyait encore au pied des arbres. Nos yeux ne purent soutenir longtemps ce hideux et dégoûtant spectacle.

Le voiturier nous raconta que le district était infesté de bandes de voleurs qui désolaient la contrée, et dont les mandarins n'avaient jamais pu s'emparer. Au commencement de l'année, on avait envoyé de Péking un commissaire extraordinaire avec une bonne légion de satellites. Un jour on saisit dans un village presque tous ces bandits ; ils furent immédiatement condamnés à être décapités, et, sans attendre l'autorisation de l'empereur, le mandarin fit suspendre leurs têtes aux arbres de la route, pour servir d'épouvantail aux malfaiteurs.

Cette terrible exécution avait plongé le pays dans une salutaire terreur. Je me garderais bien, nous dit le voiturier, de passer ici pendant la nuit. — Pourquoi cela, puisque maintenant on n'a plus rien à craindre des brigands ? — Pourquoi ? parce que toutes ces têtes profèrent, au milieu des ténèbres, d'affreuses vociférations. De tous les villages environnants on les entend crier. Nous ne fûmes nullement étonnés de voir notre voiturier ajouter foi à ce conte populaire ; car la seule vue de ces hideuses cages frappait tellement l'imagination, que nous en fûmes nous-mêmes préoccupés durant plusieurs jours.

CHAPITRE VIII.

Départ de Kouang-tsi-hien. — Orage. — Courriers du gouvernement. — Manière de correspondre par lettres. — Grande fête à Hoang-meï-hien. — Feux d'artifice. — Musique chinoise. — Idée qu'on doit se faire de la musique des anciens. — Route impériale de Péking. — Système routier en Chine. — Halte sur le bord du lac Pou-yang. — Embarquement. — Les cancrelats à bord d'une jonque. — Coup d'œil sur la province du Hou-pé. — L'agriculture en Chine. — Fête impériale du labourage. — Détails sur l'agriculture. — Produits agricoles. — Le bambou. — Le nénuphar. — Riz impérial. — Caractère observateur des Chinois. — Classification des blés. — Ce que deviennent les hirondelles pendant l'hiver. — Manière de se servir d'un chat en guise de montre. — Méthode pour empêcher les ânes de braire.

Au moment où nous allions quitter Kouang-tsi-hien, nous reçûmes la visite du préfet de la ville, auquel nous fûmes heureux d'adresser des remercîments pour la manière dont il nous avait fait traiter. Nous lui demandâmes des nouvelles de son fameux chef de brigands. — Hier, nous dit-il, j'ai passé la journée tout entière à l'interroger, et c'est ce qui m'a empêché de me rendre auprès de vos personnes. J'ai siégé aussi pendant une partie de la nuit, sans pouvoir réussir à lui faire dénoncer ses complices. Les kouan-kouen sont comme cela ; ils se soutiennent mutuellement, jusqu'à affronter les tortures et la mort. Dans quelques jours, lorsqu'il sera remis et que les vestiges des supplices auront disparu, je l'expédierai pour la capitale, avec les pièces du procès ;

les tribunaux supérieurs d'Ou-tchang-fou s'en chargeront. Le *ngan-tcha-sse*, « inquisiteur des crimes, » essayera de le faire parler, mais je ne crois pas qu'il réussisse.

Il est d'usage, en Chine, que le juge, après avoir flagellé un accusé jusqu'au sang, ou l'avoir roué de coups jusqu'à lui meurtrir les membres, lui fasse appliquer des remèdes pour ranimer ses forces, et le torturer de nouveau sans danger de le tuer. On prétend que plusieurs de ces remèdes sont d'une merveilleuse efficacité; les plaies se cicatrisent si promptement, que les supplices peuvent recommencer tous les jours.

Il y avait tout au plus une heure que nous avions quitté la ville de Kouang-tsi-hien, lorsque le ciel se couvrit entièrement de nuages. Un violent coup de tonnerre éclata brusquement sur nos têtes, et d'énormes gouttes de pluie se mirent à tomber. Nous craignîmes, un instant, d'être assaillis par quelque grand orage, et les gens de la caravane regardaient de toute part, avec anxiété, où nous pourrions nous réfugier. Le pays que nous traversions était un peu stérile et sauvage; les habitations étaient si rares, qu'on n'en apercevait d'aucun côté. On voyait seulement, dans le lointain, comme un gros village situé dans une direction différente de celle de la route, et qu'il eût fallu gagner à travers champs. Le Saule pleureur était dans une perplexité extrême; il venait à chaque minute demander ce qu'il y avait à faire. — La circonstance est fâcheuse, nous disait-il. — Oui, assez fâcheuse; il paraît que le temps va devenir contrariant. — Dans ce cas, quel dessein formez-vous ? — Mais nous n'en formons pas; la chose n'est pas facile.

— Et si l'orage éclate? — Il faudra se résigner ; nous ne voyons rien de mieux pour le moment... Notre conducteur ne s'habituait pas facilement à cette idée de résignation ; il revenait sans cesse à la charge, se figurant toujours que nous finirions par trouver quelque moyen extraordinaire de conjurer l'orage, ou un expédient quelconque pour nous mettre à l'abri. Il avait l'air de croire que des gens comme nous ne devaient pas être embarrassés dans un cas semblable.

Heureusement il n'y eut pas d'orage. Après ces premières gouttes, qui se précipitaient sur la terre larges comme des sapèques, la pluie se mit à tomber tout bonnement, avec un calme et une régularité admirables. Cela dura ainsi pendant la journée tout entière, et personne n'y trouva le moindre inconvénient. L'atmosphère, qui, auparavant, était étouffante, devint d'une délicieuse fraîcheur. La boue n'était pas à craindre, car nous marchions sur un terrain sablonneux, et d'ailleurs si sec, si altéré, qu'il buvait avec une insatiable avidité toute l'eau qui descendait du ciel. Les porteurs de palanquin paraissaient tout heureux de sentir tomber la pluie sur leur dos, et de se procurer si facilement les jouissances prolongées du bain ; ils riaient aux éclats, chantaient de toute leur âme, et s'acquittaient, en se jouant, de leur pénible fonction. Les piétons et les cavaliers de la troupe n'étaient pas moins à leur aise ; la tête nue et n'ayant qu'un simple caleçon pour tout vêtement, ils savouraient avec délices la fraîcheur de la pluie. Nous leur portions envie ; mais les exigences des rites nous faisaient un devoir impérieux de rester enfermés dans nos palanquins.

Vers midi, nous fûmes joints par deux voyageurs fortement serrés aux reins par une triple ceinture en toile de coton, coiffés d'un chapeau pointu en rotin, et portant en bandoulière un énorme étui vernissé. Leurs chaussures étaient des sandales faites avec des lanières de cuir. Ils s'en allaient en silence, les bras branlants, d'un pas long et toujours uniforme, sans pourtant avoir l'air de se presser. Leurs yeux étaient toujours fixés en terre, et ils détournèrent à peine la tête quand ils passèrent au milieu de notre caravane; dans un instant ils furent loin de nous, et bientôt nous les eûmes entièrement perdus de vue. Ces deux hommes étaient des courriers du gouvernement; ils se dirigeaient vers la route impériale, pour la suivre jusqu'à Péking. L'étui vernissé attaché sur leur dos contenait les dépêches de l'administration d'Ou-tchang-fou.

Le gouvernement chinois emploie des courriers à pied et à cheval, dont le service se fait avec assez de régularité; par ce moyen, il se tient au courant de tout ce qui se passe dans les provinces et chez les peuples tributaires. Il existe, de distance en distance, sur toutes les routes principales, des chevaux de relais qu'on se contente de faire aller au trot pour les dépêches ordinaires. Si les nouvelles demandent plus de célérité, les estafettes vont, jour et nuit, au grand galop; ou bien on emploie des courriers à pied, dont la marche, dit-on, est plus rapide que le trot du cheval. Ces hommes, avant d'être admis à remplir de semblables fonctions, doivent s'être accoutumés, pendant longtemps, à faire des courses ayant les jambes entourées de poches remplies de sable, dont ils augmentent tous les jours la quantité. Ils se brisent ainsi à des marches forcées et très-fatigantes, et acquièrent peu à peu une grande agilité. Quand ils retranchent ensuite le poids auquel leurs jambes étaient habituées, ils peuvent marcher, sans peine, pendant plusieurs jours. Ces courriers n'ont jamais l'air d'être pressés ; on dirait qu'ils vont toujours d'un pas ordinaire, et cependant ils avancent avec une remarquable rapidité.

En Chine, il n'existe pas de poste à l'usage du public. Lorsqu'on veut expédier des lettres, il faut avoir recours à la complaisance de quelque voyageur, ou envoyer, à ses frais, un commissionnaire ; ce qui ne laisse pas d'être très-coûteux, quand il doit aller un peu loin : encore faut-il se résigner aux nombreux accidents de la route, et souvent ces lettres, après avoir occasionné tant de dépenses, finissent par s'égarer. Les missionnaires, habitués, en Europe, à une prodigieuse facilité de correspondance, ont beaucoup de peine à se faire à toutes ces longueurs, à endurer tous ces embarras. Cinquante jours suffisent pour avoir les lettres de Paris à Canton ; mais, de Canton à Péking, il faut attendre trois mois.

Les Chinois ne souffrent nullement d'un pareil état de choses ; étant complétement dépourvus d'affection, ils n'éprouvent aucun besoin de correspondre avec leurs parents et leurs amis. N'envisageant les choses de la vie que par leur côté positif et matériel, ils n'ont aucune idée de ces relations si douces de deux cœurs qui aiment à se rapprocher dans une correspondance intime, et à se communiquer leurs joies et leurs souffrances. Ils ne connaissent pas ces émotions si vives, dont on est subitement agité à la simple vue d'une écriture qu'on reconnaît. Leur main n'a jamais tremblé en décachetant une lettre. Il leur arrive même rarement de régler par écrit leurs affaires commerciales ; ils préfèrent se transporter sur les lieux, et les traiter de vive voix.

Ce n'est pas que les Chinois ne s'écrivent très-fréquemment. Ils ont l'habitude de s'adresser des missives toutes les fois qu'ils en trouvent l'occasion ; mais, dans leurs lettres, il n'y a jamais rien d'intime, rien de confidentiel. Ce sont des formules banales, consacrées par l'usage, et qui peuvent être envoyées sans inconvénient au premier venu. Aussi, le premier venu s'empare-t-il d'une lettre qui arrive, la décachette et la lit, sauf à faire part ensuite de ce qu'elle contient à celui à qui elle est adressée ; cela ne souffre pas la moindre difficulté. Lorsque quelqu'un écrit, pour peu qu'on soit curieux, on n'a qu'à se pencher par-dessus ses épaules, et lire, sans se gêner, les caractères qu'il trace ; on n'y met pas plus de façon.

La première année de notre séjour dans l'Empire Céleste, un fait, dont nous fûmes témoin, nous fournit une exacte appréciation de l'importance et de la valeur d'une lettre chinoise. Nous étions avec un lettré, originaire de Péking, qui, depuis huit ans, avait quitté son pays natal et sa famille pour venir remplir, dans une ville du Midi, les fonctions de maître d'école. Plusieurs conversations, que nous avions eues avec ce Chinois, nous avaient fait soupçonner qu'il n'était pas tout à fait, comme ses compatriotes, d'un naturel sec et insensible. Ses manières étaient sympathiques, et il paraissait doué d'un cœur exceptionnel. Un jour, comme nous étions sur le point d'expédier un commissionnaire à Péking,

nous lui demandâmes s'il ne voulait rien envoyer à sa famille ou à ses anciens amis. Après avoir réfléchi un instant... Il faudra bien, dit-il, que j'adresse une lettre à ma vieille mère ; voilà quatre ans que je n'ai pas eu de ses nouvelles, et qu'elle ne sait pas où je suis. Aujourd'hui, puisque l'occasion est si favorable, il ne sera pas mauvais que j'écrive quelques caractères... Nous trouvâmes, il faut l'avouer, cette piété filiale bien peu fervente... Oui, lui répondîmes-nous, l'occasion est favorable ; mais il faudrait faire cette lettre sans trop de retard, parce que le commissionnaire doit partir ce soir.
— Tout de suite, tout de suite, dit-il, elle va être prête à l'instant... ; et il appela un de ses écoliers, qui étudiait, en chantant, dans une pièce voisine, sa leçon des livres classiques, peut-être une belle page de Confucius sur l'amour des enfants envers leurs parents. L'écolier se présenta avec modestie et recueillement... Interromps ta leçon pour un instant, lui dit le maître, prends ton pinceau, et fais-moi une lettre pour ma mère. Surtout, ne perd pas le temps, car le courrier doit bientôt partir. Tiens, voilà une feuille de papier... L'écolier prit la feuille, et s'en alla tout bonnement écrire à la mère de son maître.

Les Chinois écrivent ordinairement leurs lettres sur du papier de luxe, où sont imprimés, en rouge ou en bleu, des croquis d'oiseaux, de fleurs, de papillons et de personnages mythologiques. Les caractères chinois, étant toujours d'un beau noir, ne se perdent pas au milieu de tous ces détails de fantaisie.

Quand l'écolier fut parti avec sa feuille de papier à lettre, nous demandâmes au maître d'école si ce jeune homme connaissait sa mère... Du tout, nous répondit-il... Probablement qu'il ne savait même pas si elle vivait encore, ou si elle avait déjà salué le monde... — Dans ce cas, comment pourra-t-il faire cette lettre? Tu ne lui as pas même indiqué ce qu'il devait dire. — Est-ce qu'il ne le sait pas ce qu'il faut dire? Voilà déjà plus d'un an qu'il s'exerce aux compositions littéraires; il sait une foule de formules très-élégantes, et connaît parfaitement de quelle manière un fils doit écrire à sa mère... A cela, il n'y avait assurément rien à objecter. Nous comprîmes seulement qu'on admettait, en Chine, une certaine différence entre la piété filiale telle qu'elle est mise en pratique, et celle qui se trouve si magnifiquement décrite et commentée dans les livres.

L'écolier, fidèle à la recommandation de son maître, ne perdit pas beaucoup de temps. Il revint bientôt après, avec sa lettre toute pliée dans une élégante enveloppe, qu'il avait eu l'attention de cacheter; de sorte que cet admirable fils ne se donna même pas la peine de lire l'expression des sentiments onctueux de respect et de tendresse qu'il adressait à sa mère. Sans doute, il les savait par cœur depuis longtemps, et il les avait lui-même enseignés à son élève. Il voulut, pourtant, écrire l'adresse de sa propre main, ce qui nous parut assez superflu, car cette lettre pouvait être remise, sans inconvénient, à une mère quelconque du Céleste Empire, qui l'eût, sans doute, reçue avec autant de satisfaction que celle à qui on l'adressait.

Après avoir voyagé la journée tout entière, à la fraîcheur d'une pluie battante, nous arrivâmes à Hoang-meï-hien, ville de troisième ordre, située sur le bord d'une petite rivière, non loin de la route impériale. La proximité du lac Pou-yang, du fleuve Bleu et de la route de Péking, donne à cette ville une grande activité commerciale. Elle reçoit toutes les marchandises qu'on expédie du nord et du midi de l'empire pour l'entrepôt central de Han-keou.

Hoang-meï-hien devait être notre dernière étape dans la province du Hou-pé. Nous y fûmes traités avec une splendeur et une magnificence auxquelles on nous avait peu habitués depuis que nous avions quitté la province du Sse-tchouen. On eût dit que les mandarins de cette ville avaient eu pour mission de nous faire oublier les nombreuses contrariétés dont nous avions été assaillis depuis plus d'un mois. Le palais communal, où l'on nous avait logés, était orné avec une certaine recherche. Outre les lanternes, les tentures en taffetas rouge, et les nombreuses sentences suspendues aux murs, on avait eu l'attention de placer dans les appartements des vases de fleurs qui répandaient de tout côté une fraîcheur et un parfum exquis. Le cérémonial des visites fut observé dans tout ce qu'il a de plus rigoureux. Les mandarins et les personnages distingués de la ville vinrent nous voir en costume officiel. On fit beaucoup de révérences, il y eut un échange considérable de paroles creuses, et enfin la nuit, chose étonnante et dont on ne s'était encore avisé nulle part, nous fûmes régalés d'un très-beau feu d'artifice et d'une mauvaise sérénade.

Le feu d'artifice se composait d'une prodigieuse quantité de pétards, suspendus par gros paquets à des perches de bambou, et dont les sèches et bruyantes détonations ne discontinuèrent pas un seul instant. Ce perpétuel roulement n'était interrompu que par des bombardes qui éclataient à l'improviste et avec grand fracas. Aux angles de la cour étaient les principales pièces d'artifice : des dragons et d'autres animaux chimériques qui vomissaient du feu par tous leurs pores. Il y avait aussi des fusées de diverses couleurs, qui s'élançaient comme des flèches et allaient déployer dans les airs leurs gerbes étincelantes. Ce qui nous plut davantage, ce fut un petit système de roue que les Chinois nomment *soleil volant* ; on le place dans une large assiette, simplement déposée à terre ; on allume cette roue, et aussitôt elle se met à tourner rapidement, en répandant de toute part des masses de bluettes et de traits enflammés ; puis, tout à coup, le soleil volant s'élance perpendiculairement au haut des airs, en tournant toujours et en laissant tomber à terre comme une pluie de feu aux couleurs les plus vives et les plus variées.

Les Chinois ont toujours été passionnés pour la poudre, dont ils connaissaient l'usage longtemps avant les Européens ; mais leur goût est moins prononcé pour la poudre de guerre que pour celle des feux d'artifice. Ayant été artificiers avant d'être artilleurs, on voit que leur première inclination ne s'est pas démentie, et que, dans leur estime, le pétard l'emporte de beaucoup sur le canon. Il entre dans toutes les fêtes, dans toutes les solennités. Les naissances, les mariages, les enterrements, les réceptions de mandarins, les réunions des amis, les représentations théâtrales, tout cela est animé, vivifié, par des détonations fréquentes. Dans les villes, les villages même, à chaque instant du jour et de la nuit, on est sûr de voir quelque fusée ou d'entendre quelque pétard. On croirait que l'empire chinois n'est qu'une immense fabrique de pyrotechnie. Nous avons dit que, dans les hameaux les plus pauvres et les plus dépourvus de choses nécessaires à la vie, on était néanmoins toujours sûr de trouver à acheter des graines de citrouille ; nous pourrions y joindre aussi les pétards.

La musique des Chinois ne vaut pas leurs feux d'artifice. Il est probable qu'on avait réuni, pour cette brillante soirée, tout ce qu'il y avait d'artistes distingués dans la ville de Hoang-meï-hien. L'orchestre était considérable et les instruments d'une grande variété. Il y avait des hautbois, des violons, des flûtes assez semblables aux nôtres et plusieurs autres instruments à corde, à vent et à percussion, de formes tellement bizarres, que nous n'essayerons pas d'en faire la description. La musique chinoise présente un certain caractère de douceur et de mélancolie qui plaît d'abord assez, peut-être à cause de son étrangeté ; mais elle est si monotone et si uniforme, qu'elle fatigue bientôt, et pour peu qu'elle se prolonge, elle finit par agacer les nerfs. Les Chinois ne font pas toujours de la musique au hasard, comme on pourrait se l'imaginer ; ils ne se contentent pas de souffler dans leurs instruments selon l'inspiration du moment. Ils ont des règles fixes ; leur gamme, qu'ils notent par des signes particuliers, n'admet pas de demi-tons, et de là vient, sans doute, la fatigante monotonie de leurs compositions musicales. Elles sont, d'ailleurs, sans aucune valeur scientifique, ce qui n'empêche pas qu'on puisse y trouver quelquefois des airs plus ou moins agréables, comme on en remarque aussi dans les chants des sauvages.

S'il faut en croire les ouvrages européens qui parlent de la Chine et les livres chinois eux-mêmes, on aurait de tout temps, et surtout dans l'antiquité, attaché une grande importance à la musique, au point de la regarder comme un élément essentiel à tout bon gouvernement et au bonheur des peuples. Parmi les livres sacrés, on comptait autrefois le *Yo-king* ou « le Livre de la musique, » qui a été perdu lors de l'incendie ordonné par l'empereur Tsing-che-hoang-ti. Confucius parle de ce livre canonique avec les plus grands éloges et déplore la perte de ce précieux monument de l'antiquité. L'estime et la vénération que l'on a toujours professées, dans les temps anciens, pour les rites et la musique, donneraient à entendre que ces deux noms servaient à désigner, avant l'introduction des cultes de Bouddha et de Lao-tze, la religion primitive des Chinois, dont les dogmes ne sont pas suffisamment connus, mais qui devaient être basés sur les grandes traditions confiées à l'humanité.

On pense que le *Yo-king*, « le Livre de la musique, » était un recueil des cantiques et des prières qu'on chantait dans les sacrifices et les solennités religieuses, et qu'il contenait, de plus, la doctrine et les enseignements de la religion. Le Livre des rites en était le complément. Cette opinion que, dans l'antiquité chinoise, la musique et les rites étaient l'expression de la religion, pourrait être confirmée par plusieurs exemples tirés des annales et des livres canoniques. On trouve dans le *Li-ki* les paroles suivantes ; « La musique est l'expression de l'union « de la terre avec le ciel... Avec le cérémonial et la mu- « sique rien n'est difficile dans l'empire. » Le même li-

vre sacré dit ailleurs : « La musique agit sur l'intérieur
« de l'homme et le fait entrer en commerce avec l'es-
« prit... Sa fin principale est de régler les passions ; elle
« enseigne aux pères et aux enfants, aux princes et aux
« sujets, aux maris et aux épouses, leurs devoirs réci-
« proques... Le sage trouve dans la musique des règles
« de conduite. » Les philosophes de l'antiquité vont
encore plus loin et enchérissent sur toutes ces idées,
jusqu'à dire qu'elle est le point d'appui de l'autorité,
le plus fort nœud de la société, le nœud des lois, etc.
Évidemment on entendait parler des enseignements
religieux contenus dans le *Yo-king* ou « Livre des cantiques. » Les annales et tous les anciens écrits s'accordent à dire que la musique fut, dans l'antiquité, l'objet
continuel des méditations des sages et des soins du gouvernement. On rapporte que Chun, fondateur de la monarchie chinoise, s'informait partout, en faisant la visite
de l'empire, si on n'avait rien changé à la musique...
Comment croire qu'il n'était question que de chant
et de notes ? Selon l'école de Confucius, les cérémonies
et la musique sont les moyens les plus prompts et les
plus efficaces pour réformer les mœurs et rendre l'État
florissant. « Sous les trois premières dynasties, dit un
« fameux moraliste chinois, tout le gouvernement dé-
« rivait de l'unité ; les cérémonies et la musique embras-
« saient tout l'empire. Après les trois premières dynas-
« ties, le gouvernement fut divisé dès sa source ; les cé-
« rémonies et la musique ne furent plus qu'un nom vide
« et sans réalité. » Les poëtes anciens nomment la musique : « L'écho de la sagesse, la maîtresse et la mère de
la vertu, la manifestation des volontés du ciel. » Son

but est de faire connaître le *Chan-ty*, « le souverain Sei-
« gneur, » et de conduire « l'homme vers lui. » Toutes
ces formules sont remarquables, et indiquent, d'une
manière évidente, que la musique était l'expression du
culte religieux rendu par les anciens Chinois à la divinité. Dès lors, on comprend la haute importance qu'on
y attachait dans l'antiquité ; mais aujourd'hui, comme
le remarque le philosophe Yang-siou, que nous avons
cité plus haut, la musique, c'est-à-dire la religion, n'est
plus qu'un nom vide et sans réalité.

La ville de Hoang-meï-hien voulut nous traiter splen-
didement et faire les choses en grand jusqu'au bout. Le
lendemain matin, au moment du départ, le préfet et
ses principaux fonctionnaires se trouvèrent là. On avait
ajouté à notre escorte trente hommes commandés par
deux petits madarins militaires. Cette escouade de soldats était rangée dans la cour, et la tenue de ces braves
avait un aspect peu ordinaire ; ils portaient tous un costume à peu près semblable, et ils n'étaient pas trop
dispersés. On les voyait groupés dans un coin, les uns
accroupis, les autres appuyés contre le mur et occupés
à fumer ou à se donner de la fraîcheur avec un éventail.
Le vexillaire seul était d'une attitude irréprochable. Il
paraissait comprendre et sentir tout ce qu'il y avait de
sublime dans ses fonctions. Il tenait gravement de ses
deux mains une longue hampe en bambou au sommet
de laquelle flottait un drapeau triangulaire de couleur
rouge sur lequel était écrit d'un côté : *Milice de Hoang-
meï-hien*, et de l'autre : *Bravoure*. Au moment où nous
traversâmes la cour, accompagnés des autorités de la
ville, nous fûmes salués par trois détonations de bom-

bardes. En vérité, nous ne comprîmes rien à tout ce luxe de courtoisie. Un mot du préfet nous mit enfin sur la voie pour nous faire trouver une explication plausible à ces honneurs inusités. Au moment où nous entrions dans nos palanquins, après l'avoir longuement et pompeusement remercié de toutes ses bontés. — Vous verrez, nous dit-il, que nulle part vous n'aurez été aussi bien traités que dans la province du Hou-pé. — Que dans la ville de Hoang-meï-hien, lui répondîmes-nous en souriant, et pendant qu'on nous emportait déjà à travers une foule immense qui encombrait les avenues du palais communal.

Selon toutes les probabilités, les ordres de nous faire une ovation à Hoang-meï-hien étaient partis de Ou-tchang-fou, du palais même du gouverneur. On savait, nous l'avions manifesté assez souvent et assez haut, que nous n'avions pas été satisfaits des traitements que nous avions reçus dans le Hou-pé. On n'était pas assuré que nos plaintes n'auraient pas de fâcheux résultats, et, avant de nous laisser entrer dans la province du Kiang-si, on avait été bien aise de nous inspirer un agréable souvenir du Hou-pé.

En quittant Hoang-meï-hien, nous changeâmes tout à fait de direction. De la frontière du Thibet à Canton, notre itinéraire décrit un angle droit parfait, dont Hoang-meï-hien occupe le sommet. Un des côtés de l'angle se dirige d'orient en occident et l'autre descend du nord au sud, en partant de Hoang-meï-hien jusqu'à Canton.

Nous rencontrâmes sur cette route une multitude considérable de voyageurs, parmi lesquels il nous fut facile de discerner les hommes du Nord de ceux du Midi. Ces derniers, d'une figure pâle, un peu efféminée, au regard intelligent et fin, se faisaient reconnaître par une plus grande élasticité dans leurs manières et par un costume plus recherché. Ils étaient, d'ailleurs, folâtres et causeurs. On les entendait fredonner de leur voix grêle et nasillarde, ou s'agacer les uns les autres par de perpétuels quolibets. La chaleur était brûlante ; mais ils paraissaient se mettre peu en peine des rayons du soleil. Les habitants du Nord, au contraire, étaient suffoqués et ruisselants de sueur. Ils parlaient peu, chantaient moins encore, et cherchaient à se rafraîchir en chiquant continuellement des fragments de noix d'arèque. Leur teint fortement basané, des moustaches mieux fournies, plus de vigueur dans les membres, et surtout un langage plus sonore et tout hérissé de rudes aspirations, les distinguaient des Chinois méridionaux.

Presque tous ces voyageurs étaient commerçants, et cheminaient accompagnés des marchandises qu'ils allaient vendre ou qu'ils venaient d'acheter. Leurs moyens de transport étaient des chariots à double attelage, des caravanes de mulets et d'ânes et surtout des brouettes conduites par deux hommes, l'un tirant avec une corde et l'autre poussant à un double branchard. Quelquefois, lorsque le vent est favorable, les brouettiers cherchent à diminuer leur peine en fixant au-dessus de leur locomotive un petit mât où ils déploient bravement une voile que la brise vient gonfler. Il faut bien que cette manœuvre leur procure un soulagement notable, car les Chinois ne sont pas hommes à complications inutiles.

La route que nous suivions était assez large ; probablement elle avait été belle autrefois, sous les dynasties antérieures, mais, pour le moment, elle était détestable, défoncée à peu près partout, pleine de creux, de monticules, de bourbiers et d'effroyables ornières, que les chariots et les brouettes suivaient avec la plus scrupuleuse assiduité. Il était facile de voir que le temps était le seul fonctionnaire chargé de l'entretien de la route. Les Chinois prétendent que l'incurie du gouvernement, au sujet des voies de communication, ne date que de l'avénement de la dynastie tartare mantchoue. L'administration, en effet, ne s'occupe nullement des chemins, excepté de ceux où doit passer l'empereur, quand il se donne la peine de voyager. Quant au peuple, il est obligé de s'en tirer comme il peut ; aussi, dans les provinces du Nord, où les rivières navigables sont moins nombreuses, il arrive de fréquents accidents ; des voitures renversées et des voyageurs écrasés ne sont pour personne un sujet d'étonnement ; on passe à côté sans s'en émouvoir. Il existe plusieurs localités où la sollicitude publique cherche à suppléer à cette déplorable insouciance de l'administration. Il est d'usage, dans les procès, les contestations et les querelles, de n'avoir recours aux tribunaux qu'à la dernière extrémité ; on aime mieux choisir, pour juges et arbitres, des vieillards recommandables par leur probité et leur expérience, et dont on respecte les décisions. Dans ces cas on a l'habitude de condamner les coupables à réparer, à leur frais, une certaine longueur de chemin assignée par les arbitres. Dans ces contrées, la bonne tenue des routes est toujours en raison directe de l'esprit querelleur et litigieux des habitants.

Cette journée de marche sur la voie impériale fut extrêmement fatigante. Le tumulte des voyageurs et l'épaisse poussière dont nous étions continuellement enveloppés ajoutaient encore aux oppressions d'une température accablante. Nous regrettâmes plus d'une fois nos petits chemins de traverse, où, du moins, nous avions l'avantage de pouvoir, de temps en temps, nous reposer en paix à l'ombre des grands arbres, ou puiser quelques tasses d'eau glaciale aux fontaines des montagnes. Avant la fin du jour nous arrivâmes sur les bords de ce fameux fleuve Bleu, que nous rencontrions presque partout, depuis notre départ de la capitale du Ssetchouen, et que nous avions passé sur la glace, non loin de sa source, en parcourant les grandes vallées du Thibet. Ce jour-là, nous le traversâmes encore sur une grande barque de passage, et ce fut pour la dernière fois. Après une heure de navigation, nous abordâmes à une petite ville nommée *Hou-keou*, c'est-à-dire « bouche du lac. »

Le lac sur lequel nous étions arrivés est le célèbre Pou-yang, que les Chinois ont fait communiquer au fleuve Bleu en coupant une langue de terre qui l'en séparait. A Hou-keou nous eûmes à examiner une question épineuse et d'assez grande importance. Pour nous rendre à Nan-tchang-fou, capitale du Kiang-si, nous avions à notre disposition deux routes également fréquentées par les voyageurs : l'une, par eau, sur le lac Pou-yang, véritable mer intérieure dont la navigation est on ne peut plus agréable avec le beau temps et une brise favorable, mais d'une désolante longueur si le vent est contraire, et très-dangereuse quand on y est assailli par quelque tempête. L'autre route est par terre. Les chemins sont habituellement mauvais et presque impraticables dans la saison des pluies et des orages; car alors il faut voyager sans cesse au milieu des étangs et des bourbiers. D'ailleurs, on ne trouve pas de palais communaux dans les villes où l'on s'arrête, et les auberges y sont étroites, sales, incommodes et dépourvues de tout confortable. De ces deux routes, laquelle choisir? Ce n'était pas chose facile. Avec la certitude d'un bon vent, la navigation valait mieux; dans le cas contraire, il était plus prudent d'aller par terre, pourvu, toutefois, qu'on eût l'assurance qu'il ne pleuvrait pas. Il nous fut impossible de deviner de quel sentiment se trouvait le Saule pleureur. Il était très-fort pour nous faire remarquer, de part et d'autre, des inconvénients inévitables; mais ensuite, quand il fallait en venir à prendre une résolution, il s'essuyait les yeux et ne disait plus rien.

Le cas nous parut tellement difficile à résoudre, que nous jugeâmes prudent de nous arrêter un jour à Hou-keou, afin de bien prendre nos renseignements. — Allons dormir en paix, dîmes-nous au Saule pleureur; aujourd'hui nous sommes trop agités par les fatigues du voyage pour décider cette grave question, demain nous réfléchirons avec calme et sérénité. — Voilà qui est plein de sagesse, répondit avec onction notre conducteur; dans les grandes entreprises, la précipitation est toujours nuisible.

Le lendemain, après nous être entourés des conseils de plusieurs personnes prudentes de la localité, il fut décidé que nous nous embarquerions sur le Pou-yang La brise était favorable, le ciel pur, et nous entendîmes dire de tout côté qu'il n'y avait aucune apparence de changement prochain. Le lac Pou-yang a une quinzaine de lieues de longueur et cinq ou six de large. Avec le bon vent qui soufflait, une journée nous suffisait pour être au bout de notre navigation. On loua une jonque, soi-disant mandarine, mais en réalité jonque marchande, et le soir même nous allâmes nous installer à bord afin de pouvoir appareiller à l'aube du jour.

A peine fûmes-nous couchés dans une assez vaste chambre qu'on avait réservée pour le Saule pleureur et nous, que nous éprouvâmes un vif regret de n'être pas restés à terre pour y passer la nuit. Des troupes de cancrelats se mirent à nous faire une guerre impitoyable. On les entendit d'abord voler, exécuter des rondes, se poursuivre, se heurter contre les cloisons de la chambre, s'abandonner enfin à leurs ébats, sans doute très-amusants pour eux, mais pour nous infiniment désagréables. Cependant ils se calmèrent un peu pour commencer leurs atroces manœuvres. Après s'être donné quelques instants d'exercice, probablement afin de se mettre en bon appétit, ils songèrent à prendre leur repas. Pour les cancrelats tout est bon à manger, à ronger, à dévorer ; les souliers, les chapeaux, les habits, l'huile des lampes, l'encre des écritoires, le tabac même, sans en excepter la blague ; ils sont friands surtout des bouts des doigts, des orteils et des oreilles. Le pauvre voyageur y passerait tout entier avec ses vêtements et sa couverture, pourvu qu'on les laissât travailler à leur aise ; ce ne serait qu'une simple question de temps et de patience. A chaque instant nous les entendions ronger, tantôt d'un côté, tantôt d'un autre. Quelquefois ils nous passaient insolemment sur la figure;

on sentait le chatouillement de leurs petites pattes et la fraîcheur de leur ventre. Enfin, à force de chercher, ils parvenaient à trouver quelques issues, et alors ils s'insinuaient sous la couverture et venaient se promener le long des bras et des jambes.

Il y avait à bord de notre jonque, une si grande quantité de ces dégoûtants cancrelats, ils étaient d'une telle impertinence, que nous fûmes obligés de passer la nuit tout entière à leur donner la chasse. Encore fallait-il user de beaucoup de précautions, et bien prendre garde, en voulant les mettre en fuite, de les écraser, car cet insecte est d'une odeur si fétide et si nauséabonde, qu'on serait presque tenté de se laisser dévorer un orteil avant d'en venir à cette extrémité.

Les cancrelats fourmillent dans le midi de la Chine. Comme ils ont une prédilection bien marquée pour les saletés, et surtout pour les chiffons et les vieux meubles, ils envahissent de préférence les habitations des pauvres, sans pourtant mépriser celles des riches. Ils se glissent dans les planchers, dans les fentes, parmi le linge et les livres. Quoique tout leur aille pour se loger et se nourrir, ils affectionnent cependant par-dessus tout les navires, où ils pullulent d'une manière effrayante. Le cancrelat n'est pas désagréable à voir ; c'est un scarabée de la grosseur du pouce et d'une jolie couleur marron. Son vol n'est guère plus soutenu que celui des sauterelles ; mais, en revanche, il galope avec une merveilleuse rapidité. Sans son odeur de punaise et son humeur tracassière et dévastatrice, ce serait une assez intéressante petite bête.

Aussitôt que le jour parut, l'armée des cancrelats

opéra sa retraite et alla se réfugier dans ses cantonnements. Le capitaine du navire donna ordre d'appareiller, et, chose étonnante, il ne se présenta aucun motif de retard ; les provisions étaient faites dès la veille, et tous les hommes de l'équipage se trouvaient à bord, pas un ne manqua à l'appel. On se mit donc à virer au cabestan, et l'ancre fut promptement levée au bruit du tam-tam et des cris cadencés des matelots. On déploya une immense voile en natte, un mousse mit le feu à un paquet de pétards, et la brise s'étant emparée de la jonque, nous glissâmes rapidement sur les eaux bleuâtres du lac Pou-yang.

Nous venions de quitter la province du Hou-pé pour entrer dans celle du Kiang-si. *Hou-pé* signifie « nord du « lac, » et sert à désigner le pays situé au nord des grands lacs Pou-yang et Thing-toun. La province du Hou-pé est, sous tous les rapports, bien inférieure à celle du Sse-tchouen. La terre, peu fertile, est, d'ailleurs, couverte d'une multitude d'étangs et de marais, dont les Chinois, malgré leur industrieuse patience, ne peuvent retirer que très-peu d'utilité. Aussi les villages offrent-ils, en général, l'aspect de la misère et de la souffrance. Les habitants sont chétifs, d'une physionomie un peu sauvage, et fréquemment atteints de maladies cutanées. Nulle part nous n'avons rencontré un aussi grand nombre de chauves et de teigneux. Ces infirmités proviennent, sans doute, des eaux croupissantes au milieu desquelles ces malheureux passent leur vie et surtout des mauvais aliments dont ils sont forcés de se nourrir. On prétend que, dans le Hou-pé, la récolte d'un an est ordinairement insuffisante pour un mois. Les grandes populations des villes sont obligées de faire venir les subsistances des provinces voisines et surtout du Sse-tchouen, qui ne peut consommer en dix ans les produits d'une seule récolte. Nous avons pourtant remarqué dans la province du Hou-pé, à part les nombreuses rizières qui avoisinent le lac et les rivières, d'assez belles cultures d'indigo, de coton et de chanvre.

Quoique les dix-huit provinces de l'empire chinois ne puissent pas être placées toutes sur la même ligne, pour ce qui regarde leur fécondité et la richesse de leurs produits, on peut dire cependant que la Chine est, en général, un pays d'une admirable fertilité et cultivé presque partout avec intelligence et activité. En aucun pays du monde l'agriculture n'a été, sans contredit, l'objet d'une estime aussi grande qu'en Chine. Dès la plus haute antiquité on la voit placée au premier rang parmi tous les genres d'industrie. Elle a été célébrée par les plus grands moralistes, tels que Confucius et Meng-tze. Les magistrats ont sans cesse recommandé au peuple, dans leurs proclamations, l'assiduité à la culture des champs ; le chef de l'État, l'empereur, ne manque jamais de lui rendre hommage, en ouvrant, chaque année, les travaux de la campagne, par une cérémonie publique, dont l'origine remonte au moins au douzième siècle avant notre ère. Le vingt-troisième jour de la troisième lune chinoise, c'est-à-dire vers la fin de notre mois de mars, le monarque se rend sur le champ sacré avec trois princes de la famille impériale, les neuf présidents des cours, un grand nombre de fonctionnaires de rang secondaire et plusieurs laboureurs. Après avoir offert un sacrifice sur un autel en terre, il dirige lui-même la charrue, et ouvre un sillon d'une certaine longueur ; à son exemple, les princes et les ministres conduisent chacun à leur tour la charrue et tracent quelques sillons. Les hommes du peuple achèvent ensuite le labourage du champ sacré.

Afin de faire mieux juger de l'importance de cette cérémonie, nous allons donner la traduction d'un programme de la fête, présenté en forme de requête à l'empereur Kien-long, et qui fut inséré, en 1767, dans les gazettes de Péking et des provinces.

« Le tribunal des rites et les autres tribunaux aver-
« tissent respectueusement pour la cérémonie du 23 de
« la troisième lune de la trente-deuxième année du règne
« de Kien-long (22 avril 1767).

« L'empereur fera en personne la cérémonie de la-
« bourer la terre. La veille, les mandarins du palais
« secondaire de l'empereur porteront avec respect la
« tablette du tribunal des ministres au temple dédié aux
« inventeurs et protecteurs de l'agriculture. Les man-
« darins du ministère des revenus publics prépareront
« les instruments du labourage, les boîtes remplies de
« grains, et les remettront au gouverneur de la capitale.
« Celui-ci, après les avoir recouvertes de leurs enve-
« loppes de soie et renfermées dans leurs étuis, les fera
« porter et les accompagnera jusqu'au champ sacré.
« On plantera des tablettes rouges, pour marquer et
« distinguer les différentes portions de terre que les
« princes et les grands doivent labourer, et on rangera
« à côté du pavillon impérial tous les instruments de
« labourage.

« Le jour de la cérémonie, les mandarins de la

« maison de l'empereur, le maître des cérémonies et
« les autres officiers de son tribunal, se trouveront, à la
« cinquième veille (au jour naissant), en dehors du pa-
« lais impérial, pour y attendre la fin du sacrifice. Le
« sacrifice étant fini, les dix grands officiers de la pre-
« mière garde entoureront le Fils du Ciel, et le condui-
« ront à son palais, pour se reposer et quitter ses habits
« de cérémonie. Les princes et les grands, qui doivent
« labourer, quitteront aussi les leurs. Cependant on tirera
« de leurs étuis et enveloppes la charrue, le fouet, les
« boîtes remplies de grains qu'on a préparées pour
« l'empereur, aussi bien que celles qui sont destinées
« pour les princes et les grands, et on les rangera sur
« les côtés du champ sacré.

« Le maître des cérémonies, les mandarins de la
« maison impériale et les autres officiers en fonction,
« se rassembleront au midi du champ sacré. Les quatre
« vieillards titrés, les quatorze chantres, les trente-six
« joueurs d'instruments, les vingt paysans ayant des
« chapeaux de paille et tenant à leurs mains des bêches,
« des râteaux, des fourches et des balais, se placeront,
« sur deux lignes, à gauche et à droite du champ sacré,
« ainsi que les cinquante porte-étendards, les trente-
« quatre vieillards de Péking et les trente laboureurs
« des trois ordres. Étant tous rangés, ils attendront en
« silence et debout.

« L'heure du labourage étant venue, le premier
« mandarin de l'agriculture entrera dans le palais pour
« inviter le Fils du Ciel. Alors le maître des cérémonies
« prendra un étendard et le fera voltiger trois fois. Les
« trois princes et les neuf grands qui doivent labourer

« se rendront aux endroits qui leur sont marqués. Tous
« ceux qui ont quelque emploi iront à leur poste ; les
« autres se rangeront aux deux côtés du champ sacré.
« Les dix grands officiers de la première garde, ayant
« entouré l'empereur, le conduiront au champ sacré,
« et Sa Majesté s'avancera, la face tournée vers le midi.
« Quand elle sera arrivée, le président du tribunal des
« rites dira à haute voix : Présentez la charrue. Aussitôt,
« le ministre des revenus publics, le visage tourné vers
« le nord, mettra les deux genoux en terre, et présentera
« le manche de la charrue au Fils du Ciel, qui la pren-
« dra de la main droite. Le président du tribunal des
« rites dira à haute voix : Présentez le fouet. Aussitôt,
« le gouverneur de Péking, le visage tourné vers le
« nord, mettra les deux genoux en terre, et présentera
« le fouet, que le Fils du Ciel prendra avec la main gau-
« che. Deux vieillards conduiront les bœufs, deux labou-
« reurs du premier ordre soutiendront la charrue. Le
« président du tribunal des rites et le premier mandarin
« de l'agriculture les précéderont. Au premier mouve-
« ment de Sa Majesté, tous ceux qui ont des étendards
« les feront voltiger ; les chantres entonneront des can-
« tiques au son de tous les instruments ; le gouverneur
« de Péking portera la boîte du grain, et le ministre
« des revenus publics le suivra. L'empereur labourera
« trois sillons.

« Quand le Fils du Ciel aura fini de labourer, le pré-
« sident du tribunal des rites dira à haute voix : Recevez
« la charrue. Le ministre des revenus publics se mettra
« aussitôt à genoux pour la recevoir. Le président du
« tribunal des rites dira à haute voix : Recevez le fouet.

« Le gouverneur de Péking se mettra aussitôt à genoux
« pour le recevoir. Ils couvriront la charrue et le fouet
« de leurs enveloppes de soie, aussi bien que la boîte du
« grain. Alors la musique s'arrêtera, et le président du
« tribunal des rites invitera le Fils du Ciel à monter au
« pavillon impérial. Le même président et le premier
« mandarin de l'agriculture y conduiront Sa Majesté
« par l'escalier du milieu. Sa Majesté s'assiéra, le visage
« tourné vers le midi.

« Tous les princes, tous les grands, tous les manda-
« rins, qui n'ont point d'emploi dans le reste de la céré-
« monie, se rangeront aux deux côtés de l'empereur et
« s'y tiendront debout. Alors les trois princes commen-
« ceront à labourer et feront cinq sillons, ayant chacun
« un vieillard pour conduire leurs bœufs, deux labou-
« reurs pour soutenir leur charrue, et deux mandarins
« inférieurs de Péking pour semer après eux. Quand ils
« auront fini, ils viendront se placer à leur rang. Les
« neuf premiers dignitaires de l'empire commenceront
« alors à labourer et feront neuf sillons, ayant chacun
« un vieillard pour conduire leurs bœufs, deux labou-
« reurs pour soutenir leurs charrues, et des mandarins
« inférieurs pour semer après eux. Quand ils auront fini,
« ils viendront se mettre à leur rang et resteront debout.
« Les mandarins inférieurs de Péking couvriront de
« leurs enveloppes les instruments du labourage et les
« boîtes du grain, et les emporteront.

« Le président du tribunal des rites conduira au bas
« du pavillon impérial, du côté de l'occident, tous les
« mandarins de Péking, les vieillards, les laboureurs,
« habillés selon leur état, et portant chacun un instru-

« ment de labourage. Tous ensemble, le visage tourné
« vers le nord, se mettront trois fois à genoux, et, à
« chaque fois, ils frapperont la terre du front à trois re-
« prises, pour remercier le Fils du Ciel.

« Après cette cérémonie, les vieillards et les labou-
« reurs iront finir le labourage du champ sacré. Alors,
« le président du tribunal des rites viendra avertir Sa
« Majesté que toutes les cérémonies du labourage sont
« finies. L'empereur descendra du pavillon par l'esca-
« lier de l'orient, montera sur un char de parade, et
« sortira par la porte de Siennang, escorté par des
« chœurs de musique et de symphonie. »

Une solennité semblable a lieu dans la capitale de
chaque province. Le gouverneur remplace l'empereur,
et se rend, avec les principaux officiers, sur le terrain
que l'on doit labourer. Quelle que soit l'influence du
gouvernement et des mandarins, il est certain que les
Chinois professent une grande estime pour l'agriculture.
L'opinion publique ennoblit, en quelque sorte, tout ce
qui a rapport aux travaux des champs. Que de fois n'a-
vons-nous pas vu, sur les routes des provinces du Nord,
de riches fermiers, portant souvent des vêtements de
soie, un panier au bras, et appuyés sur le manche d'une
fourche à trois dents, attendre fort gravement le passage des chariots et des caravanes de mulets, pour recueillir le fumier ! On voyait qu'une pareille occupation
n'avait, à leurs yeux, rien de bas ni de méprisable.
Les voyageurs n'en paraissaient nullement surpris.
Le mot même dont on se sert pour exprimer cette
action est plein de dignité et d'élégance ; il signifie
littéralement « cueillir » Ainsi, que l'on cueille des

fleurs ou des bouses de cheval, l'expression est toujours la même.

L'agriculture chinoise ressemble peu à ce que nous appelons, en Europe, l'agriculture en grand. La propriété territoriale étant très-divisée, on voit peu d'exploitations sur une grande échelle. Dans le Nord, pourtant, on rencontre des fermes assez considérables ; mais, que la culture se fasse en grand ou en petit, les Chinois n'emploient jamais que des instruments fort simples : leur charrue est, le plus souvent, sans avant-train, et entame le sol peu profondément. Dans le Midi, on laboure ordinairement les rizières avec des buffles, que les Chinois nomment *chui-niou,* « bœuf aquatique. » Dans le Nord, on se sert de nos bœufs domestiques, de chevaux, de mulets, d'ânes ; et, plus d'une fois, il nous est arrivé de voir des femmes traîner la charrue, pendant que le mari poussait par derrière et donnait la direction au sillon. C'était une chose vraiment digne de pitié que de voir ces femmes enfoncer leurs petits pieds dans la terre, les retirer péniblement, et aller ainsi en sautillant d'un bout du sillon à l'autre. Un jour, nous eûmes la patience de nous arrêter sur le rebord d'un chemin, pour examiner si la pauvre laboureuse, qui traînait la charrue, avait, au moins de temps en temps, quelque peu de repos ; nous vîmes, avec plaisir, le travail s'interrompre un instant à l'extrémité du sillon. Les époux s'assirent poétiquement sur un tertre, à l'ombre d'un mûrier, et chacun fuma une pipe de tabac en guise de rafraîchissement.

Dans les provinces méridionales, les Chinois préparent leurs terres et surtout les rizières avec de l'engrais humain, qu'ils y répandent avec profusion. Il est incontestable que, par ce moyen, on donne à la végétation beaucoup plus de force et d'activité ; mais il est probable aussi que les produits agricoles sont d'une nature moins salubre, et peut-être faudrait-il attribuer à cette cause plusieurs des infirmités très-fréquentes parmi les habitants du Midi, et qu'on ne remarque pas dans le Nord. Si l'on ne connaissait pas tout le prix que les habitants du Céleste Empire attachent à cette sorte d'engrais, il serait impossible de concilier l'égoïsme chinois avec l'existence de ces innombrables petits cabinets, que les particuliers élèvent de toute part pour la commodité des voyageurs. Il n'est pas de ville ou de village où il n'y ait, sur ce point, une concurrence effrénée. Sur les chemins les moins fréquentés, dans les endroits les plus déserts, on est tout étonné de trouver des maisonnettes en paille, en terre et quelquefois en maçonnerie. On croirait être dans un pays où la sollicitude pour les établissements d'utilité publique est poussée jusqu'à l'exagération. En réalité, l'intérêt est le seul mobile de toutes ces créations utiles.

Lorsqu'on entre dans un hameau chinois, ou qu'on approche d'une ferme, on est tout à coup saisi par d'horribles exhalaisons qui vous prennent à la gorge et menacent de vous suffoquer. Ce n'est pas cette odeur saine et forte qui s'échappe des étables des bœufs et des bergeries, et qui souvent dilate les poumons d'une manière si agréable, c'est un atroce mélange de toutes les pourritures imaginables. Les Chinois ont tellement la manie de l'engrais humain, que les barbiers recueillent avec soin leur moisson de barbe et de cheveux et les rognures d'ongles, pour les vendre aux laboureurs, qui en engraissent les terres. C'est bien là, dans toute la force du terme, l'exploitation de l'homme par l'homme.

Les petits cultivateurs chinois travaillent souvent à la bêche ou à la houe. On ne peut qu'admirer la bonne tenue de leurs champs, dont ils arrachent les mauvaises herbes avec une patience invincible. Il faut que le terrain soit bien stérile de sa nature pour qu'à force d'art et de travail ils ne parviennent pas à lui faire produire quelque chose. Dans les endroits trop secs pour la culture du riz, ils sèment la patate douce, le chanvre, le cotonnier, et s'il existe un recoin tout à fait improductif, ils y plantent quelques arbres utiles, tels que le mûrier, l'arbre à suif, ou au moins un pin pour avoir un peu de bois et de térébenthine. Le Chinois est, pour sa moisson, d'une sollicitude inimaginable. S'il a à redouter qu'un vent trop violent n'égrène les épis de riz en les choquant les uns contre les autres, il réunit plusieurs tiges ensemble et les attache en un seul faisceau, pour qu'elles puissent ainsi se prêter un mutuel appui et n'être pas ravagées par le vent. Leur industrie excelle surtout dans l'art des irrigations, qu'ils savent conduire par des tuyaux de bambou, sur les flancs des montagnes coupées en terrasses et cultivées jusqu'à leur sommet. Ils ont mille ressources, dans les temps de sécheresse, pour répandre dans leurs champs les eaux des étangs et des rivières, et pour les faire écouler quand les inondations sont trop fortes. Ils se servent principalement de pompes à chaînes ou à chapelet, qu'ils mettent en mouvement avec leurs pieds, et qui font passer l'eau d'un réservoir dans un autre, avec une grande rapidité. Ils établissent quelquefois, sur les bords des rivières, de grandes roues d'une légèreté extrême, et qu'un petit courant suffit pour faire tourner. Ces roues sont construites avec une merveilleuse intelligence ; elles sont entourées de longs récipients en bambou, qui vont tour à tour puiser l'eau dans la rivière et la porter dans un grand réservoir en bois, d'où elle se répand ensuite par une foule de rigoles dans les champs voisins.

Plusieurs provinces sont si fertiles et cultivées avec tant de soin et d'habileté, qu'on y fait régulièrement trois récoltes par an. Quand la première est déjà avancée, on sème la seconde dans l'intervalle des sillons, de manière qu'il y ait toujours dans le même champ deux cultures différentes.

Toutes les céréales connues en Europe viennent en Chine ; elles y offrent même beaucoup de variétés qui n'existent pas ailleurs. Dans le Nord, on cultive plus particulièrement l'orge et le blé, et dans le Midi le riz, qui est la nourriture principale des classes inférieures, et la base alimentaire des autres. On se trompe en pensant que, dans tout l'empire, les Chinois ne vivent que de riz. Dans les provinces du Nord et de l'Ouest, il est aussi rare, peut-être, qu'en France, et on n'y en fait pas une plus grande consommation. On n'en sert que sur les tables des riches, et encore cela n'a lieu que dans les repas de luxe et de cérémonie. Le froment, le sarrasin, l'avoine, le blé de Turquie et le petit millet, sont l'aliment journalier de tout le monde, à l'exception de la seule province du Kan-sou, où l'on fait du pain absolument comme en Europe; partout ailleurs, on gaspille, en quelque sorte, la farine de froment. On mange la pâte non fermentée et à moitié cuite, tantôt sous forme de galette et tantôt tirée en rubans comme du macaroni. On fabrique quelquefois de petits pains gros comme le poing et qu'on se contente de faire cuire à la vapeur d'eau.

Quoique la Chine possède les céréales, les fruits et les légumes de l'Europe elle trouve encore dans le règne végétal une foule d'autres produits aussi riches que variés, dont plusieurs pourraient, sans doute, prospérer dans le midi de la France, et surtout dans nos superbes possessions d'Afrique. Parmi les végétaux les plus célèbres de la Chine, nous devons citer le bambou, dont les nombreux usages ont influé sur les habitudes des Chinois. Il est permis d'affirmer, sans crainte d'exagération, que les mines de la Chine lui valent moins que ses bambous, et qu'après le riz et les soieries, il n'y a rien qui soit d'un aussi grand revenu. Les usages auxquels le bambou est appliqué sont si considérables et d'une utilité si générale, qu'on ne conçoit pas comment la Chine pourrait se passer aujourd'hui de cette espèce de roseau.

Le bambou sort de terre, comme les asperges, avec la grosseur et le volume qu'il conserve ensuite dans son accroissement. Le dictionnaire de Khang-hi le définit : « une production qui n'est ni herbe ni arbre » (*fei-tsao, fei-mou*) ; c'est, en quelque sorte, un végétal amphibie, qui est quelquefois comme une plante et qui acquiert aussi les proportions d'un arbre. Les bambous ont été connus de tout temps, en Chine, où ils croissent naturellement. Mais ce n'est que vers la fin du troisième siècle avant l'ère chrétienne qu'on peut fixer le commencement de la culture de la grosse espèce. On réduit à soixante-trois le nombre des variétés principales de bambous qu'il y a dans l'empire. Ils different les uns des autres par la grosseur et la hauteur, par la distance des nœuds, la couleur et l'épaisseur du bois, par les branches, les feuilles, les racines et certaines bizarreries de conformation qui se perpétuent dans l'espèce. L'exploitation d'une forêt de gros bambous peut donner un revenu considérable à son propriétaire, s'il sait bien en régler la coupe. « Les petits-fils des bambous, dit un « proverbe chinois, ne voient pas leur grand'mère, et « la mère n'est jamais séparée de ses enfants. »

On peut citer encore, parmi les végétaux utiles ou curieux que produit la Chine, le thé, objet d'un commerce si actif, l'arbre à cire, l'arbre à suif, le mûrier à papier, le camphrier, l'arbre au vernis, le *li-tchi*, le *loung-yen*, « œil de dragon, » le jujubier, l'anis étoilé, le cannellier de la Chine, dont l'écorce est très-épaisse, l'oranger, qui compte un si grand nombre d'espèces, le bibacier, et une foule d'arbres à fruits particuliers aux provinces méridionales ; la pivoine en arbre, les camélias, l'hortensia, rapporté de la Chine par lord Macartney, le petit magnolia, plusieurs rosiers, la reine-marguerite odorante, l'hémérocalle, la rhubarbe, le *jin-chen* (ginseng) et une prodigieuse diversité de plantes ligneuses ou herbacées cultivées pour la beauté de leurs fleurs ; le cotonnier, un grand nombre de plantes textiles, économiques et céréales, qui mériteraient d'être naturalisées en Europe.

La culture des végétaux utiles est un des soins auxquels les Chinois sont plus particulièrement livrés, et, dès les époques les plus anciennes, elle a fixé l'attention du gouvernement, qui s'est toujours efforcé de l'encourager. Dans les provinces les plus peuplées, on a mis à profit jusqu'aux rivières et aux étangs, où l'on sème des plantes aquatiques nutritives, telles que les tubercules de sagittaire et le nénuphar, dont les Chinois savent tirer un merveilleux parti.

Cette plante aquatique a toujours été connue et estimée des Chinois. Les poëtes l'ont célébrée dans leurs vers, à cause de la beauté de ses fleurs; les docteurs de la raison l'ont mise au nombre des plantes qui entrent dans le breuvage d'immortalité, et les économistes l'ont préconisée, à cause de son utilité. De nos jours, elle est devenue le symbole des sociétés secrètes.

Le nénuphar, ou *nymphœa* de Chine, est nommé vulgairement *lien-hoa*. Ses feuilles sont larges, arrondies, festonnées, charnues, veineuses et échancrées dans le milieu; les unes nagent sur la surface de l'eau, où elles se tiennent comme collées, les autres s'élèvent au-dessus, à différentes hauteurs; elles sont d'un vert tendre au-dessus, foncé au-dessous, et soutenues par de longues queues mouchetées de noir. La racine du nénuphar est vivace, grosse comme le bras, d'un jaune pâle au dehors, et d'un blanc de lait au dedans, longue quelquefois de douze et quinze pieds; elle rampe au fond de l'eau et s'attache au limon par les fibres des étranglements qui la divisent d'espace en espace. Du milieu des filaments, elle pousse quelquefois des pattes qui s'étendent; mais ses grands accroissements se font par les deux bouts. La queue des fleurs et des feuilles est percée, jusqu'à l'extrémité, de trous arrondis comme ceux de la racine, et disposés symétriquement dans toute leur longueur.

Les fleurs du nénuphar sont à plusieurs pétales, et disposées de telle sorte, que, lorsqu'elles ne sont pas encore entièrement ouvertes, on les prendrait pour de grosses tulipes ; ensuite elles s'épanouissent en rose. Au milieu de la fleur, se trouve un pistil conique qui devient un fruit spongieux et arrondi, partagé, dans sa longueur, en plusieurs loges remplies de graines oblongues revêtues d'une enveloppe ou coque comme le gland, et composées, comme lui, de deux lobes blancs, au milieu desquels est le germe. Les étamines sont des filaments très-déliés terminés par un sommet violet.

Les Chinois distinguent quatre espèces de nénuphar : le jaune, le blanc et rouge à fleurs simples, le blanc et rouge à fleurs doubles, et le rouge pâle. Cette plante se multiplie par les semences, mais plus aisément et plus promptement par les racines ; elle ne demande aucune sorte de culture. Il n'est rien de comparable à l'effet que produit le nénuphar sur les étangs et les grands bassins. Il ne pousse guère que vers la fin de mai ; mais sa germination est rapide, et ses grandes feuilles, collées sur la surface des eaux, ou majestueusement élevées à diverses hauteurs, forment des tapis de verdure d'un aspect ravissant, surtout lorsqu'ils sont émaillés de fleurs de diverses couleurs. Comme elles sont plus grosses que des pavots, d'un blanc ou d'un rouge éclatant, elles tranchent magnifiquement sur le vert des feuilles. Les jeunes poëtes chinois aiment beaucoup à chanter les promenades en bateau, au clair de la lune, sur les étangs bordés de nénuphars en fleurs, et illuminés par des essaims de lucioles et de mouches phosphorescentes.

Le nénuphar est surtout remarquable au point de vue utilitaire ; ses graines se mangent comme les noisettes en Europe. Cuites à l'eau et au sucre, elles font les délices des gourmets. Sa gigantesque racine est d'une grande ressource pour les préparations culinaires ; de quelque manière qu'on l'arrange, elle est très-saine et d'un goût excellent. Les Chinois en font macérer au sel et au vinaigre des provisions considérables pour manger avec le riz ; réduite en fécule, on peut en composer de délicieuses bouillies au lait ou à l'eau. Pendant l'été on la mange crue en guise de fruit, et elle est très-rafraîchissante. Les feuilles, enfin, sont d'un grand usage pour envelopper toute espèce d'objets, et, lorsqu'elles sont desséchées, on les mêle volontiers au tabac à fumer pour en adoucir la force.

Les Chinois doivent principalement à leur caractère éminemment observateur leurs nombreuses découvertes en agriculture, et le parti qu'ils savent tirer d'une foule de plantes négligées en Europe. Ils aiment à examiner et à étudier la nature. Les grands, les empereurs mêmes, ne dédaignent pas d'être attentifs aux plus petites choses, et ils recueillent avec soin tout ce qui peut avoir quelque utilité pour le public. Le célèbre empereur Khang a ainsi rendu plus d'un service important à son pays. On trouve dans de curieux mémoires écrits par ce prince, le passage suivant : « Je me promenais, dit l'empereur « Khang-hi, le premier jour de la sixième lune, dans « des champs où l'on avait semé du riz qui ne devait « donner sa moisson qu'à la neuvième. Je remarquai,

« par hasard, un pied de riz qui était déjà monté en
« épi. Il s'élevait au-dessus de tous les autres et était
« assez mûr pour être cueilli ; je me le fis apporter.
« Le grain en était très-beau et bien nourri ; cela me
« donna la pensée de le garder pour un essai, et voir si,
« l'année suivante, il conserverait ainsi sa précocité ; il
« la conserva en effet. Tous les pieds qui en étaient pro-
« venus montèrent en épis avant le temps ordinaire, et
« donnèrent leur moisson à la sixième lune. Chaque
« année a multiplié la récolte de la précédente, et, de-
« puis trente ans, c'est le riz qu'on sert sur ma table.
« Le grain en est allongé et la couleur un peu rou-
« geâtre ; mais il est d'un parfum fort doux et d'une
« saveur très-agréable. On le nomme *yu-mi*, « riz im-
« périal, » parce que c'est dans mes jardins qu'il a com-
« mencé à être cultivé. C'est le seul qui puisse mûrir
« au nord de la grande muraille, où les froids finissent
« très-tard et commencent de fort bonne heure ; mais,
« dans les provinces du Midi, où le climat est plus doux
« et la terre plus fertile, on peut aisément en avoir deux
« moissons par an, et c'est une bien douce consolation
« pour moi que d'avoir procuré cet avantage à mes
« peuples. »

L'empereur Khang-hi a rendu, en effet, un service
immense aux populations de la Mantchourie, en pro-
pageant la culture de cette nouvelle espèce de riz, qui
vient à merveille dans les pays secs, sans avoir besoin
d'irrigations perpétuelles comme le riz ordinaire. Il
prospérerait certainement en France, et il n'a pas tenu
aux missionnaires qu'il n'y soit acclimaté depuis longtemps. Pendant que nous étions dans notre maison aux

environs de Péking, nous nous sommes fait plusieurs fois nous-même un devoir d'en envoyer au ministère de l'agriculture et du commerce ; mais nous n'avons jamais entendu parler qu'on se soit occupé d'en faire quelque expérience. Avec nos perpétuelles révolutions et nos changements si rapides de gouvernement, quel ministre pourrait conserver assez de flegme pour se préoccuper d'une nouvelle espèce de riz découverte par un empereur tartare mantchou?

L'esprit d'observation, dont les Chinois sont doués au plus haut degré, les a conduits à faire une remarque curieuse sur les blés, et qui, selon leur opinion, est de la plus grande importance en agriculture. Un de nos chrétiens nous demandait un jour si, en France, les espèces de blé qui fleurissent pendant la nuit étaient très-nombreuses. La question nous parut assez embarrassante, et nous avouâmes ingénument à notre interlocuteur que, n'étant pas agronome, nous ne savions pas combien d'espèces de blé fleurissaient pendant la nuit ; que nous n'avions jamais entendu parler d'un semblable phénomène, et que, probablement, les cultivateurs de notre pays seraient eux-mêmes très-étonnés d'une semblable question. — Mais non, s'écria-t-il, vos cultivateurs ne seraient pas étonnés ; ils doivent nécessairement connaître cela ; autrement, comment s'occuper avec succès des travaux agricoles ? Est-ce qu'ils ensemencent leurs champs au hasard, sans tenir compte du soleil et de la lune ?... Nous fûmes contraint d'avouer, pour la seconde fois, notre profonde ignorance en cette matière. Là-dessus, notre néophyte se mit à nous développer la plus singulière des théories sur la floraison des blés. Il nous dit que les nombreuses espèces de blé se divisaient en deux grandes catégories, l'une dont la floraison commençait toujours et invariablement pendant la nuit, et l'autre qui ne pouvait fleurir qu'avec le jour. Le choix du terrain, le moment des semailles et le genre de culture devaient varier selon les espèces ; et il soutenait que, faute de connaître ces deux classifications et de se conformer aux règles prescrites pour chacune d'elles, on s'exposait beaucoup à avoir de mauvaises récoltes. Nous ne pouvons pas dire jusqu'à quel point on peut ajouter foi à cette singulière observation des Chinois. Nous confessons ne nous être jamais senti le zèle d'aller nous installer, pendant la nuit, au milieu d'un champ, pour monter la garde auprès des épis de blé, et prendre les fleurs sur le fait quand elles auraient fantaisie d'éclore. Il est probable même que ce zèle indiscret eût été complétement infructueux ; car nous soupçonnons qu'il nous eût été assez difficile de remarquer l'épanouissement d'une fleur de blé. Nous laissons donc aux agronomes de décider de quelle valeur peut être cette observation chinoise.

On pourrait composer un recueil plein d'originalité de toutes les remarques curieuses faites par les Chinois, non seulement en agriculture, mais encore dans tout ce qui concerne l'histoire naturelle. Nous allons en citer quelques-unes qui se présentent à notre souvenir, afin de donner une idée de la sagacité de ce peuple.

Tout le monde sait que les hirondelles s'en vont vers l'automne et reviennent au commencement du printemps. Les Chinois ont été aussi curieux que nous de savoir ce qu'elles devenaient pendant les six mois de leur

absence, et où elles allaient. Ils ont constaté que les hirondelles aux pattes desquelles on avait attaché des signes pour les reconnaître, avaient paru plusieurs années de suite dans la même maison. On était donc certain que celles qui s'en allaient en automne étaient les mêmes qui revenaient au printemps ; mais où allaient-elles ? Les anciens prétendaient, les uns qu'elles passaient les mers, les autres qu'elles s'enfonçaient dans l'eau. Maintenant, ces opinions sont regardées par les Chinois comme des fables puériles, et plusieurs observations leur ont démontré que les hirondelles n'entreprennent pas de longs voyages, pour aller passer chaudement l'hiver quelque part. Il est écrit dans les annales de la Chine « que le peuple étant accablé par les mal-
« heurs qui affligèrent le règne de l'empereur Ngan-ty,
« plus de mille familles désertèrent leurs villages, et
« allèrent se réfugier dans les montagnes les plus enfon-
« cées et les plus sauvages, pour fuir les révoltes et la
« famine. Comme rien n'avait poussé, elles furent ré-
« duites à se nourrir de rats et d'hirondelles qu'elles
« trouvaient assemblées par pelotons dans les cavernes
« et dans le creux des rochers. » Un autre historien rapporte encore le fait suivant : « L'empereur Yang-
« ty (1) ayant ordonné des réparations sur les bords du
« fleuve Jaune, on trouva une grande quantité d'hiron-
« delles assemblées par pelotons dans les creux des
« rochers, et dans les cavernes des endroits où les bords
« sont déserts et très-escarpés. » Un naturaliste chinois, nommé Lu-chi, dit, après avoir rapporté ces faits :

---

(1) Il monta sur le trône l'an 605.

« Les anciens pensaient que les hirondelles changeaient
« de climat; mais il est très-difficile de concevoir qu'ils
« l'aient cru, puisqu'on n'a jamais vu les hirondelles ni
« prendre les chemins des pays méridionaux, ni mar-
« cher en troupes comme les oiseaux voyageurs, qui
« viennent toutes les années de la Tartarie et y retour-
« nent au printemps. Ceux-ci font des armées, et leur
« passage dure plusieurs jours; au lieu que les hiron-
« delles disparaissent d'une province, sans qu'on en
« voie un plus grand nombre dans l'autre, même dans
« les provinces les plus rapprochées de la mer. » Et le
naturaliste chinois conclut que les hirondelles n'émi-
grent pas, qu'elles restent toujours aux environs du
même pays, et que, pendant l'hiver, elles vont seulement se blottir dans des trous ou au fond des cavernes.
Nous ne savons si les naturalistes d'Europe seront bien
disposés à partager l'opinion de leur confrère Lu-chi.
Nous ignorons également si la découverte suivante sera
bien du goût non plus des naturalistes, mais des hor-
logers.

Un jour que nous allions visiter quelques familles
chrétiennes de cultivateurs, nous rencontrâmes, tout
près d'une ferme, un jeune Chinois qui faisait paître un
buffle le long d'un sentier. Nous lui demandâmes, en
passant et par désœuvrement, s'il n'était pas encore
midi. L'enfant leva la tête, et, comme le soleil était
caché derrière d'épais nuages, il ne put y lire sa réponse.
— Le ciel n'est pas clair, nous dit-il, mais attendez un
instant... A ces mots il s'élance vers la ferme et revient
quelques minutes après, portant un chat sous le bras. —
Il n'est pas encore midi, dit-il, tenez, voyez... En disant

cela, il nous montrait l'œil du chat dont il écartait les paupières avec ses deux mains. Nous regardâmes d'abord l'enfant, il était d'un sérieux admirable ; puis le chat qui, quoique étonné et peu satisfait de l'expérience qu'on faisait sur son œil, était néanmoins d'une complaisance exemplaire. — C'est bien, dîmes-nous à l'enfant ; il n'est pas encore midi, merci. Le jeune Chinois lâcha le chat, qui se sauva au grand galop, et nous continuâmes notre route.

Pour dire vrai, nous n'avions pas compris grand'-chose à cette nouvelle méthode de connaître les heures; mais nous ne voulûmes pas questionner ce petit païen, de peur que, à notre ignorance, il ne s'avisât de soupçonner que nous étions Européen. Aussitôt que nous fûmes arrivé dans une maison de chrétiens, nous n'eûmes rien de plus pressé que de leur demander s'ils savaient voir l'heure qu'il était dans les yeux des chats. Ils ne s'attendaient guère à une semblable question. Aussi furent-ils un peu déconcertés ; nous insistâmes, et, comme il n'y avait aucun danger à craindre, en leur avouant notre profonde ignorance sur les propriétés de l'œil du chat, nous leur racontâmes ce qui nous était arrivé, en route, tout près de la ferme d'un païen. Il n'en fallut pas davantage ; nos complaisants néophytes se mirent aussitôt à donner la chasse à tous les chats du voisinage. Ils nous en apportèrent trois ou quatre, et nous expliquèrent de quelle manière on pouvait se servir avantageusement d'un chat en guise de montre. Ils nous firent voir que la prunelle de son œil allait se rétrécissant à mesure qu'on avançait vers midi ; qu'à midi juste elle était comme un cheveu, comme une ligne d'une finesse extrême, tracée perpendiculairement sur l'œil; après midi la dilatation recommençait. Quand nous eûmes examiné bien attentivement tous les chats qui étaient à notre disposition, nous conclûmes qu'il était midi passé; tous les yeux étaient parfaitement d'accord.

Nous avons d'abord hésité à parler de cette invention chinoise, dans la crainte de compromettre l'horlogerie et d'arrêter le débit des montres; mais toute considération doit s'effacer devant l'amour du progrès. Il est difficile qu'une découverte de quelque importance ne froisse pas les intérêts privés. Nous espérons cependant qu'on pourra, malgré cela, faire encore des montres, parce que, parmi les nombreuses personnes qui désirent savoir l'heure, il y en aura toujours qui ne voudront pas se donner la peine de courir après un chat, pour lui regarder les yeux, et s'exposer ainsi au danger de se faire arracher les leurs.

Les Chinois nous ont enseigné une expérience d'un autre genre et qui n'a pas les mêmes inconvénients que la précédente. Elle n'est assurément compromettante pour personne ni pour aucune industrie. Elle pourrait, tout au plus, être désagréable aux ânes, en ce qu'elle tend à les contrarier singulièrement dans l'exercice de leur liberté.

Dans le nord de la Chine, où les voyages par eau ne sont pas aussi faciles que dans le midi, on va ordinairement en chariot ou bien à dos d'âne ou de mulet. On s'arrête à la fin du jour pour passer la nuit dans les hôtelleries plus ou moins confortables, qu'on ne manque jamais de rencontrer le long de la route. Le grand inconvénient de ces auberges, c'est qu'il est très-peu aisé d'y dormir en paix, à cause du vacarme qui s'y fait perpétuellement ; et, si l'on a le malheur d'avoir des ânes dans la cour de l'établissement, alors il faut se résigner à ne pas fermer l'œil, car ces animaux terribles, sous prétexte, sans doute, que la musique a toujours été en honneur dans l'empire, se croient obligés, en tant que Chinois, de chanter durant la nuit entière et de s'abandonner à toutes les fantaisies de leur instinct philharmonique.

En 1840, nous voyagions en chariot dans la province de Péking. Notre catéchiste, ancien maître d'école, escortait la voiture, monté sur un âne magnifique, si plein d'ardeur et d'agilité, que les deux mulets de notre attelage avaient toute la peine du monde à soutenir la rapidité de sa course. Cet âne était si pénétré de sa supériorité, il en était si fier, qu'à peine apercevait-il ou sentait-il de loin un de ses collègues, il se mettait à braire avec une fatuité insupportable. Quand nous étions arrivés à l'hôtellerie, au lieu de se reposer en paix de ses fatigues, il passait la nuit à faire de la musique. Il y avait dans le timbre de sa voix et dans les modulations qu'il savait lui donner, quelque chose de si provocateur, que tous les ânes des auberges environnantes, entraînés apparemment par la puissance de son fluide magnétique, ne tardaient pas à se mettre de la partie et à braire aussi de toute leur force et de tout leur gosier. Il résultait de là un si étourdissant concert, qu'il n'y avait plus aucune possibilité de fermer l'œil.

Un soir que notre catéchiste nous vantait les qualités supérieures de son âne... — Ton âne, lui dîmes-nous,

est une mauvaise bête. Depuis que nous sommes en voyage, il est cause que nous n'avons pu dormir un seul instant. — Il fallait me le dire plus tôt, répondit-il, je l'aurais empêché de chanter. Comme notre catéchiste était parfois d'humeur facétieuse, nous prîmes son observation pour une mauvaise plaisanterie. Le lendemain matin, nous trouvâmes pourtant que nous avions dormi profondément; nous étions comme rassasié de sommeil.
— L'âne a-t-il chanté cette nuit ? nous dit le catéchiste aussitôt qu'il nous aperçut. — Peut-être non ; en tout cas nous ne l'avons pas entendu. — Oh ! pour moi ; je suis bien sûr qu'il n'a pas chanté ; avant de me coucher j'avais pris mes mesures... — Vous avez dû remarquer, sans doute, ajouta-t-il, que, lorsqu'un âne veut chanter, il commence par lever la queue et qu'il la tient tendue presque horizontalement tant que dure la chanson ; eh bien ! pour le condamner au silence, il n'y a qu'à lui attacher une pierre à la queue et l'empêcher de la lever. Nous regardâmes notre catéchiste en souriant, comme pour lui demander s'il ne se moquait pas de nous. — Venez voir, nous dit-il, l'expérience est là. Nous allâmes dans la cour et nous vîmes, en effet, ce pauvre âne, qui, avec une grosse pierre suspendue à la queue, avait beaucoup perdu de sa fierté ordinaire. Les yeux fixés en terre et les oreilles basses, il paraissait profondément humilié ; sa vue nous fit vraiment compassion, et nous priâmes notre catéchiste de lui détacher la pierre. Aussitôt qu'il sentit son appendice musical en liberté, il redressa d'abord la tête, ensuite les oreilles, puis enfin la queue, et se mit à braire avec un prodigieux enthousiasme.

CHAPITRE IX.

Navigation sur le lac Pou-yang. — Grand nombre de jonques. — Route par terre. — Déserts incultes. — Paupérisme en Chine. — Bandes de mendiants. — Confrérie des cercueils gratuits. — Le roi des pauvres. — Hôtellerie des *Plumes de poule*. — Causes du paupérisme. — Le jeu. — Divers jeux chinois. — Manière d'éluder la loi contre les joueurs. — Ivrognerie. — La vigne. — Vin et eau-de-vie de grain. — Infanticides. — Quelles en sont les causes. — Ce qu'il y a de vrai et d'exagéré au sujet des infanticides en Chine. *Yu-yng-tang* ou hospice des Enfants trouvés. — Édit contre l'infanticide. — Impuissance du gouvernement pour réprimer les infanticides. — Œuvre de la Sainte-Enfance.

Notre navigation sur le lac Pou-yang (1) se fit sans accident. Seulement elle fut plus longue qu'on ne l'avait supposé ; au lieu d'un jour de traversée nous en eûmes deux. Nous étions à peu près à moitié de notre course, lorsque le vent changeant de direction, se mit à souffler de l'avant, et nous força de courir de longues bordées. Le temps ne cessa pas pourtant d'être toujours beau, et la brise, quoique contraire, n'était pas de nature à nous donner la plus légère inquiétude. Un jour de retard ne pouvait être pour nous matière à sérieuse contradiction. Nous n'en dirons pas autant de la nuit, qu'il fallut, contre notre attente, passer à bord de la jonque. Les cancrelats nous firent une guerre aussi acharnée que

(1) Le lac Pou-yang est formé par le confluent de quatre grandes rivières ; il a trente lieues de circuit.

la nuit précédente. Nous en fûmes quittes en portant nos lits sur le pont et en nous résignant à coucher parmi les matelots, dont les cris et le bavardage perpétuels étaient encore moins incommodes que les incessantes agaceries des cancrelats.

Durant ces deux jours de navigation, nous vîmes rarement la terre. Il nous était difficile de nous persuader que nous étions au centre de l'empire chinois. Cette immense étendue d'eau, ces longues vagues soulevées par le vent, ces nombreux et gros navires qui voguent dans tous les sens, tout semblait indiquer une véritable mer plutôt qu'un lac. Le mouvement des jonques innombrables qui sillonnent continuellement la surface du Pou-yang offre à la vue un spectacle vraiment ravissant. Les diverses directions qu'elles doivent suivre donnent à leur voilure et à leur construction une variété de formes infinie, les unes, allant vent arrière, étalent leurs larges nattes et avancent avec une imposante majesté ; d'autres luttent péniblement contre la brise et les flots, tandis qu'un grand nombre, courant par le travers et en sens inverse, ressemblent à des monstres marins en courroux et qui chercheraient à se précipiter les uns contre les autres. Les évolutions de toutes ces machines flottantes sont si rapides et si multipliées, que le tableau se modifie et change à chaque instant.

Nous aurions pu aller par eau jusqu'à la capitale du Kiang-si, car, en sortant du lac Pou-yang nous entrâmes dans l'embouchure d'une rivière navigable qui passe sous les murs de Nan-tchang-fou ; mais, avec le vent et le courant contraires, la navigation eût été trop longue et trop pénible. Nous aimâmes donc mieux reprendre la voie de terre, qui devait nous conduire dans deux jours au troisième grand relais de notre voyage.

La province du Kiang-si est réputée pour être une des plus populeuses de la Chine. Aussi fûmes-nous étrangement surpris de rencontrer sur notre route de vastes plaines sans culture, sans habitants, et dont l'aspect sauvage nous rappelait les steppes et les déserts de la Mongolie. Il n'est pas rare de trouver ainsi, dans plusieurs provinces de la Chine, de grands espaces incultes, soit à cause de la mauvaise nature du terrain, soit plutôt par l'incurie et l'insouciance des habitants, qui aiment à chercher leurs moyens de subsistance dans les chances de la navigation et du commerce plutôt que dans les paisibles travaux de la campagne. Ces friches se remarquent principalement aux environs des grands lacs et dans le voisinage des fleuves. Les hommes abandonnent volontiers la terre pour aller passer leur vie sur des barques, ce qui a fait croire, malgré les encouragements donnés à l'agriculture, que la Chine pourrait fournir plus complétement aux besoins de ses habitants, ou en nourrir encore un plus grand nombre.

Il est incontestable que le gouvernement chinois ne sait pas ou ne veut pas mettre à profit tous les éléments d'abondance et de richesse qu'on rencontre de toute part dans ce magnifique pays. Une administration intelligente et zélée pour le bien public, en donnant une bonne direction à ces populations patientes et industrieuses, pourrait développer prodigieusement les immenses ressources de l'empire, et procurer aux masses une part plus large de bien-être et de prospérité. Nous ne voulons pas dire, il s'en faut bien, qu'il soit plus facile en Chine qu'ailleurs d'éteindre complétement le paupérisme. Nous savons que, dans tous les grands centres de population, il y aura malheureusement toujours beaucoup de pauvres, et que la classe des nécessiteux de tout genre y sera très-considérable. Mais on pourrait en diminuer le nombre, au lieu que nous avons remarqué, durant notre séjour en Chine, qu'il allait tous les ans en augmentant ; et c'est ce qui explique peut-être l'étonnante facilité et les développements prodigieux de l'insurrection formidable qui menace en ce moment de bouleverser de fond en comble cet empire colossal.

A toutes les époques, et dans les pays les plus florissants et les mieux gouvernés, il y a toujours eu et il y aura toujours des pauvres ; mais nulle part, sans contredit, il ne s'est jamais vu une misère profonde et désastreuse comme dans l'Empire Céleste. Il n'est pas d'année où, tantôt sur un point et tantôt sur un autre, il ne meure de faim ou de froid une multitude effrayante d'individus. Le nombre de ceux qui vivent au jour le jour est incalculable. Qu'une inondation, une sécheresse, un accident quelconque, vienne à compromettre la récolte dans une seule province, et voilà les deux tiers de la population livrés immédiatement à toutes les horreurs de la famine. On voit alors se former de grandes bandes, comme des armées de mendiants, qui s'en vont tous ensemble, hommes, femmes et enfants, chercher, dans les villes et dans les villages, un peu de nourriture, de quoi soutenir encore quelques instants leur misérable existence. Plusieurs d'entre eux tombent d'inanition et meurent avant d'arriver au lieu où ils espéraient trouver quelque secours. On voit leurs cadavres étendus dans les champs et le long des sentiers ; on passe à côté d'eux sans s'en émouvoir, sans même y faire attention, tant on est accoutumé à ces horribles spectacles !

En 1849, nous fûmes arrêté pendant six mois dans une chrétienté de la province de Tché-kiang, d'abord par de longues pluies torrentielles, et puis par une inondation générale qui envahit la contrée. De toute part on voyait comme une vaste mer au-dessus de laquelle semblaient flotter des villages et des arbres. Les Chinois, qui prévoyaient déjà la perte de la récolte et toutes les horreurs de la famine, déployèrent une activité et une persévérance remarquables pour lutter contre le fléau dont ils étaient enveloppés. Après avoir élevé des digues autour de leurs champs, ils essayèrent de vider l'eau dont ils étaient remplis ; mais, aussitôt qu'ils semblaient devoir réussir dans leur difficile et pénible entreprise, la pluie tombait de nouveau en telle abondance, que les champs étaient bientôt inondés. Durant trois mois entiers nous fûmes témoin de leurs efforts opiniâtres ; les travaux ne discontinuaient pas un instant. Ces malheureux, plongés dans la vase jusqu'aux hanches, étaient, jour et nuit, occupés à tourner leurs pompes à chaînes, afin de faire écouler, dans les lits des rivières et des canaux, les eaux qui avaient envahi la campagne. L'inondation ne put être maîtrisée ; et, après des peines excessives, ces infortunés eurent la douleur de ne pouvoir cultiver leurs champs, et de se trouver bientôt dans un complet dénûment. Alors on les vit s'organiser par grandes troupes, et courir la province un sac sur le dos, pour recueillir çà et là un peu de riz. Ces bandes étaient hideuses à voir. A moitié couverts de haillons, les cheveux hérissés, la figure contractée et les lèvres livides, tous ces mendiants, naguère paisibles cultivateurs, paraissaient au moment de se laisser entraîner, par le désespoir, à tous les désordres. La chrétienté que nous habitions fut plusieurs fois visitée par ces caravanes affamées. Nous n'étions guère plus riches que les autres; car l'inondation avait été générale; cependant il fallut se retrancher un peu du nécessaire, et leur faire l'aumône de quelques poignées de riz. Des villages entiers furent abandonnés et de nombreuses familles allèrent chercher à vivre dans les provinces voisines.

Les calamités de ce genre se reproduisent tous les ans, tantôt sur un point, tantôt sur un autre. Ceux qui ont quelques avances peuvent encore supporter ces moments de crise et attendre de meilleurs jours; mais les autres, et ils sont toujours en grand nombre, n'ont plus qu'à s'expatrier ou à mourir de faim.

Outre ces misères locales et accidentelles, il y a encore ce qu'on pourrait appeler le paupérisme fixé et permanent, qui, comme une lèpre incurable, étend ses ravages sur la nation tout entière. Dans les grandes villes, la multitude des pauvres est effrayante. On les voit circuler le long des rues, étalant leurs difformités, leurs plaies hideuses, leurs membres disloqués pour exciter la commisération publique. Chaque jour il en meurt plusieurs de faim. Cependant les Chinois qui sont dans l'aisance font assez volontiers l'aumône de quelques sapèques; mais ils ne connaissent pas ce sentiment de charité qui fait qu'on s'intéresse au pauvre, qu'on l'aime, qu'on compatit à ses misères. On donne à l'infirme, au malheureux, une pièce de monnaie ou une poignée de riz, uniquement pour se débarrasser de sa présence; autrement, nul ne s'occupe de lui; on se met bien peu en peine de savoir s'il a un réduit quelconque où il puisse passer la nuit. Les pauvres n'ont pas de domicile; ils vont ordinairement se réfugier autour des pagodes et des tribunaux; le long des remparts, où ils se construisent de misérables huttes avec des lambeaux de nattes recueillis dans les carrefours.

Les Chinois, si habiles et si expérimentés pour organiser des associations de tout genre dans le but d'exploiter une branche d'industrie ou de commerce, même quelquefois pour résister aux voleurs et aux entraînements du jeu, n'ont pas su former des sociétés de bienfaisance en faveur des pauvres et des malades. Nous avons seulement remarqué, dans quelques localités, des confréries pour procurer gratuitement des cercueils aux morts qui n'ont pas de parents pour prendre soin de leurs funérailles. Et, s'il était convenable de scruter les intentions de ceux qui font le bien, il serait possible de trouver encore, au fond de cette institution, une pensée d'intérêt et d'égoïsme. Les Chinois ont la superstition de croire que les âmes des morts se transforment en génies malfaisants, en mauvais diables, qui prennent ensuite plaisir à venir tourmenter les vivants, en leur suscitant des maladies ou en entravant le succès de leurs affaires. Le meilleur moyen de se soustraire aux malignes influences de ces esprits malintentionnés et devenus implacables contre les vivants, parce que leurs corps auront été privés de sépulture, c'est incontestablement d'acheter des cercueils à ceux qui meurent sans avoir les moyens de se faire enterrer. Cette attention si pleine de bienveillance ne peut manquer de les disposer favorablement à l'égard des membres de la confrérie des cercueils gratuits. A part cette société, nous n'avons pas eu connaissance qu'il en existât d'autre qui fût instituée dans le but de subvenir aux besoins des indigents.

Si les classes aisées négligent de s'associer pour le soulagement des pauvres, ceux-ci ne manquent pas, en revanche, de former des compagnies en commandite pour l'exploitation des riches. Chacun apporte à la masse quelque infirmité, vraie ou supposée, et l'on cherche ensuite à faire valoir le plus possible ce formidable capital de misères humaines. Tous les pauvres se trouvent enrégimentés par escouades et par bataillons. Cette grande armée de gueux a un chef qui porte le titre de *roi des mendiants*, et qui est légalement reconnu par l'État. Il répond de la conduite de ses sujets en guenilles, et c'est à lui qu'on s'en prend lorsqu'il règne parmi eux des désordres par trop criants et capables de compromettre la tranquillité publique. Le roi des mendiants de Péking est une véritable puissance. Il y a des jours fixes où il est autorisé à mettre en campagne ses nombreuses phalanges et à les envoyer demander l'aumône ou plutôt marauder aux environs de la capitale. Il faudrait le pinceau de Callot pour peindre l'allure burlesque, cynique et désordonnée, de cette armée de pauvres, marchant fièrement à la conquête de quelque village. Pendant qu'ils se répandent de toute part comme une invasion d'insectes dévastateurs, et qu'ils cherchent, par leur insolence, à intimider tout le monde, le roi convoque les chefs de la contrée et leur propose de les délivrer, moyennant certaine somme, de tous ces hideux garnisaires. Après de longues contestations on finit par s'arranger. Le village paye sa rançon, et les mendiants décampent pour aller se précipiter ailleurs comme une avalanche.

Ces hordes de gueux recueillent quelquefois dans leurs expéditions d'assez abondantes récoltes. Tout va d'abord dans les mains du roi ; il en fait ensuite la répartition entre tous ses sujets, qui, du reste, paraissent très-avancés dans les principes du communisme, voire même du fouriérisme, sans avoir pourtant lu une seule ligne des théories de Cabet ou de Victor Considérant. On prétend, en Europe, au monopole des idées grandes et neuves ; bien des gens se sentiront, sans doute, humiliés en voyant que des Asiatiques, des Chinois, savent depuis longtemps mettre en pratique certaines opinions écloses d'hier dans les puissants cerveaux des philosophes de l'Occident.

Il existe à Péking un phalanstère qui surpasse en excentricité tout ce qu'a pu rêver la féconde imagination de Fourier. On l'appelle *Ki-mao-fan*, c'est-à-dire « Maison aux plumes de poule. » A force de pousser les lois du progrès, les Chinois en sont venus jusqu'à pouvoir fournir aux pauvres une chaude couche en duvet, moyennant la modique rétribution d'un demi-centime par nuit. Ce merveilleux établissement phalanstérien est uniquement composé d'une salle grandiose, remplie, dans toute son étendue, d'une épaisse couche de plumes de poule. Les mendiants et les vagabonds qui n'ont pas de domicile vont passer la nuit dans cet immense dortoir. Hommes, femmes, enfants, jeunes et vieux, tout

CHAPITRE IX. 371

le monde y est admis. C'est du communisme dans toute la force et la rigueur de l'expression. Chacun se fait son nid, s'arrange comme il l'entend sur cet océan de plumes, et y dort comme il peut. Quand paraît le jour, il faut déguerpir, et un des commis de l'entreprise perçoit à la porte la sapèque fixée par le tarif. Pour rendre hommage, sans doute, au principe d'égalité, on n'admet pas le système de demi-place, et les enfants sont obligés de payer autant que les grandes personnes.

Dans les premiers temps de la fondation de cette œuvre éminemment philanthropique et morale, l'administration de la Maison des plumes de poule fournissait à chacun de ses hôtes une petite couverture ; mais on ne tarda pas à modifier ce point du règlement. Les communistes de l'établissement ayant contracté l'habitude d'emporter les couvertures pour les vendre ou en faire un vêtement supplémentaire durant les froids rigoureux de l'hiver, les actionnaires s'aperçurent qu'ils marchaient rapidement à une ruine complète et inévitable. Supprimer entièrement les couvertures eût été trop cruel et peu décent. Il fallut donc chercher un moyen capable de concilier les intérêts de l'établissement et la bonne tenue des dormeurs. Voici de quelle manière on est parvenu à la solution de ce problème social. On a fabriqué une immense couverture en feutre, d'une dimension tellement prodigieuse, qu'elle peut abriter le dortoir tout entier. Pendant le jour elle est suspendue au plafond comme un baldaquin gigantesque. Quand tout le monde s'est couché et bien aligné dans la plume, on la fait descendre au moyen de plusieurs poulies. Il est bon de remarquer qu'on a eu soin d'y pratiquer une infinité de trous, par où les dormeurs puissent passer la tête et ne pas s'asphyxier. Aussitôt que le jour paraît, on hisse la couverture phalanstérienne ; mais auparavant on a la précaution de donner un signal à coups de tam-tam pour réveiller ceux qui dorment trop profondément, et les inviter à cacher leur tête dans la plume, de peur d'être pris comme au carcan et enlevés en l'air avec la couverture. On voit alors cette immense nichée de mendiants grouiller et patauger au milieu des flots de ce duvet immonde, s'affubler promptement de leurs misérables haillons, et se répandre ensuite par nombreuses bandes dans les quartiers de la ville, pour y chercher d'une manière plus ou moins licite leurs moyens d'existence.

Parmi les principales causes du paupérisme en Chine, on peut citer, outre l'incurie profonde du gouvernement et l'exubérance de la population, le jeu, l'ivrognerie et la débauche. Nous savons bien que ces vices ne sont pas particuliers à la Chine, et que, dans tous les pays et à toutes les époques, on a pu remarquer les désordres et les misères qu'ils ont toujours traînés à leur suite. Il est vrai de dire pourtant que les Chinois s'y livrent avec un emportement qui n'a jamais été, peut-être, surpassé par aucun peuple.

Le jeu est défendu par les lois de l'empire ; mais la législation a été tellement débordée par les mœurs publiques, qu'aujourd'hui la Chine ressemble assez à un immense tripot. Les jeux auxquels se livrent les Chinois sont extrêmement multipliés. Ils jouent aux cartes, aux dés, aux échecs, aux dames, au *tseï-meï*, espèce de jeu analogue à la mourre des Italiens. Celui qui perd est obligé de vider une coupe d'eau-de-vie. Ils sont également passionnés pour les combats de coqs, de cailles, de grillons et de sauterelles. Ces divertissements occasionnent toujours des paris, qui sont souvent considérables. Les joueurs d'habitude ont une préférence marquée pour les cartes et les dés. Ils se réunissent dans les maisons particulières et dans les établissements publics, assez semblables à nos cafés, à la seule différence que c'est du thé qu'on y boit. C'est là qu'ils passent les jours et les nuits, jouant avec tant de passion, qu'ils se donnent à peine le soin de prendre un peu de nourriture. Il n'est pas de village et de hameau qui n'ait sa maison de jeu et ses joueurs de profession.

Les Chinois, nous l'avons déjà dit, sont économes, laborieux ; mais leur cupidité, leur amour effréné du lucre, et leur goût si prononcé pour l'agiotage et les spéculations, les poussent facilement dans la passion du jeu, quand ils ne se lancent pas dans le négoce. Les émotions aléatoires sont celles qu'ils recherchent avec le plus d'avidité, et, une fois qu'ils s'y sont abandonnés, ils en reviennent difficilement. Ils mettent de côté les obligations de leur état, leurs devoirs de famille, pour ne plus vivre qu'avec les dés ou les cartes. Cette malheureuse passion prend sur eux un tel empire, qu'ils en viennent quelquefois jusqu'aux extrémités les plus révoltantes. Quand ils ont perdu leur argent, ils jouent leur maison, leurs champs, et enfin leur femme, dont la destinée dépend d'un simple coup de dé. Le joueur chinois ne s'arrête pas encore là. Les habits dont il est revêtu servent à intéresser une partie de plus, et cette horrible coutume de tout jouer, sans exception, même les habits qu'on porte, donne lieu quelquefois à des scènes hideuses et à peine croyables, si l'on ne savait que les passions finissent toujours par rendre l'homme cruel et inhumain.

Dans les provinces du Nord, surtout aux environs de la grande muraille, on rencontre quelquefois, pendant les froids les plus rigoureux de l'hiver, des hommes dans un état complet de nudité, qui, après avoir perdu tous leurs habits au jeu, ont été impitoyablement chassés du tripot. Ils courent dans tous les sens comme des forcenés, espérant échapper aux étreintes du froid. Ils vont se coller contre les cheminées en terre, qui, dans ces contrées, sont construites au niveau du sol, le long des murs des maisons. Ils cherchent à se réchauffer un peu, tantôt d'un côté, tantôt d'un autre, pendant que leurs compagnons de jeu les regardent faire, en s'abandonnant à une atroce hilarité. Ce spectacle horrible ne dure pas longtemps, car le froid ne tarde pas à se rendre maître de ces malheureux, qu'on voit bientôt tomber et mourir. Les joueurs rentrent alors dans la salle, et se remettent au jeu avec un épouvantable sang-froid. Des faits semblables paraîtront fabuleux à bien des personnes ; mais ayant séjourné durant plusieurs années dans le nord de la Chine, nous attestons qu'ils sont de la plus grande authenticité.

Quelque étonnants que paraissent ces excès, les joueurs chinois ont trouvé le moyen de pousser encore plus loin leur passion pour le jeu ; on peut dire qu'elle va, chez eux, jusqu'à la folie. Il arrive quelquefois que ceux qui n'ont plus rien à perdre se réunissent à une table particulière pour jouer les doigts de leurs mains, qu'ils se coupent mutuellement avec un horrible

stoïcisme. Notre dessein était de passer sous silence cette particularité révoltante ; car nous n'aimons pas à faire subir de trop fortes épreuves à la confiance du lecteur. Il nous répugne extrêmement de raconter des choses qui, quoique certaines pour nous, portent le cachet de l'invraisemblance. Mais ce que nous racontons des joueurs chinois est si peu extraordinaire, que la mode en était déjà bien établie au neuvième siècle, et les voyageurs arabes de cette époque n'ont pas manqué de la remarquer. Voici ce qu'on lit dans la *Chaîne des chroniques*, que nous avons déjà eu occasion de citer plusieurs fois : « Parmi les hommes qui ont l'esprit
« léger ou fanfaron, ceux qui appartiennent à la classe
« inférieure et ceux qui n'ont pas d'argent, jouent quel-
« quefois leurs doigts de la main. Pendant qu'ils jouent,
« on tient à côté un vase contenant de l'huile de noix ou
« de l'huile de sésame, car l'huile d'olive manque dans le
« pays. Le feu brûle par-dessous. Entre les deux joueurs
« est une petite hache bien aiguisée ; celui des deux qui
« est vainqueur prend la main de l'autre, la place sur une
« pierre, et lui coupe le doigt avec la hache ; le morceau
« tombe, et, en même temps, le vaincu trempe sa main
« dans l'huile, qui est alors extrêmement chaude, et qui
« lui cautérise le membre. Cette opération n'empêche pas
« ce même homme de recommencer à jouer... Il y a des
« joueurs qui prennent une mèche et la trempent dans
« l'huile, puis la posent sur un de leurs membres et y
« mettent le feu ; la mèche brûle, et on sent l'odeur de
« la chair qui se consume. Pendant ce temps, l'homme
« joue au trictrac, et ne laisse paraître aucune marque
« de douleur. »

On comprend que tous les joueurs n'en sont pas à se couper les doigts et à se rôtir les bras ; le jeu ne porte pas partout, en Chine, ce caractère d'extravagance et de folie. Cependant il engendre dans tout l'empire de grandes misères, et il n'est rien de plus fréquent que de voir des familles nombreuses tomber tout à coup dans une affreuse indigence à la suite de quelques parties de cartes ou de dés. Le mal est devenu si général, que les lois n'y peuvent plus rien ; les magistrats ont beau faire des proclamations très-éloquentes contre les joueurs et citer à l'appui de leurs belles paroles les passages des moralistes les plus célèbres, on n'en joue pas moins dans toutes les provinces de l'empire. Les magistrats eux-mêmes semblent, en quelque sorte, s'appliquer à rassurer le peuple contre la rigueur des lois. Les mandarins visitent quelquefois les villages, sous prétexte de rechercher les joueurs ; mais, en réalité, pour leur assurer l'impunité, à condition qu'on les dédommagera de leur peine. On leur offre, à leur arrivée, un bon dîner, puis un lingot d'argent plus ou moins gros, et ils continuent leur tournée, après avoir paternellement exhorté ces bons villageois à persévérer toujours dans la bonne observance des cinq devoirs sociaux.

Nous avons connu un mandarin qui ne pouvait pas souffrir qu'on lui offrît de l'argent quand il allait en perquisition contre les joueurs. Il avait les sentiments si nobles, si élevés, que la seule idée de recevoir un cadeau de ses administrés excitait sa colère et son indignation. Il aimait l'argent cependant, et beaucoup même, sans cela quelle espèce de mandarin eût-il fait ? Il exigeait qu'on lui donnât, mais il voulait qu'on s'y prît de façon à ne pas froisser le moins du monde l'exquise délicatesse de ses sentiments. Quand il arrivait quelque part, il était déjà convenu, par avance, de la somme qu'il devait percevoir. Le chef de la localité l'invitait d'abord à prendre une tasse de thé, puis à jouer une partie. On jouait gros jeu, et il était bien entendu qu'en définitive le mandarin devait tout gagner. Il fallait perdre en ayant l'air d'apporter au jeu la plus grande application, car cet étonnant magistrat tenait tout à la fois et au gain et à la gloire d'être un joueur plein d'adresse et d'habileté.

La passion du jeu a envahi, en Chine, tous les rangs, tous les âges de la société. Les hommes, les enfants, tout le monde joue. Cependant, les gens de la classe inférieure sont ceux qui montrent le plus d'acharnement et d'opiniâtreté. Dans toutes les rues des grandes villes on rencontre de petits tripots ambulants. Deux dés, dans une tasse placée sur un escabeau, sont, pour l'ouvrier qui se rend à son travail, une tentation presque irrésistible. Une fois qu'il a eu le malheur de s'accroupir devant ce petit étalage, il lui est bien difficile de s'en arracher. Il perd souvent, dans quelques heures, toutes les pénibles épargnes de son travail. Les enfants se rendent toujours en grand nombre et avec empressement autour des tables de jeu, et les personnes âgées sont les premières à les pousser dans un abîme dont ils auront ensuite tant de peine à se retirer.

L'ivrognerie est, en Chine, une cause de paupérisme non moins générale que la passion du jeu. Il y a cependant cette différence que ce vice fait plus de ravages dans le Nord que dans le Midi. Si les Chinois méridionaux jouent plus que les septentrionaux, en compensation ils boivent moins. Tout le monde sait que la boisson habituelle des Chinois est le thé ; mais ce n'est pas évidemment avec cette infusion qu'ils s'enivrent ; ils font, en outre, une grande consommation de vin, d'alcool et de liqueurs spiritueuses, dont les moyens de fabrication sont très-populaires et à la portée de tout le monde.

Les raisins ont été connus en Chine et célébrés dès la plus haute antiquité. Les savants prétendent qu'on ne peut entendre que de la vigne les descriptions des jardins impériaux dans le *Tcheou-ly*, ouvrage attribué au célèbre Tcheou-kong, qui monta sur le trône en 1122 avant Jésus-Christ. Quoi qu'il en soit sur ce point, il est hors de doute qu'il y avait des vignes dans les provinces du Chan-si et du Chen-si, bien des siècles avant l'ère chrétienne. L'historien Sse-ma-tsien raconte qu'un riche particulier avait un vignoble si considérable, qu'il faisait, tous les ans, dix mille mesures de vin. Le vin de raisin, dit l'historien chinois, ayant la propriété de se conserver un grand nombre d'années, on l'enterrait dans des urnes. A cette époque il fut très-commun et causa beaucoup de désordres. Les nombreuses chansons composées sous les dynasties des Yuen et des Han sont une preuve que les Chinois n'ont pas toujours dédaigné, comme on le croit communément, le vin de raisin. L'empereur Ouen-ty l'a chanté avec un enthousiasme lyrique digne d'Anacréon et d'Horace.

D'après ce témoignage des Annales, la vigne, comme tout le reste, a subi, en Chine, bien des révolutions.

Toutes les fois que le gouvernement ordonna d'arracher les arbres dont la multiplicité était nuisible aux moissons, la vigne ne fut pas exceptée ; souvent même elle a été spécialement désignée et sacrifiée sans pitié à la culture des céréales. Sous certains règnes, l'extirpation des vignes fut poussée si loin, dans certaines provinces, qu'on en perdit totalement le souvenir. Dans la suite, quand il fut permis d'en replanter, on dirait, à la manière dont s'expriment quelques historiens, que le raisin commençait à y être connu pour la première fois. C'est probablement ce qui a fait penser que la vigne n'avait été cultivée, en Chine, que très-tard, et qu'elle y venait de l'Occident. Il est pourtant incontestable que les Chinois la connaissaient bien avant l'ère chrétienne. On a conservé dans les annales le souvenir de diverses espèces apportées de Samarcande, de la Perse, du Thibet, de Tourfan, de Hami et des autres pays avec lesquels la Chine a eu des relations. Il serait même facile de constater l'usage du vin de raisin jusqu'au quinzième siècle, dynastie par dynastie, et, pour ainsi dire, règne par règne.

Actuellement, il existe encore, en Chine, plusieurs excellentes qualités de raisin, et les trois premiers empereurs de dynastie mantchoue, Khang-hi, Young-tching et Khien-long, ont fait venir un grand nombre de nouveaux plants des pays étrangers et s'en sont fait un mérite dans leurs ouvrages. Cependant les Chinois de nos jours ne cultivent pas la vigne en grand, et ne font pas de vin de raisin ; on cueille les fruits pour les manger frais ou secs. L'immense population de la Chine et le besoin de réserver la terre pour les récoltes d'absolue nécessité sont cause que la vigne est négligée, et que ses produits sont généralement considérés comme un objet de luxe.

A défaut de vin de raisin, les Chinois fabriquent des liqueurs spiritueuses avec leurs céréales, et en font une grande consommation. La plus répandue est celle que l'on obtient de la fermentation du riz. C'est une bière dont le goût est quelquefois assez agréable. La meilleure qualité est celle qui vient de Chao-hing, dans la province du Tché-kiang. Sous prétexte que ce vin est fait avec du riz, les résidants européens de Canton et de Macao, toujours disposés à juger *à priori* les produits chinois, s'obstinent à le trouver détestable. Un jour, il nous prit envie d'en remplir quelques bouteilles, que nous cachetâmes avec soin et que nous offrîmes à un Anglais amateur de bon vin. Aussitôt qu'il l'eut dégusté, il le trouva exquis, et ne manqua pas de reconnaître immédiatement qu'il provenait de nous ne savons plus quel cru célèbre d'Espagne. Il le servit, au dessert, à quelques-uns de ses compatriotes, qui en firent le plus grand éloge, et trouvèrent qu'effectivement il avait le fumet et la saveur des vins espagnols. — Ce vin de riz était, il faut le dire, d'une qualité exceptionnelle. Celui qu'on boit communément en Chine n'est pas extrêmement agréable ; quoique peu alcoolisé, il est pourtant très-capiteux. Les Chinois en connaissaient la fabrication vingt siècles au moins avant l'ère chrétienne.

Afin de procurer et d'assurer la fermentation du riz, qu'on place dans de grandes jarres, on se sert d'un certain levain auquel on donne le nom de *mère du vin*. La matière de ce levain est de la farine de bon froment où l'on a laissé tout le son. On délaye cette farine avec de l'eau chaude, et on la pétrit jusqu'à ce qu'on obtienne une masse d'une consistance plus ferme que la pâte à faire le pain. On la place ensuite dans des moules de bois, et on la façonne en forme de briques de la pesanteur de quatre ou cinq livres. On les arrange ensuite sur des planches, dans une chambre hermétiquement fermée à l'air extérieur. Les fabricants connaissent que la fermentation est terminée à la couleur rougeâtre qui a pénétré jusqu'au centre des pains. On les expose alors au grand air pour les sécher, et on les livre ainsi au commerce. Quand ces levains sont bien faits, ils deviennent meilleurs à mesure qu'ils vieillissent. Les mites mêmes qui s'y mettent ne leur nuisent pas. Cependant, on cherche à les en garantir en les séparant les uns des autres par des herbes aromatiques.

La préparation de ce levain demande beaucoup de soin et une grande pratique, car la bonté du vin de riz dépend de la qualité du levain qu'on emploie. Dans le nord de la Chine on se sert de petit millet à la place du riz. La mère du vin n'étant qu'une farine de grain fermentée, aigrie et séchée, on en fait également avec du seigle, de l'orge et de l'avoine. On y mêle souvent non-seulement de la farine de pois, de fèves, etc., mais encore des herbes odorantes, des amandes, des feuilles et des écorces d'arbres, des fruits secs et réduits en poussière. Chaque localité a des recettes différentes.

L'eau-de-vie de grain n'est pas aussi anciennement connue en Chine que le vin. Son usage ne remonte que jusqu'à la dynastie mongole des Yuen, c'est-à-dire jusque vers la fin du treizième siècle. Il paraît qu'avant cette époque les Chinois ne savaient pas distiller les alcools. Le premier qui fit de l'eau-de-vie de grain ne songeait, dit-on, qu'à corriger le mauvais goût d'un vin vieux en le faisant passer par un alambic. Il fut fort surpris de voir que son appareil lui donnait de l'eau-de-vie. Pendant longtemps on ne sut opérer que sur le vin, et ce fut le hasard, en quelque sorte, qui fit connaître aux Chinois qu'on pouvait faire de l'alcool directement avec du grain. Un paysan de la province du Chan-tong, qui voulait faire une grande quantité de vin, trouva que le petit millet, qu'on avait négligé de remuer, s'était moisi au lieu de fermenter. Ne pouvant plus en tirer du vin, il essaya d'en faire de l'eau-de-vie, et, son expérience ayant parfaitement réussi, on a, depuis lors, adopté sa méthode, et on s'est ainsi épargné une foule de manipulations inutiles.

Les eaux-de-vie du Nord se font principalement avec le gros millet (*holcus sorghum*). Il existe des fabriques considérables, nommées *chao-kouo*, ou « brûleries, » dont les produits, passés plusieurs fois à l'alambic, obtiennent la force et l'énergie de l'alcool. Ces eaux-de-vie conservent toujours un goût désagréable, qu'il est facile de faire disparaître en y laissant macérer, pendant quelque temps, des fruits verts ou des aromates; mais les Chinois n'y regardent pas de si près. Ils s'en abreuvent avec passion; leur habitude de boire toujours chaud est tellement générale, que même l'esprit-de-vin doit leur être servi tout fumant. Dans les hôtelleries on apporte sur la table des convives une petite urne remplie d'eau-de-vie et un trépied en miniature, au centre duquel est placé un godet en porcelaine. Au commencement du repas on verse dans le godet de l'eau-de-vie qu'on enflamme ; on place l'urne dessus, et, de cette manière, on a l'agrément d'avoir son alcool bien chaud tout le temps qu'on reste à table.

Cette horrible boisson fait les délices des Chinois et surtout de ceux du Nord, qui l'avalent comme de l'eau. Il en est un grand nombre qui se ruinent en eau-de-vie comme d'autres au jeu. Seuls ou en compagnie, ils passent les journées entières et quelquefois les nuits à boire par petits coups jusqu'à ce que l'ivresse ne leur permette plus de porter la coupe à la bouche. Quand cette passion s'est emparée d'un chef de famille, la misère, avec tout son lugubre cortége, ne tarde pas à faire son entrée dans la maison. Les brûleries ont coutume de donner l'eau-de-vie à crédit pendant toute l'année. Aussi personne ne se gêne ; on va continuellement puiser selon sa fantaisie, à cette source inépuisable. Les embarras commencent seulement à la dernière lune, époque des remboursements. Alors il faut payer avec usure, et, comme l'argent n'est pas venu avec l'habitude de s'enivrer journellement, il n'y a plus qu'à vendre ses terres, sa maison, si l'on en possède, ou bien qu'à porter au mont-de-piété ses meubles et ses habits.

On comprend difficilement comment il est possible aux Chinois de se passionner pour ces breuvages brûlants comme du feu, et, en outre, de très-mauvais goût. On nous a cité plusieurs exemples de buveurs morts incendiés ; ils avaient fait un usage si immodéré d'alcool, qu'il suintait, en quelque sorte, par tous leurs pores. Un accident, la simple action d'allumer la pipe suffisait pour enflammer et consumer ces malheureux. Nous n'avons pas été nous-même témoin de ce hideux spectacle ; mais plusieurs personnes dignes de foi nous ont assuré que des événements de cette nature n'étaient pas extrêmement rares dans le pays.

Les lois chinoises prohibent la fabrication de l'eau-de-vie et du vin, sous prétexte qu'on doit ménager le grain avec le plus grand soin, dans un pays où tous les travaux et toutes les industries de l'agriculture suffisent à peine pour nourrir ses nombreux habitants. Mais il en est de ces lois à peu près comme de celles qui défendent le jeu ; elles ne sont nullement observées. Il suffit de payer les mandarins, et tous les obstacles sont levés. Les établissements nommés *chao-kouo*, « brûleries, » ont besoin d'une autorisation du gouvernement pour distiller l'eau-de-vie. On la leur vend à condition qu'ils n'emploieront dans leur fabrique que des grains gâtés et impropres à tout autre usage. Cela n'empêche pas qu'on n'y consomme les meilleurs produits des récoltes.

Le jeu et l'ivrognerie, voilà deux causes permanentes de paupérisme en Chine. Il en est encore une troisième, et, sans contredit, plus désastreuse que les autres ; nous voulons parler de la débauche. On remarque, dans la société chinoise, un certain ton de décence et de retenue bien capable de donner le change à ceux qui s'arrêtent à la superficie et se hâtent de juger les hommes d'après leur première impression. Il suffit d'un très-court séjour parmi les Chinois pour être convaincu que leur honnêteté n'existe qu'à l'extérieur. Leur moralité publique n'est, en quelque sorte, qu'un masque jeté sur la corruption des mœurs. Nous nous garderons bien de toucher au voile immonde qui recouvre la putréfaction de cette vieille civilisation chinoise. Là lèpre du vice s'est tellement étendue sur cette société sceptique, que le vernis de pudeur dont elle était recouverte tombe de toute part, et laisse voir à nu les plaies hideuses qui rongent les peuples sans croyance. Le langage est déjà d'un cynisme révoltant, et l'argot des mauvais lieux tend de jour en jour à devenir le style ordinaire des conversations. Il est certaines provinces où les hôtelleries qu'on rencontre sur la route ont les appartements entièrement tapissés de dessins qui sont des représentations révoltantes de tout ce que la débauche peut avoir de plus dévergondé...., et toutes ces abominables peintures, les Chinois les nomment tout bonnement des fleurs.

On comprend que les ravages du paupérisme doivent être incalculables dans une société où le jeu, l'ivrognerie et le libertinage sont développés sur de si larges proportions. Il existe, en effet, d'innombrables multitudes croupissant dans le vice et la misère, et toujours disposées à s'enrôler, à la première occasion, sous la bannière du vol et du brigandage.

C'est également le paupérisme qui, selon nous, est la source de ces monstruosités si fréquentes en Chine, et dont la charité inépuisable des chrétiens d'Europe, et surtout de la France, se préoccupe avec tant de zèle, nous voulons parler des infanticides. Ces dernières années, il s'est élevé de vives discussions sur ce triste et lamentable sujet ; d'une part, on a voulu nier ces infanticides : il y avait en cela absurdité et niaiserie ; de l'autre, on a été un peu trop loin, et c'est ce qui arrive ordinairement dans ces ardentes polémiques, où l'on ne sait jamais s'arrêter à ce point calme et inaltérable où réside la vérité. De nombreux renseignements venus de la Chine ont beaucoup servi à embrouiller la controverse ; car, à notre avis, on a trop généralisé les faits. Il faut donc essayer de rechercher ce qu'il y a de vrai et de faux dans cette monstrueuse barbarie qu'on reproche à la nation chinoise.

Nous allons d'abord citer quelques passages d'une lettre de monseigneur Delaplace, qui, depuis plus de sept ans, exerce son zèle apostolique dans les missions de la Chine.

« Quelques personnes demandent encore s'il est vrai
« que la Chine soit remplie de tant d'infanticides. Bien
« que ma voix soit peu de chose, je la joindrai pourtant
« à une foule d'autres voix, pour vous assurer que,
« chaque jour, des milliers et des millions d'enfants
« périssent dans les eaux des fleuves et sous la dent des
« animaux immondes. Les lettres des missionnaires que
« j'ai lues dans les Annales donnent, en général, pour
« cause de cette épouvantable barbarie, ou l'inconduite
« des parents, ou la misère et la gêne d'une nombreuse
« famille, ou simplement le caprice et l'usage. Toutes
« ces causes ne sont que trop réelles, et je n'en ai que
« trop vu les douloureux effets, soit autrefois à Macao,
« soit dans les autres pays que j'ai parcourus depuis
« cinq ans. Il faudrait, ce me semble, y ajouter la
« superstition ; car c'est elle qui opère les ravages les
« plus affreux, et malheureusement les plus irremédia-
« bles. Si les autres missionnaires n'en parlent pas,
« c'est peut-être que le mal est moindre chez eux que
« chez nous, ou bien encore parce que la superstition fai-
« sant l'usage, on comprend, sous ce dernier mot, tout

« ce qui provient des idées superstitieuses. Quoi qu'il
« en soit, acceptez ce que je vous dis comme venant d'un
« témoin oculaire, et appliquez-le seulement aux can-
« tons de Ho-nan, où je l'ai constaté ; car je ne pré-
« tends rien affirmer pour toute la Chine, où chaque
« province a sa langue, ses coutumes et ses superstitions
« propres.

« Les Chinois dont je parle, c'est-à-dire à peu près
« tous les païens de Ho-nan, croient à la métempsycose.
« D'après leurs idées, chaque homme a trois *houen*.
« Qu'est-ce que le *houen*? Question difficile à résoudre.
« Si vous voulez, *houen* sera quelque chose de vague
« comme « esprit, génie, vitalité. » Chaque individu a
« donc trois *houen*. A la mort de leur possesseur, un de
« ces *houen* transmigre dans un corps, un autre reste
« dans la famille ; c'est comme le *houen* domestique.
« Enfin le troisième repose sur la tombe. A ce dernier
« on brûle des papiers (sorte de sacrifice). Au *houen*
« domestique, qui siége sur la tablette, au milieu des
« caractères qui y sont gravés, on brûle des *hiang*,
« bâtons d'odeur, » on offre des repas funèbres, etc.
« Ces honneurs rendus, on est tranquille, les *houen* sont
« apaisés : qu'y a-t-il à craindre ?

« Telles sont les mesures à prendre et les mesures
« prises à l'égard des *houen* de ceux ou de celles qui
« meurent dans l'âge mûr. Quant aux enfants, que
« faire ? L'usage ne permet pas de leur élever des ta-
« blettes, ni de leur rendre un culte quelconque, parce
« que leur *houen* n'est pas censé parfait. Bien qu'ina-
« chevé, cependant il existe, et, à son état d'ébauche,
« il est encore plus redoutable que celui des hommes

« accomplis. On n'a rien, on ne fait rien pour l'honorer,
« on craint donc sa colère ; à cela quel remède ? On s'en
« tire en vrai Chinois, c'est-à-dire qu'on ruse avec les
« *houen*. Lorsque l'enfant est très-mal, à l'agonie, on
« s'arrange de manière à ce que les *houen*, à leur sortie,
« ne connaissent pas la famille du défunt. On prend
« donc le pauvre petit moribond, et on le jette à l'eau,
« ou bien on va l'exposer ou l'enterrer dans un endroit
« écarté. Alors les *houen*, indignés d'être sans culte,
« s'en prendront aux poissons ou aux bêtes des champs,
« peu importe, la famille est sauvée. Si la chose ne fai-
« sait pas si mal au cœur, on rirait des précautions qui
« se prennent pour mieux duper les *houen*. Ordinai-
« rement, celui qui emporte le petit agonisant ne
« marche pas en droite ligne, mais en zigzag, allant,
« revenant, tirant à l'est, puis à l'ouest, décrivant un
« amalgame de triangles, afin que, dans ce labyrinthe
« de lignes brisées, les *houen* ne puissent jamais recon-
« naître leur route, dans le cas où ils voudraient chercher
« l'ancien logis de leur hôte. Pitié ! n'est-ce pas ?
« déplorable erreur ! Telle est néanmoins ici la vraie
« raison pour laquelle tant d'enfants sont jetés à la
« voirie ; et ceux qui ne sont qu'abandonnés sont les
« plus heureux. On peut souvent leur donner le ciel,
« on peut encore, en beaucoup de cas, leur prolonger
« la vie, et quelquefois les sauver. D'autres enfants sont
« victimes de la doctrine de *houen*, mais victimes im-
« molées de la façon la plus cruelle.

« En juin dernier, un païen du voisinage (environ à
« un quart de lieue de ma résidence), voyant son enfant
« malade, l'acheva lui-même à coups de hache. Sa

« pensée était que le *houen* de cet enfant pourrait bien
« se rejeter sur un autre, et qu'ainsi tous ses enfants
« mourraient. Il fallait donc tourmenter ce *houen*, et tel-
« lement le tourmenter, qu'il n'eût plus jamais la fan-
« taisie de se loger sous son toit.

« D'autres, par un motif différent, mais toujours
« tiré de cette étrange doctrine, exercent les mêmes
« cruautés. Les *houen* seraient, à leurs yeux, comme
« un génie malfaisant qui a besoin de torturer les
« hommes. Un nouveau-né mourant si jeune, les *houen*
« n'auront pas le temps d'assouvir sur lui leur soif de
« barbarie. Il faut donc les contenter, tandis qu'il reste
« encore à l'enfant un souffle de vie. Les *houen*, une fois
« satisfaits, n'exerceront pas leur vengeance. Voilà
« donc encore un petit moribond qui va être haché.
« Deux règles sont requises, pour l'ordinaire, dans cette
« exécution. 1° Il faut que l'enfant soit coupé en trois
« parties ; la première se compose de la tête et de la poi-
« trine ; la deuxième, du tronc et des cuisses ; la troi-
« sième, des jambes et des pieds. 2° Il faut que le père
« ou la mère dépècent eux-mêmes le fruit de leurs
« entrailles.

« Ces horreurs, les croyez-vous ? Je suis sûr que
« beaucoup, même parmi les missionnaires, n'en ont
« jamais entendu parler ; et, je le répète, il est possible
« qu'elles ne soient pas communes à toute la Chine. Le
« genre de pays que je viens de parcourir ces trois der-
« nières années, l'espèce de païens avec lesquels j'ai été
« en fréquents rapports, peuvent faire exception, même
« dans le Ho-nan. Toutefois soyez certain que je vous
« écris de déplorables vérités, d'autant plus déplora-

« bles, comme je le disais plus haut, que nous ne pou-
« vons presque jamais aborder ces petites victimes et les
« munir au moins de la grâce du baptême. Tout se passe
« dans le conseil secret du père et de la mère ; c'est
« comme un privilége de férocité dont ils se réservent
« exclusivement le spectacle.

« Puisque nous en sommes sur cet article, je vais
« vous dévoiler un autre genre d'horreurs ; je dis
« *dévoiler*, car c'est peut-être encore du nouveau. Il
« faut s'être trouvé dans la situation où j'ai été moi-
« même, pour en avoir connaissance.

« Un homme, d'une famille aisée, mais païenne bien
« entendu, avait eu pour premier enfant, une fille, pour
« deuxième enfant encore une fille. Il voulut savoir s'il
« aurait bientôt un garçon ; savez-vous ce qu'il fit ? Il
« prit un *tcha-dze* (c'est une espèce de couperet qui
« sert à couper en menu la paille des animaux) ; le
« tcha-dze bien fixé, notre homme couche à terre sa
« seconde fille, ajuste son petit cou sous la lame de
« l'instrument, et pèse de toute sa force, examinant
« avec bien de l'attention comment coule le sang ; car
« c'est de là que dépend l'heureux ou le funeste présage.
« Si le sang coule mollement le long du tcha-dze, c'est
« une preuve qu'il n'a encore aucune vertu. En consé-
« quence, on ne peut attendre que des filles. Si, au
« contraire, le sang bouillonne un peu, si surtout il en
« jaillit quelques gouttes jusqu'aux genoux de l'enfant,
« oh ! pour le coup, on est sûr d'obtenir un garçon ; la
« force vitale se déploie. Voilà encore un usage établi
« par celui qui a été appelé *homicide dès le commencement.*
« Oh ! païens, vrais enfants du démon, qui s'enivrent

« de carnage à l'imitation de leur père ! Quand donc
« leurs cœurs seront-ils émus par la charité de Jésus-
« Christ (1)... ? »

Nous avons choisi cette lettre, de préférence à une foule d'autres que nous aurions pu recueillir dans les Annales de la Propagation de la foi et de la Sainte-Enfance, parce que, son auteur nous étant intimement connu, nous savons que, s'il a les expressions vives et le cœur ardent, son caractère, plein de prudence et de sagesse, ne lui permettrait pas d'écrire légèrement des faits dont il n'aurait pas constaté par avance l'authenticité. Aussi a-t-il soin de remarquer que le district où ont eu lieu les monstruosités qu'il raconte peut faire exception, non-seulement en Chine, mais encore dans la province du Ho-nan. Il se garde bien de généraliser ce qu'il a vu ou entendu de personnes dignes de foi. Malheureusement, cette sage retenue n'est pas toujours dans l'habitude de ceux qui parlent de la Chine. On aime assez volontiers à mettre sur le compte de trois cents millions d'individus le fait d'un simple particulier, et à rendre l'empire tout entier complice et solidaire de ce qui se passe dans une localité. De là, sans aucun doute, le grand nombre de préjugés qui ont cours en Europe sur le compte de la nation chinoise.

Dans le canton dont parle Mᵍʳ Delaplace, les uns hachent leurs enfants dans le but de tourmenter les *houen*, au point qu'ils n'aient jamais plus la fantaisie de revenir ; les autres les hachent également, afin de renvoyer les *houen* contents et satisfaits. Nous savons

(1) *Annales de la propagation de la foi*, juillet 1852, n° 143, p. 250 et suiv.

très-bien qu'on ne doit pas s'attendre à trouver de la logique chez des gens qui ont la tête fêlée par des idées superstitieuses ; mais enfin, il est bien probable que ce sont là des faits exceptionnels et qui, par bonheur, ne se reproduisent pas fréquemment. Pour notre compte, durant notre séjour et nos voyages en Chine, nous n'avons jamais entendu parler de ces pratiques superstitieuses.

Quant aux infanticides ordinaires, aux enfants étouffés ou noyés, ils sont innombrables, plus communs, sans contredit, qu'en aucun lieu du monde ; ils ont pour principale cause le paupérisme. D'après les renseignements recueillis dans les diverses provinces que nous avons parcourues, il est certain qu'on tue sans pitié les nouveau-nés quand on en est embarrassé. La naissance d'un enfant mâle dans une famille est un bonheur et une bénédiction. La naissance d'une fille, au contraire, est toujours considérée comme une calamité, surtout parmi les Chinois peu aisés. Un garçon est bientôt capable de travailler, d'aider ses parents, qui comptent sur lui pour le temps de leur vieillesse. C'est, d'ailleurs, une continuation de la famille, un anneau ajouté à la chaîne des ancêtres. Une fille ne peut qu'être à charge à sa famille ; d'après les mœurs chinoises, elle doit être enfermée jusqu'à l'époque de son mariage ; durant ce temps, elle n'exerce aucune industrie, et ne saurait dédommager ses parents des peines et des dépenses qu'elle occasionne. Aussi ne se défait-on jamais que des filles parce qu'elles sont considérées comme une source d'indigence et de misère. Dans certaines localités, où la culture du coton et l'éducation des vers à soie peuvent fournir aux jeunes filles des occupations très-lucratives, on les conserve avec soin, et c'est toujours avec grand regret que les parents les voient entrer par le mariage dans une famille étrangère. L'intérêt, voilà le suprême mobile des Chinois, même dans les affaires où le cœur semblerait devoir seul dominer.

Il est incontestable que les infanticides sont très-nombreux en Chine. Faut-il en conclure que les Chinois sont barbares, féroces, sourds à la voix de la nature, et se jouent de la vie des enfants auxquels ils ont donné le jour? Nous ne le pensons pas. On trouve chez eux, comme partout, des hommes dégradés, qui ne reculent devant aucun genre d'atrocité. On peut même dire que les Chinois ont, en général, une plus grande facilité pour s'abandonner à tous les vices et commettre le crime. Et cela doit-il étonner? N'y aurait-il pas lieu, au contraire, d'être surpris s'il en était autrement? Quel motif serait capable d'arrêter des hommes qui n'ont aucune croyance religieuse, dont l'intérêt personnel est l'unique règle du bien et du mal, vivant au milieu d'une société sceptique, avec des lois athées, n'ayant d'autre sanction que les verges et la potence? Après avoir considéré ce qui se passe chez les nations chrétiennes, on trouverait, peut-être, qu'il n'y a pas tant à se récrier sur les vices des peuples païens. Si quelque chose doit surprendre, c'est de les voir, en quelque sorte, si peu avancés dans la pratique du mal. Le christianisme a ennobli le sang humain et inspire un respect infini pour la vie de l'homme. Chez les chrétiens, la religion, les lois ecclésiastiques et civiles, les mœurs publiques, tout protége l'existence des petits enfants avec autant de sollicitude que celle des grandes personnes ; et cependant les infanticides et les avortements, qui sont en réalité des infanticides anticipés, sont-ils bien rares parmi nous ? Malgré la sévérité des lois, la vigilance des magistrats et les précautions de tout genre inventées par la charité pour protéger la vie des nouveau-nés, les crimes de ce genre, dont la justice a journellement à s'occuper, donnent le droit de penser que ceux qui demeurent cachés peuvent atteindre un chiffre effrayant. Faut-il être surpris, après cela, que les infanticides soient très-communs en Chine, où la loi donne une si grande autorité aux pères sur les enfants, et où on ne trouve pas, comme chez nous, ces innombrables établissements de charité chrétienne pour recueillir les pauvres et les soigner avec la plus tendre sollicitude? Qu'on supprime les salles d'asile, les hospices pour les enfants trouvés, les crèches ou seulement les tours, et l'on verra si le peuple le plus civilisé, le plus doux de l'Europe, ce peuple dont l'incomparable charité veille sur les misères et les infortunes du monde entier, ne présentera pas bientôt un spectacle peu différent de celui que nous donne la Chine. Ce qu'on nous raconte des Chinois ressemble beaucoup à ce qui se passait à Paris du temps de saint Vincent de Paul.

« La ville de Paris étant d'une étendue excessive et
« le nombre de ses habitants presque innombrable, il
« se trouve beaucoup de déréglements en la vie de
« quelques personnes particulières, auxquels il n'est
« pas possible d'apporter un tel remède, qu'il ne reste
« toujours plusieurs désordres, entre lesquels un des

« plus pernicieux est l'exposition et l'abandon des en-
« fants nouvellement nés, dont souvent on met non-seu-
« lement la vie, mais aussi le salut en péril, les mères
« dénaturées, ou autres qui exercent cette inhumanité
« envers ces petites créatures innocentes, ne se souciant
« guère de leur procurer le baptême pour les mettre en
« état de salut.

« On a remarqué qu'il ne se passe aucune année
« qu'il ne s'en retrouve au moins trois ou quatre cents
« exposés tant à la ville qu'aux faubourgs ; et, selon
« l'ordre de la police, il appartient à l'office des com-
« missaires du Châtelet et de lever les enfants ainsi
« exposés et de faire des procès-verbaux du lieu et de
« l'état où ils les ont trouvés.

« Ils les faisaient porter ci-devant en une maison
« qu'on appelait la Couche, en la rue Saint-Landry,
« où ils étaient reçus par une certaine veuve qui y
« demeurait avec une ou deux servantes et se chargeait
« du soin de leur nourriture ; mais, ne pouvant suffire
« pour un si grand nombre, ni entretenir des nourrices
« pour les allaiter, ni nourrir et élever ceux qui étaient
« sevrés, faute d'un revenu suffisant, la plupart de ces
« pauvres enfants mouraient de langueur en cette mai-
« son ; ou même les servantes, pour se délivrer de l'im-
« portunité de leurs cris, leur faisaient prendre une dro-
« gue pour les endormir, qui causait la mort à plusieurs.
« Ceux qui échappaient à ce danger étaient ou donnés
« à ceux qui venaient les demander, ou vendus à si vil
« prix, qu'il y en a eu pour lesquels on n'a payé que
« vingt sous. On les achetait ainsi, quelquefois pour leur
« faire téter des femmes gâtées, dont le lait corrompu

« les faisait mourir, d'autres fois pour servir aux des-
« seins de quelques personnes qui supposaient des en-
« fants dans les familles, d'où arrivaient d'étranges dé-
« sordres. Et on a su qu'on en avait acheté (ce qui fait
« horreur) pour servir à des opérations magiques et
« diaboliques ; de telle sorte, qu'il semblait que ces
« pauvres innocents fussent tous condamnés à la mort,
« ou à quelque chose de pis, n'y en ayant pas un seul
« qui échappât à ce malheur, parce qu'il n'y avait per-
« sonne qui prît soin de leur conservation. Et, ce qui est
« encore plus déplorable, plusieurs mouraient sans bap-
« tême, cette veuve ayant avoué qu'elle n'en avait jamais
« baptisé ni fait baptiser aucun.

« Ce désordre si étrange dans une ville si riche, si
« bien policée, si chrétienne qu'est celle de Paris,
« toucha sensiblement le cœur de M. Vincent lorsqu'il
« en eut connaissance; mais, ne sachant comment y
« pourvoir, il en parla à quelques-unes des dames de la
« Charité, et les convia d'aller quelquefois dans cette
« maison, non pas tant pour découvrir le mal, qui était
« assez connu, que pour voir s'il n'y aurait point
« quelque moyen d'y remédier (1). »

Voilà comment, du temps de saint Vincent de Paul, on traitait les enfants à Paris, cette ville si riche, si bien policée et si chrétienne. Faut-il être étonné, après cela, de trouver tant d'infanticides parmi les Chinois, dont la classe inférieure est condamnée à une misère si profonde?

On lit, dans les relations des missionnaires, qu'on

---

(1) *Vie de saint Vincent de Paul*, par Louis Abelly, t. I, p. 143.

rencontre fréquemment, le long des routes et des sentiers, sur les fleuves, les lacs et les canaux, des cadavres de petits enfants qui deviennent la pâture des animaux immondes. Nous avons la conviction intime que ces récits sont de la plus parfaite exactitude; cependant il ne faudrait pas croire que la chose est tellement commune et générale, qu'il suffise d'aller faire, au hasard, une promenade pour rencontrer immédiatement sous ses pas quelque enfant dévoré par des chiens ou des pourceaux; on se tromperait peut-être grandement. Pendant plus de dix ans, nous avons parcouru l'empire chinois dans presque toutes ses provinces, et nous devons déclarer, pour rendre hommage à la vérité, que nous n'avons jamais aperçu un seul cadavre d'enfant. Et nous pourrions ajouter que, durant nos nombreux voyages en Chine, par terre et par eau, nous n'étions nullement dans l'habitude d'aller les yeux continuellement baissés. Toutefois, nous le répétons, nous avons la certitude qu'on peut en rencontrer très-souvent. Il nous semble même difficile qu'il en soit autrement; voici pourquoi.

En Chine, il n'existe pas, comme en Europe, de cimetière commun. Chaque famille enterre ses morts sur son terrain propre, d'où il résulte qu'une sépulture est ordinairement très-coûteuse, et que les personnes peu aisées sont souvent très-embarrassées pour rendre les honneurs funèbres à leurs proches. Quand il s'agit d'un père ou d'une mère, on fait tous les sacrifices imaginables, afin de leur donner un cercueil et de les ensevelir convenablement. A l'égard des enfants morts, on n'y attache pas la même importance, et les parents déjà pauvres ne veulent pas se réduire à la mendicité pour leur procurer une sépulture. On se contente donc de les envelopper de quelques lambeaux de natte, puis on les abandonne au courant des eaux, on les expose dans des ravins, sur les montagnes isolées ou le long de quelque sentier. On peut donc rencontrer assez fréquemment, dans les campagnes, des cadavres de petits enfants ; quelquefois ils doivent devenir la pâture des animaux ; mais on aurait tort de conclure que ces enfants étaient encore vivants quand ils ont été ainsi jetés et abandonnés. Cela peut cependant arriver assez souvent, surtout pour les petites filles dont on veut se défaire et qu'on expose de la sorte, dans l'espérance qu'elles seront, peut-être, recueillies par d'autres.

Dans les grandes villes, on voit, près des remparts, des cryptes destinées à recevoir les cadavres des enfants que les parents ne peuvent faire ensevelir. C'est dans ces puits profonds qu'on va les jeter, et l'administration y fait porter de temps en temps de la chaux vive pour consumer les chairs. Il existe certainement des pères et des mères dénaturés, qui n'ont pas horreur de précipiter dans ces fosses communes leurs filles encore vivantes. Mais nous pensons qu'il y aurait grande exagération à dire que ces cryptes sont remplies de petits enfants, qui font entendre au loin leurs cris et leurs gémissements. Quand l'imagination est frappée, on peut entendre beaucoup de choses.

A Péking, tous les jours avant l'aurore, cinq tombereaux, traînés chacun par un bœuf, parcourent les cinq quartiers qui divisent la ville, c'est-à-dire les quartiers du nord, du midi, de l'est, de l'ouest et du centre. On est averti, à certains signes, du passage de ces tombereaux, et ceux qui ont des enfants morts ou vivants à leur livrer les remettent au conducteur. Les morts sont ensuite déposés en commun dans une fosse, et on les recouvre de chaux vive. Les vivants sont portés dans un asile nommé *Yu-yng-tang*, « temple des nouveau-nés. » Les nourrices et l'administration sont aux frais de l'État. Dans toutes les villes importantes, il y a des hospices pour recueillir les petits enfants abandonnés.

Bien des gens, en Europe, se sont persuadé que la nation chinoise tout entière était parvenue à un tel degré d'abrutissement et de barbarie, que le crime d'infanticide s'y trouvait toléré par le gouvernement et l'opinion publique. Il n'en est pas ainsi : le meurtre des enfants y est regardé comme un crime, et les magistrats n'ont jamais cessé d'élever leur voix contre ces horribles abus de l'autorité paternelle. Qu'on en juge par l'édit suivant, qui fut affiché dans la province de Canton vers la fin de l'année 1848.

ÉDIT CONTRE L'INFANTICIDE.

« Le juge criminel de la province de Kouang-toung
« défend strictement l'abandon des petites filles, pour
« abolir cette détestable coutume et pour faire remplir
« les devoirs de la vie.

« J'ai appris que, dans Canton et les faubourgs, on
« avait l'abominable coutume d'abandonner les petites
« filles. Dans quelques cas, c'est parce que la famille
« est pauvre et qu'on ne peut subvenir à l'entretien de
« nombreux enfants; dans d'autres cas, les parents

« désirent un garçon, et, dans la crainte que les soins
« à donner, de la part de la mère, ne retardent une
« seconde progéniture, quand une fille naît, aussitôt
« elle est abandonnée.

« Bien qu'il y ait des établissements pour les enfants
« trouvés du sexe féminin, cependant on n'a pu dé-
« truire cette révoltante pratique, qui est un outrage à
« la morale et à la civilisation, et qui brise l'harmonie
« du ciel.

« Dans ce dessein, je fais de sévères défenses et ces
« pressantes considérations :

« Considérez les insectes, les poissons, les oiseaux, les
« bêtes féroces ; tous aiment leurs petits... Comment
« donc, vous, pouvez-vous massacrer ceux qui sont for-
« més de votre sang, et qui sont pour vous comme les
« cheveux de votre tête !

« Ne vous inquiétez pas de votre pauvreté ; car vous
« pouvez, par le travail de vos mains, vous procurer
« quelques ressources. Quoiqu'il soit difficile de marier
« vos filles, ce n'est pas une raison pour vous en débar-
« rasser. Les deux pouvoirs, celui du ciel et celui de la
« terre, le défendent. Les enfants des deux sexes appar-
« tiennent à l'ordre du ciel, et, s'il vous naît une fille,
« vous devez l'élever, encore qu'elle ne vaille pas pour
« vous un garçon. Si vous les tuez, comment pouvez-
« vous espérer d'avoir des fils ? Comment ne craignez-
« vous pas les suites de votre indigne conduite, et
« surtout les décrets de la justice du ciel ! Vous étouffez
« votre amour... Vous vous en repentirez après la vie ;
« mais trop tard.

« Je suis un juge plein de bienveillance, de bonté et

« de commisération. Vous devez tous, si vous avez une
« fille, l'élever avec soin, ou, si vous êtes pauvres, l'en-
« voyer à l'établissement des enfants trouvés, ou la
« confier à une famille amie, pour qu'elle l'élève pour
« vous. Si vous les abandonnez comme précédemment,
« dès que vous serez découverts, vous serez punis selon
« les lois, car vous êtes dénaturés ; et, pour le crime du
« meurtre de vos enfants, vous êtes indignes de toute
« indulgence. Abandonnez vos premières coutumes de
« livrer vos enfants à la mort ; cessez de commettre le
« mal et d'attirer sur vous des calamités et la réproba-
« tion.

« Que chacun obéisse à cet édit spécial ! »

Nous pourrions citer un grand nombre de proclamations des premiers mandarins de l'empire, qui flétrissent la conduite des parents assez dénaturés pour mettre à mort leurs filles, et qui les menacent de toutes les rigueurs des lois. Ces proclamations démontrent, d'une manière incontestable, que les infanticides sont très-nombreux en Chine ; mais, en même temps, ils sont une preuve que le gouvernement et l'opinion publique ne favorisent nullement de tels crimes. Les hospices pour les enfants trouvés témoignent encore d'une certaine sollicitude de l'administration chinoise envers ces pauvres petites créatures. Nous savons bien que ces établissements ne sont pas d'une grande ressource et qu'ils ne peuvent remédier à l'intensité du mal ; les mandarins et les employés de ces hôpitaux étant beaucoup plus occupés d'en piller rapidement les revenus que de veiller au bon entretien des enfants.

Il est certain qu'un bon gouvernement pourrait faire

prospérer ces nombreux établissements de bienfaisance, qui existent, en Chine, depuis des siècles, et dont les peuples païens de l'Occident n'ont pas même eu l'idée. On sait qu'à Lacédémone, d'après les lois du sage Lycurgue, chaque enfant, à sa naissance était examiné avec soin, et précipité dans un gouffre au pied du Taygète, s'il ne paraissait pas bien constitué. Les Romains, qui engraissaient les poissons de leurs viviers avec des esclaves, devaient assurément avoir bien peu de tendresse et de compassion pour les petits enfants. Les Chinois n'en sont pas encore là. Leur gouvernement, du moins, ne cesse de protester contre tout ce qui peut attenter à la vie de l'homme, et, s'il est impuissant à opposer des digues solides au débordement du mal, c'est que, pour retirer les hommes du vice et les amener à la pratique de la vertu, il faut autre chose que des motifs terrestres et des considérations philosophiques. Dans toutes les provinces de la Chine, l'administration se préoccupe du sort des pauvres enfants abandonnés, et, si leurs œuvres de bienfaisance, si belles et si louables en elles-mêmes, se trouvent frappées de stérilité, c'est parce qu'il leur manque une idée religieuse, la foi, pour les vivifier et les rendre fécondes.

L'association de la Sainte-Enfance, fondée à Paris, depuis peu d'années, par le zèle et la charité de M. de Forbin-Janson, a déjà peut-être sauvé, en Chine, un plus grand nombre d'enfants que les immenses revenus de tous les hospices de ce vaste empire. Il est beau, il est glorieux pour la France catholique de veiller, avec cette généreuse sollicitude, sur les enfants des nations étrangères, de celles mêmes qui repoussent avec dédain les bienfaits de son inépuisable charité. Heureuse l'enfance catholique de l'Europe, à qui la religion sait inspirer, dès les premières années, ces héroïques sentiments de bienfaisance et de sacrifice. La société peut compter sur une génération qui se passionne ainsi pour le salut des enfants abandonnés à l'autre extrémité du monde, et dont l'œuvre touchante et merveilleuse exerce déjà son influence dans les contrées les plus reculées. Chose incroyable! la Sainte-Enfance, une association de tout petits enfants chrétiens, lutte avec plus de succès contre les infanticides que l'empereur de la Chine avec tous ses trésors et ses légions de mandarins.

CHAPITRE X.

Terres incultes de la province du Kiang-si. — Corps de garde. — Polype vinaigrier. — Excentricité d'un cheval de mandarin. — Vol de pastèques. — Arrivée à Nan-tchang-fou. — Manière de s'installer dans un palais des compositions littéraires. — Souper solennel en présence du public. — Désappointement des spectateurs. — Visite du préfet de la ville. — Un mandarin mongol. — Ses connaissances géographiques. — Travaux des protestants méthodistes en Chine. — Les Chinois astronomes. — Aspect de la capitale du Kiang-si. — Fabrication de la porcelaine. — Antiquaires chinois. — Origine du dieu de la porcelaine. — La pisciculture dans le Kiang-si. — Nouveau plan de voyage.

Depuis le lac Pou-yang jusqu'à Nan-tchang-fou, capitale de la province du Kiang-si, le pays que nous parcourûmes, pendant deux jours, n'était, pour ainsi dire, qu'un désert, où l'on trouvait à peine, de loin en loin, de misérables cases en roseaux, et quelques lambeaux de terre à moitié cultivés par de pauvres paysans. Au point de vue du confortable et de la civilisation, rien de plus triste, de plus désolant: l'œil n'apercevait de toute part que de vastes prairies où croissait péniblement une herbe jaunâtre calcinée par le soleil, et qui tombait en poudre sous nos pas. Des hangars délabrés, auxquels on donnait, par habitude, le nom d'hôtellerie, n'avaient à offrir aux voyageurs que du riz rouge cuit à l'eau et des légumes salés. On n'y trouvait pas même du thé ; et ceux qui avaient oublié d'en faire une petite provision étaient condamnés à boire de l'eau chaude. Cette contrée, comme on voit, n'était pas précisément arrangée de manière à y faire des voyages d'agrément et de fantaisie. Cependant nos deux journées de marche à travers ces terres incultes furent pour nous un véritable délassement et une source de ces jouissances vagues et mélancoliques dont parfois le cœur de l'homme aime tant à se repaître. Il nous semblait errer encore au milieu des sauvages solitudes de la Mongolie. Les mœurs des tribus nomades, leurs tentes, leurs troupeaux, les longues caravanes de chameaux, les grandes herbes du désert, les sarligues et les brebis jaunes, les monastères bouddhiques avec leurs nombreux lamas : tous ces souvenirs se réunissaient peu à peu, et fournissaient à notre imagination des tableaux pleins de charme et de variété. Il y avait si longtemps, d'ailleurs, que nous étions tourbillonnant au milieu de cette immense cohue de la civilisation chinoise, que notre esprit avait besoin d'un peu de calme et de repos. Le tumulte et l'agitation de tant de grandes villes avaient fini par nous donner comme une fièvre perpétuelle ; il nous fallait, pour quelques jours, la paix silencieuse du désert.

Avant d'arriver à Nan-tchang-fou, nous nous arrêtâmes dans une sorte de corps de garde, afin de laisser passer les heures les plus chaudes de la journée. Nous fûmes très-gracieusement accueillis par un mandarin à globule blanc, qui avait là sous ses ordres une quinzaine de soldats. Les rafraîchissements qu'il nous offrit étaient peu séduisants. Du thé, du vin de riz, des pistaches grillées, des confitures de gingembre et des ciboulettes macérées dans de la saumure, tout cela n'était guère de

nature à nous désaltérer. Nous regardâmes, d'un œil attristé, ces friandises chinoises, sans oser y toucher, de peur d'activer encore la soif brûlante dont nous étions dévorés. Le Saule pleureur but du thé bouillant et du vin chaud; il croqua des ciboules, mangea du gingembre, fuma coup sur coup cinq ou six pipes de tabac, et se trouva ensuite parfaitement rafraîchi et restauré. Rien qu'à le voir faire, nous sentions notre gosier et notre langue se dessécher tout à fait; nous ne pouvions plus y tenir. — Ne pourrait-on pas, dîmes-nous au globule blanc, trouver un peu d'eau fraîche dans les environs? — A quelques pas d'ici nous avons un puits très-profond; l'eau en est excellente, mais elle est froide comme la glace; avant de la boire, il faut au moins la faire chauffer un peu, autrement, elle occasionne des coliques... Nous le suppliâmes de nous en envoyer chercher, en lui promettant d'user de précaution pour ne pas être malade. Un soldat de bonne volonté prit un large seau et courut nous puiser de l'eau. Pendant ce temps, nous demandâmes au globule blanc, si, par hasard, il n'aurait pas du vinaigre dans son établissement. — J'en ai, nous répondit-il; mais je crains qu'il ne vous convienne pas; c'est du vinaigre de polype, il est fabriqué par un animal.
— Du vinaigre de polype! nous connaissons cela; c'est le meilleur vinaigre qu'on puisse trouver. Mais comment se fait-il que tu possèdes un *tsou-no-dze*, « polype à vinaigre? » c'est un véritable trésor. Est-ce que tu as été sur les côtes du Leao-tong? — Il y a quelques années, j'ai été envoyé en expédition dans cette contrée, et j'en ai rapporté un tsou-no-dze.

Pendant cette conversation, le soldat arriva avec son

seau rempli d'eau glaciale. Le globule blanc nous donna de son vinaigre merveilleux, et, à l'aide d'un peu de cassonade, nous composâmes une boisson exquise. Les Chinois nous regardaient boire avec étonnement. Comme ces nombreuses et abondantes libations, au lieu de provoquer des coliques, ne servaient qu'à nous épanouir, ils en concluaient que les Occidentaux avaient une organisation différente de celle des hommes de la nation centrale.

Le tsou-no-dze est un être qui, à raison de sa bizarre propriété de fabriquer d'excellent vinaigre, mérite une mention particulière. Ce polype est un monstrueux assemblage de membranes charnues et gluantes, de tubes et d'une foule d'appendices informes qui lui donnent un aspect hideux et repoussant ; on dirait une masse inerte et morte. Cependant, quand on la touche, elle se contracte ou se dilate, et se donne des formes diverses. C'est un animal vivant, dont la structure et l'existence ne sont pas plus connues que celles des autres polypes. Le tsou-no-dze a été découvert dans la mer Jaune, et les Chinois le pêchent sur les côtes du Leao-tong ; mais on n'en prend qu'un petit nombre. Peut-être sont-ils plus abondants ailleurs, où l'on néglige de les prendre faute de connaître leur propriété.

On place ce polype dans un grand vase rempli d'eau douce à laquelle on ajoute quelques verres d'eau-de-vie. Après vingt ou trente jours, ce liquide se trouve transformé en excellent vinaigre, sans qu'il soit besoin de lui faire subir aucune manipulation, ni d'y ajouter le moindre ingrédient. Ce vinaigre est clair comme de l'eau de roche, d'une grande force et d'un goût très-agréable.

Cette première transformation une fois terminée, la source est intarissable ; car, à mesure qu'on en tire pour la consommation, on n'a qu'à ajouter une égale quantité d'eau pure, sans addition d'eau-de-vie.

Le tsou-no-dze, comme les autres polypes, se multiplie facilement par bourgeons, c'est-à-dire qu'il suffit d'en détacher un membre, un appendice, qui végète, en quelque sorte, grossit en peu de temps et jouit également de la propriété de changer l'eau en vinaigre. Ces détails ne sont pas uniquement basés sur les renseignements que nous avons pu recueillir dans nos voyages. Nous avons possédé nous-même un de ces polypes ; nous l'avons gardé pendant un an, faisant usage journellement du délicieux vinaigre qu'il nous distillait. Lors de notre départ pour le Thibet, nous le laissâmes en héritage aux chrétiens de notre mission de la vallée des Eaux noires.

Après nous être abondamment désaltéré avec cette excellente limonade de polype, nous fîmes nos adieux au gracieux globule blanc du corps de garde. — Puisque vous avez honoré ma pauvre demeure, nous dit-il, je demande la faveur de vous accompagner jusqu'au fleuve qui passe devant Nan-tchang-fou. — Nous ne saurions souscrire à de si grandes dépenses de cœur. — Les rites l'exigent. — Ah ! tu n'es pas un homme du Kiang-si, puisque tu sais si bien étendre les prescriptions des rites au lieu de les restreindre. — Non, je suis originaire de l'humble et pauvre province du Sse-tchouen. — Du Sse-tchouen !... Nous avons traversé cette province, et, à notre avis, elle est la plus belle et la plus riche de l'empire. Un homme du Sse-tchouen doit trouver la vie peu agréable dans le Kiang-si, surtout au milieu de ce triste désert. — Le Kiang-si offre peu de ressources; tout y est plus cher que dans les autres provinces. Aussi c'est une pratique du gouvernement que d'y envoyer fonctionner les mandarins quand il veut les punir. C'est une chose connue de tout le monde... Cette petite confidence nous donna le droit de conclure que notre cher globule blanc avait été mis en pénitence. — Il faut espérer, lui répondîmes-nous, que tu ne resteras pas longtemps ici et que l'empereur te donnera, dans un meilleur pays, un poste approprié à tes vertus et à tes mérites. — Je ne suis pas né sous une influence heureuse; les succès semblent me fuir, mais peut-être que vos bonnes paroles me porteront bonheur.

Pendant que nous nous escrimions à nous adresser mutuellement des formules cérémonieuses, un soldat sellait un cheval efflanqué qu'on tenait attaché à un pieu à quelques pas du corps de garde. On eût bien pu, cependant, le laisser libre, sans crainte qu'il s'échappât. Lorsqu'il fut prêt, on le traîna vers le mandarin, qui sauta dessus assez lestement. Le pauvre animal chancela et fléchit visiblement sous le poids, quoique le cavalier ne fût pas d'un très-riche embonpoint. Nous ne savions trop comment notre cher globule blanc, monté de cette façon, allait s'y prendre pour nous accompagner. — Allons, partons, s'écriait-il, et, en même temps, il assena un gros coup de manche de fouet sur la tête de son coursier. L'animal secoua les oreilles, éternua, exécuta lourdement quelques gambades et rentra aussitôt dans sa majestueuse immobilité... Allons partons, s'écria de nouveau l'ardent cavalier... Est-ce que vous n'entrez pas dans vos palanquins? — Tout à l'heure, lui répondîmes-nous; tâche de prendre de l'avance, car il est aisé de prévoir que ton quadrupède suivra difficilement la marche de nos porteurs. — Oui, c'est cela, fit le globule blanc, je vais passer devant... Et il donne de nouveau un coup plein de vigueur sur la tête du cheval, qui s'ébranle aussitôt, fait quelques pas en sautant, bronche, et se précipite à genoux, comme pour supplier son cavalier de le laisser en repos. Le mandarin militaire glisse moelleusement le long du cou de la pauvre bête, et va s'étendre, les bras en avant, au beau milieu de la route. Pendant que le cavalier est occupé à se ramasser, le cheval va rejoindre avec un calme admirable son pieu chéri, qu'il caresse d'un regard plein de tendresse. Le mandarin ne se décourage pas. — Cet imbécile a bronché, dit-il, nous allons voir cette fois. — Et, en disant ces mots, il enfourche derechef sa monture, que deux soldats se chargent de faire avancer; l'un tirant par la bride et l'autre frappant par derrière avec le manche d'un balai. De cette manière, l'animal finit par se donner un certain mouvement; pour lors nous entrâmes dans nos palanquins, et nous suivîmes. Nos porteurs eurent bientôt atteint le cavalier, qui resta si loin derrière nous, que personne ne se serait douté qu'il était là pour nous accompagner.

Dans le midi de la Chine, il y a très-peu de chevaux. Les particuliers n'en nourrissent ni pour les travaux de la campagne ni pour les voyages. On en rencontre seulement sur les routes principales, aux divers relais établis pour le service du gouvernement. Ces chevaux viennent de la Tartarie, et sont, en général, d'assez bonne race ; mais ils supportent difficilement les chaleurs des contrées méridionales. Après quelques années, ils perdent entièrement leur vigueur, et finissent par être tout à fait hors de service.

Dans deux heures de marche, nous arrivâmes au bord d'une grande rivière nommé *tchang*. Sur la rive opposée s'élevait Nan-tchang-fou, capitale de la province du Kiang-si. Un long et large bac était tout disposé pour nous faire passer l'eau. La caravane tout entière y entra, à l'exception de notre soi-disant compagnon de route, le globule blanc, qui se trouvait encore nous ne savions à quelle distance.

Au moment où le bac commençait à se mettre en mouvement, deux de nos porteurs sautèrent à terre, en disant au patron d'attendre un instant. Ils coururent à un champ de pastèques, en volèrent autant qu'ils purent en porter, et se jetèrent dans le bac, qui gagna vite le large. Le propriétaire, qui, de sa maison, située à peu de distance du champ, avait aperçu les maraudeurs, courut après ; mais il était trop tard. Pendant qu'il vociférait et gesticulait sur le rivage, les porteurs de palanquin s'étaient partagé les pastèques et se rafraîchissaient tout à leur aise, sans trop se préoccuper du malheureux cultivateur, qui les maudissait de toute la puissance de ses poumons.

Lorsque nous eûmes traversé la rivière Tchang, nous trouvâmes sur un large quai, le long du faubourg de la ville, quelques fonctionnaires publics qui nous attendaient. Ils s'abouchèrent avec le Saule pleureur et tinrent gravement conseil. Nous demeurâmes dans nos palanquins, et la foule circulait, sans paraître se douter que des personnages exotiques venaient d'aborder dans la capitale du Kiang-si. Les délibérations de nos hommes d'affaires se prolongeant outre mesure, nous sortîmes de nos loges pour aller leur demander ce qu'ils avaient tant à causer, pendant que nous étions à attendre au milieu de la rue. Les mandarins de la capitale n'étaient pas encore fixés sur l'endroit où il fallait nous loger, et ils prenaient en conséquence des informations auprès du Saule pleureur, qui assurément avait trop peu d'initiative pour les tirer d'embarras. Les passants avaient déjà remarqué l'étrangeté de notre costume, la ceinture rouge et le magique bonnet jaune ; et bientôt une foule immense se pressa autour de nous. — Voyez, dîmes-nous aux fonctionnaires de Nan-tchang-fou, voilà le petit peuple qui accourt de toute part et s'amoncelle sur le quai. Est-il convenable que nous soyons encore sans savoir où nous irons loger ?

Les mandarins, déjà ahuris par les flots de la multitude, ne savaient plus où donner de la tête. Notre domestique Wei-chan s'approcha de nous, et nous fit remarquer un grand et magnifique édifice. C'était un *wen-tchang-koun*, ou « palais des compositions littéraires. » Nous avions déjà logé une fois, pendant notre voyage, dans un de ces établissements destinés à la corporation des lettrés, et nous nous souvenions que le séjour en avait été très-agréable. Nous n'eûmes pas à délibérer longuement ; le parti fut tout de suite pris d'aller nous y installer. Pour réussir dans l'entreprise, il ne fallait qu'un peu d'aplomb. Nous retournâmes à nos palanquins, et nous dîmes aux porteurs, du ton le plus impératif qu'il nous fut possible de prendre : Au wen-tchang-koun ! — Au wen-tchang-koun ! répétèrent les porteurs, nous obéissons.... Ils chargent aussitôt les palanquins sur leurs épaules, et Wei-chan, qui avait une parfaite intelligence de ces brusques évolutions, se mit à la tête du convoi, en criant à la foule de s'écarter avec respect. Les flots de la multitude se divisèrent comme par enchantement, le Saule pleureur et les autres mandarins, qui étaient encore à délibérer, se mirent d'instinct à notre suite, tous les membres de la caravane en firent autant, et nous entrâmes ainsi au palais des compositions littéraires avec cette majesté hautaine qui est tout à fait dans le goût du peuple chinois.

Les gardiens de l'établissement, voyant arriver un convoi accompagné d'une population innombrable, s'imaginèrent tout naturellement avoir affaire à quelque fameux personnage. Toutes les portes furent ouvertes à deux battants, et nous pénétrâmes, après avoir traversé plusieurs salles et plusieurs corridors, jusqu'à la cour la plus reculée. C'est là que s'arrêta Wei-chan. qui conduisait l'entreprise avec une merveilleuse audace. Nous sortîmes de nos palanquins, et nous fîmes venir le gardien en chef du wen-tchang-koun. — Ouvre tout de suite, lui dîmes-nous, les appartements supérieurs, et fais préparer le repas du soir ; nous resterons ici quelques jours. Que chacun fasse son devoir et tout le monde sera content. Nous nous adressâmes ensuite aux fonctionnaires venus pour nous recevoir à notre débarquement, et qui n'avaient pas su deviner ce qu'il fallait faire de nous. — Vous autres, leur dîmes-nous, allez trouver le préfet de la ville, annoncez-lui que nous jouissons d'une bonne santé, et que nous sommes installés au wen-tchang-koun, d'une manière conforme à nos goûts. Nous fîmes une profonde révérence à ces globules de diverses couleurs, qui s'en retournèrent d'un air tout mystifié, et comme des gens qui ne comprennent rien au rôle qu'on leur fait jouer.

Tout le monde étant parti, le Saule pleureur resta planté devant nous, sans rien dire. Il nous regardait avec ses yeux humides et clignotants, et semblait nous demander ce que nous allions faire de lui. — Maître Lieou, lui dîmes-nous, tu devais nous conduire jusqu'à la capitale du Kiang-si; nous y voilà, ta mission est terminée. Où es-tu logé ? — Où je suis logé ! fit-il, d'un air tout ébahi; mais qui est-ce qui peut savoir cela ? — Toi, sans doute; au moins tu as plus que tout autre le droit de le savoir. — C'est possible; toujours est-il que je ne sais trop ce que je vais devenir. — Va trouver le gardien de l'établissement, il te colloquera quelque part. Demain probablement nous recevrons la visite des autorités, et tu régleras tes affaires avec elles… Le Saule pleureur trouva que nos paroles avaient un certain sens ; il alla donc à la recherche du gardien, et nous montâmes visiter le logement que nous nous étions octroyé.

Wei-chan, aidé de quelques serviteurs de la maison, avait déjà mis tout en ordre dans de vastes et frais appartements, d'où la vue dominait la ville, le cours du fleuve que nous venions de traverser, et la campagne des environs. Une galerie ouverte, ornée de grands siéges en porcelaine et de nombreux vases à fleurs, donnait sur le quai, où la foule s'était rassemblée autour de nous, pendant que le Saule pleureur et quelques petits mandarins de Nan-tchang-fou se creusaient le cerveau pour nous trouver un logement, alors que nous avions à notre portée un wen-tchang-koun. Nous fîmes quelques tours de promenade sur cette charmante galerie. Le soleil venait de se coucher, et la délicieuse fraîcheur du soir commençait déjà à se faire sentir. Quelques-uns des Chinois qui stationnaient sur le quai nous remarquèrent. La nouvelle, comme une étincelle électrique, se communiqua rapidement de tout côté, et bientôt toutes les têtes furent en l'air et les yeux dirigés vers la galerie du wen-tchang-koun. Tous les passants se crurent obligés de s'arrêter pour nous contempler à loisir; insensiblement la foule devint tellement compacte, que la circulation se trouva tout à fait interceptée. Comme nous étions haut placés, et à une assez grande distance de la multitude, nous ne pouvions nullement être incommodés de tous ces regards qui semblaient vouloir nous dévorer. Aussi continuâmes-nous tranquillement notre promenade, heureux de pouvoir satisfaire, sans inconvénient, la bien légitime curiosité des habitants de Nan-tchang-fou. Nous étions seulement privés d'entendre leur conversation, qui, assurément, devait pétiller de réflexions curieuses et intéressantes.

Le maître d'hôtel du wen-tchang-koun vint nous prévenir que le souper était prêt, et nous demanda où nous désirions qu'il nous fût servi... Les deux missionnaires se regardèrent, et lurent dans les yeux l'un de l'autre qu'ils avaient la même pensée. — Y a-t-il quelque inconvénient, dîmes-nous au maître d'hôtel, à ce que nous prenions notre repas sur cette galerie? — Aucun, nous répondit-il; il y aura, au contraire, ici plus qu'ailleurs, de la fraîcheur et de la clarté, et puis les *Cent familles* (1), qui sont là réunies, seront bien aises de voir.... Ne demandant pas mieux que d'être agréables aux Cent familles, surtout quand elles se tenaient à une distance respectueuse, il fut résolu que nous souperions en plein air.

On apporta une brillante table en laque, qu'on plaça au milieu de la galerie. Lorsqu'on vit le maître d'hôtel disposer sur la table les nombreux petits plats de friandises par où commencent les repas chinois, il se produisit, parmi la foule qui encombrait le quai, une longue agitation et un sourd murmure, qui semblaient exprimer le bonheur qu'on se promettait par avance, en voyant de quelle façon mangeaient les diables occidentaux. On s'attendait à des choses prodigieusement curieuses. Des hommes de par delà les mers, et d'une physionomie si singulière, devaient essentiellement avoir des manières de boire et de manger tout à fait inconnues aux peuples de la nation centrale. Notre prière avant le repas, et surtout deux signes de croix largement dessinés, durent, en effet, leur promettre des particularités du plus vif intérêt. Parmi ces innombrables spectateurs, quelques-uns durent probablement comprendre ces signes de croix, car, à Nan-tchang-fou, il y a des chrétiens, mais la majorité dut trouver passablement extraordinaire cette façon de se disposer à souper. On s'attendait donc à des révélations plus ou moins intimes des mœurs européennes.

Wei-chan nous apporta le vin de riz tout fumant dans une urne d'étain ; il nous en versa dans de toutes

---

(1) Expression par laquelle on désigne le peuple.

petites tasses en porcelaine, et nous le bûmes en nous conformant aux rites le plus scrupuleusement possible. Nous nous mîmes ensuite à éplucher des graines de citrouille, absolument comme si nous étions né sur les bords du fleuve Jaune au lieu d'avoir vu le jour sur les rives de la Garonne. Les spectateurs, un peu étonnés, parurent prendre un très-médiocre intérêt à cette manœuvre chinoise, qui leur était suffisamment connue. Nous passâmes ainsi quelque temps à boire par petits coups du vin de riz, et à croquer des graines de pastèques. Dans nos repas journaliers, nous avions l'habitude de témoigner peu d'attention à ces futilités. Nous passions par-dessus pour aller nous occuper de choses plus substantielles ; mais, ce jour-là, soit amour-propre et désir de faire parade de notre savoir-faire, soit malice, afin de tromper l'attente des curieux, nous voulûmes boire et manger rigoureusement selon les prescriptions du rituel chinois.

Le désenchantement des candides habitants de Nan-tchang-fou fut complet lorsqu'ils nous virent ajuster entre nos doigts avec aisance et gravité nos bâtonnets d'ivoire, puis saisir çà et là les morceaux à notre convenance, les porter lestement à la bouche, fonctionner enfin, à l'aide de ces instruments impossibles, avec une dextérité consommée et comme si nous n'eussions pas fait autre chose toute la vie. Il y eut parmi la foule un mouvement d'hilarité, qui semblait dire : Nous voilà étrangement frustrés dans nos espérances ; ces hommes-là ne sont pas tout à fait aussi barbares que nous le pensions ; ils seraient presque dignes d'appartenir au royaume des Fleurs. La représentation étant loin de réaliser tout ce que, dès le début, elle avait semblé promettre de curiosités, la foule, désappointée, commença à s'écouler peu à peu, et bientôt il ne resta plus sur le quai que des marchands de fruits et de comestibles, et un certain nombre de désœuvrés, qui, tout en fumant leur longue pipe, jetaient de temps en temps un œil observateur sur la galerie où les deux missionnaires français, doués d'excellent appétit, expédiaient, avec leurs bâtonnets d'ivoire, le menu d'un festin à la chinoise.

Au moment où nous allions nous lever de table, un cortége de mandarins traversa le quai, et s'arrêta à la porte du palais des compositions littéraires. L'appariteur de l'établissement arriva, un instant après, sur la galerie, et nous présenta une grande feuille rouge portant le nom du mandarin qui attendait à la porte. C'était le préfet du district où était situé le wen-tchang-koun. — Invitez à monter, dîmes-nous à l'appariteur... Et le magistrat fut bientôt là, accompagné de quelques fonctionnaires de son tribunal. Après les compliments et les révérences d'usage, le préfet, dont la physionomie annonçait un homme d'origine tartare mantchoue, nous demanda pourquoi nous étions logés au wen-tchang-koun. — Parce que les gens de l'administration, n'ayant pas su nous dire, quand nous avons été débarqués, où nous devions nous rendre, nous avons choisi de nous-mêmes le wen-tchang-koun. — Ces fonctionnaires ont agi avec stupidité; votre logement était tout préparé dans l'intérieur de la ville. — Merci de votre sollicitude; mais nous présumons que le logement préparé dans l'intérieur de la ville ne vaut pas celui que nous avons eu le bonheur de trouver. Nous autres Européens, nous aimons le frais et le grand air, et cette galerie, ouverte de tous côtés, nous convient à ravir. — C'est vrai, la situation est des plus agréables durant les chaleurs de l'été ; cependant le wen-tchang-koun n'est pas tout à fait à la disposition des autorités ; c'est une propriété de la corporation des lettrés. — Nous savons cela ; mais nous n'ignorons pas non plus que la corporation des lettrés aime à pratiquer les rapports sociaux dont les préceptes sont exposés dans les livres sacrés et classiques. Les littérateurs et les bacheliers de toutes les contrées civilisées s'appliquent surtout à observer les rites de l'hospitalité envers les étrangers. Si jamais tu daignais visiter le modeste empire des Français, les lettrés de notre pays ne manqueraient pas de t'accueillir dans tous les wen-tchang-koun que tu rencontrerais sur ta route. — Ah ! je ne serais pas digne, je ne serais pas digne, fit le préfet, en accompagnant ces paroles d'une foule de petites courbettes rapidement exécutées... Cependant, ajouta-t-il, après avoir repris insensiblement la position verticale, j'étais venu pour vous inviter à déménager, et à vous rendre au logement que je vous ai fait préparer dans l'intérieur de la ville. — Ah ! nous ne sommes pas dignes de cette attention, répondîmes-nous, en exécutant, à notre tour, une série de révérences ; nous ne sommes pas dignes. Tu vois qu'on est fort bien ici ; la raison nous invite à y rester, et les rites, qui sont fondés sur la raison, demandent qu'on nous y laisse. — Bien parlé, très-bien parlé, dit le mandarin, en riant ; je vois qu'il sera difficile de vous décider à quitter le wen-tchang-koun. — Oui, très-difficile, presque impossible ; il vaut mieux ne plus penser à cela ; parlons d'autre chose... Et la conversation s'engagea immédiatement sur des sujets moins compromettants. Nous parlâmes de nos voyages, de la Chine, des pays occidentaux, un peu enfin de tous les peuples du globe. Le préfet fut très-aimable ; il ne nous dit plus un seul mot ayant rapport au déménagement, ce qui lui valut d'être reconduit par nous, à travers tous les compartiments du palais des compositions littéraires, jusqu'à la première porte d'entrée.

Notre position se trouva ainsi toute faite à Nan-tchang-fou ; il n'y avait plus qu'à en profiter pour bien organiser ce qui nous restait encore à faire de chemin pour aller jusqu'à Canton. Le lendemain et les jours suivants que nous passâmes dans la capitale du Kiang-si, nous vîmes plusieurs mandarins et les chefs des lettrés, dont nous occupions le palais. Tout le monde fut plein de bienveillance, et personne n'eut l'inurbanité de nous chercher querelle au sujet de notre installation dans le wen-tchang-koun. On se contenta seulement de s'amuser un peu, d'une manière très-gracieuse, de la prestesse de nos allures quand il fallait se tirer d'embarras, et du joli sans-façon avec lequel nous savions nous fabriquer un billet de logement.

Parmi les nombreux visiteurs que nous reçûmes à Nan-tchang-fou, il y en eût un qui nous intéressa vivement par ses manières brusques, presque sauvages, et qui n'avaient rien de cette courtoisie souple et un peu équivoque des Chinois. Nous étions dans notre galerie, assis sur des siéges en porcelaine, et uniquement occupés à regarder les passants et à respirer la fraîche brise que nous envoyait le voisinage de la rivière, lorsqu'un jeune mandarin entra rondement sans s'être fait annoncer, nous dit bonjour avec un ton de fierté et d'indépendance auquel nous étions peu accoutumés en Chine, puis fit avancer avec son pied un fauteuil en bambou et s'assit franchement vis-à-vis de nous. D'abord nous fûmes tentés de le rappeler énergiquement à l'observance des rites et d'assouplir un peu la roideur de son attitude. Mais sa physionomie nous plut; elle était vive, alerte, pleine de franchise et de loyauté. Il nous sembla que le sans-façon de ses manières pouvait provenir d'un caractère un peu fier, mais nullement impertinent. — Voilà, lui dîmes-nous, que tu nous traites comme de vieux amis. C'est bien comme cela ; entre amis les cérémonies ne doivent pas être minutieuses. — Les Chinois, répondit-il, aiment beaucoup les cérémonies ; mais moi, je ne suis pas Chinois ; je suis Mongol. — Tu es Mongol? vraiment nous aurions dû le deviner ; nous avons habité longtemps la Terre des Herbes ; nous avons visité les huit bannières et dressé notre tente dans tous les pâturages de la Tartarie, depuis le grand Kouren, chez les Khalkhas, jusqu'au Koukou-noor, sur les bords de la mer Bleue. — En entendant tous ces noms si poétiques et si harmonieux aux oreilles d'un habitant des steppes de la Tartarie, le jeune Mongol se leva comme transporté d'ivresse. Il nous pressait les mains et nous frappait sur les épaules pour nous témoigner son amitié. — Comment, disait-il, vous connaissez les huit bannières, le grand Kouren et le Koukou-noor ! Vous avez campé dans la Terre des Herbes ! Sans doute, vous savez parler les paroles mongoles? — Oui, frère, lui dîmes-nous,

nous comprenons le langage de Tchinggis et de Timour... Dès ce moment, l'idiome chinois fut mis de côté avec un certain mépris, et la conversation se continua en mongol.

Ce jeune homme était d'une des familles les plus nobles de la tribu de Géchekten, que nous avions habitée pendant deux ans. Probablement nous avions dû nous rencontrer plus d'une fois, durant nos courses à travers le désert. Il nous dit qu'ayant été à Péking pour faire cortége à son roi, lors de la visite solennelle des princes tributaires à l'empereur pour la fête du nouvel an, il avait conçu le désir de rester à la capitale. Son but était d'apprendre la littérature chinoise et de se préparer à subir les examens des gradués pour entrer ensuite dans la magistrature. Après plusieurs années d'étude, il avait obtenu le diplôme de bachelier, et, depuis quelques mois seulement, il avait été envoyé comme mandarin surnuméraire dans un petit tribunal de la capitale du Kiang-si.

Nous ne savons si nous étions aveuglés par notre vieille prédilection pour les Mongols; mais il nous semblait que cet enfant du désert avait quelque chose de supérieur aux Chinois. La civilisation de Péking, entée sur cette nature pleine de séve et de vigueur, nous parut avoir donné naissance, en quelque sorte, à un type nouveau, où l'on trouvait réunies, et avantageusement combinées ensemble, l'intelligence et la sagacité des Chinois avec la rude franchise et l'énergie des Tartares mongols.

Durant les quelques jours que nous passâmes à Nan-tchang-fou, nous revîmes plusieurs fois ce jeune mandarin, dont la société était pour nous des plus attrayantes. Nous retrouvions dans sa conversation de nombreux et agréables souvenirs de ces déserts de la Tartarie que nous avions si longtemps habités. Le bachelier mongol était, d'ailleurs, instruit et d'une intelligence très-cultivée. Nous ne trouvâmes pas en lui ce mépris affecté des pays étrangers et surtout des hommes et des choses de l'Europe, mépris dont presque tous les Chinois aiment tant à faire parade. Il écoutait, au contraire, avec intérêt, avec une admiration franche et sincère, tout ce que nous lui racontions des nations occidentales. Depuis quelque temps, la géographie était son étude favorite et journalière ; il nous parut que, pour un Mongol, il avait des connaissances assez étendues sur cette matière. Il alla jusqu'à nous demander si, pour venir de France jusqu'à Canton, nous avions passé par le cap de Bonne-Espérance, par le cap Horn ou par la mer Rouge. — La navigation, ajouta-t-il, doit être très-commode pour voyager, mais il faut y être accoutumé. Si j'avais à me rendre dans votre patrie, je préférerais aller en caravane, de campement en campement, à la manière des Mongols. Je partirais de Péking et je suivrais le désert jusqu'à Khiaktha, sur les frontières de Sibérie. Je traverserais ensuite tout doucement l'empire des Oros (Russes), les divers royaumes de l'Occident, et j'arriverais dans le grand empire des Français. — Et si de là tu voulais aller visiter les *in-ki-li* (les Anglais)? Oh! je sais que le royaume des Poils rouges est entouré d'eau de toute part. Les Poils rouges sont des insulaires. Dans ce cas, je vendrais mes chameaux et je louerais une jonque de feu (bateau à vapeur) pour me transporter dans l'île des Poils rouges. — Nous ne voulûmes pas lui faire observer que, selon toutes les probabilités, il ne trouverait à Paris qu'un nombre très-restreint d'amateurs de chameaux. Une semblable révélation eût, peut-être, été capable de le contrister et de lui donner une mauvaise opinion des Parisiens.

Depuis quelques années on peut remarquer, parmi les Chinois instruits, une tendance bien prononcée à étudier la géographie, et à s'occuper des peuples étrangers. Selon nous, c'est là un progrès immense, et qui pourrait fort bien développer chez les Chinois, si infatués de leur savoir, le goût des sciences de l'Europe. Depuis la guerre des Anglais, il a paru plusieurs géographies chinoises, très-complètes et fort bien rédigées. L'appréciation des diverses parties du monde, et surtout des royaumes de l'Europe, est d'une exactitude assez remarquable. On voit que ces ouvrages ont été composés avec la coopération des Européens, et la manière élogieuse dont on y parle des États-Unis laisse facilement soupçonner que les Américains ne sont pas tout à fait étrangers à ces sortes de publications.

Les ministres méthodistes, qui se tiennent embusqués dans les cinq ports ouverts au commerce européen, s'étant aperçus que la quantité prodigieuse de Bibles qu'ils répandaient furtivement sur les côtes de l'empire n'agissait pas d'une manière extrêmement efficace sur les populations chinoises, ont renoncé à ce système de propagande peu dangereux, mais aussi très-insignifiant et complétement inutile. Ils paraissent convaincus, pour le moment, qu'un ballot de Bibles, plus ou moins bien imprimées et brochées, déposé avec beaucoup de précaution sur le rivage de la mer, ne saurait opérer la conversion de l'empire chinois. Ils ont donc perdu un peu de la vivacité de leur foi aux miracles opérés par ces simples distributions. Cependant, comme leur vocation est de faire imprimer et distribuer des livres, ils se sont mis à composer, à l'aide des lettrés, des opuscules scientifiques, par lesquels ils s'imaginent captiver l'attention des populations chinoises.

En 1851, peu de jours avant notre départ de la Chine, il nous a été donné de voir une de ces nouvelles productions. C'était tout bonnement un ouvrage technique sur les télégraphes électriques ! Il faut, en vérité, ne pas connaître du tout le peuple chinois, pour aller lui fabriquer des livres de ce genre. Offrir une théorie des télégraphes électriques à des hommes qui n'ont pas même dans leur langue des termes pour exprimer les phénomènes les plus simples de l'électricité, c'est à ne pas y croire ! Nous sommes convaincu que, dans tout l'empire, il n'y a pas un seul Chinois capable de comprendre une page de ce livre ; car, pour rendre ces idées nouvelles, on a été obligé de combiner les caractères les plus opposés, et d'inventer un jargon à part, auquel les habitants du Céleste Empire ne se hâteront pas de s'initier. Sans doute, il n'est personne qui n'appelle de ses vœux le moment où les Chinois abandonneront leurs vieux préjugés pour étudier les sciences de l'Europe. Mais tout enseignement doit procéder par degrés et méthodiquement. Des méthodistes devraient au moins comprendre cela. Il n'y aurait pas un seul chrétien en Chine, si les missionnaires catholiques, au lieu d'enseigner le catéchisme à leurs néophytes, avaient commencé par mettre entre leurs mains un traité sur la grâce avec des dissertations sur l'hérésie janséniste.

Ceci tient à une fausse idée qu'on s'est faite, en Europe, des habitants du Céleste Empire. Sous prétexte qu'ils ont su calculer les éclipses, et que les jésuites astronomes ont joui d'une grande faveur à la cour, sous les premiers empereurs de la dynastie tartare mantchoue, on en a conclu que les Chinois étaient passionnés pour les sciences astronomiques, et qu'en arrivant en Chine, on avait affaire à trois cents millions d'Aragos, plus ou moins occupés d'étoiles et de planètes. Et, cependant, s'il est au monde un peuple absorbé par les affaires de la terre, et qui se mette peu en peine de ce qui peut se passer là-haut parmi les sphères célestes, c'est assurément le peuple chinois. Les plus érudits savent tout juste qu'il existe une astronomie ou, comme ils disent, *tien-wen*, « une littérature céleste. » Mais ils ne connaissent pas les premiers éléments de la science, et ceux pour lesquels une éclipse est un phénomène naturel, et non pas un dragon qui cherche à dévorer le soleil ou la lune, sont déjà très-avancés. Si les missionnaires astronomes ont exercé autrefois tant d'influence à la cour et joui d'une si grande célébrité, c'est une preuve que les astronomes du gouvernement n'étaient pas eux-mêmes très-forts. Ils ne pouvaient réussir à faire un bon calendrier, lorsque les jésuites arrivèrent fort heureusement pour les tirer d'embarras. Depuis que les derniers ont été expulsés de Péking, les membres du tribunal des mathématiques sont retombés dans leur ignorance habituelle, et, tous les ans, le gouvernement doit envoyer le nouveau calendrier à Canton, pour le faire corriger par les Européens.

Les Chinois, nous en sommes persuadés, auraient une grande aptitude pour toutes les sciences. Leur esprit vif, pénétrant, leur incomparable patience surtout, serviraient, incontestablement, à les conduire à de grands et rapides progrès. Mais jusqu'ici, ils n'ont jamais étudié les sciences pour elles-mêmes ; ils n'en ont jamais vu que le côté pratique et productif. Les connaissances qui ont rapport à la physique, à la chimie, à l'astronomie et aux mathématiques, ils les considèrent uniquement comme des moyens plus ou moins sûrs de gagner facilement des sapèques. Entre leurs mains, tout se convertit en métier, en industrie. Si les livres d'astronomie et d'électricité que leur composent les méthodistes pouvaient leur fournir des recettes pour acquérir, en peu de temps, une grosse fortune, ils passeraient volontiers par-dessus toutes leurs répugnances et les étudieraient avec ardeur. Ils écouteraient sérieusement ceux qui leur enseigneraient les moyens immédiats d'augmenter leurs revenus ; mais ils se prennent à rire de bon cœur quand on leur propose tout uniment d'agrandir le cercle de leurs connaissances. Ils trouvent qu'on leur fait là une espièglerie de fort mauvais goût.

Nous profitâmes de nos moments de loisir pour visiter Nan-tchang-fou, qui est une des plus célèbres capitales de province. Nous l'avions déjà traversé en 1840, lors de notre entrée en Chine, mais furtivement, et trop à la hâte pour en avoir une appréciation exacte. On ne voit pas plus à Nan-tchang-fou que dans les autres grandes villes chinoises, de monuments capables de fixer l'attention. Des pagodes, des tribunaux, quelques arcs de triomphe élevés en l'honneur des veuves et des vierges, voilà ce qu'on rencontre de plus saillant en architecture. Cependant les rues sont larges, assez propres, les magasins et les boutiques magnifiquement tenus et ornés. La ville, dans son ensemble, est, après Tching-tou-fou, capitale de la province du Sse-tchouen, la plus régulière et la plus belle que nous ayons remarquée dans l'empire chinois. Quoique le Kiang-si soit une province pauvre et incapable de se suffire à elle-même, le commerce de Nan-tchang-fou est extrêmement considérable. Cela tient à sa position sur la grande ligne qui fait communiquer entre eux les plus grands centres de population et d'activité, tels que Canton, Nanking, Han-keou et Péking. Toutes les marchandises venant du Nord ou du Midi doivent passer par Nan-tchang-fou.

Le Kiang-si, peu riche en produits agricoles, est cependant, depuis des siècles, en possession de l'industrie peut-être la plus importante de tout l'empire chinois. C'est dans cette province que se trouvent toutes les grandes fabriques de porcelaines, dont Nan-tchang-fou est naturellement l'entrepôt général. Il y a dans cette ville plusieurs magasins immenses où l'on trouve des porcelaines de toute forme, de toute grandeur et de toute qualité, depuis ces urnes grandioses où sont représentées en relief des scènes richement coloriées de la vie chinoise, jusqu'à ces petites coupes si frêles, si délicates et si transparentes, qu'on leur a donné le nom de *coques d'œufs*.

La première fabrique de porcelaines est à King-te-tching, à l'est du Pou-yang, sur les bords d'une grande rivière qui se jette dans le lac. King-te-tching n'est pas une ville à proprement parler, c'est-à-dire qu'elle n'est pas entourée de murailles. Cependant elle compte plus d'un million d'habitants, presque tous occupés de la fabrication ou du commerce de la porcelaine. Il règne, au milieu de ces nombreux établissements, une activité et une agitation difficiles à décrire. A chaque instant du jour on voit s'élever d'épais tourbillons de fumée et des colonnes de flamme qui donnent à King-te-tching un aspect tout particulier. Pendant la nuit, la ville paraît tout en feu ; on dirait qu'un immense incendie la dévore. Plus de cinq cents fabriques particulières et des milliers de fourneaux sont perpétuellement occupés à élaborer cette quantité prodigieuse de vases qu'on expédie ensuite dans toutes les provinces de la Chine, et on peut dire dans le monde entier.

Pour la fabrication de la porcelaine, comme dans toutes les industries chinoises, le travail est divisé à l'infini. Chaque ouvrier a sa spécialité, son talent particulier. L'un dessine une fleur, l'autre dessine un oiseau ; celui-ci applique la couleur bleue et l'autre la rouge. On a remarqué qu'un vase de porcelaine, lorsqu'il est terminé et propre à être livré au commerce, a déjà passé par les mains de plus de cinquante ouvriers différents.

Le P. d'Entrecolles, qui, au commencement du dix-huitième siècle, était chargé de la mission du Kiang-si, et avait ainsi l'occasion de visiter souvent King-te-tching, où un assez grand nombre d'ouvriers avaient embrassé le christianisme, a envoyé en France des relations très-curieuses et très-détaillées sur le secret de la fabrication de la porcelaine. C'est avec le secours de ces précieux documents et des nombreux échantillons de *kao-lin* et de *pe-tun-tze* (1), qu'on est enfin parvenu à fabriquer, chez nous, des vases semblables à ceux de la Chine et du Japon, dont la perfection a longtemps désolé les imitateurs européens.

La fabrication de porcelaine remonte, en Chine, à une très-haute antiquité. Déjà sous la dynastie des Han, vers le commencement de l'ère chrétienne, cette industrie était très-florissante. On voit chez les antiquaires chinois de beaux vases de cette époque. Ils ne sont pas aussi transparents que ceux qu'on fabrique aujourd'hui ; mais l'émail en est plus fin et d'une couleur plus vive. Les amateurs conservent avec soin certaines porcelaines dont on a perdu actuellement le secret de fabrication. Ainsi, il existe des coupes doubles : la partie extérieure est toute ciselée et percée à jour comme une dentelle; la coupe intérieure est unie et d'une blancheur éblouissante. Il en est d'autres qui ont des dessins en quelque sorte magiques, et qui ne paraissent que lorsque la coupe est remplie. Les dessins sont placés sur la partie intérieure et les couleurs ont subi une préparation particulière, qui les rend invisibles quand il n'y a pas de liquide. On remarque enfin la porcelaine craquelée, qu'on ne sait plus faire comme autrefois, et qui offre, sur toute la surface, des lignes brisées en tout sens, comme si le vase entier était composé de pièces rappor-

---

(1) Matières premières servant à la fabrication de la porcelaine.

tées. On dirait une mosaïque, du travail le plus exquis et le plus délicat. Ces secrets de fabrication et une foule d'autres ont été perdus. On dirait même, chose étonnante, en lisant les annales de la Chine, que l'art tout entier s'est perdu jusqu'à quatre ou cinq fois à la suite des révolutions profondes et des grands bouleversements dont l'empire a été si souvent le théâtre. Cette industrie si précieuse a dû, ensuite, être inventée de nouveau, recommencer ses progrès passés, sans pouvoir toujours parvenir à la même perfection.

Il existe, en Chine, une classe d'amateurs qui recherchent avec avidité les porcelaines antiques et les vieux bronzes auxquels on donne le nom de *kou-toung* (1). On les estime comme œuvre d'art, mais surtout à cause de cette valeur mystérieuse qui s'attache toujours aux choses des siècles passés. Les ouvriers chinois ont tant de scélératesse dans l'esprit, qu'ils parviennent souvent à imiter les kou-toung de manière à tromper l'œil le mieux exercé. Plusieurs antiquaires étalent dans leur cabinet, avec la meilleure foi du monde, certains prétendus vieux vases n'ayant tout au plus que quelques mois de date. Les falsificateurs de kou-toung emploient ordinairement une pierre roussâtre dont ils font la pâte de leurs vases; lorsqu'ils sont cuits on les jette dans un bouillon très-gras, ou on leur fait subir une seconde cuisson; ensuite on les enterre dans un égout, d'où ils sont exhumés après quarante ou cinquante jours. C'est ainsi qu'on fait les vieilles porcelaines de la dynastie des Yuen.

Les fabricants de porcelaine ont un patron, dont

(1) « Vieux vase. »

l'origine est racontée de la manière suivante par le P. d'Entrecolles : « Comme chaque profession a son « idole particulière, et que la divinité se communique « aussi facilement que la qualité de comte ou de marquis « se donne en certains pays d'Europe, il n'est pas sur- « prenant qu'il y ait un dieu de la porcelaine. Ce dieu « doit son origine à ces sortes de dessins qu'il est im- « possible aux ouvriers d'exécuter. On dit qu'autrefois « un empereur voulut absolument qu'on lui fît des « porcelaines sur un modèle qu'il donna. On lui repré- « senta diverses fois que la chose était impossible; mais « toutes ces remontrances ne servirent qu'à exciter de « plus en plus son envie. Les empereurs sont, durant « leur vie, les divinités les plus redoutées à la Chine, « et ils croient souvent que rien ne doit s'opposer à « leurs désirs. Les officiers redoublèrent donc leurs « soins, et ils usèrent de toute sorte de rigueurs à l'égard « des ouvriers. Ces malheureux dépensaient leur argent, « se donnaient bien de la peine, et ne recevaient que « des coups. L'un d'eux, dans un mouvement de déses- « poir, se lança dans le fourneau allumé, et il y fut « consumé à l'instant. La porcelaine qui s'y cuisait en « sortit, dit-on, parfaitement belle et au gré de l'empe- « reur, lequel n'en demanda pas davantage. Depuis ce « temps-là, cet infortuné passa pour un héros, et il « devint, dans la suite l'idole qui préside aux travaux « de la porcelaine. Je ne sache pas que son élévation ait « porté d'autres Chinois à prendre la même route, en « vue d'un semblable honneur (1). »

(1) *Lettres édifiantes et curieuses*, t. III, p. 221.

capitale du Kiang-si jusqu'à Canton. Le gouverneur de la province, le préfet de la ville, les fonctionnaires civils et militaires, tout le monde nous témoigna beaucoup de bienveillance. On mit même un certain empressement à faire exécuter le plan que nous avions formé pour notre voyage.

Les fortes chaleurs et le besoin de repos nous firent prendre la résolution de continuer notre route par eau. Nous pouvions remonter une grande rivière, depuis Nan-tchang-fou jusqu'à la montagne Meï-ling, qui se trouve à moitié chemin. Il suffit d'un jour pour la traverser, et l'on rencontre ensuite le fleuve Kiang, qu'on peut suivre jusqu'à Canton. Nous savions que cette route valait infiniment mieux que la voie de terre, surtout quand on navigue sur des jonques mandarines et qu'on a pris de bonnes mesures d'approvisionnement. Toutes nos combinaisons réussirent si bien, que nous eûmes d'abord une sorte de frégate de guerre, armée, tant bien que mal, pour nous escorter ; puis deux superbes jonques, une pour les mandarins conducteurs et les gens de leur suite, et une autre pour nous. Nous avions expressément demandé à être seuls, afin d'être plus tranquilles, plus libres pour vaquer à nos exercices, et faire le ménage comme nous l'entendrions. Nous prîmes toutefois avec nous notre domestique Wei-chan, plus un cuisinier, qui, selon le témoignage du préfet de Nan-tchang-fou, était un artiste du premier mérite.

La question des approvisionnements fut décidée, par le gouverneur, avec une largesse qui tenait de la somptuosité. Dans le but de nous faire traiter plus sûrement selon nos goûts et nos désirs, il fit un décret enjoignant aux administrations de toutes les villes situées le long du fleuve que nous allions remonter, d'avoir à nous fournir, à notre passage, cinq onces d'argent, ce qui vaut à peu près une cinquantaine de francs. Cette somme devait être entièrement à notre disposition pour le service de la table. Comme, sur cette route, les villes sont assez rapprochées, il se trouva que nous avions en réserve une somme énorme, lorsque nous arrivâmes à Canton. On verra plus tard quelle en fut la destination.

Les autorités de Nan-tchang-fou, il faut en convenir, firent les choses en grand, et nous traitèrent avec une pompe extraordinaire. Que l'on compare cette manière large et pleine de dignité du gouverneur du Kiang-si, avec le règlement mesquin qu'on suit à l'égard du colonel russe chargé de conduire, tous les dix ans, une légation de Khiaktha à Péking. D'après une loi qui s'exécute ponctuellement, il est accordé, par jour, à ce représentant du czar, un mouton, une tasse de vin, une livre de thé, une cruche de lait, deux onces de beurre, deux poissons, une livre d'herbes salées, quatre onces de fèves fermentées, quatre onces de vinaigre, une once de sel et deux soucoupes d'huile de lampe ; puis, tous les neuf jours, un dîner de quatre services à la chinoise.

Le personnel de l'escorte qui nous accompagnait depuis la capitale du Hou-pé fut remplacé à Nan-tchang-fou. Le Saule pleureur nous fit ses adieux, et nous reçûmes avec reconnaissance ses vœux et ses larmes. Au moment de nous embarquer, nous fûmes accostés, sur le quai, par deux bons bourgeois à figure pleine de franchise, qui nous souhaitèrent un bon voyage. Nous n'eûmes qu'à considérer un instant leur physionomie pour savoir à qui nous avions affaire. — Vous êtes chrétiens, leur dîmes-nous ? — Oui, Père, nous répondirent-ils, en regardant de côté et d'autre, pour voir si personne ne les observait. Nous leur demandâmes, à la hâte, des nouvelles de la mission et de nos confrères, et nous fûmes obligés de nous séparer d'eux pour monter sur la jonque.

La mission de Kiang-si, confiée à la congrégation de Saint-Lazare, compte à peu près dix mille chrétiens, disséminés sur tous les points de la province. Ils sont, en général, pauvres et très-timides. Il s'opère, tous les ans, un certain nombre de conversions ; mais la propagation de la foi y avance lentement, comme dans toutes les autres missions du Céleste Empire.

CHAPITRE XI.

Départ de Nan-tchang-fou. — Une jonque mandarine. — Luxe et agrément des voyages par eau. — Véhicules et hôtelleries en Chine. — Stations de fiacres et de cabriolets à Péking. — Littérature légère des Chinois. — Recueil de sentences et de proverbes. — Passage de la montagne Meï-ling. — Nan-hioung, ville frontière de la province de Canton. — Acrobates chinois. — Petits pieds des femmes. — Origine de cette mode. — Navigation sur le Tigre. — Souvenirs de notre entrée en Chine en 1840. — Vue du port de Canton. — Navires européens. — Première nuit dans la ville de Canton. — Relation de notre martyre dans la Tartarie. — Économies de la route allouées à notre domestique Wei-chan. — Séjour à Macao. — Mort de M. Gabet. — Départ pour Péking. — Débarquement à Marseille en 1852.

La jonque sur laquelle nous nous embarquâmes pour remonter le fleuve de Tchang était un petit palais flottant. Nous avions un salon de compagnie, une chambre à coucher et une salle à manger ; tous ces divers appartements étaient d'une propreté exquise et ornés avec luxe. Les peintures et les dorures, répandues partout à profusion, avaient encore leur éclat relevé par ce beau vernis de Chine qui n'a pas son pareil au monde. Sur l'avant de la jonque étaient la cuisine et le logement des mariniers, qui pouvaient aisément faire la manœuvre et vaquer à leurs occupations, sans jamais venir dans notre quartier. A bâbord et à tribord, nous avions de larges fenêtres bizarrement découpées et garnies non pas de papier, selon la mode chinoise, mais de carreaux de verre, ce qui, dans le pays, est le comble de la magnificence. Pour la navigation des fleuves, on ne saurait rien imaginer de plus commode et de plus élégant que la jonque mandarine dont le préfet de Nan-tchang-fou avait fait choix. Durant notre séjour en Chine, accoutumés à voyager sur des barques marchandes et de transport, nous ne soupçonnions pas les Chinois de distinction capables de s'arranger des jonques pourvues de tant d'agréments.

La rivière que nous avions à remonter n'était pas très-rapide. Cependant, quand le vent manquait, ou s'il était contraire, il fallait aller à force de rames. C'est ce qui arriva le premier jour. Le capitaine, qui, sans doute avait reçu des instructions très-détaillées au sujet de ce voyage, vint nous demander si nous étions bien à bord, si les mouvements de son ignoble jonque ne nous incommodaient pas. — Nous sommes à ravir ; ton merveilleux navire est pour nous un séjour de délices. — Cependant je m'aperçois que l'agitation est très-grande sur l'arrière... ; et puis les matelots font beaucoup de bruit avec leurs rames. Il y a moyen de remédier à ces inconvénients ; je vais y pourvoir. A ces mots, le capitaine exécuta une profonde salutation, et s'en retourna vers son équipage.

Quelques instants après nous n'entendîmes plus le bruit des rames, et la jonque nous parut dans une immobilité complète. Nous regardâmes par une de nos fenêtres, et nous vîmes fuir avec assez de rapidité les arbres dont étaient bordés les rivages du fleuve. Nous allions comme par enchantement. La chaloupe avait été mise à l'eau, et, par le moyen d'un long câble en rotin attaché à la proue, nous étions paisiblement remorqués contre le courant. C'était, en vérité, nous traiter avec une attention bien peu ordinaire. Nous crûmes devoir prévenir le capitaine qu'il n'était nullement nécessaire d'user, à notre égard, d'un tel ménagement; qu'ayant eu l'habitude des longues navigations sur les mers les plus orageuses, il nous était facile de supporter le léger mouvement d'une jonque côtoyant une rivière. — Que les matelots rament ici ou dans la chaloupe, nous répondit-il, la fatigue est la même; d'ailleurs j'exécute les ordres qui m'ont été donnés à Nan-tchang-fou. Il est d'usage de remorquer les jonques, lorsqu'elles ont à bord des mandarins supérieurs.

De tels voyages sont de véritables parties de plaisir. On jouit d'abord d'une tranquillité profonde et inaltérable, et puis les paysages qui se déroulent le long de la route offrent des distractions d'une inépuisable variété. Nous oubliâmes, pendant quelques jours, les peines et les fatigues que nous endurions depuis plus de deux ans. La bonté toute paternelle de la Providence voulut bien nous accorder ces quelques instants de calme et de repos, en compensation des souffrances auxquelles nous avions été si longtemps en butte dans les affreux déserts de la Tartarie et du Thibet. Ces heures de délassement, nous les acceptâmes de la main de Dieu, le cœur plein de reconnaissance, comme nous avions accueilli avec résignation les jours d'épreuves et de tribulations.

Nous passâmes deux semaines dans notre hermitage flottant, sans en sortir une seule fois. Nous nous y trouvions si bien! Lorsque nous rencontrions le long du fleuve, à droite ou à gauche, peu importe, quelque ville contribuable, on mouillait, et nous nous arrêtions, juste le temps nécessaire pour que les mandarins conducteurs pussent aller faire les sommations au tribunal, et exiger l'impôt prescrit. Le versement se faisait avec assez d'exactitude et de célérité. Il y avait bien de temps en temps quelques difficultés à vaincre. Les fonctionnaires ne montraient pas toujours un très-vif empressement à nous apporter à bord les sapèques fixées par le tarif. Ils nous envoyaient quelquefois des députations pour marchander et nous alléguer mille et une raisons pour se dispenser de fournir la totalité de la somme. Nous étions d'excellent accommodement et toujours disposés à ne recevoir absolument rien, pourvu, toutefois, qu'on nous donnât un billet constatant les motifs du refus, et signé par les autorités de la ville. Personne n'osant en venir là, les sapèques finissaient par arriver. Lorsqu'il y en avait, à bord de la jonque, un trop grand encombrement, Wei-chan les changeait en billets de banque payables au porteur, et les gardait lui-même sous clef ; nous nous contentions d'en tenir note.

Il n'est pas d'usage, en Chine, de voyager la nuit, pas plus par eau que par terre. Tous les soirs, après le coucher du soleil, nous allions donc nous réfugier dans un port. Le mouillage avait lieu avec une certaine ostentation. La frégate de guerre chargée de nous escorter passait devant et choisissait l'emplacement convenable. Notre jonque et celle de nos conducteurs se rangeaient ensuite à ses côtés, et, lorsque tout le monde était paré, on tirait un coup de canon et on laissait tomber les ancres. Il va sans dire qu'il y avait en même temps détonation de pétards et musique de tam-tam. Dans la soirée nous avions l'habitude de rendre visite à nos compagnons de voyage en passant d'un bord à l'autre. Le capitaine de la frégate était un vieux marin originaire du Fokien. On ne pouvait guère entretenir avec lui de longues conversations, car il ne parlait que l'idiome de sa province, auquel il entremêlait parfois quelques expressions chinoises plus ou moins défigurées. Après avoir donc échangé beaucoup de gestes et de pantomimes, nous montions sur la jonque du mandarin civil. Celui-ci, Pékinois pur sang, avait des manières élégantes et raffinées, comme il convient à un homme issu de la capitale du royaume des Fleurs. A son langage on reconnaissait tout de suite un citoyen de la métropole du Céleste Empire. Mais, par malheur, il aimait peu à causer. Sa physionomie, toujours pleine de tristesse et de mélancolie, dénotait que son âme était en proie à de vifs et profonds chagrins. Nous dûmes respecter sa douleur, et nous contenter de lui faire des visites courtes et de pure cérémonie.

Le matin, aussitôt que le jour paraissait, un coup de canon annonçait le moment du départ, et nous recommencions notre charmante promenade. Les chemins de fer, les bateaux à vapeur, les voitures de poste, tous nos moyens prompts et rapides de locomotion sont assurément des inventions merveilleuses, que tout le monde admire et qu'on ne manque jamais d'apprécier beaucoup, quand on est pressé de se transporter quelque part; mais il faut convenir que ces voyages accélérés sont entièrement dépourvus d'intérêt. On pourrait parcourir de cette façon la terre entière sans avoir aucune idée des pays qu'on aurait traversés et des peuples qu'on rencontrerait. C'est bien aujourd'hui qu'il est vrai de dire que les voyageurs sont colportés en Europe, absolument comme des ballots de marchandise. Désormais, ceux qui souhaiteront faire des voyages de luxe et d'agrément seront forcés de se rendre en Chine, et d'avoir une de ces jonques mandarines, qui les promène suavement de province en province, sur les fleuves et les canaux dont l'empire est sillonné. Les riches citoyens du royaume des Fleurs trouvent à louer, dans les grands ports, de jolis bateaux avec tout le confortable assorti à la civilisation chinoise. On exécute de la sorte des voyages ou plutôt de longues promenades en s'arrêtant partout où l'on veut, suivant l'exigence des affaires et les caprices de la fantaisie. Comme les villes les plus importantes sont ordinairement situées sur les bords de l'eau, il est facile d'étudier le pays, de connaître les mœurs et les usages de ses habitants.

En général, les Chinois sont très-peu sédentaires. Sans sortir des limites de leur empire, ils peuvent faire de longs voyages et se former une idée de tous les climats et de toutes les productions de la terre. Quoique leurs moyens de transport soient lents et incommodes, on les voit se mettre en route avec une grande facilité. Dans les provinces du Midi, il faut presque toujours naviguer. A l'exception des bateaux aristocratiques dont nous venons de parler, les voyageurs ne rencontrent que des jonques sales et encombrées, où ils s'entassent les uns sur les autres, sans paraître, du reste, ressentir la moindre gêne. Ils demeurent là enfermés des mois entiers, avec une incompréhensible patience, vivant de riz cuit à l'eau et passant leur temps à fumer et à éplucher des graines de citrouille. Ceux qui veulent faire des économies dorment presque continuellement, le jour aussi bien que la nuit. Rien ne les trouble, ni la chaleur, ni la fumée du tabac et de l'opium, ni les conversations bruyantes qui ne cessent de résonner à leurs oreilles.

Dans le Nord, les systèmes de locomotion sont très-fatigants et peut-être moins ennuyeux. Les gens de la classe aisée vont en palanquin ou en chariot; les autres à pied. Plusieurs montent des mulets, des chevaux, des ânes, ou se font traîner sur des brouettes. Les voitures chinoises ne sont pas suspendues, et on n'y trouve jamais de siége. Il faut s'y tenir assis, les jambes croisées, à la façon des tailleurs. Comme les routes sont remplies d'affreuses inégalités, les cahots deviennent perpétuels et les pauvres voyageurs ne cessent d'être dans un danger imminent de se fracasser la tête. Les plus prudents ont l'habitude de garnir de coussinets les parois de la voiture pour amortir les coups qu'on se donne sans cesse à droite et à gauche. On verse très-souvent, et c'est peut-être la raison pour laquelle les Chinois ont fait tant de progrès dans l'art si difficile de raccommoder les membres fracturés. Il serait bien plus simple de mieux arranger les chemins, et de fabriquer les véhicules de manière à leur procurer des allures moins brusques et moins saccadées.

Les routes les plus fréquentées des provinces du Nord sont pourvues de nombreuses hôtelleries, qu'il ne faut pas toujours juger d'après l'étiquette. A ne voir que les pompeuses enseignes dont elles sont ornées, on serait persuadé qu'on arrive dans le séjour des hommes les plus vertueux de l'univers, et que l'hôtelier, au milieu de ses hôtes, doit être un patriarche entouré d'une nombreuse famille. Les gros caractères qu'on lit à la porte d'entrée vous promettent paix, concorde, désintéressement, générosité, toutes les vertus fondamentales, et, de plus, l'abondance de toutes choses et l'accomplissement de tous les désirs. A peine a-t-on franchi le seuil, qu'on se trouve, en quelque sorte, dans une caverne de voleurs, où l'on cherche à vous piller tout en vous faisant mourir de faim et de misère. Comme les voyageurs savent parfaitement à quoi s'en tenir, relativement aux enseignes d'*inépuisable abondance*, ils ont soin de ne marcher jamais qu'avec un assortiment de provisions. Il est d'usage que chacun porte suspendu à sa ceinture un petit sac rempli de feuilles de thé, et ceux qui ne peuvent pas se contenter de galettes de froment et de riz cuit à l'eau sont toujours accompagnés d'un coffre oblong, divisé en plusieurs compartiments remplis de hachis de viande, de poisson salé et de choucroute. Les Chinois appellent ces provisions de voyage *hang-leang,* c'est-à-dire « du sec et du froid. »

On trouve pourtant, dans les villes considérables, des auberges assez bien tenues, ayant des chambres particulières pour tous les voyageurs. Les Européens qui n'auraient pas de trop grandes habitudes de luxe pourraient encore les habiter avec plaisir, quoiqu'elles n'offrent pas, à beaucoup près, l'élégance et la recherche de nos beaux hôtels. On a la faculté de prendre ses repas à table d'hôte ou de se faire servir à la carte, en désignant, comme dans nos restaurants, les mets que l'on désire. Le service se fait avec assez de promptitude, et les convives ont rarement à attendre. Comme il est d'usage de commencer par boire du thé et puis de s'amuser avec de nombreuses friandises, les cuisiniers, ou, pour nous servir d'un terme plus convenable et plus digne, les *mandarins de la marmite*, ont tout le temps pour leurs manipulations culinaires. On apporte les mets avec une grande ostentation. Lorsque les garçons de l'établissement déposent les plats devant les convives, ils en disent les noms en chantant, de manière à être entendus de tout le monde. On comprend que cette méthode est assez ingénieuse pour exciter les consommateurs. Il arrive souvent que, par amour-propre, on demande des mets recherchés, très-coûteux, et dont on se serait passé volontiers, si on eût dîné à huis clos. Quand le repas est fini, le premier garçon de l'hôtel se tient à la porte, et entonne une chanson qui n'est autre chose qu'une nomenclature des différents plats avec un refrain composé du total des dépenses. C'est alors que les convives sortent, et il faut convenir que c'est là le moment le plus critique et le plus solennel. Ceux qui ont dîné économiquement s'en vont d'un air contrit et humilié, et cherchent, en quelque sorte, à éviter les yeux de l'assistance. Les lords chinois, au contraire, qui ont mangé avec somptuosité et à très-haut prix, sortent lentement, la pipe à la bouche, la tête en l'air et avec un regard fier et dédaigneux. Si l'on s'avisait d'adopter, en Europe, la méthode de proclamer solennellement, à la porte des restaurants, la carte des habitués, il serait à craindre que plus d'un convive ne se donnât de fréquentes indigestions à force d'amour-propre et de vanité.

Les Chinois, habituellement très-sobres, se nourrissent à peine lorsqu'ils sont en voyage. Dans certaines provinces, ils ont un usage fort singulier, auquel il nous a été très-difficile de nous accoutumer. Avant de se mettre en route, ils avalent, de grand matin, une bonne tasse d'eau chaude dans laquelle ils ont préalablement fait dissoudre quelques grains de sel. Ils regardent cette mesure hygiénique comme des plus salutaires. Il est certain que les Chinois sont doués d'un estomac inconcevable et qu'ils savent gouverner à volonté. Ils supportent la faim et la soif avec la plus grande facilité, et, en revanche, lorsqu'il se présente une bonne occasion, ils engloutissent des quantités prodigieuses de riz, sans en éprouver la moindre incommodité. Ce sont de véritables gouffres. Il nous est arrivé de voyager dans certains districts du nord de la Chine, où l'on ne trouvait absolument rien à acheter. Les Chinois, qui se souciaient peu de se charger de provisions, supputaient ce qu'il leur fallait de vivres pour vingt-quatre heures, et, le matin, à peine levés, ils déjeunaient, dînaient et soupaient tout à la fois. Pourvu qu'ils eussent leurs trois repas, ils étaient contents ; peu leur importait de les prendre par intervalles ou d'un seul coup.

Les habitants des grandes villes vont en palanquin ou à pied. Plusieurs cités importantes du Midi, construites sur l'eau à la manière de Venise, ont d'innombrables jolis petits bateaux qui sillonnent les rues changées en magnifiques canaux. Péking offre une particularité assez remarquable ; on trouve, dans les quartiers les plus populeux, des stations de voitures avec un ou deux mulets d'attelage. On loue ces sortes de fiacres et de cabriolets chinois à l'heure ou à la course, absolument comme à Paris. Cet usage est très-ancien dans l'Empire Céleste et ne paraît nullement avoir été emprunté à l'Europe. Il existait probablement dans le temps où nos bons aïeux vivaient encore dans les forêts.

Quoique les Chinois soient depuis fort longtemps en possession de l'invention des voitures, ils ne sont pas, tant s'en faut, aussi avancés que nous. Les fiacres de Péking ne valent guère mieux que les détestables chariots de voyage dont nous avons déjà parlé. Ils sont seulement plus petits, plus élégants, coloriés et vernis avec luxe, garnis, à l'intérieur, de taffetas rouge ou vert, mais jamais suspendus. Cet inconvénient est beaucoup plus sensible dans la capitale que partout ailleurs. Les rues principales, jadis pavées avec de larges dalles, n'ayant subi aucune réparation depuis peut-être plus de deux cents ans, il en manque aujourd'hui presque autant qu'il en reste ; de sorte qu'on rencontre partout de grands trous carrés bordés de pierres de taille. On comprend combien cela doit être commode pour la circulation des voitures. Aussi les voit-on courir en bondissant, tantôt d'un côté et tantôt d'un autre. Leurs roues sont, il est vrai, d'une grande solidité, et rarement elles cassent ; mais cela n'empêche pas les fiacres de verser très-souvent. Durant notre séjour à Péking, il nous est arrivé une fois de prendre, pour une longue course, une de ces abominables machines ; nous y fûmes maltraité d'une manière si atroce, que nous résolûmes de ne plus employer désormais un tel moyen de transport. Les Chinois s'en accommodent ; ils sont là paisiblement assis, fumant leur pipe tout à l'aise et s'abandonnant, avec une merveilleuse élasticité, aux cahots les plus brusques, aux soubresauts les plus imprévus. Nous n'avons jamais appris que personne se fût fracassé la tête. Les cochers, n'ayant d'autre siége qu'un des brancards du timon, y conservent un équilibre imperturbable.

Pour nous résumer, tous les systèmes de locomotion usités en Chine sont ou fatigants, ou dangereux, ou ennuyeux. Il arrive même qu'ils réunissent, comme les chariots, les trois inconvénients à la fois. Les jonques mandarines sont ce que nous avons rencontré de mieux et de plus confortable. Depuis que nous étions partis de Nan-tchang-fou pour remonter le fleuve Tchang, les journées s'écoulaient avec une rapidité et un calme indicibles. Nous profitâmes de cette période de paix et de tranquillité pour recueillir nos souvenirs et rassembler les notes qui nous aident aujourd'hui à rédiger cette relation. Ce coup d'œil jeté sur toutes nos anciennes tribulations fut pour nous une source d'émotions pleines de suavité. On ne peut goûter pleinement les douceurs du repos qu'à la suite de longues fatigues. Quand le marin est entré dans le port, il aime souvent à penser aux furieuses tempêtes de l'Océan, et les extases de la félicité sont uniquement réservées par la Providence aux cœurs qui ont été broyés par les souffrances.

Ces journées de douce et paisible navigation nous procurèrent la connaissance de la littérature légère des Chinois. Notre domestique Wei-chan était un grand lecteur; toutes les fois qu'il descendait à terre, il revenait avec une abondante provision de petites brochures, qu'il allait ensuite dévorer dans sa cabine. Ces productions éphémères des faciles pinceaux des lettrés se composent ordinairement de contes, de nouvelles, de poésies, de petits romans, de biographies des hommes illustres et des grands scélérats de l'empire, de récits merveilleux et fantastiques. Les Grecs avaient fixé le séjour des monstres et des êtres chimériques en Orient, dans les pays inconnus. Les Chinois le leur ont bien rendu : c'est toujours en Occident, par delà les grandes mers, qu'ils placent les hommes-chiens, le peuple à longues oreilles traînant jusqu'à terre, le royaume des femmes et celui dont les habitants ont un trou au milieu de la poitrine. Lorsque les mandarins de ces curieuses contrées se mettent en route, on leur passe tout bonnement un bâton à travers la poitrine, et ils s'en vont ainsi, appuyés sur les épaules de deux domestiques. Si les porteurs sont vigoureux, ils enfilent ensemble, le long d'une barre, plusieurs voyageurs. Tous ces contes sont à peu près dans le goût des aventures de Gulliver chez les Lilliputiens.

Parmi ces nombreuses brochures, il en est un certain nombre dont l'immoralité fétide et nauséabonde suinte presque à chaque page. Les Chinois aiment à repaître leur imagination de ces lectures licencieuses, qui, du reste, ne leur apprennent pas grand'chose de nouveau. Nous trouvâmes, dans la collection de Wei-chan, quelques cahiers fort curieux, et que nous parcourûmes avec le plus vif intérêt. C'étaient des recueils des proverbes, des maximes et des sentences les plus populaires. Nous en fîmes quelques extraits, que nous allons reproduire ; nous pensons qu'on les lira avec plaisir, comme un spécimen du caractère et de l'esprit chinois. On en remarquera peut-être plusieurs pleins de sel et de finesse, et que la Rochefoucauld n'eût certainement pas désavoués.

« Le sage fait le bien comme il respire ; c'est sa vie.

« On peut être décent sans être sage ; mais on ne saurait être
« sage sans être décent.

« La décence est le teint de la vertu et le fard du vice.

« Mes livres parlent à mon esprit, mes amis à mon cœur,
« le ciel à mon âme, tout le reste à mes oreilles.

« Le sage ne dit pas ce qu'il fait, mais il ne fait rien qui ne
« puisse être dit.

« L'attention aux petites choses est l'économie de la vertu.

« La raillerie est l'éclair de la calomnie.

« L'homme peut se courber vers la vertu ; mais la vertu ne
« se courbe jamais vers l'homme.

« Le repentir est le printemps des vertus.

« La vertu ne donne pas les talents, mais elle y supplée :
« les talents ne donnent ni ne suppléent la vertu.

« Qui trouve du plaisir dans le vice et de la peine dans la
« vertu, est encore novice dans l'un et dans l'autre.

« On peut se passer des hommes ; mais on a besoin d'un
« ami.

« Le cérémonial est la fumée de l'amitié.

« Si le cœur n'est pas de moitié avec l'esprit, les pensées les
« plus solides ne donnent que de la lumière : voilà pourquoi la
« science est si peu persuasive, et la probité si éloquente.

« Le plaisir de bien faire est le seul qui ne s'use pas.

« Cultiver la vertu est la science des hommes, et renoncer
« à la science est la vertu des femmes.

« Il faut écouter sa femme et ne pas la croire.

« A moins d'être bête ou sourd, quel métier que celui de
« beau-père ! Si, avec une femme et une bru, on a encore des
« sœurs et des belles-sœurs, des filles et des nièces, il faut se
« faire craindre comme un tigre pour pouvoir y tenir.

« La mère la plus heureuse en filles est celle qui n'a que des
« garçons.

« L'esprit des femmes est d'argent-vif, et leur cœur est de
« cire.

« Les femmes les plus curieuses baissent volontiers les yeux
« pour être regardées.

« La langue des femmes croît de tout ce qu'elles ôtent à leurs
« pieds.

« Quand les hommes sont ensemble, ils s'écoutent; les
« femmes et les filles se regardent.

« La fille la plus timide a du courage pour médire.

« Les beaux chemins ne vont pas loin.

« Arbre renversé par le vent avait plus de branches que de
« racines.

« Chien au chenil aboie à ses puces; chien qui chasse ne
« les sent pas.

« Qui se laisse donner n'est pas bon à prendre.

« On chante à la cour pour boire, on boit au village pour
« chanter.

« Les grandes âmes ont des vouloirs; les autres n'ont que
« des velléités.

« La prison est fermée jour et nuit, cependant elle est tou-
« jours pleine; les temples sont toujours ouverts, et on n'y
« trouve personne.

« Toutes les erreurs n'ont qu'un temps; après cent millions
« de difficultés, de subtilités, de sophismes, de tournures et de
« mensonges, la plus petite vérité est encore tout ce qu'elle
« était.

« Quel est l'homme le plus insupportable? Celui qu'on a
« offensé et à qui l'on ne peut rien reprocher.

« Accueillez vos pensées comme des hôtes, et traitez vos
« désirs comme des enfants.

« Qui s'agite pour faire le bien en a peu fait; qui y cherche
« à être vu et remarqué ne le continuera pas longtemps; qui
« y met de l'humeur et du caprice le finira mal; qui n'y vise
« qu'à éviter des fautes et des reproches n'y acquerra jamais
« de vertus.

« Un jour en vaut trois pour qui fait chaque chose en son
« temps.

CHAPITRE XI.

« Moins on a d'indulgence pour soi, plus il est aisé d'en avoir beaucoup pour les autres.

« On mesure les tours par leur ombre, et les grands hommes par leurs envieux.

« Il faut faire vite ce qui ne presse pas, pour faire lentement ce qui presse.

« Qui veut procurer le bien des autres a déjà assuré le sien.

« Il en est de la cour comme de la mer, le vent qu'il fait décide de tout.

« Oh! quel plaisir que celui de donner! Il n'y aurait point de riches, s'ils étaient capables de le sentir.

« Les riches trouvent des parents dans les pays étrangers les plus éloignés; les pauvres n'en trouvent pas dans le sein même de leur famille.

« On va à la gloire par le palais, à la fortune par le marché et à la vertu par les déserts.

« Les vérités qu'on aime le moins à apprendre sont celles qu'on a le plus d'intérêt à savoir.

« On pardonne tout à qui ne se pardonne rien.

« Ce sont les plus riches qui manquent de plus de choses.

« Quel est le plus grand menteur? Celui qui parle le plus de soi.

« Il ne faut pas employer ceux qu'on soupçonne, ni soupçonner ceux qu'on emploie.

« Un sot ne s'admire jamais tant que lorsqu'il a fait quelque sottise.

« Quand une chanson donne de la célébrité, la vertu n'en donne guère.

« On n'a jamais tant besoin de son esprit que lorsqu'on a affaire à un sot.

« Tout est perdu quand le peuple craint moins la mort que la misère. »

Après quinze jours d'excellente navigation, nous parvînmes au pied de la montagne Meï-ling. Nous dîmes adieu à notre jonque mandarine, et nous rentrâmes dans nos palanquins. Au soleil levant, nous commençâmes à gravir les flancs âpres et escarpés du Meï-ling. Il y a plusieurs chemins, mais on ne se donne pas la peine de choisir; presque tous présentent à peu près les mêmes difficultés. Cette multiplicité de sentiers vient du nombre considérable de voyageurs et de portefaix qui sont obligés de franchir cette montagne. C'est, en effet, le seul passage pour toutes les marchandises que le commerce de Canton déverse continuellement dans les provinces intérieures de l'empire. On ne peut voir, sans éprouver un serrement de cœur, tous ces malheureux chargés d'énormes fardeaux, se traîner péniblement sur ces routes tortueuses et presque perpendiculaires. Ceux que la misère condamne à ces travaux forcés vivent, dit-on, peu de temps. Cependant nous remarquâmes parmi ces longues files de portefaix quelques vieillards courbés sous leur charge, et pouvant à peine soutenir leur marche chancelante. De distance en distance, on rencontre des hangars en bambou, où les voyageurs vont se mettre un peu à l'ombre, boire quelques tasses de thé et fumer une pipe de tabac pour se donner un peu de courage.

Nous arrivâmes vers midi au sommet de la montagne. On y voit une sorte d'arc de triomphe, en forme d'un immense portail; d'un côté finit la province de Kiang-si et de l'autre commence celle de Canton. Nous éprouvâmes comme une commotion involontaire, lorsque nous eûmes franchi cette porte, car nous mettions enfin le pied dans cette province qui communique directement avec l'Europe. Il nous semblait que nous étions seulement à quelques pas de Canton; or, Canton c'était pour nous l'Europe, c'était la France, la patrie avec les plus chers souvenirs du cœur ! nous descendîmes la montagne Meï-ling avec lenteur et précaution, pour ne pas nous briser contre les rochers, dont la route était parsemée, et nous arrivâmes sur le soir à Nan-hioung. Cette ville est célèbre par ses entrepôts et son vaste port, où se rendent toutes les jonques qui remontent la rivière de Canton. Nous allâmes loger sur le quai, dans un vaste et magnifique palais communal. Ces derniers quinze jours de navigation nous avaient été si favorables, que nous nous empressâmes d'exprimer au préfet de la ville notre désir de descendre encore sur une jonque mandarine le fleuve de Canton.

Le lendemain tout fut promptement réglé conformément à notre pétition. Cependant il fut décidé que nous passerions la journée à Nan-hioung, afin de donner aux capitaines des jonques le temps de faire leurs préparatifs. Nous dînâmes, en grande cérémonie, avec les principaux fonctionnaires, qui nous firent une courtoisie à laquelle nous étions loin de nous attendre. Aussitôt que nous fûmes levés de table, nous fûmes invités à aller fumer et prendre le thé dans une vaste cour, sous l'épais feuillage d'une allée de grands arbres. Il y avait alors à Nan-hioung une célèbre troupe d'acrobates; et le préfet de la ville avait eu la pensée de nous faire donner une représentation. Quand nous entrâmes dans la cour avec les mandarins, nous fûmes accueillis par une musique bruyante et d'une harmonie très-équivoque; déjà les cordes étaient tendues, et les artistes ne tardèrent pas à exécuter leurs évolutions. Les Chinois sont très-habiles danseurs de corde ; on conçoit que des hommes dont les membres sont doués de tant d'élasticité et de souplesse doivent nécessairement réussir dans ce genre d'exercices. On distinguait dans cette troupe d'acrobates deux femmes qui, malgré leurs incroyables petits pieds de chèvre, voltigeaient sur la corde avec une agilité qui tenait du prodige.

Quoiqu'il soit interdit aux femmes de monter sur le théâtre pour y jouer des rôles, les usages chinois leur permettent de danser sur la corde et de figurer dans les exercices d'équitation. Elles se montrent, en général, beaucoup plus aptes et plus habiles que les hommes pour ces sortes de représentations. Il y a, dans le nord de la Chine, des hippodromes ambulants, et ce sont toujours les femmes qui excellent dans l'art de conduire les chevaux, et qui montrent le plus d'adresse peur exécuter les tours les plus difficiles. On ne comprend pas comment elles peuvent se tenir debout sur un pied, pirouetter, passer en des cerceaux et cabrioler, pendant que le cheval galope et bondit dans la lice.

La mode des petits pieds est générale en Chine, et remonte, dit-on, à la plus haute antiquité. Les Européens aiment assez à se persuader que les Chinois, cédant à l'exagération d'un sentiment très-avouable, ont inventé cet usage, afin de tenir les femmes recluses dans l'intérieur de leur maison, et de les empêcher de se répandre au dehors. Quoique la jalousie puisse trouver son compte dans cette étrange et barbare mutilation, nous ne croyons pas cependant qu'on doive lui en attribuer l'invention. Elle s'est introduite insensiblement et sans propos délibéré, comme cela se pratique, du reste, pour toutes les modes. On prétend que, dans l'antiquité, une princesse excita l'attention de tout le monde par la délicate exiguïté de ses pieds. Comme elle était, d'ailleurs, douée des qualités les plus remarquables, elle donna le ton à la *fashion* chinoise, et les dames de la capitale ne tardèrent pas à en faire le type de l'élégance et du bon goût. L'admiration pour les petits pieds fit des progrès rapides, et il fut admis qu'on avait enfin trouvé le critérium de la beauté ; et, comme il arrive toujours qu'on se passionne pour les futilités nouvelles, les Chinoises cherchèrent, par tous les moyens imaginables, à se mettre à la mode. Celles qui étaient déjà d'un âge rassis eurent beau user d'entraves et de moyens de compression, il leur fut impossible de supprimer des développements légitimes de la nature, et de donner à leur base la tournure mignonne tant désirée. Les plus jeunes eurent la consolation d'obtenir quelques succès ; mais vagues, assez médiocres et de peu de durée. Il n'était réservé qu'à la génération suivante d'assurer complétement le triomphe des petits pieds. Les mères les plus dévouées à la mode nouvelle ne manquaient pas, s'il leur naissait une fille, de serrer et de comprimer, avec des bandelettes, les pieds de ces pauvres petites créatures, afin d'empêcher tout développement. Les résultats d'une pareille méthode ayant paru satisfaisants, elle fut généralement admise dans tout l'empire.

Les femmes chinoises, les riches comme les pauvres, celles des villes et celles de la campagne, sont donc toutes estropiées ; elles n'ont, en quelque sorte, à l'extrémité de leurs jambes, que d'informes moignons, toujours enveloppés de bandelettes, et d'où la vie s'est retirée. Elles chaussent de petites bottines très-gracieuses et richement brodées ; c'est là-dessus qu'elles se soutiennent en se balançant presque continuellement. Leur démarche a quelque chose de sautillant, et ressemble beaucoup à celle des Basques lorsqu'ils sont montés sur des échasses.

Les femmes chinoises, avec leurs petits pieds de chèvre, n'éprouvent pas pour marcher autant de difficulté qu'on se l'imagine. Comme elles y sont habituées dès leur naissance, elles n'ont pas plus d'embarras que certains boiteux qu'on voit souvent courir avec assez d'agilité. Lorsqu'on les rencontre dans les rues, on dirait, à leurs petits pas chancelants, qu'elles peuvent à peine se soutenir ; mais c'est là quelquefois une affectation et une manière de se donner de la grâce. Elles sont, en général, si peu embarrassées, que, si elles pensent n'être pas vues, elles courent, sautent et folâtrent avec une admirable aisance. L'exercice favori des jeunes filles chinoises est le jeu de volant ; mais, au lieu de se servir de raquettes, c'est avec le revers de leur petit brodequin qu'elles reçoivent et se renvoient mutuellement le volant. Elles sont donc toujours à cloche-pied, et, comme il leur arrive de passer des journées entières à ce jeu, il est permis de présumer que leurs moignons ne leur causent ni beaucoup de douleur ni une grande fatigue.

Tous les habitants du Céleste Empire raffolent des petits pieds des femmes. Les jeunes filles qui, dans leur enfance, ne les ont pas eus serrés, trouvent très-difficilement à se marier. Aussi les mères ne manquent-elles pas de porter sur ce point toute leur sollicitude. Les femmes tartares mantchoues ont conservé l'usage des grands pieds ; mais les mœurs du pays conquis ont eu sur elles une telle influence, que, pour se donner une démarche à la mode, elles ont inventé des souliers dont la semelle extrêmement élevée se termine en cône. Elles vont ainsi d'une manière peut-être plus chancelante encore que les femmes chinoises.

Cette mode des petits pieds est, sans contredit, barbare, ridicule et nuisible au développement des forces physiques; mais comment porter remède à cette déplorable habitude? C'est la mode! et qui oserait se soustraire à son empire? Les Européens, d'ailleurs, ont-ils bien le droit de censurer les Chinois avec tant d'amertume sur un point si délicat? Eux-mêmes ne prisent-ils donc pas aussi un peu les petits pieds? Ne se résignent-ils pas tous les jours à porter des chaussures d'une largeur insuffisante et qui leur font subir d'atroces douleurs? Que répondraient les femmes chinoises, si l'on venait un jour leur dire que la beauté consiste non pas à avoir des pieds imperceptibles, mais une taille insaisissable, et qu'il vaut infiniment mieux avoir le corsage d'une guêpe que des pieds de chèvre?... Qui sait? Les Chinoises et les Européennes se feraient peut-être de mutuelles concessions, et finiraient par adopter les deux modes à la fois. Sous prétexte d'ajouter quelque chose à leur beauté, elles ne craindraient pas de réformer complétement l'œuvre du Créateur.

La représentation que nous donnèrent les acrobates de Nan-hioung dura presque toute la soirée. Les manœuvres furent très-divertissantes; mais nous ne pûmes y donner qu'une médiocre attention. La pensée que, dans quelques jours, nous serions arrivés à Macao, nous préoccupait sans cesse et nous causait de trop vives émotions pour qu'il nous fût permis d'accorder une attention soutenue à l'habileté des danseurs de corde.

Le lendemain matin nous nous embarquâmes sur des jonques construites et ornées dans le goût de celles qui nous avaient portés jusqu'à la montagne Meï-ling. Ce qui nous restait à faire de notre si long et si pénible voyage n'était plus qu'une promenade. Nous n'avions, en quelque sorte, qu'à nous laisser entraîner par le courant de l'eau, pour arriver en paix à Canton. Aussitôt qu'on eut levé l'ancre et que nous vîmes notre jonque fuir rapidement le long du rivage, notre âme fut tout à coup pénétrée d'une suave mélancolie. Nous nous souvenions qu'en 1840 nous avions pénétré dans l'empire en remontant ce même fleuve. Voici ce que nous écrivions, à cette époque, à un de nos bons amis de France, en lui racontant notre départ de Canton et notre première introduction en Chine. Notre lettre était datée d'une chrétienté peu éloignée de la montagne Meï-ling.

« Vers six heures du soir, on me fit la toilette à la
« chinoise ; on me rasa les cheveux, à l'exception de
« ceux que je laissais croître, depuis bientôt deux ans,
« au sommet de la tête ; on leur ajusta une chevelure
« étrangère, on tressa le tout et je me trouvai en pos-
« session d'une queue magnifique qui descendait jus-
« qu'aux jarrets. Mon teint, pas déjà trop blanc, comme
« vous le savez, fut encore artificiellement rembruni
« par une couleur jaunâtre. Mes sourcils furent découpés
« à la manière du pays ; de longues et épaisses mousta-
« ches, que je cultivais depuis longtemps, dissimulaient
« la tournure européenne de mon nez ; enfin les habits
« chinois vinrent compléter la contrefaçon...

« Quand la nuit fut close, nous nous dirigeâmes so-

« lennellement vers la jonque qui devait, en remontant
« la rivière de Canton, nous conduire jusqu'à Nan-
« hioung, aux confins de la province de Kiang-si. Un grand
« gaillard de Chinois, monté sur son long système de
« jambes, ouvrait la marche; un de nos courriers le
« suivait de près; je suivais le courrier et derrière moi
« venait un séminariste chinois, destiné à la mission de
« Kiang-si. Nous formions ainsi, à nous quatre, comme
« un fil conducteur qui devait nous diriger dans ce
« grand labyrinthe qu'on appelle Canton.

« Cette ville, telle que j'ai pu l'entrevoir, m'a pro-
« duit l'effet d'un immense guet-apens. Ses rues sont
« malpropres, étroites, tortueuses et façonnées en tire-
« bouchon. On dirait qu'il n'est pas vrai pour ses habi-
« tants, comme pour tout le monde, que la ligne droite
« soit le plus court chemin pour aller d'un endroit à un
« autre. Maintenant, si, dans toutes ces rues capricieuses,
« si, à la face de toutes ces maisons bizarrement décou-
« pées, vous jetez avec profusion de petites lanternes
« et des lanternes monstres, des lanternes de toutes les
« formes, ornées de caractères chinois de toutes les
« couleurs, vous aurez une idée de Canton vu à la hâte
« à la lueur des fallots.

« Parmi cette immense population qui sillonnait en
« tout sens ces rues nombreuses, notre grande affaire,
« à nous, était de ne pas nous perdre mutuellement de
« vue et de ne pas rompre la chaîne qui nous condui-
« sait; elle fut brisée! Au détour d'une ruelle obscure,
« le courrier échelonné devant moi ne vit plus le Chinois
« qui ouvrait la marche, et qui seul connaissait le che-
« min. Une fois disparu, où le chercher? La rue que

« nous suivions se terminait en patte d'oie, et nous ne
« savions par où nous avait échappé notre conducteur.
« Notre perplexité fut grande, nous criâmes, nous appe-
« lâmes notre guide de tous côtés ; la Providence nous
« le rendit enfin. Il s'était aperçu que personne ne le
« suivait, et, revenant alors sur ses pas, il nous avait
« retrouvés à l'endroit même où il nous avait perdus.
« Nous reprîmes gaiement notre route, et nous entrâ-
« mes enfin dans la jonque, en bénissant le Seigneur du
« fond de l'âme. Les bateliers n'ayant pas encore ter-
« miné leurs préparatifs, nous ne pûmes partir que le
« lendemain. Nous passâmes donc la nuit sur le fleuve,
« en face de la ville, et, pour ainsi dire, à la barbe du
« vice-roi (1)...

« La rivière de Canton, pendant la nuit, est, en
« vérité, ce que j'ai vu de plus fantastique. On peut dire
« qu'elle est presque aussi peuplée que la ville. L'eau
« est couverte d'une quantité prodigieuse de barques de
« toutes les dimensions et d'une variété impossible à
« décrire. La plupart affectent la forme de divers pois-
« sons, et il va sans dire que les Chinois ont choisi pour
« modèles les plus bizarres et les plus singuliers. Il en
« est qui sont construites comme des maisons, et celles-
« là ont une réputation assez équivoque ; toutes sont
« richement ornées ; quelques-unes resplendissent de
« dorures, d'autres sont sculptées avec élégance, dente-
« lées et comme percées à jour, à la façon des boiseries
« de nos vieilles cathédrales. Toutes ces habitations flot-

(1) Ce vice-roi était précisément Ki-chan. Nous ne pensions pas alors qu'un jour nous ferions connaissance avec lui dans la capitale du Thibet.

« tantes, entourées de jolies lanternes, se meuvent et se
« croisent sans cesse, sans jamais s'embarrasser les unes
« les autres. C'est vraiment admirable ! On voit bien que
« c'est une population aquatique, une population qui
« naît, vit et meurt sur l'eau. Chacun trouve sur la ri-
« vière ce qui est nécessaire à sa subsistance. Durant la
« nuit, je m'amusai longtemps à voir passer et repasser
« devant notre jonque foule de petites embarcations,
« qui n'étaient autre chose que des boutiques d'appro-
« visionnement, des bazars en miniature. On y vendait
« des potages, des poissons frits, du riz, des gâteaux, des
« fruits, etc. ; enfin, pour compléter cette fantasmagorie,
« ajoutez le bruit continuel du tam-tam et les détona-
« tions incessantes des pétards.

« Le lendemain mercredi, nous partîmes de grand
« matin, le cœur plein d'espoir. Notre petite barque
« nous convenait à ravir ; l'équipage était peu nom-
« breux ; trois jeunes gens nous servaient de matelots,
« et leur vieille mère, assise au gouvernail, faisait l'of-
« fice de pilote. Ces jeunes gens nous paraissaient d'une
« précieuse simplicité, et déjà nous disions tout douce-
« ment entre nous : Voilà qui va bien, ces candides
« matelots n'auront pas la malice de nous soupçonner.

« Le Tigre ne m'a paru offrir sur ses bords rien de
« bien remarquable. Il serpente et se traîne ordinaire-
« ment à travers une longue chaîne de montagnes ; et,
« lorsque son lit peu profond n'est pas strictement
« encaissé dans de hautes roches taillées à pic, il laisse
« de côté et d'autre, sur les deux rives, des plaines plus
« ou moins étendues d'un sable fin et blanchâtre. Quel-
« ques champs de riz et de froment, de riches planta-

« tions de bambous et de saules pleureurs, beaucoup de
« hautes collines, la plupart stériles et décharnées, quel-
« ques-unes offrant pour toute parure, sur une légère
« couche de terre rouge, de rares bouquets de pins et
« une herbe desséchée que broutent nonchalamment de
« grands troupeaux de buffles ; voilà ce qu'on rencontre
« le plus souvent en remontant son cours. En plusieurs
« endroits, on voit d'énormes masses de pierres calcaires
« qu'on dirait taillées de main d'homme, depuis la base
« jusqu'au sommet, ou coupées en deux pour ouvrir un
« lit à la rivière. J'ai demandé aux Chinois d'où venaient
« ces singularités. La question ne les a pas embarrassés
« le moins du monde. — C'est le grand empereur Yao,
« m'ont-ils répondu, qui, aidé de son premier ministre
« Chun, a fait partager ces montagnes, pour faciliter
« l'écoulement des eaux, après la grande inondation.
« Vous savez, mon cher ami, que, d'après la chronolo-
« gie chinoise, cette grande inondation correspond au
« temps du déluge de Noé.

« Une de ces rives, qui s'élevait perpendiculairement
« comme une muraille colossale d'un seul bloc, était
« enrichie, par un surcroît, d'un phénomène que je fus
« longtemps à comprendre. On voyait, à une grande
« hauteur, deux espèces de galeries creusées dans le
« rocher. Sur ces galeries apparaissaient comme des
« figures humaines, qui semblaient se mouvoir parmi
« d'innombrables lumières ; de temps en temps des ma-
« tières enflammées en descendaient et venaient s'étein-
« dre dans le fleuve. Notre jonque approcha, et alors
« nous vîmes amarrées au pied de la colline une foule
« de petites nacelles remplies de passagers. Cet endroit

« n'était autre chose qu'un célèbre pèlerinage du dia-
« ble. Ceux qui venaient y pratiquer leurs superstitions
« passaient de leurs barques dans un souterrain, puis
« montaient, par un escalier creusé dans l'intérieur de
« la montagne, jusqu'aux galeries supérieures. Là se
« trouvent les idoles privilégiées qui attirent de fort loin
« un si grand nombre de pèlerins (1). »

En parcourant de nouveau cette rivière, à six années d'intervalle, nous aimions à rappeler nos impressions d'autrefois, et à contempler ces sites qui avaient frappé nos regards à l'époque de notre entrée en Chine ; nous revîmes avec émotion ces montagnes agrestes, qui forment comme une digue naturelle aux eaux du Tigre, cette pagode creusée dans la roche vive, et ces douanes échelonnées sur le rivage, qui, lors de notre premier passage, nous avaient causé tant de tourments. A mesure que nous avancions, le lit du fleuve s'élargissait, et les jonques cantonaises, qui remontaient le courant de l'eau, devenaient plus nombreuses. Le bruit des avirons et le chant grêle et nasillard des matelots remplissaient l'air d'une sauvage et mélancolique harmonie, que nous écoutions avec un sentiment vague de tristesse et de bonheur. Il nous semblait que nous pénétrions pour la première fois dans l'Empire Céleste, et que nous venions de dire adieu pour toujours à la colonie européenne de Canton et de Macao... Nous allions au contraire la revoir !

Le sixième jour après notre départ de Nan-hioung, le Tigre avait cessé de rouler ses eaux bleuâtres à

---

(1) *Annales de la propagation de la foi*, n° 88, p. 212 et suiv.

travers les montagnes, et nous entrions dans une vaste plaine richement cultivée. De temps en temps nous sentions dans les airs des émanations fortes et vivifiantes qui semblaient nous dilater la poitrine. C'était l'odeur de la mer; Canton n'était pas éloigné. Debout, immobile sur le pont de la jonque, les yeux fixés en avant avec anxiété, nous éprouvions déjà ces légers frissons qui précèdent toujours les fortes émotions du retour, après une longue absence. Les derniers rayons du soleil achevaient de s'éteindre à l'horizon, lorsque nous aperçûmes comme une immense forêt dépouillée de feuillage et de branches, et ne conservant que le tronc de ses grands arbres. Le courant, la brise et la marée nous poussaient avec rapidité dans la rade de Canton. Parmi ces mâts innombrables de jonques chinoises, nous en remarquâmes quelques-unes plus élevées que les autres. La structure particulière de leurs vergues nous fit éprouver un subit tressaillement, et nos yeux se mouillèrent de larmes. Bientôt nous vîmes se dessiner, au milieu des barques cantonnaises, les formes grandioses et imposantes d'un bateau à vapeur et de plusieurs navires de la compagnie des Indes. Parmi les banderoles de toutes couleurs qui s'agitaient dans les airs, nous distinguâmes les pavillons des États-Unis, de l'Angleterre et du Portugal... Celui de la France n'y était pas ! Mais, quand on se trouve aux extrémités du monde, sur une terre inhospitalière, en Chine enfin, il semble que tous les peuples de l'Occident ne forment qu'une seule et grande famille. La simple vue d'un pavillon européen fait battre le cœur ; car il réveille tous les souvenirs de la patrie.

CHAPITRE XI. 467

En traversant le port de Canton sur notre jonque mandarine, nos yeux cherchaient avec une avide curiosité tout ce qui n'était pas Chinois. Nous longeâmes les flancs d'un brick anglais, et nous ne pouvions nous rassasier de contempler ces matelots en petit chapeau ciré, qui, rangés en file contre les bastingages, nous regardaient passer, sans se douter assurément qu'ils avaient sous les yeux deux Frenchmen tout récemment descendus du plateau de la haute Asie. Ils devaient probablement s'abandonner à de fort amusantes observations sur nos allures chinoises, pendant que nous étions à nous extasier sur leurs étonnantes physionomies. Ces figures rubicondes avec des yeux bleus, un long nez et des cheveux blonds; ces habits étriqués et, en quelque sorte, collés sur les membres, tout cela nous paraissait prodigieusement drôle. Une gracieuse embarcation peinte en vert et recouverte d'une tente de toile blanche, passa à côté de nous. Il y avait dedans trois gentlemen qui, le cigare à la bouche, se donnaient le charme et les douceurs d'une promenade aquatique. Rien de plus grotesque, pour des yeux asiatiques, que leur accoutrement. Ils étaient en chapeau noir, en pantalon blanc, gilet blanc et jaquette blanche. Un Thibétain eût éclaté de rire, en voyant ces figures sans barbe et sans moustaches, mais, en revanche, ayant sur chaque joue un gros paquet de poil rouge tout frisé. Nous comprîmes alors combien les Européens devaient paraître ridicules dans les pays qui n'ont aucune connaissance de leurs usages et de leurs modes.

Après mille circuits dans ce vaste port, nous abordâmes à un petit débarcadère. Un mandarin nous y attendait. On nous fit entrer dans des palanquins, et nous fûmes transportés au pas de course, au centre de la ville dans la maison particulière d'un fonctionnaire civil de rang inférieur. Enfin nous étions donc arrivés à Canton; c'était au mois d'octobre 1846, six mois après notre départ de Lha-ssa. Lorsque nous quittâmes la capitale du Thibet, il nous semblait que nous n'arriverions pas au terme du voyage que nous entreprenions, tant la route était longue et semée d'écueils de tout genre. Selon toutes les probabilités humaines, nous devions périr de fatigue et de misère. Mais la Providence ne nous abandonna jamais, et nous conduisit presque miraculeusement jusqu'au bout, au milieu des dangers dont nous étions sans cesse environnés. Aussitôt que nous fûmes entrés dans les appartements qu'on nous avait assignés, nous tombâmes à genoux et nous rendîmes grâces à Dieu pour tous les bienfaits qu'il nous avait si libéralement prodigués, durant ces laborieuses courses, entreprises pour glorifier son nom et étendre son royaume sur la terre.

Peu de temps après notre arrivée à Canton, nous reçûmes la visite d'un long Chinois, qui se présenta en qualité d'interprète officiel de l'administration. Après nous avoir débité, du mieux qu'il put, tout ce qu'il savait d'anglais, de français, de portugais et d'espagnol, nous lui dîmes que, s'il voulait bien se donner la peine de parler chinois, les affaires iraient plus rondement. Il ne voulut jamais s'y déterminer. Sous prétexte qu'il était interprète, le malheureux s'obstinait à jargonner un langage inintelligible. Nous lui demandâmes si M. van Bazel, consul néerlandais, se trouvait à Canton. — *Yes, yes, signor*, nous répondit-il. — Dans ce cas nous allons lui écrire une lettre, et nous te prierons de la lui faire parvenir immédiatement.

Nous connaissions depuis longtemps M. van Bazel, et nous savions combien il avait toujours été plein de dévouement et de sympathie pour les missionnaires catholiques. Nous le priâmes de nous envoyer des journaux ; car nous étions privés de nouvelles d'Europe depuis plus de trois ans. L'interprète partit et ne tarda pas à revenir avec un portefaix chargé d'un énorme ballot de gazettes anglaises. Le consul de Hollande avait eu l'amabilité de joindre à son envoi quelques bouteilles de vin de Bordeaux, pour nous retremper, disait-il, dans les souvenirs de la patrie. Nous passâmes la nuit tout entière à fouiller dans cet amas incohérent de nouvelles qui se trouvaient entassées au milieu de notre chambre. En tête d'un des premiers journaux que le hasard nous mit entre les mains, nous lûmes un article des plus curieux. En voici la traduction : « Nous avons reçu dernièrement « la nouvelle de la mort lamentable de deux pères de la « mission de la Tartarie mongole... »

Après un court aperçu sur les pays tartares, l'auteur de l'article poursuit ainsi : « Un lazariste français nommé « Huc arriva, il y a environ trois ans, chez quelques « familles chinoises établies dans la vallée des Eaux-« Noires, à environ deux cents lieues de marche de la « grande muraille. Un autre lazariste (1), dont le nom « m'est inconnu, se joignit à lui dans le dessein de for-« mer une mission parmi les bouddhistes mongols. Ils « étudièrent la langue tartare avec les lamas des monas-

(1) M. Gabet.

« tères voisins ; il paraît qu'ils ont été pris pour des
« lamas étrangers, et qu'ils ont été traités avec amitié,
« surtout par les bouddhistes qui sont très-ignorants, et
« qui prenaient le latin de leur bréviaire pour du san-
« scrit, qu'ils ne comprennent pas, mais pour lequel ils
« ont une vénération secrète, parce que les rites de leurs
« livres religieux, en mongol traduit du sanscrit, sont
« imprimés en encre rouge.

« Quand les missionnaires se crurent suffisamment
« instruits dans la langue, ils s'avancèrent dans l'inté-
« rieur, avec l'intention de commencer leur œuvre de
« conversion. Depuis cette époque, on ne reçut d'eux
« que quelques nouvelles incertaines ; mais, en mai
« dernier, du fond de la Tartarie mongole, on apprit
« qu'ils avaient été attachés à la queue de chevaux et
« traînés ainsi jusqu'à la mort. Les causes réelles de
« cet événement ne sont pas encore connues. »

Un tel article, comme on doit le penser, nous étonna
un peu, et nous nous crûmes le droit d'en contester la
complète exactitude. Cependant tous ces détails se
trouvaient si bien arrangés, que l'ensemble portait le
cachet de la vraisemblance. Il ne fallait rien moins que
notre retour pour en faire accepter la réfutation.

Le lendemain nous eûmes, de très-bonne heure,
une séance d'apparat, où étaient réunis quelques hauts
dignitaires de Canton et les mandarins qui nous avaient
accompagnés depuis la capitale du Kiang-si. Notre
voyage étant terminé, nous pensâmes qu'il serait convenable de rendre publiquement nos comptes à l'administration chinoise. Nous dîmes donc à notre domestique Wei-chan d'apporter tout l'argent que nous avions

économisé depuis notre départ de Nan-tchang-fou. Il y en avait un tas si énorme, que les yeux des assistants en devinrent tout flamboyants. — Voilà, dîmes-nous, une somme considérable. D'après les ordres du gouverneur du Kiang-si, toutes les villes par où nous avons passé ont dû payer un impôt pour notre entretien. Notre conscience nous a interdit toute dépense inutile. Maintenant, il faut que cet argent revienne à ceux à qui il appartient. S'il est à vous, dîmes-nous aux fonctionnaires de la ville de Canton, prenez-le. — Ceux-ci protestèrent avec énergie qu'ils n'avaient aucun titre pour accepter cette somme. Les mandarins de l'escorte en firent autant ; chacun étala un désintéressement vraiment exemplaire, et tous déclarèrent, à l'unanimité, que cette somme nous ayant été légalement allouée, elle nous appartenait. Les missionnaires, répondîmes-nous, ne quittent pas leur patrie pour aller amasser des richesses dans les pays étrangers. Votre gouvernement nous ayant forcés de quitter le Thibet et nous ayant fait escorter malgré nous jusqu'à Canton, nous avons dû voyager à ses frais. Aujourd'hui que nous allons sortir de l'empire, nous ne voulons pas en emporter une seule sapèque. Puisque personne ne peut réclamer la propriété de cet argent, nous demandons qu'il soit alloué à notre domestique. Quelqu'un s'oppose-t-il à notre proposition ? — Le conseil ayant applaudi à nos paroles, nous dîmes à Wei-chan que ce petit trésor lui appartenait, et de peur que, plus tard, il ne prît fantaisie aux mandarins de s'en emparer, nous lui conseillâmes de l'emporter aussitôt et de le placer en lieu sûr. Wei-chan se mit à l'œuvre avec empressement, prit tout l'argent et partit..... Depuis nous ne l'avons plus revu.

Le commissaire impérial Ky-yn (1) était encore, à cette époque, vice-roi de la province de Canton. Il nous fit offrir une jonque pour nous conduire le jour même à Macao ; mais, ayant exprimé le désir de nous arrêter quelque temps à Canton, où nous avions des amis européens, nous fûmes conduits, sur notre demande, à la factorerie hollandaise. L'excellent M. van Bazel expédia un reçu au vice-roi, et dès ce moment furent terminées nos relations officielles avec les autorités chinoises.

Deux jours après, nous avions pressé dans nos bras nos confrères et nos anciens amis de Macao. Nous fûmes longtemps au milieu d'eux comme des hommes qui s'éveillent tout à coup après une longue et profonde léthargie. Nous étions tout étonnés de ne plus voir autour de nous des physionomies thibétaines, tartares et chinoises, et de n'entendre plus résonner à nos oreilles que cette belle langue maternelle dont les accents harmonieux faisaient vibrer toutes les fibres de notre âme et nous arrachaient de si douces larmes. La France était encore bien loin ; et pourtant nous l'avions, pour ainsi dire, retrouvée tout entière. Il y avait alors en rade une corvette française, *la Victorieuse*. Nous aimions à nous rendre sur les bords de la mer pour voir flotter son pavillon ; et, lorsque nous allions visiter notre petite France, car c'est ainsi que nous nommions la corvette, il nous semblait respirer l'air de la patrie et vivre au milieu de son atmosphère.

Un mois après notre arrivée à Macao, M. Gabet, ou-

---

(1) C'était le même qui avait reçu l'ambassadeur M. de Lagrenée.

bliant ses infirmités et ses souffrances, et n'écoutant que son dévouement, monta sur un navire et partit pour l'Europe. Il avait à cœur d'exciter le zèle et la charité des catholiques en faveur de ces peuplades intéressantes de la Tartarie et du Thibet, pour le salut desquelles il eût si volontiers donné sa vie. Nous espérions bientôt revoir ce compagnon de nos fatigues, cet ami dont l'existence s'était, en quelque sorte, identifiée avec la nôtre. Mais telle n'était pas la volonté de Dieu..... Un jour nous apprîmes la désolante nouvelle que cet infatigable et courageux missionnaire avait rendu le dernier soupir sur les côtes du Brésil. Pendant que nous étions parmi les neiges de la haute Asie et que nous cherchions avec tant de sollicitude à rappeler la chaleur dans les membres glacés de notre ami, nous étions bien loin de penser que Dieu avait marqué son tombeau sur les rivages brûlants de l'Amérique du Sud.

Pour nous, après un assez long séjour à Macao, nous reprîmes la route de Péking, et nous parcourûmes la Chine pour la troisième fois. Nous avons dit dans nos *Souvenirs de voyage* comment le délabrement de notre santé nous avait forcé de rentrer en France, après avoir visité, sur notre route, l'Inde, l'Égypte, la Palestine et la Syrie.

Nous nous étions embarqué pour la Chine au commencement de l'année 1838. Il nous fut donné de revoir la patrie en 1852. C'était au mois de juin, à l'époque de nos ravissantes solennités de la Fête-Dieu. La ville de Marseille présentait alors un spectacle qui ne s'effacera jamais de notre souvenir. Mon Dieu ! que nous la trouvâmes belle notre France catholique, et bien digne de la prédilection et de l'amour de tous ses enfants !..... Que le Seigneur soit à jamais béni de nous avoir permis d'endurer quelques souffrances parmi les nations étrangères, puisqu'il nous réservait un bonheur que nul homme peut-être n'a ressenti et que ne saurait exprimer notre langage si pâle et si décoloré !...

FIN DU TOME SECOND ET DERNIER.

TABLE DES MATIÈRES

CHAPITRE PREMIER.

Maladie dangereuse.—Prescription des mandarins.—Visite du médecin. —Théorie du pouls. — Médecins-apothicaires en Chine.—Commerce des remèdes. — La maladie empire. — L'acupuncture. — Le trésor surnaturel des pilules rouges. — Médecine expérimentale des Chinois. — Origine et histoire du choléra-morbus. — Libre exercice de la médecine.— Bons effets des pilules rouges. — Guérison. — Terrible loi de responsabilité.—Tragique histoire.—Gracieuse attention du préfet de Kuen-kiang-hien. — Amour des Chinois pour les cercueils. — Voyage d'un malade à côté de sa bière. — Calme et tranquillité des Chinois au moment de la mort. — Visite à notre cercueil. —Départ de Kuen-kiang-hien.. 1

CHAPITRE II.

Visite des mandarins de Tien-men.—Soins qu'ils nous prodiguent. — Tien-men renommée pour la quantité et la beauté de ses pastèques. — Importance des graines de melon d'eau. — Causticité d'un jeune mandarin militaire. — Les habitants du Sse-tchouen traités comme des étrangers dans la province du Hou-pé. — Préjugés des Européens au sujet des Chinois. — De quelle manière sont composés la plupart des écrits sur la Chine. — Ce qu'il faut penser de la prétendue immobilité des Orientaux. —Nombreuses révolutions dans l'empire chinois. —École socialiste au onzième siècle. — Exposé de leur système. — Longue et grande lutte.—Transportation des agitateurs en Tartarie. — Cause des invasions des Barbares............. 45

CHAPITRE III.

Arrivée à Han-tchouan. — Les habitants de la ville offrent une paire de bottes à un mandarin disgracié. — Influence des placards et des affiches. — Préfet d'une ville de second ordre destitué et chassé par ses administrés. — Franchises et libertés dont jouissent les Chinois. — Association contre les joueurs. — Fameuse confrérie du *Vieux Taureau*. — Liberté de la presse. — Lecteurs publics. — Préjugé des Européens au sujet du despotisme des gouvernements asiatiques. — Insouciance des magistrats. — Souvenir des souffrances du vénérable Perboyre. — Navigation sur un lac. — Iles flottantes. — Population de la Chine. — Ses causes et ses dangers. — Pêche au cormoran. — Quelques détails sur les mœurs des Chinois. — Mauvaise réception à Han-yang. — Nous suivons une fausse politique. — Passage du fleuve Bleu. — Arrivée à Ou-tchang-fou... 84

CHAPITRE IV.

Mauvais logement dans une petite pagode. — Ou-tchang-fou, capitale du Hou-pé. — Limites de l'empire chinois. — Montagnes. — Fleuves. — Lacs. — Climat. — Principales productions. — Industrie chinoise. — Causes de son dépérissement. — Anciennes expositions des produits des arts et de l'industrie. — Relations des Chinois avec les étrangers. — État actuel de leur commerce avec les Européens. — Commerce intérieur de la Chine. — Intérêt de l'argent. — Système des économistes chinois sur l'intérêt de trente pour cent. — Sociétés pécuniaires. — Immense entrepôt de commerce au centre de l'empire. — Système de canalisation. — Aptitude des Chinois pour le commerce. — Système monétaire. — Influence de la sapèque. — Commerce des infiniment petits.................... 129

CHAPITRE V.

Tentatives pour voir le gouverneur de la province. — Nous forçons la garde de son palais. — Le gouverneur du Hou-pé. — Entretien avec ce haut personnage. — Bon résultat de cette visite. — Déménagement. — Courtoisie d'un cuisinier. — Adieux de maître Ting et de l'escorte du Sse-tchouen. — Le mandarin *Lieou*, ou le « Saule pleureur, » chef de la nouvelle escorte. — Architecture chinoise. — Les tours. — Les pagodes. — Beaux-arts. — Religions. — Doctrine des lettrés. — Honneurs inouïs rendus à Confucius. — Docteurs de la raison. — Vie et opinions du philosophe Lao-tzé. — Le bouddhisme. — Légende de Bouddha. — Ses principes dogmatiques et moraux. — Les bouddhistes persécutés par les brahmanes. — Causes de ces persécutions. — Dispersion des bouddhistes dans les diverses contrées de l'Asie.. 176

CHAPITRE VI.

Toutes les religions condamnées par le gouvernement chinois. — Formules de scepticisme. — Condition des bonzes en Chine. — Monastères bouddhistes. — Architecture religieuse. — Temple de Pou-tou. — Bibliothèque du monastère. — Visite au supérieur des bonzes. — Profond respect des Chinois pour l'écriture. — Couvents de bonzesses. — Cérémonies pour ramener les âmes des moribonds quand elles se sauvent. — Mort d'un jeune bachelier. — Deuil des Chinois. — Singulière manière de pleurer les morts. — Enterrements. — Culte des ancêtres. — Classification chinoise des divers âges de la vie. — Le mariage en Chine. — Servitude des femmes. — Discorde dans les ménages. — Exemples. — Secte des femmes abstinentes...... 223

CHAPITRE VII.

Départ de la capitale du Hou-pé. — Visite d'adieux au gouverneur de la ville. — Sépulture de deux martyrs. — État du christianisme dans le Hou-pé. — Désagréments de la route. — Point de vivres dans une ville de troisième ordre. — Visite au palais du préfet de la ville. — Criminel soumis à la question. — Horribles détails d'un jugement. — Le *kouan-kouen* ou bandit chinois. — Manière de rendre la justice. — Code des lois et statuts de la Chine. — Considérations générales sur la législation chinoise. — Caractère pénal et matérialiste du Code. — Défaut de précision dans certaines lois. — Principe de solidarité. — Lois relatives aux fonctionnaires. — Organisation de la famille. — De la répression des délits. — Lois rituelles. — De l'impôt et de la propriété territoriale. — Nombreuses têtes de voleurs suspendues aux branches d'un arbre.. 269

CHAPITRE VIII.

Départ de Kouang-tsi-hien. — Orage. — Courriers du gouvernement. — Manière de correspondre par lettres. — Grande fête à Hoang-meï-hien. — Feux d'artifice. — Musique chinoise. — Idée qu'on doit se faire de la musique des anciens. — Route impériale de Péking. — Système routier en Chine. — Halte sur le bord du lac Pou-yang. — Embarquement. — Les cancrelats à bord d'une jonque. — Coup d'œil sur la province du Hou-pé. — L'agriculture en Chine. — Fête impériale du labourage. — Détails sur l'agriculture. — Produits agricoles. — Le bambou. — Le nénuphar. — Riz impérial. — Caractère observateur des Chinois. — Classification des blés. — Ce que deviennent les hirondelles pendant l'hiver. — Manière de se servir d'un chat en guise de montre. — Méthode pour empêcher les ânes de braire. 316

CHAPITRE IX.

Navigation sur le lac Pou-yang. — Grand nombre de jonques. — Route par terre. — Déserts incultes. — Paupérisme en Chine. — Bandes de mendiants. — Confrérie des cercueils gratuits. — Le roi des pauvres. — Hôtellerie des *Plumes de poule.* — Causes du paupérisme. — Le jeu. — Divers jeux chinois. — Manière d'éluder la loi contre les joueurs. — Ivrognerie. — La vigne. — Vin et eau-de-vie de grain. — Infanticides. — Quelles en sont les causes. — Ce qu'il y a de vrai et d'exagéré au sujet des infanticides en Chine. — *Yu-yng-tang* ou hospice des enfants trouvés. — Édit contre l'infanticide. — Impuissance du gouvernement pour réprimer les infanticides. — Œuvre de la Sainte-Enfance 362

CHAPITRE X.

Terres incultes de la province du Kiang-si. — Corps de garde. — Polype vinaigrier. — Excentricité d'un cheval de mandarin. — Vol de pastèques. — Arrivée à Nan-tchang-fou. — Manière de s'installer dans un palais des compositions littéraires. — Souper solennel en présence du public. — Désappointement des spectateurs. — Visite du préfet de la ville. — Un mandarin mongol. — Ses connaissances géographiques. — Travaux des protestants méthodistes en Chine. — Les Chinois astronomes. — Aspect de la capitale du Kiang-si. — Fabrication de la porcelaine. — Antiquaires chinois. — Origine du dieu de la porcelaine. — La pisciculture dans le Kiang-si. — Nouveau plan de voyage. 404

CHAPITRE XI.

Départ de Nan-tchang-fou. — Une jonque mandarine. — Luxe et agrément des voyages par eau. — Véhicules et hôtelleries en Chine. — Stations de fiacres et de cabriolets à Péking. — Littérature légère des Chinois. — Recueil de sentences et de proverbes. — Passage de la montagne Meï-ling. — Nan-hioung, ville frontière de la province de Canton. — Acrobates chinois. — Petits pieds des femmes. — Origine de cette mode. — Navigation sur le Tigre. — Souvenirs de notre entrée en Chine en 1840. — Vue du port de Canton. — Navires européens. — Première nuit dans la ville de Canton. — Relation de notre martyre dans la Tartarie. — Économies de la route allouées à notre domestique Wei-chan. — Séjour à Macao. — Mort de M. Gabet. — Départ pour Péking. — Débarquement à Marseille en 1852. 438

FIN DE LA TABLE DU TOME SECOND ET DERNIER.

Corbeil, typogr. et stér. de Crété.

www.ingramcontent.com/pod-product-compliance
Lightning Source LLC
Chambersburg PA
CBHW060238230426
43664CB00011B/1695